Curt Riess
Die Frau mit den hundert Gesichtern
Requiem für Heidemarie Hatheyer

Curt Riess

Die Frau
mit den hundert
Gesichtern

Requiem für
Heidemarie Hatheyer

Droste

Fotonachweis:
Basis Film Verleih 55 · Lore Bermbach 47, 50, 51, 53
Ilse Buhs 32 · Fauna Film 10
Hamburger Theatersammlung/Archiv Rosemarie Clausen 35, 36, 41, 42, 44,
45, 46, 48, 49
Elfi Hess 38/39, 40 · Hipp-Foto 30 · Keystone 15, 23
Kindermann 37 · Jo Krauß 24 · Dieter Pludra 9, 18
Real Film 11 · Röhnert 22 · Oda Sternberg 14
Liselotte Strelow 33 · Jürgen Theis 31 · Titsche-Friederichs 54
Tobias Tobis Film 8, 20
Archiv der Rheinischen Post 21, 25, 26, 28, 43
Privatarchiv des Autors 1–7, 12, 13, 16, 17, 19, 27, 52, 56–58

Die Deutsche Bibliothek – CIP-Einheitsaufnahme

Riess, Curt:
Die Frau mit den hundert Gesichtern: Requiem für
Heidemarie Hatheyer / Curt Riess. – Düsseldorf: Droste, 1991
ISBN 3-7700-0955-X

© 1991 Droste Verlag GmbH, Düsseldorf
Schutzumschlagentwurf: Helmut Schwanen
Fotos: Dietrich/Basis Film Verleih
Gesamtherstellung: Ebner Ulm
ISBN 3-7700-0955-X

Inhalt

1

Wie es begann

Das berühmte Klassikerwort von der Nachwelt, die dem Mimen keine Kränze flicht oder vielleicht besser, von dem Mimen, der von der Nachwelt keine Kränze erwarten darf, wurde von ihr zum erstmöglichen Termin in Frage gestellt, nämlich als diese, die Nachwelt, sich als solche zu etablieren begann: auf dem Friedhof der Stadt Zürich, wo wir Heidemarie Hatheyer zu Grabe trugen.

Das ist jetzt ein halbes Jahr her, fast auf den Tag, als ich mit diesen Zeilen ein Werk beginne, das nicht zuletzt den Sinn haben soll, die totale Vergessenheit, zu der es ja wohl einmal kommen muß und wird, ein wenig hinauszuschieben.

Auf diesem Friedhof, auf dem sich mehr Menschen versammelt hatten, als zu erwarten war, ganz in ihrem Sinne, der nicht viel daran gelegen war, ob bei ihren Auftritten das Theater sich füllte, die aber immer mal wieder, mindestens in den letzten fünfundzwanzig Jahren den Wunsch aussprach – scherzend? –: »Ich hoffe, zu meiner Beerdigung werden viele kommen!« Sie kamen. Unter ihnen ein bekannter Verleger aus dem deutschsprachigen Raum und auch, erstaunlicherweise, mein amerikanischer Verleger, der sich zufällig um diese Zeit in Italien befunden hatte.

Der deutschsprachige Verleger erkundigte sich so ganz nebenbei, ob ich ein Buch über meine verstorbene Frau schreiben würde. Er hielt es wohl für selbstverständlich. Ich sagte ihm in etwa: »Selbstverständlich nicht!«

Selbstverständlich. Denn seit dem Tag, an dem wir uns zusammengetan hatten, und das ist immerhin achtunddreißig Jahre her, hatten wir, ohne viel darüber zu reden, beschlossen, daß ich nie über sie schreiben würde. Sie war damals schon weit über Europa hinaus eine vielbeachtete Schauspielerin oder wenn man will: ein Star; ich hatte seit 1927, also immerhin weit mehr als einem halben Jahrhundert Theaterkritiken geschrieben – in Berlin, später in Paris, dann in New York, in London, schließlich wieder in Berlin und während der letzten fünfunddreißig Jahre in Zürich. Aber wir hielten uns beide an das ungeschriebene Gesetz, daß ein Theaterkritiker nicht über seine eigene Frau schreiben solle.

Wenn jetzt und hier dieses ungeschriebene Gesetz durchbrochen wird, so sicher nicht, weil ich es wollte. Dieses Buch wurde und wird geschrieben, so paradox es klingen mag, ohne die Einwilligung des Autors. Ja, es ist nicht übertrieben zu behaupten: gegen seinen Willen. Sozusagen unter Zwang.

Dies ist bitterernst zu nehmen. Denn seit dem Tod von H. H. ist wohl kein Tag vergangen, ohne daß sich bei mir, dem Autor, das Gefühl verstärkte, ich müßte dieses Buch schreiben, weil das der Wille von H. H. sei. Mir ist, und das wird sich im Verlaufe des Buches zeigen, als verlange sie aus dem Grab heraus, daß ich mich noch einmal aufs gründlichste mit ihr beschäftige. Als ob sie quasi aus dem Grab heraus mich ergriffen hat.

Was nun die Arbeit selbst angeht: es ist keine Biographie einer Schauspielerin oder doch nur der Form nach oder was den Rahmen betrifft. Es geht um etwas anderes. Es geht darum, daß H. H. nicht diese oder jene Rolle spielte, nicht Maria Stuart oder die Jungfrau von Orléans oder... oder... oder... Sie wurde es. Dieses Buch versucht zu erklären, wie sie, ohne sich selbst aufzugeben, ein anderer Mensch wurde. Jeweils der Mensch, den man sehen sollte. Es geht hier um psychische Zusammenhänge, die kaum je aufgeklärt worden sind. Nicht darum, wie eine Rolle dargestellt, sondern wie ein Mensch ein anderer Mensch wird, ohne sich selbst aufzugeben.

In diesem Zusammenhang scheint mir das Buch weit über eine Biographie oder über H. H. hinaus zu gehen.

Also, letzten Endes geht es um einen Schaffungsprozeß, nicht um einen Darstellungsprozeß. Also nicht um etwas Wiederholbares, sondern etwas ganz Neues, soeben entstanden.

Nun glaube man nicht, was der Autor zu Beginn meinte, daß

es einfach sein würde, ein solches Buch der Erinnerungen nie-
derzuschreiben. Ein Buch der Erinnerungen? Aber an was erinnerte ich mich denn? Was fiel mir denn mehr oder weniger
spontan ein? Was von dem, was auch diejenigen erfahren sollten oder – wie ich bald begriff – erfahren mußten, die sie nicht
gekannt hatten, die sie vielleicht auf der Bühne oder auf der
Leinwand gesehen hatten, vielleicht nicht einmal das?

Gewiß, ich wußte mehr über H. H. als jeder andere Sterbliche, kaum verwunderlich, denn schließlich hatte ich mehr als
die Hälfte meines Lebens als Erwachsener mit ihr verbracht.
Aber was wußte ich nicht?

Da fiel mir Clare Luce ein, die ich in meinen amerikanischen
Jahren und auch nachher gut gekannt hatte. Diese in vielen Beziehungen bemerkenswerte Frau war Journalistin gewesen,
hatte ihren Kollegen Henry geheiratet, der »Time« gründete
und noch später »Life«, hatte einige bemerkenswerte und erfolgreiche Theaterstücke geschrieben und war schließlich amerikanische Botschafterin beim Vatikan gewesen. Sie hatte mir
einmal von ihrer Absicht erzählt, ihre Erinnerungen zu schreiben. Wörtlich: »Aber wer erinnert sich schon noch an alles?«
Ihr waren da gewisse Zweifel gekommen, noch bevor sie sich
an die Schreibmaschine gesetzt hatte. »Und so habe ich mir ein
paar Kollegen herangeholt, die recherchieren sollten.«

Ja, sie hatte ihr eigenes Leben »recherchieren« lassen, als
handele es sich um das Leben einer dritten Person.

Obwohl ich nie erfahren habe, was dabei herausgekommen
ist, beschloß ich, diesem bemerkenswerten Beispiel zu folgen.
Nicht daß ich mir fremde Leute zur Mitarbeit herangeholt
hätte, wohl aber gemeinsame Freunde oder jedenfalls Menschen, von denen ich wußte, daß sie H. H. einmal gut gekannt
hatten oder noch bis zuletzt kannten: Freunde, Bekannte, Kollegen, Regisseure, alle von denen, die noch lebten und die etwas
von ihr »wußten«.

Es war nicht immer leicht, meist sogar schwer und vor allem
oft so schwer für mich, daß ich daran dachte, das ganze Unternehmen aufzugeben.

Aber konnte ich? Ich konnte nicht.

Denn ich konnte überhaupt an nichts anderes mehr denken als an sie.

Dies dürfte nicht weiter erstaunlich sein, das geht wohl jedem Mann so, der nach so vielen Jahren seine Lebensgefährtin verliert. Trotzdem: ich hatte nie damit gerechnet, daß eine Tote mein Leben so vollkommen in Anspruch nehmen würde. Denn ich hatte nie damit gerechnet, sie, die achtzehn Jahre Jüngere zu überleben und, darüber wird sehr ausführlich zu sprechen sein, so völlig unerwartet. Denn ihr Tod war recht überraschend gekommen.

Er überraschte mich mit jedem Tag mehr. Ich konnte, um ein banales Klischee zu brauchen, es einfach nicht fassen. Und dieses Erstaunen und diese Ratlosigkeit wuchsen mit jedem Tag. (Ich schreibe dies alles hin, nicht weil ich glaube, daß das einen Dritten besonders interessieren wird, sondern nur, um die Existenz dieses Buches zu erklären.) Sie wurde mit jedem Tag lebendiger für mich, als sie in den letzten Jahren gewesen ist.

Anderes kam hinzu. Die Hunderte von Telegrammen oder Beileidsbriefen. Die Schreiben von sogenannten Fans, die ihr Autogramm wollten, nicht ahnend, daß dieser Wunsch durch den Tod gegenstandslos geworden war.

Dann kam der Tag, an dem ich einen Safe öffnete und dort einem Tagebuch ähnliche Notizen fand, die sie über viele Jahre geschrieben und für die sie bereits einen Verleger gefunden hatte, obwohl sie keinen gesucht hatte. Da wurde vieles lebendig, was ich vergessen oder unbewußt verdrängt hatte. Sie hatte, als sie mit dem Manuskript begann, den Wunsch geäußert, daß es erst nach ihrem Tod gedruckt werden solle. Freilich, wie konnte sie ahnen, daß ich es sein würde, dem diese Aufgabe zufiel?

Aber dies alles hätte nicht genügt, mich dazu zu veranlassen, das vorliegende Buch zu schreiben. Es waren auch nicht die wiederkehrenden Reaktionen von denen, mit denen ich mich über H. H. unterhielt. Ich hatte ihnen zwar immer wieder versichert, daß diese Unterhaltungen nur den Zweck hatten, mir die nun für immer Verlorene näherzurücken. Mich in Kenntnis zu setzen über dies oder das, was ich in den fast vierzig Jahren unseres Zusammenseins nicht erfahren hatte. Mein Entschluß zu dem nachfolgenden Bericht wurde auch nicht gefaßt, weil die meisten, mit denen ich mich in den nächsten Wochen und Monaten unterhielt, immer wieder spontan ausriefen: »Das müssen Sie schreiben! Das ist wichtig!«

Unter »wichtig« verstanden sie, es handele sich um Vorgänge weit über die Person von H. H. hinaus, die die Öffentlichkeit interessieren dürften. Um Betrachtungen über den Zusammenhang von Kunst und Leben.

Solche Argumente begriff ich wohl, rein verstandesmäßig, aber sie hatten wenig mit meinem Wunsch zu tun, noch einmal oder vielleicht auch zum ersten Mal »alles« über H. H. zu erfahren.

Nein, das alles war nicht ausschlaggebend. Ausschlaggebend war ein fast medizinisch zu wertender Umstand. Ich konnte H. H. nicht vergessen. Und so wie die Dinge lagen oder sich entwickelten, schien mir, daß das nicht besser, sondern schlimmer werden würde. Das alte Wort von der Zeit, die alle Wunden heilt, schien sich nicht zu bewahrheiten. Sie taten mit jedem Tag weher.

Ein befreundeter Theatermann, August Everding, der übrigens nie mit ihr gearbeitet hatte, verstand meinen schon an Verzweiflung grenzenden Zustand. Er versuchte, ihn zu erklären. »Was wollen Sie? Sie war schließlich keine Frau, die man so schnell vergessen kann, wenn man sie überhaupt vergessen kann. Sie war . . .« – er suchte nach Worten und ich habe sie noch im Ohr. »Sie war eben jemand. Präsent ist das Wort, das wir vom Theater in solchen Fällen gebrauchen. Aber was heißt ›in solchen Fällen‹? Ich kenne kaum einen zweiten.«

Aber auch diese Erklärungen hätten nicht genügt, mich zu diesem Buch zu bewegen.

Es waren die Worte eines anderen, eines weltberühmten Schweizer Psychiaters, den ich bei anderer Gelegenheit kennengelernt hatte und den ich nun aufsuchte – ich hatte nie zu-

11

vor einen Psychiater benötigt oder geglaubt, einen nötig zu haben. Aber jetzt fragte ich ihn, ob ich wohl im Begriff stand, verrückt zu werden?

Er verneinte. Er hielt meinen augenblicklichen Zustand für normal, wobei er hinzufügte: »Wenn es überhaupt so etwas wie normal gibt!«

Und dann redeten wir eine Weile über H. H., die er recht gut kannte.

Und dabei erzählte ich ihm wohl, wie ich glaube, noch nie jemandem erzählt habe, weil es mir auch nie so klargeworden war wie in diesem Gespräch. Nämlich, daß ich gar nicht mit einer Frau namens Heidemarie Hatheyer gelebt hatte, sondern – mit vielen Frauen. Denn sie war ja die vielen Frauen, die sie »gespielt« hatte. Gespielt? Die sie war, in jedem Sinn des Wortes, war, was sie, rein äußerlich gesehen, dargestellt hatte. Sie war Rose Bernd gewesen, die dralle leicht verführbare Bauernmagd, sie war Temple Drake, die komplizierte amerikanische junge Dame der Gesellschaft, die eine höchst komplizierte sündhafte Vergangenheit hinter sich hatte. Sie war Medea gewesen, die grausam enttäuschte Liebende. Sie war Lady Macbeth gewesen, die ehrgeizige Frau, die ihren Mann in Verbrechen und Verderben jagt, sie war Desdemona gewesen, die schuldlos Liebende, sie war Maria Stuart gewesen, jeder Zoll eine Königin. Sie war Candida gewesen, die liebende Frau schlechthin, sie war ... ja, wer war sie nicht gewesen ...?

Und da sagte der Psychiater: »Schreiben Sie das!« Er sagte diese Worte, als bestätige er mich nur in einem Plan, den ich schon hatte. Und wer weiß, vielleicht hatte ich ihn auch schon gehabt, ohne es zu wissen? Mag sein, daß ich von diesem Plan auch ahnte, ohne ihn definitiv gefaßt zu haben, daß der Professor da in etwas mir Unbewußtes vorstieß?

Wie dem auch sei: ich wußte plötzlich, daß ich dieses Buch schreiben mußte.

Ich bin kein Dichter. Es waren Dichter, die die »Madame Bovary« geschrieben hatten und die »Anna Karenina« und die Toni Buddenbrook. Diese Dichter und unzählige andere hatten Frauen geschaffen, die niemals lebendig gewesen waren. Warum? Weil sie es mußten.

Ich begann, über eine Frau zu schreiben, die gelebt hatte, mit der ich gelebt hatte, über sie und die Probleme, mit denen sie konfrontiert gewesen war.

Ich mußte nur wiedergeben, was das Leben mir vorgezeichnet hatte. Aber ich mußte.

Scheuren auf der Forch

2

Die nicht immer besonnte Jugend

Heidemarie Hatheyer wurde nie geboren.

Vielleicht sollte man zum besseren Verständnis dieser erstaunlichen Feststellung mit dem Wort »Eine« beginnen oder vielleicht, nein, sicher, sollte ich die betreffenden Vorkommnisse der Reihe nach erzählen. Im Sinne von H. H.

Sie war ihr Leben lang eine hingebungsvolle, ich möchte fast sagen fieberhafte Leserin von Sachbüchern, vor allem von Biographien, und das einzige, das sie an vielen dieser Biographien nicht leiden konnte, war, daß sie sozusagen in der Mitte begannen und dann eine Rückblende kam. Ihre ständige Kritik: »Warum nicht der Reihe nach?«

Also: der Reihe nach.

Am Anfang stand wohl, wir wollen ja keine Ahnenforschung betreiben, die Mutter. Die hieß ursprünglich Maria Helene Feucht, geboren zu Wien als Tochter eines recht wohlhabenden Fabrikanten. Ein ungewöhnlich attraktives Mädchen mit großen dunklen Augen und dunkelblondem Haar. Sie war auch sonst ungewöhnlich. Zum Beispiel ungewöhnlich musikalisch. Sie studierte Klavier bei den besten Lehrern der österreichisch-ungarischen Hauptstadt, und die stimmten darin überein, daß die junge Maria durchaus reif dafür sei, Konzerte zu geben. Sie könne berühmt werden und auch reich, wenn sie das nicht schon von Geburt aus gewesen wäre.

Die junge Dame aber erklärte, sie könne vor Publikum nicht auftreten. Das mache sie viel zu nervös. So etwas wie eine künstlerische Verpflichtung sah sie nicht. Ob sie es je probierte? H. H. glaubte es nicht. Jedenfalls nie zu einer Zeit, in der sie die Mutter hätte hören können. Schon gar nicht zu einer Zeit, in der es aus finanziellen Gründen notwendig gewesen wäre. Die junge Maria, wie auch die spätere, standen immer auf dem

Standpunkt, für Unterhalt hätten andere zu sorgen. Und als junges Mädchen hatte sie ja auch all das Geld, das sie brauchte.

Und das der Mann brauchen konnte, den sie zum Mann haben wollte. Das war ein gewisser Hugo Peter Nechansky.

Marias Vater zog natürlich Erkundigungen über ihn ein. Sie fielen katastrophal aus. Dieser junge Mann, dessen Name auf ungarische Vorfahren schließen ließ, war in Österreich geboren, von Beruf Offizier der österreichisch-ungarischen Armee, nämlich K. u. K.-Hauptmann.

Er sah sehr gut aus, er hatte, wie das damals bei jedem jüngeren K. u. K.-Offizier üblich war, unzählige Verhältnisse hinter sich und – Schulden. Es war in jenen Tagen vor dem Ersten Weltkrieg zwar für einen K. u. K.-Offizier durchaus möglich oder eigentlich fast selbstverständlich, Schulden zu haben, nicht aber mit Schulden zu heiraten. Ob es sich um ein Gesetz handelte oder um ein ungeschriebenes Gesetz, sei dahingestellt.

Kaufmann Franz Feucht war ziemlich entsetzt über das, was er erfuhr und erklärte seiner Tochter, sie könne diesen Nechansky nicht heiraten. Worauf diese ihm empört erklärte, dann würde sie sich das Leben nehmen. Sie hätte es vermutlich getan, zumindest fürchteten die Eltern so etwas. Infolgedessen sprach Herr Feucht mit Nechansky. Er erklärte sich bereit, seine Schulden zu bezahlen. Voraussetzung, daß Nechansky die Höhe der Schulden bekanntgab. Sie waren beträchtlich. Wie man später in Familienkreisen zu glauben meinte, betrug die Summe mehr als 300 000 Gulden, also ein gar nicht kleines Vermögen. Der Vater verlangte das Ehrenwort des Offiziers oder wie man damals sagte: das Ehrenwort eines Offiziers – daß damit alle Schulden abgegolten seien. Was er, der Realist und Menschenkenner nicht vermutete: dieses Ehrenwort war falsch. Sowas kam auch bei K. u. K.-Offizieren vor. Die wirklichen Schulden des Nechansky waren rund 200 000 Gulden höher.

Das kam erst später heraus. Vorläufig wurde geheiratet. Wie glücklich die Ehe war oder ob überhaupt glücklich, wurde später nicht bekannt. Das junge Paar lebte in Klagenfurt, der Garnisonsstadt des Nechansky. Übrigens nicht lange. Denn der Weltkrieg brach aus und Nechansky mußte an die Front. Zu seinem Pech auch noch an die russische Front. Über seine Taten an dieser Front ist nichts bekanntgeworden. Nur daß er sehr bald gefangengenommen wurde.

Die junge Frau Maria saß also nun allein in Klagenfurt, und begreiflicherweise langweilte sie sich. Sie hatte eine recht amüsante Jugend in Wien verbracht. Klagenfurt war so amüsant nicht. Es gab für die musikalische junge Frau wenige besuchswerte Konzerte, nach Wien zu den Eltern konnte sie auch nicht allzuoft fahren, das Stadttheater zu Klagenfurt war ein mehr oder weniger lamentables Institut, Theater und auch Personen mit niedrigeren musikalischen Maßstäben scheuten den Besuch der dortigen Oper, die natürlich nicht den geringsten Vergleich mit Wien zuließ.

Blieb also die sogenannte Gesellschaft. Die war übrigens ganz lustig. Und bald entdeckte die junge Maria eine Vorliebe für einen Industriellen namens Paul Hatheyer.

Ein großer, für seine jungen Jahre etwas zu schwerer Mann, Partner seines Vaters in der von ihm oder dessen Vater gegründeten Firma, die Seifen und ähnliche Produkte herstellte. Paul Hatheyer war durchaus kein typischer Provinzler. Er ergriff jede Gelegenheit, um nach Wien zu fahren und sich dort zu amüsieren, gelegentlich auch nach Budapest oder Prag – das alles war ja Inland – ja, auch nach Berlin und vor allem und immer wieder nach Paris. Er sah nicht nur gut aus, er war auch ein besonders charmanter junger Mann, jedenfalls fanden Frauen das, nicht nur in Klagenfurt, sondern eben auch in den erwähnten Weltstädten. Das machte ihn umso interessanter in den Kreisen der Klagenfurter Gesellschaft. Dort sah er sich, schon seinen Eltern zuliebe, ein bißchen vor. Er hatte nie die Absicht, sich in oder an Klagenfurt zu binden.

Bis er auf Maria Helene Nechansky traf.

Es war, wenn man den Versicherungen der beiden glauben darf, Liebe auf den ersten Blick. Die Tatsache, daß sie verheiratet war, bedeutete für die junge Maria kein Hindernis. Schon gar nicht, daß sie noch vor relativ kurzer Zeit bereit gewesen war, sich umzubringen, falls sie ihren Hauptmann nicht bekäme. Der war jetzt weit, sehr weit. Und da er Kriegsgefangener war, bestand keine Aussicht, ihn vor Ablauf des Krieges wiederzusehen. Der Krieg aber konnte noch Jahre dauern. So lange hätte Paul Hatheyer sicher nicht gewartet. Aber entscheidender: so lange wollte sie nicht warten.

Also ein sogenanntes »Verhältnis«. Sowas war natürlich in Klagenfurt nicht geheimzuhalten und wurde auch nicht geheimgehalten. Die ganze Stadt wußte davon. Schließlich auch, daß die Konsequenzen, die die Liebenden gezogen hatten, eine Konsequenz hatte. Maria wurde schwanger.

Das wäre heute kaum erwähnenswert. Damals, 1917, war das eine Sensation, besonders in einem Städtchen wie Klagenfurt, wenn die Frau mit dem betreffenden Mann nicht verheiratet war, ganz besonders, wenn sie mit einem anderen Mann verheiratet war.

Es ist bezeichnend für den Mut der jungen Frau, daß sie das alles auf sich nahm. Auch dafür, daß sie sich nie um die Meinung anderer kümmerte oder gar sich nach ihr richtete. Das Kind kam also zur Welt.

Nicht in Klagenfurt. Das wäre denn doch zuviel gewesen, sondern im kleinen Ort Villach, nur wenige Kilometer entfernt. In einer Klinik dort oder vielleicht nicht in der Klinik. Villach war ja wirklich sehr klein.

Es ging um eine Tochter, und sie war sehr kräftig. Wenn sie sich recht erinnerte – fast neun Pfund. Sie schlug also, zumindest in dieser Beziehung, dem Vater nach, nicht der zierlichen Mutter. Das Mädchen sollte den Namen Heide-Maria Pia Nechansky tragen, wurde aber vorläufig nicht getauft. Die Verhältnisse waren nicht danach.

Die folgenden Jahre müssen für die Mutter etwas schwierig gewesen sein. Zwar hatte der Großkaufmann Feucht seiner Tochter angeboten, zu ihm nach Wien zu ziehen oder besser noch, in das kleine Sommerhaus, das er in einem Dorf unweit von Wien besaß, die Leute würden dort nicht so viel reden, aber

17

sie lehnte das ab. Denn sie fühlte sich an Paul Hatheyer gebunden und hoffte, daß die Situation sich klären würde.

Das tat sie auch, bald nach Kriegsende, also im Herbst 1918, für Österreich-Ungarn wohl etwas früher als für Deutschland, aber es dauerte doch ein wenig, bis der Kriegsgefangene Nechansky zurückkam. Übrigens kam er gar nicht erst bis Klagenfurt. Nach einer kurzen Rücksprache mit seinem Schwiegervater reichte er die Scheidungsklage ein. Er wurde in kürzester Zeit geschieden, schuldig war, natürlich, seine Frau. Das alles kostete den alten Feucht noch ein bißchen Geld, aber nicht allzuviel.

Damals konnte er es sich noch leisten. Damals hätte er sich fast alles leisten können. Er hatte ein sehr gutgehendes Geschäft, nämlich eine vorzüglich laufende Fabrik, ein Mietshaus mitten in Wien, das freilich um diese Zeit nichts abwarf und ein sehr ansehnliches Bankkonto. Wenig später verkaufte er die Fabrik, das Bankkonto wurde noch ansehnlicher. Dann freilich kam die Inflation. Franz Feucht wurde in sehr kurzer Zeit vom reichen zum bettelarmen Mann. Er mußte sich auf das kleine Sommerhaus im Ort Traismauer zurückziehen und schließlich, um sich und seine Frau Hermine zu ernähren, dankbar sein, daß ein ehemaliger Geschäftsfreund ihm gewisse Schreibarbeiten zuschanzte.

Als die Enkelin ihn kennenlernte und übrigens sehr bald liebenlernte, war er schon längst soweit. Es beeindruckte schon das Kind, daß er das alles hinnahm, als sei es nun einfach nicht zu ändern, was es ja auch nicht war. Keine Spur von Selbstmitleid oder wehleidigen Erinnerungen an bessere Zeiten. Das imponierte ihr damals und sollte ihr auch später imponieren. Sie liebte ihn und die Großmutter bis zu seinem Tod und darüberhinaus.

Die Scheidung von Maria Nechansky von dem Mann, den sie sich mit Selbstmorddrohungen erobert hatte, lief, für damalige Zeiten, relativ schnell über die Bühne. Freilich, es dauerte einige Zeit, bis es soweit war, daß Paul Hatheyer seine Geliebte heiraten konnte. Dann adoptierte er seine Tochter. Vor den lokalen Behörden machte er kein Hehl daraus, daß sie wirklich »seine« war. Die wußten es natürlich sowieso.

Und nun sollte sie, endlich, getauft werden. Das Jahr war 1923, der kürzestmögliche Termin wäre Dezember gewesen. Da Hatheyer Katholik war, da Frau Maria Katholikin war, da beide Familien katholisch waren, sollte Heide-Maria natürlich katholisch getauft werden. Der Vertreter der katholischen Kirche aber lehnte ab. Dies ginge nicht. Warum es nicht ging, hat die geborene, aber nicht getaufte Katholikin nie erfahren. Die Mutter erzählte später, es sei umso komischer gewesen, als der Geistliche, der für die Taufe zuständig gewesen wäre und ablehnte, ein Verhältnis mit seiner Köchin hatte, was die ganze Stadt wußte. Wie dem auch sei, die kleine Tochter mußte Protestantin werden. Am 22. Februar 1924. Und wenige Wochen, bevor sie in die Schule kam. Der Name, auf den sie getauft wurde: Heidemarie, übrigens wahrscheinlich die erste Heidemarie in der Familiengeschichte – eine Erfindung der Mutter.

Übrigens hat sie erst viel später die wahren Zusammenhänge erfahren. Sie wuchs im Hause Hatheyer auf, dem Haus, in dem auch der Großvater und seine Frau residierten, direkt hinter dem Geschäftshaus. Sie hielt natürlich Paul Hatheyer für ihren Vater, der er ja auch war. Von der ganzen Geschichte um und mit Nechansky erfuhr sie erst viel später.

Die folgenden Jahre waren die vermutlich glücklichsten ihres Lebens. Jedenfalls ihrer Kindheit. Sie hatte, natürlich, keinerlei Sorgen. Die Mutter war nicht immer ganz einfach, sie widmete sich der Tochter nur soweit es ihre gesellschaftlichen Pflichten, worin immer sie bestanden, es zuließen. Die Dienstboten verwöhnten das junge Mädchen, und der Vater sagte ihr jeden Tag, man müßte fast sagen, jede Stunde, wie sehr er sie liebe. Sie hätte sich ihr Leben überhaupt nicht ohne ihren Vater vorstellen können.

Die Realität sollte sich anders gestalten. Die Ehe Hatheyer war nicht gerade schlecht, aber gut war sie auch nicht. Der Grund dafür war wohl die sich dauernd steigernde Unzufriedenheit der Mutter, die große Teile ihres Lebens gar nicht in

Klagenfurt verbrachte, sondern in Wien, die sich dort einkleidete und auf jede nur erdenkliche Weise eine Menge Geld ausgab. Paul Hatheyer war sicherlich nicht knauserig, aber die Ansprüche seiner Frau wuchsen ins Grenzenlose, zumindest für Klagenfurter Verhältnisse. Paul Hatheyer verschuldete sich. Zwar war er nur bei der väterlichen Firma verschuldet, aber der Vater sagte ihm rundheraus, so ginge es nicht weiter.

Die Mutter von Paul Hatheyer war gestorben, und der Großvater hatte wieder geheiratet, und diese zweite Frau wünschte sich für ihren eigenen Sohn, der auch in die Firma eintrat oder schon eingetreten war, die Stellung, die Paul Hatheyer innehatte. Es gab Kräche, es gab Schwierigkeiten.

Und es gab eines Tages die Scheidung.

Das alles bekam die junge Heidemarie nur am Rande mit. Sie verstand nicht die Hälfte davon, sie erlebte nur verständnislos und unter Tränen, daß eines Tages der Vater auszog.

Und bald darauf wieder heiratete, und zwar eine Frau, mit der er wohl schon »befreundet« gewesen war, als er noch mit der Mutter seiner Tochter verheiratet war.

Und nun geschah etwas sehr Seltsames und für das wechselhafte, schwierige Leben, dem diese Tochter ausgesetzt sein sollte, Symptomatisches.

Natürlich hatte bei der Scheidung die Mutter das Sorgerecht für die Tochter erhalten, und was der Vater für den Lebensunterhalt der Tochter zahlen mußte, war gar nicht so wenig. Trotzdem war Frau Maria sehr bald bereit, dem neuverheirateten Vater das Kind zu überlassen. Heidemarie befand sich also überraschend und plötzlich in einem anderen Haus, in einer anderen Wohnung. Die Mutter lebte zwar weiterhin in Klagenfurt, weilte aber immer häufiger in Wien oder auch anderswo, wo es lustiger zuging als in Klagenfurt. Ob sie sich um ihre Tochter Sorgen machte und welcher Art diese Sorgen waren, ist nicht überliefert worden. Heide erzählte mir später oft, daß ihre Ersatzmutter eigentlich sehr nett zu ihr gewesen sei und viel mehr für sie übrig zu haben schien als die eigene Mutter. Ihretwegen hätte es immer so weiter gehen können. Aber der Vater mußte ihr da einen Strich durch die Rechnung machen. Die Sache war die, daß die väterliche Firma bereit war, seine Schulden zu streichen. Bedingung – er mußte die Firma verlassen.

Dies bedeutete natürlich den Verlust seines Einkommens. Dabei wäre er wohl so oder so aus Klagenfurt weggezogen. Denn seine erste Frau machte ihm das Leben immer schwerer. Sie brauchte stets Geld, Geld, Geld. Und so entschloß er sich eines Tages, mit seiner zweiten Frau nicht nur Klagenfurt zu verlassen, sondern Österreich, ja Europa. Er zog nach Brasilien. Der Grund für diesen außerordentlichen Umzug war, daß er in Brasilien nicht mehr finanziell belangbar war. Das heißt, er brauchte seiner ehemaligen Frau kein Geld mehr zu zahlen, nicht einmal die Summen, die bei der Scheidung festgelegt worden waren.

Bei dieser Emigration konnte er natürlich nicht die Tochter aus erster Ehe mitnehmen. Als sie erfuhr, daß der Vater fortziehen würde, er war eigentlich schon weg, brach ihr das kleine Herz. Dabei konnte sie nicht ahnen, daß sie ihn nie wieder sehen würde.

Was nun?

Die Mutter hatte inzwischen die Wohnung in Klagenfurt aufgegeben. Der Tochter war es meist völlig unbekannt, wo die Mutter sich jeweils aufhielt. Sie sollte es auch vorläufig nicht erfahren. Die Familie, besser: die Familien sprangen ein. Das junge Mädchen wurde bald hierhin, bald dorthin geschickt. Einzelheiten sind von heute aus gesehen nicht sehr wichtig. Nur, daß das Mädchen, das elf Jahre alt geworden war, nicht gerade beliebt bei den Familien war, denen sie jeweilig zugeschoben wurde. Eher eine Last. Und man ließ sie das wohl deutlich spüren.

Sie selbst, später, eigentlich ein Leben lang: »Ich war nicht sehr beliebt. Freilich, ich war wohl ein schwieriges Kind . . .«

Ich habe mir, als sie es mir zum zweiten oder dritten Mal erzählte – es waren mehr als zwanzig Jahre später – die Frage gestellt: Wie erfährt eigentlich ein Kind, daß es ein schwieriges Kind ist? Auf diese Frage gibt es nur eine Antwort, nämlich:

21

Man hat es ihr gesagt, man hat es ihr immer wieder gesagt, man hat ihr immer wieder zu verstehen gegeben, daß sie, milde gesagt, unerwünscht sei.

Es gab gelegentliche Lichtblicke. Die Mutter hatte Freunde. Daß sie mit diesen Freunden lebte oder, um es brutal zu sagen, von ihnen, war der Tochter damals noch nicht klar. Einer dieser Freunde, mit dem die Mutter einige Jahre lebte, war ein sehr wohlhabender Gutsbesitzer in der Nähe des Wörthersees. In den Ferien durfte sie auf das Gut, und dieser Mann mochte sie, und sie sah in ihm eine Art Vaterersatz. Er wollte schließlich die Mutter heiraten, obwohl er etwas jünger war als sie. Aber da rebellierte seine Familie. So verlor schließlich Frau Maria ihren langjährigen Freund und auch ihre finanzielle Stütze.

Die Tochter wurde auf ein Internat geschickt.

Das war, zumindest zu Beginn, eine kleine Tragödie. Denn Heidemarie hatte Todesangst vor dem Internat. Irgendwer, später wußte sie nicht mehr wer, hatte ihr zu verstehen gegeben, es gäbe nichts Schlimmeres für ein junges Mädchen, als in einem Internat aufzuwachsen.»So ganz ohne Familie!«

Das sollte also jetzt ihr Schicksal sein. Wer hätte es verhüten können oder wollen? Der Vater war weit weg, ein Brief an ihn hätte Wochen gebraucht, wenn er überhaupt angekommen wäre, und der Vater hatte ja gar nicht im Sinn, irgendetwas für sie zu tun. Die Mutter war unerbittlich. Für sie die Hauptsache: Die Tochter war untergebracht und fiel ihr nicht mehr zur Last.

Die kleine Heide, die übrigens gar nicht mehr so klein war, weit über ihr Alter hinaus groß und stämmig, mehr Bauernmädel als Tochter aus gehobener Familie, war der Verzweiflung nahe, aber das ahnte niemand. Wen hätte es auch interessiert? Es war das erste Mal in ihrem Leben, aber nicht das letzte Mal, daß sie Existenzangst hatte. Wie sollte es weitergehen? Sie hatte keine Ahnung. Sie konnte auch nicht ahnen, daß sie gerade hier in dem Wiener Internat das werden würde, was sie werden mußte.

Freilich, eines wurde das Institut nie, konnte es auch nicht werden: ein Zuhause. Und die Jahre, die Heide dort verbrachte, bildeten, vielleicht ohne daß sie es ahnte, geschweige denn wußte, den Grund für ihre ewige Sehnsucht nach einem Zuhause, einem Platz, wo man sich nicht unter »fremden Leuten« befand. Es handelte sich um eine der Bundeserziehungsanstalten, von denen es in Wien zwei für Mädchen und eine für Knaben gab. Sie unterstanden direkt dem Bundesministerium für Unterricht, also dem Staat, der sie auch finanzierte. Der Pensionsplatz kostete in jenen Tagen, also Ende der zwanziger, Anfang der dreißiger Jahre monatlich 120 Schilling, was etwa 60 Mark entsprach. Aber selbst diese geringfügige Summe konnten nur wenige Schülerinnen bringen. Es gab also Freiplätze, und es gab Schülerinnen, die ein Zehntel zahlten, Heide zahlte – wer zahlte? – drei Zehntel, also nicht einmal den Gegenwert von 20 Reichsmark. Dafür erhielt sie nicht nur Verpflegung und Unterricht, sondern auch Klavier- oder Geigenstunden, dafür durfte sie gelegentlich in die Oper, ins Burgtheater oder in Konzerte gehen, dafür durfte sie auch Sport treiben, konnte Französisch- und Lateinunterricht nehmen, später auch als Freifach Unterricht in Englisch. Diese Institute waren gegründet worden, um begabten, aber finanziell schwächeren oder gar mittellosen Mädchen eine solide Schulbildung zu vermitteln, übrigens mit Matura (Abitur).

Der Akzent lag auf begabt. Die Schülerinnen mußten, bevor sie aufgenommen wurden, eine Prüfung machen, und diese Prüfung war nicht gerade leicht. Eine gewisse Intelligenz oder, wenn man will, auch eine Auffassungsgabe und ein gewisser Fleiß waren notwendig, denn die Anforderungen waren, von welchem Gesichtspunkt aus gesehen, recht hoch. Wer ihnen nicht entsprach oder, wie es populär heißt, sitzenblieb, mußte aus dem Internat verschwinden.

Bevor Heide in die »Bea« aufgenommen wurde, mußte sie natürlich erst einmal eine Aufnahmeprüfung machen, und auch die kam nur zustande, wenn die betreffende Schülerin gute Zeugnisse vorweisen konnte.

Heide konnte. Sie hatte zwischen 1928 und 1930 die erste

und zweite Klasse des Mädchen-Realgymnasiums in Klagenfurt besucht, ihre Aufnahmeprüfung war, wie sich gewisse Lehrer und vor allem Lehrerinnen später erinnerten, eine Bravour-Leistung gewesen.

Übrigens, um es gleich hier zu sagen, ihre Leistungen in den folgenden Jahren waren auch erheblich, und ihr Abitur machte sie auch mit lauter »sehr gut« oder »gut«. Da gab es nur eine Ausnahme, nämlich die Mathematik. Da bekam sie bei ihrem Abitur nur ein »genügend«. Und das bedeutete, daß sie dieses Abitur nicht mit »Auszeichnung« bestand, was verhängnisvoll gewesen wäre, wenn sie hätte studieren wollen, wozu sie natürlich einen Freiplatz hätte erringen müssen. Und genau das war nur denen mit »Auszeichnung« möglich.

Der betreffende Lehrer hatte auch aus diesem Grunde trotz Zureden der anderen Lehrer und Lehrerinnen, die sehr angetan von ihr waren, ihr einen Stein in den Weg legen wollen. Denn er mochte Heide nicht, er mochte die ganze, etwas impulsive Art des jungen Mädchens nicht.

Ich erinnere mich so deutlich dieser von mir natürlich nicht miterlebten Geschichte, weil viele, viele Jahre später, als sie bereits eine berühmte Schauspielerin war und am Burgtheater in Wien spielte, sie zu einem Treffen der ehemaligen Schülerinnen jenes Instituts eingeladen wurde und, da ich mich zufällig auch in Wien befand, mich mitnahm.

Ich sehe sie noch vor mir, die schon etwas ältlichen Damen, die eigentlich durchwegs älter aussahen als Heide, die sich aber noch wieder in ihre Jugendzeit versetzt fühlten. Es herrschte ein netter und lustiger Ton. Bis dieser Mathematik-Professor, der wohl schon längst pensioniert war, auf Heide zukam und sie nicht ohne Genugtuung daran erinnerte, daß er ihr seinerzeit wohl die »Auszeichnung« mit allen ihren Folgen vermasselt habe. An das Wort »vermasselt« kann ich mich noch entsinnen. Heide sah durch ihn hindurch, lächelte vage. Eine ihrer ehemaligen Mitschülerinnen sagte zu dem Mann, er habe der Hatheyer wohl kaum geschadet.

Ich sagte zu ihm: »Wie kann man nur so dumm sein!«

Er war verblüfft. Er sagte in etwa, er habe gar nicht behauptet, daß die Hatheyer dumm sei oder dumm gewesen sei.

Und ich: »Ich spreche gar nicht von der Hatheyer, ich spreche von Ihnen, Herr Professor! Wie kann man so blöd sein, um nach mehr als zwanzig Jahren eine erfolgreiche Künstlerin daran zu erinnern, daß sie ihr Abitur nicht mit ›Auszeichnung‹ bestanden habe?«

Er glaubte, nicht verstanden zu haben. Er fragte: »Sie halten mich für dumm?«

Ich bestätigte: »Für außerordentlich dumm!«

Heide wurde im Internat vom ersten Tag an Heidi gerufen. Sie war auch vom ersten Tag an ungemein beliebt. Sie war, das bestätigt ihre beste noch lebende Freundin, immer sehr fröhlich und, was den Kameradinnen besonders imponierte, zu allem möglichen Schabernack bereit. Sie hatte ziemlich Schlimmes hinter sich, und sie sollte es nie vergessen. Aber sie konnte es zumindest in ihrer Jugend kompensieren, wie man heute so schön sagt.

Also: die Nacht in einem Schlafsaal mit zwölf Betten. Um sieben Uhr wecken, aufstehen, waschen, anziehen. Um acht Uhr Schulbeginn. Um zehn Uhr große Pause, in der die Betten gemacht werden mußten, anschließend ein zweites Frühstück. Wieder Unterrichtsstunden, Mittagessen, dann Gartenzeit, dann Lernzeit bis zum Abendessen, dazwischen wohl noch eine Pause. Die Mädchen mußten also nicht gerade hungern. Heide sagte trotzdem später, sie hätte auch doppelt so viel essen können.

Nachmittags nur wenig Unterricht, vor allem Sport – sie wurde eine begeisterte Sportlerin.

Ausgehen nur gelegentlich, fast nie allein, meist die ganze Klasse. Man ging paarweise hintereinander durch die Straßen, was die Passanten zu Spott reizte. Die Mädchen nahmen es hin.

Sehr selten durfte man auch allein ausgehen, aber nur mit sogenannten Ausgangskarten. Man mußte sich abmelden beim Verlassen der Schule, und am Bestimmungsort, also bei Verwandten, wurde eingetragen, wann man eingetroffen war, wann man wieder fortging, alles mußte bestätigt werden. Heide gehörte zu den Schülerinnen, die selten ausgingen – wohin hätte sie denn gehen können? Übrigens wurde häufig Ausgehverbot über sie verhängt. Denn sie konnte es nicht lassen, aufzumucken, und sei es auch nur, weil sie den ganzen Betrieb, vor allem aber natürlich die Lehrkräfte immer irgendwie komisch fand. Und weil sie das auch gar nicht zu verbergen suchte. Jedenfalls empfanden es die Lehrerinnen und Lehrer so.

Nicht zuletzt deswegen war sie bei ihren Mitschülerinnen so beliebt. Sie war auch nicht nur ungewöhnlich groß für ein junges Mädchen, was es später nicht immer leicht machte, einen Partner für sie zu finden, und sie war ziemlich dick oder, wie man sagte, pummelig. Aber das stand ihr gut. Jedenfalls störte es niemanden.

Sie fiel auf, wie gesagt, durch dumme Streiche, die zumindest in den Augen des Lehrkörpers manchmal so weit gingen, daß man sich überlegte, ob es nicht ratsam sei, sie der Schule zu verweisen. Einmal war es nahe daran. Nämlich, als man vermutlich aus finanziellen Gründen die Schule im dritten Bezirk mit der gleichen Schule aus dem siebzehnten Bezirk zusammenlegen wollte. Das hätte bedeutet, daß man bei den Schülerinnen hätte sieben müssen, und dann wäre sie wohl eines der Opfer gewesen. Sie erschrak, als sie das begriff. Sie begann fassungslos zu weinen. Aber es ging noch einmal an ihr vorüber.

Was hätte sie wohl getan, wäre sie plötzlich vor die Türe gesetzt worden? Wer hätte ihr geholfen? Was hätte man für sie tun können? Was wollte sie denn aus ihrem Leben machen? Sie hatte keine Ahnung. Sie war – noch – in des Wortes wahrster Bedeutung unbekümmert. Es sollte nicht mehr lange so weitergehen.

Begabt war sie ja – in vielen Beziehungen. Lust hatte sie freilich nur zu einem: zu schreiben. Sie schrieb gut. Ihre Aufsätze entzückten die Deutschlehrerin. Sie unterhielt sich gern mit der begabten Schülerin. Heide gab ganz offen zu, am liebsten würde sie Journalistin werden.

Das hat sie mir oft erzählt, und beim zweiten oder dritten

Mal habe ich sie gefragt, welche Motive sie hatte. Soviel war klar: Die Schülerinnen des Internats bekamen keine Zeitungen zu Gesicht. Sie sah gelegentlich welche, wenn sie bei Verwandten oder öfter noch, bei Verwandten von Schulfreundinnen eingeladen war, und sie erinnerte sich noch, daß sie die geradezu verschlang. »Mich interessierte gar nicht so sehr, was auf der Welt jeweils vorging, obwohl es ja in den dreißiger Jahren interessant genug gewesen wäre, aber dazu, die Bedeutung der politischen Nachrichten zu begreifen, war ich viel zu unwissend. Was mich faszinierte, war, daß es eine andere Welt gab, eine Welt außerhalb von Klagenfurt, außerhalb des Wiener Internats, außerhalb von Wien überhaupt. Ich wollte anderes kennenlernen . . . Anderes, kein Wort ist richtiger dafür. Ich wollte kennenlernen, was ich nicht kannte, was ich kaum ahnte. Und ich dachte, Journalistin zu werden, sei ein Weg, es kennenzulernen – das andere . . . die ganze Welt!«

Die Lehrerin war sofort Feuer und Flamme für Heides Idee, Journalistin zu werden, hütete sich aber aus pädagogischen Gründen, das der Schülerin zuzugeben. Sie hatte Angst, diese würde die Schule verlassen wollen, um sofort mit dem Schreiben zu beginnen.

Aber Heide ließ sich davon überzeugen, wenn man sie überhaupt überzeugen mußte, daß das Abitur zu machen auf jeden Fall wichtig sei.

Die Lehrerin, die sich nie in ihrem Leben mit Journalismus beschäftigt hatte, zog Erkundigungen ein. Sie teilte der Schülerin mit, sie könne sicher beginnen, nach dem Abitur zu schreiben, aber als »freie Mitarbeiterin« einer Zeitung oder einer Zeitschrift. »Leben kann man davon nicht! Außerdem mußt du noch gewisse Examina hinter dich bringen.« Wie lang das dauere? »Mit einem Jahr mußt du wohl rechnen . . .«

Heide später: »Ich überlegte mir nicht lange, wie dieses Jahr zu finanzieren sei. Irgendwie würde es schon gehen.« Es war eine optimistische Phase in ihrem Leben.

Da gab es noch eine zweite Begabung. Sie konnte ein wenig schauspielern. Auch das hatte ihr niemand beigebracht. Sie

27

war, was man ein bißchen oberflächlich ein »Naturtalent« nennt.

Was ist das nun eigentlich? Sie ahnte damals nicht, daß sie dieses Naturtalent besaß und schon gar nicht, was ein Naturtalent ist. Sie war eben der Deutschlehrerin, einer Frau Anna Kainz-Schrötter, beim Deklamieren aufgefallen. Und als es galt, ein Theaterstück einzustudieren, was jedes Jahr in dieser Schule einmal geschah, holte man sie. Das erste Mal, da war sie noch nicht einmal sechzehn, für die Hauptrolle in Ferdinand Raimunds Zauberposse mit Musik und Tanz »Die gefesselte Phantasie«. Im nächsten Jahr spielte sie dann in Johann Nestroys berühmter Posse »Lumpazivagabundus«.

Die Namen der Verfasser sagen heute wenig außerhalb Österreichs, die Stücke werden selbst in Österreich kaum noch gespielt, es sei denn in Vorstadttheatern oder auf Provinzbühnen. Beide, Nestroy und Raimund, waren ursprünglich Wiener Schauspieler des vorigen Jahrhunderts, die dann für ihr eigenes Theater und für ihre eigenen Truppen Stücke schrieben. Die Hauptrollen natürlich für sich selbst.

Diese Stücke waren sehr komisch oder sollten es jedenfalls sein. Fast alle Stücke der genannten Autoren waren nicht nur Possen, sondern sie nannten sich auch Zauberpossen oder allenfalls Zauberspiele. Grund: Die Rahmenhandlung wurde jeweils von Geistern gestaltet. Geister, die fast ausschließlich von den Autoren erfunden wurden. Zum Beispiel hießen die bösen »Zauberschwestern« bei Raimund Vitria und Arrogantia. Die Existenz dieser erfundenen Geister war, daß sie sich stritten oder dann ihre jeweiligen Pläne durchkreuzten, und daß sie schließlich irgendetwas beschlossen, was dann das Schicksal der kleinen Bürger, und das war die sogenannte Handlung, ausmachte. Die Geister sprachen geschwollen. Etwa: »Weh' mir!« oder »Heil' Euch«. Die Normalbürger sprachen wienerisch.

Die Hauptrollen waren jeweils, wie gesagt, komische Rollen für nicht mehr ganz junge Männer, und die Deutschlehrerin besetzte den Knieriem und den Harfenisten Nachtigall jeweils mit H. H. Man kann sich wohl kaum eine ungeeignetere Besetzung vorstellen als ein junges Mädchen von sechzehn Jahren für die komischen Trunkenbolde.

Auf meine Frage viele, viele Jahre später, warum man sie denn genommen habe, sagte sie: »Es war ja keine andere da!« Auf die weitere Frage, ob sie so etwas hätte spielen wollen, denn diese Männer waren ja dreimal so alt wie sie und überhaupt eher robust und hatten so gar nichts Zartes an sich, meinte sie: »Warum nicht?« Sie sagte dazu später, sie war schon damals der Überzeugung, daß man alles spielen könne, man müsse sich nur in die Rolle versetzen.

Wenn man das damals von ihr gehört hätte . . . Immerhin ein Schlüssel, wenn nicht der Schlüssel zu ihrer späteren Laufbahn.

Nun gut, H. H. wurde geschminkt, wurde in die entsprechenden Kostüme gesteckt, den Bauch aus Kissen nicht zu vergessen, man, das heißt, die Lehrerin, Frau Kainz-Schrötter – war sie eigentlich irgendwie mit dem berühmten, 1911 verstorbenen Burg-Schauspieler Josef Kainz verwandt? –, übte den Text mit ihr ein, sie inszenierte ja die jeweiligen Aufführungen, aber was würde dabei herauskommen? Konnte ein junges Mädchen einen älteren, meist besoffenen Mann darstellen? Konnte sie sich so bewegen wie er? Konnte sie so sprechen, wie er sprechen mußte, im Suff oder auch nüchtern? Konnte ein junges Mädchen die notwendige Atmosphäre schaffen? Konnte man ihr auch nur einen Augenblick die Figur abnehmen?

Die zuschauenden Schülerinnen waren entzückt von dem, was sie zu sehen bekamen. Auch die Lehrer, und darunter waren einige, die gelegentlich ins Theater gingen, waren beeindruckt. Und sie lachten Tränen. Auch die anwesenden Eltern.

Die Englischlehrerin, die auch Theater in London gesehen hatte, meinte bedauernd, es sei schade, daß H. H. nie Schauspielerin werden könne. Sie war wohl eine der wenigen. Die meisten, die Heide sahen, dachten gar nicht an Schauspielerei, sondern an ihre Fähigkeit, sich zu verstellen. So nannte sie es jedenfalls.

Aber war sie nicht schon eine Schauspielerin? Damals hatte sie jedenfalls keine Ahnung. »Ich spielte einfach drauflos . . . !

Ich spielte so, wie ich dachte, daß der Nachtigall oder der Knieriem sein mußten!«

Später wurde ihr bewußt, was ihr damals sozusagen eingefallen war.

Die erwähnte Deutschlehrerin fand das Organ der Schülerin beachtlich. Und vor allem, daß sie eine natürliche Stütze hatte, was bedeutet, daß sie, auch wenn sie leise sprach, sich denen, die in den hintersten Reihen eines Theaters saßen, bemerkbar machen konnte. Nicht viele der jungen Mädchen haben eine solche natürliche Stütze, aber man kann sich das in Schauspielschulen erwerben.

Die Deutschlehrerin schlug also vor, H. H. ein paar Sprachstunden zu geben. Sie war, wie sie später feststellte, durchaus nicht des Glaubens, daß da viel Praktisches herauskommen würde. Sie fand es nur schade, daß ein solches Organ nicht gepflegt werden sollte. Als Deutschlehrerin war sie nicht immer glücklich darüber, wie ihre Wiener oder österreichischen Schülerinnen sprachen. Keine von ihnen sprach reines Deutsch. Sie alle sprachen einen Dialekt, meist einen Wiener, aber auch einen steyrischen oder einen tschechischen oder einen ungarischen. Fast jede hatte eine andere Sprachmelodie, das war damals in Wien so, aber keine gab sich die Mühe, reines Deutsch zu sprechen.

H. H., die nur ein paar Tage Ferien mit der Mutter in Berlin und an der Ostsee verbracht hatte, konnte mühelos reines Deutsch sprechen, ohne irgendeinen lokalen Beiklang. Ein oder zwei Jahre vor ihrem Abitur hatte die Mutter sie also in einem Anfall von Großmut nach Berlin mitgenommen. Dort hatte sie mit der Tochter zusammen im staatlichen Schauspielhaus gesessen, zwei- oder dreimal. H. H. hatte dort »Emilia Galotti« von Lessing gesehen, mit Gustaf Gründgens in der Rolle des verführenden Prinzen, mit seiner Frau, der Schauspielerin Marianne Hoppe, in der Titelrolle, mit der unvergleichlichen Käthe Dorsch in der herrlichen Rolle der alternden Geliebten des Prinzen, Gräfin Orsina. H. H. hatte begriffen, das war Schaupielkunst, große Schauspielkunst.

Schürte dieser Abend oder andere in Berlin ihren Wunsch, zur Bühne zu gehen? Sie konnte sich nicht daran erinnern. Sie glaubte – nein. Sie hatte damals gar nicht den Wunsch, zum Theater zu gehen. Sie hatte nur den Wunsch zu schreiben.

Natürlich waren die Abende in Berlin nicht die einzigen Theatererlebnisse. Wie schon vorher bemerkt, durften die Bea-Schülerinnen gelegentlich ins Burgtheater – natürlich auf die vierte Galerie. Dort saß H. H. und sah auf die unendlich weit entfernte Bühne unter ihr und war – meist desillusioniert. Sie hatte zwar nie Schauspielunterricht genossen und sollte es nie, sie hatte also kein trainiertes Urteil darüber, ob ein Schauspieler gut war oder schlecht, aber sie hatte ein Gefühl dafür, ob er versuchte zu sein, was er darzustellen hatte oder nicht. Sie durchschaute die Schauspieler schon zu einer Zeit, da sie von ihrem späteren Beruf nichts wissen konnte. Sie hatte ein untrügliches Gefühl dafür, was »echt« war, was gemacht. Sie gebrauchte mir gegenüber später einmal den Ausdruck »hingerotzt«. Sie hatte das Gefühl, daß gewisse Schauspieler nach der soundsovielten Aufführung oder vielleicht auch schon von Anfang an – zu Premieren durften sie natürlich nie ins Burgtheater oder in andere Häuser – einfach den Text hersagten, den sie gelernt hatten, mit den entsprechenden Bewegungen, in den entsprechenden Stellungen und ohne innere Beteiligung. Sie schloß auch nicht die bedeutendsten Schauspieler, die sie zu Gesicht bekam, von diesem gelegentlichen Vorwurf aus. Zum Beispiel Werner Krauss, den sie als König Philipp in »Don Carlos« zu sehen bekam, der die soundsovielte Wiederholung der Aufführung eben einfach absolvierte, ohne auch nur einen Augenblick etwas zu fühlen oder sich Mühe zu geben, etwas zu spüren. So sah das die blutjunge H. H. Sie empfand das als eine Art Betrug an ihr, die gekommen war, den großen Werner Krauss zu sehen. Sie empfand das als Betrug am Publikum schlechthin. Übrigens auch später.

Ich fragte sie einmal, ob sie damals den Entschluß gefaßt habe, falls sie je auf der Bühne stehen würde, es anders zu machen. Sie lachte: »Ich habe damals überhaupt nicht mit der

Möglichkeit gerechnet, je auf einer richtigen Bühne zu stehen!«

Sie war sehr konsequent in ihrem Urteil. Da war zum Beispiel der herrliche Komödiant Max Pallenberg, der auch gelegentlich in Stücken von Molière auftrat oder in anderen Lustspielen von gewissem Format, meist aber in Possen und Schwänken. Und der die Rollen, die er zu spielen hatte, nur mitspielte, im wesentlichen aber seinen eigenen Text brachte, den er jeden Abend improvisierte, um das Publikum zum Lachen zu bringen und, woran ihm wahrscheinlich mehr lag, vor allem die Mitspielenden. H. H. fand das geradezu empörend. Sie konnte sich überhaupt nicht dazu verstehen, die Kunstfertigkeit dieses Improvisators zu honorieren. Sie meinte, niemand sei ins Theater gekommen, um diese Improvisation zu hören. »Schlimm genug, daß die Leute dann lachten!« sagte sie zu mir etwa zwanzig Jahre später.

Viel schöner als alle Theaterbesuche, die oft für sie so fragwürdige Resultate zeitigten, waren für H. H. die Besuche der Opernhäuser und der Konzertsäle. Und dort gab es einen Gott für sie, dem sie über ihr ganzes Leben treu blieb: Mozart.

Mit Richard Wagner konnte sie nie viel anfangen, allenfalls mit dem 2. Akt des »Tristan«, aber sonst – sehr wenig. Die »Meistersinger« sollten sie nie beeindrucken, eher noch der »Holländer« und »Tannhäuser«. Auch Richard Strauss schätzte sie nur mit Maßen. Aber das ist eine andere Geschichte.

Die Jahre vergingen, wie sie meist vergehen, nämlich schneller als vermutet. Die Matura oder das Abitur, dessen Bestehen nie fraglich war, denn H. H. war ja ungemein begabt, stand vor der Tür.

Und so eines Tages die Mutter, Maria Hatheyer. Sie hatte im letzten Jahr in Wien gearbeitet, wenn man es Arbeit nennen kann. Sie war eine Zeitlang eine Art Empfangsdame in einem Modesalon gewesen, dann, als ihr das zuviel wurde, eine Art Empfangsdame bei einem Arzt – oder war es ein Zahnarzt? Viel hatte sie nicht tun müssen, denn, wie ihr Bruder von ihr sagte: »Sie arbeitet gern, wenn es nicht in Arbeit ausartet!«

Also, die Mutter erschien und stellte die Frage: »Was hast du dir eigentlich nach der Matura vorgestellt?«

Die Tochter antwortete in etwa, sie wolle Journalistin werden.

Ob man das ohne weiteres werden könne? »Nicht ohne weiteres. Ein Jahr müßte ich wohl noch studieren und einige Prüfungen ablegen!«

Die Mutter fragte, wovon sie denn in diesem Jahr zu leben gedenke? Und sie fügte hinzu, das blieb der Tochter in steter Erinnerung: »Und wovon soll ich leben?«

Und dann kamen die Worte, die der Tochter ebenfalls ein Leben lang unvergeßlich bleiben sollten: »Du bist dir doch klar darüber, daß du mich jetzt ernähren mußt!«

3

Und nun – Theater!

Die Tage und Wochen nach der gnadenlosen Ankündigung der Mutter, die Tochter müsse für sie nach beendeter Schule sorgen, dürften aufregend genug für diese gewesen sein. Mitte der fünfziger Jahre, also rund fünfzehn Jahre danach, sprach H. H. mit mir auch über diese Zeit – sie erzählte mir über so vieles aus ihrem Leben, und ich erzählte ihr natürlich manches aus meinem Leben –, aber sie verweilte des öfteren in jenen Wochen vor und nach dem Abitur.

Die Reaktion auf die Ankündigung der Mutter?

Sprachlosigkeit. »Ich wußte wirklich nicht, was ich tun sollte!« Sie war sich lediglich darüber im klaren, daß ein neues Kapitel ihres Lebens beginnen würde. Sie sollte in wenigen Wochen sich selbst und die Mutter ernähren. Und sie hatte bisher nie diese Möglichkeit oder Notwendigkeit ins Auge gefaßt und war nicht im geringsten darauf vorbereitet.

Eines stand ja fest: Es gab keine Alternative. Die Familie Hatheyer oder das, was von ihr vorhanden war, hatte nie im Ernst daran gedacht, etwas für das junge Mädchen zu tun, von dem sie übrigens nicht allzuviel hielt. Dasselbe galt für die Familie der Mutter, immer von den Großeltern abgesehen, die freilich nichts tun konnten. Die anderen Mitglieder der Familie Feucht? Zu einer gemeinsamen Jause waren sie bereit, aber zu mehr nicht – laut H. H.

H. H. sprach mit ihrer Erzieherin. Die »Erzieherin« war eine Institution der Schule, jede Klasse hatte eine. Und es waren meist hochkarätige, nicht mehr ganz junge Damen, die ihren Beruf sehr ernst nahmen. Auch die Erzieherin von H. H. Sie war auf die Anfrage der Schülerin nicht vorbereitet.

»Sie werden natürlich weiterhin studieren, und es dürfte nicht schwer sein, Ihnen ein Stipendium zu verschaffen. Nach einem Jahr wären Sie Hochschullehrerin, immer vorausgesetzt, daß Sie die Prüfungen bestehen, aber daran ist ja wohl kaum zu zweifeln.«

Ein Jahr? Nein, so viel Zeit gab es nicht. Wer würde sie ernähren? Wer würde, wichtiger, viel wichtiger, die Mutter ernähren? Frau Kainz-Schrötter glaubte, es verantworten zu können, H. H. als Lehrerin an eine Schauspielschule zu empfehlen. Natürlich nicht für Schauspielunterricht. »Sie haben ja selbst keinen genossen!« Aber sie könnte Schülerinnen sprachlich ausbilden. Nur: Damit sei nicht allzuviel Geld zu verdienen, und es sei überdies mehr als fraglich, ob man eine so junge Lehrerin, die ja eben niemals auch nur eine Stunde Schauspielunterricht genossen hatte, als Lehrerin in eine Schauspielschule verpflichten würde.

Das sah H. H. ein.

Die Entscheidung fiel letzten Endes durch zwei Freundinnen, die in dieselbe Klasse gingen wie H. H. und ebenfalls ihr Abitur machen sollten. Sie waren sich darüber einig. »Du mußt natürlich zum Theater!«

Natürlich? Nun ja, sie hatte einige Male Theater für die Schule gespielt, Frau Kainz-Schrötter war mehr als skeptisch. Ohne Schulung? Aber das junge Mädchen könne ja für sich selbst sehen. In wenigen Wochen, es waren sogar weniger als zwei, sollte in einem großen Wiener Theater eine alljährliche, sehr interessante Veranstaltung ablaufen. Nämlich: von zehn Uhr bis in den späten Nachmittag hinein hätten im Augenblick stellungslose Schauspieler und Schauspielerinnen oder auch Anfänger Gelegenheit, vor den Direktoren der großen und auch kleinen österreichischen Bühnen vorzusprechen. Für jeden, der das wollte, war etwa eine Viertelstunde reserviert. Und dann konnten die Direktoren entscheiden oder glaubten wenigstens, entscheiden zu können, ob die oder der Vorsprechende reif dafür war, an dem jeweiligen von ihnen geleiteten Theater engagiert zu werden.

Da solle doch H. H. einmal hingehen und sich anhören, was so verlangt und geboten würde.

H. H. ging zu dem betreffenden Theater, mit Sondererlaubnis der Lehrerin, und erkundigte sich. Und schrieb sich ein. Nicht, wie die Lehrerin gewollt hatte, als Zuhörerin, die irgendwo im Parkett sehen und hören wollte, was da alles vor sich ging, sondern als – eine, die selbst vorsprechen würde. Unter ihrem Namen gab es auf der Liste einen Namen für die jeweilige Schule, in der die Anfänger studiert hatten. Damit war natürlich die Theaterschule gemeint. H. H. trug nur »Schule« dort ein.

Und dann besprach sie sich mit Frau Kainz-Schrötter, um ihr zu sagen, was sie vorhatte, und fragte, was denn geeignet wäre, irgendwo vorgetragen zu werden – irgendwo in der Provinz, wo sie sich vielleicht späterhin mal um ein Engagement bewerben könnte. Die Lehrerin meinte, die komischen Rollen bei Nestroy und Raimund kämen wohl kaum in Frage. Es wurde der Beginn der »Iphigenie« von Goethe gewählt, ein Monolog der Maria Stuart und etwas von der Rosalinde aus »Wie es euch gefällt« von Shakespeare.

An dem betreffenden Vormittag erklärte H. H. ihrer Erzieherin, sie fühle sich nicht wohl und wolle im Bett bleiben. Sie stand dann aber heimlich auf und verließ ebenso heimlich das Schulgebäude. Das war gar nicht so einfach, denn es gab keine Hintertüren und keine der Türen, aus denen man entweichen konnte, blieben lange unbeobachtet. Aber H. H. setzte alles aufs Spiel – das Abitur stand ja in allernächster Nähe, davon würde man sie wohl unter keinen Umständen jetzt noch ausschließen – und begab sich, übrigens zu Fuß, zu dem betreffenden Theater. Es war, wie sie sich später zu erinnern glaubte, das Carl-Theater, also ein Operetten-Haus, und meldete sich dort.

Sie traf gegen neun Uhr dort ein und wartete dann geduldig hinter der Bühne, bis sie gegen vierzehn Uhr, nach einer einstündigen Mittagspause, auf die Bühne gerufen wurde.

»Ich war nicht einmal besonders nervös. Das Parkett war natürlich nicht annähernd gefüllt, ich würde sagen, es befanden sich dort sicher nicht mehr als 100 oder 120 Personen, vor allem ältere Herren, also wohl Theaterdirektoren, meist in Begleitung

ihrer Sekretärinnen – das vermutete ich wenigstens. Ich war
nicht aufgeregt, ich war nur entsetzlich hungrig. In der Mittagspause hatten die anderen doch das eine oder andere in nahen
Restaurants zu sich nehmen können. Ich hatte kein Geld, um
auch nur ein Brötchen in der Nachbarschaft zu erstehen. Ich
hatte Hunger. Ich hatte damals eigentlich immer Hunger. Und
der Hunger war, dessen erinnere ich mich noch genau, das
stärkste Gefühl in mir. Ich wollte die Sache möglichst bald hinter mich bringen, um wieder in die Schule zurückzukommen
und dort wenigstens die Jause einnehmen zu können.«

Irgendjemand aus dem Publikum trat an die Rampe, fragte
sie nach ihrem Namen, nach ihrem Alter und was sie vortragen
würde.

Sie hatte sich bis zuletzt nicht entschieden, was sie als erstes
vortragen wollte, sie hatte auch nicht gewußt, ob sie darüber zu
entscheiden haben würde.

Sie begann mit der »Iphigenie«.

»Heraus in eure Schatten, rege Wipfel
Des alten, heil'gen dichtbelaubten Haines
Wie in der Göttin stilles Heiligtum
Dreht' ich noch jetzt mit schauderndem Gefühl
Als wenn ich sie zum ersten Mal beträte,
Und es gewöhnt sich nicht mein Geist hierher.
So manches Jahr bewahrt mich hier verborgen ein hoher
Wille, dem ich mich ergebe;
Doch immer bin ich, wie im ersten, fremd.
Denn ach! mich trennt das Meer von dem Geliebten.
Und an dem Ufer stehe ich lange Tage
Das Land der Griechen mit der Seele suchen . . .«

Es ging noch zwei oder drei Minuten weiter und dann war
Stille.

Die im Zuschauerraum begriffen: da stand Iphigenie.

Ich habe das später, viel später, von zwei verschiedenen
Theaterdirektoren der damaligen Zeit erfahren. Ich erinnere
mich noch genau, was der eine sagte. »Plötzlich war alles ganz
anders. Plötzlich stand da oben nicht das blutjunge, sehr

schlicht gekleidete Mädchen mit den blonden Zöpfen, die ein wenig zu groß war und ein wenig zu dick. Plötzlich war da – Iphigenie.

Bei solchen Vorsprechen ist es sonst nie ganz ruhig im betreffenden Saal. Aber jetzt war es also so ruhig, daß man es hörte. Und zwar bevor das Mädchen die zweite Zeile des Monologes begonnen hatte. Niemand von uns konnte sich dem Zauber dieser jungen Dame entziehen.«

Nach einer Weile rief einer von unten, H. H. vermutete, es war der Herr, der sie sozusagen eingewiesen hatte: »Haben Sie vielleicht zufällig etwas Leichteres, Lustigeres?«

Sie sagte, sie hätte die Rosalinde aus Shakespeares Lustspiel »Wie es euch gefällt«!

»Aber dazu bräuchte ich ein paar andere.« Es ist die Stelle, wo über Liebe gesprochen wird. »Sag, guter Schäfer, diesem jungen Mann, was lieben heißt?«

»Es heißt aus Seufzern ganz bestehen . . .

Es heißt aus Treue ganz bestehen, . . .

Es heißt aus nichts bestehen als Phantasie.

Aus nichts als Leidenschaft

Aus nichts als Wünschen.

Ganz Anbetung und Gehorsam

Ganz Demut, ganz Geduld und Ungeduld,

Ganz . . ., ganz Bewährung,

Ganz Gehorsam.«

Sie hatte ihre Art zu sprechen jeweils leicht verändert, wenn eine andere oder ein anderer sprach, und obwohl sie das wirklich nur andeuten konnte, wußten die unten genau Bescheid.

Der Herr von unten rief: »Vielleicht noch etwas Zusammenhängendes?«

»Vielleicht den Puck?« Und sie begann sogleich mit dem Epilog aus dem »Sommernachtstraum«, wohl kaum wissend oder auch nur ahnend, wie aktuell er in gewisser Hinsicht bei dieser Gelegenheit war:

»Wenn wir Schatten euch beleidigt,

O so glaubt – und wohl verteidigt

sind wir dann! Ihr alle hier
Habet nur geschlummert hier
Und geschaut in Nachtgesichten
Eures eigenen Hirnesdichten . . .«
Und sie endet mit einem Lächeln.
»Nun, gute Nacht, klatscht in die Hände
Und ihr sollt sehen
Das nächste Mal soll's besser geh'n!«
Und in der Tat klatschten einige unten im Parkett, wie H. H.
fünfzehn Jahre später vermutete: »Vermutlich waren es Sekre-
tärinnen!«
Und dann war es wieder ruhig.
Im Parkett saß wohl niemand, der diese »Kostproben« nicht
schon hundertmal gehört hätte. Die »Iphigenie« wird ja immer
mal gespielt und wohl auch von jungen Schauspielerinnen immer mal wieder vorgesprochen. Aber wie mir einer von denen
unten etwa fünfzehn Jahre später, als er in Hamburg ein Theater leitete, sagte, blieb ihnen unvergeßlich, was sie jetzt gehört
hatten. Es schien ihnen etwas ganz Neues zu sein. Zwei der damals anwesenden Theaterdirektoren oder Dramaturgen haben
es auch später publiziert, einer in einem Interview, der andere
in einem Aufsatz über junge Schauspielerinnen. Sie sagten
wohl nur, was die anderen spürten: Da stand keine Schauspiel-
schülerin vor ihnen – dafür hielten sie H. H. natürlich –, da
stand Iphigenie vor ihnen oder auch Puck. Und sie fragten sich
wohl: »Woher hat sie das?«
Ja, woher hatte sie das?
Man soll nicht glauben, daß sie gewissermaßen aus dem Unterbewußtsein den vorgeschriebenen Text sprach. Es war ihr
durchaus klar, es war ihr blitzartig klar geworden, daß hier etwas notwendig war, was noch niemand von ihr gefordert hatte.
Gewiß, sie hatte Nestroy und Raimund vor Mitschülerinnen
gespielt, aber immer nur mit einem Ziel: diese Mitschülerinnen
und natürlich auch den Lehrkörper zum Lachen zu bringen.
Mehr hatte man von ihr nicht verlangt, und mehr hatte sie von
sich selbst nicht verlangt.

Aber jetzt war alles anders. Sie hatte zwar die Verse memoriert, obwohl nur relativ kurze Zeit – sie verfügte schon immer über ein fotografisches Gedächtnis. Wenn sie eine Buchseite zwei- oder dreimal gelesen hatte, stand sie vor ihr, und sie konnte sie jederzeit wiedergeben. Sehr viel hatte sie sich nicht bei der Iphigenie gedacht, wie sie mir später, viel später beichtete.

»Ich wußte wirklich nicht, wie es geschah, aus welchen Gründen es geschah. Vielleicht hatte es damit zu tun, daß ich auf einer Bühne stand, zum ersten Mal in meinem Leben auf einer richtigen Bühne. Vielleicht, daß ich von Scheinwerfern oder zumindest von einem Scheinwerfer beleuchtet wurde, während die anderen, die ich im Saal nach Verdunkelung mehr vermutete als sah, ich war ja schon damals etwas kurzsichtig, für mich im Dunkel blieben. Jedenfalls war es das erste Mal in meinem Leben, daß ich bewußt abgesondert war, allein. Allein in der Fremde wie Iphigenie. Wie Iphigenie? Ich war in diesem Augenblick, ohne es zu ahnen, Iphigenie. Ich blieb es, bis Iphigenie zu Ende gesprochen hatte. Aber wie es geschah, hätte ich nicht sagen können, und es war für ein Mädchen meines Alters auch kaum ein Problem. Es war eben so.«

Übrigens, als sie die paar Zeilen der Rosalinde sprach, hatten die im Parkett das Gefühl, sie sei, natürlich, verliebt. Alle jungen Mädchen waren es ja, nach Ansicht von Theaterdirektoren.

Auch H. H. war schon verliebt. Nicht in einen jungen Lehrer, der recht gut aussah und nicht fest an der »Bea«-Schule engagiert war, sondern nur zwei- oder dreimal pro Woche zum Zeichen-Unterricht kam und der sich ein bißchen in sie vergafft hatte. Was übrigens die gesamte Schule wußte. Auch nicht in die Jünglinge, die sie gelegentlich bei ihren seltenen Besuchen in der Verwandtschaft getroffen hatte und die sie sehr schnell vergaß. Nein, sie war verliebt in einen gewissen Hans Jaray. Der war ein blendend aussehender Schauspieler, Fach: Jugendlicher Liebhaber, am Theater in der Josefstadt, und bis vor relativ kurzer Zeit der Freund der großen Schauspielerin Paula Wessely, die sich inzwischen mit dem Schauspieler Attila Hörbiger verheiratet hatte.

In diesen Jaray war also H. H., wie vermutlich viele junge Wiener Mädchen, verliebt. Nur daß Jaray nichts davon wußte. Sie hatte ihn nie getroffen, und der Typ, Briefe zu schreiben, war sie nun wirklich nicht. Sie hatte ihn nur einige wenige Male auf der Bühne gesehen und auch in Filmen.

Sie sollte ihn übrigens nie kennenlernen. Sehr bald nachdem sie das Internat absolviert hatte, um ihre Schauspiel-Karriere zu beginnen, hatte Jaray Wien verlassen müssen. Grund: Hitler war gekommen, und Jaray war Jude. Er ging in die Vereinigten Staaten und heiratete bald darauf die ebenfalls emigrierte Schauspielerin Lilli Darvas, die vorher mit dem Schriftsteller Ferenc Molnár verheiratet gewesen war, eine ungewöhnlich schöne und interessante Dame. Er hätte wohl in jenen Tagen für ein etwas ungelenkes, zu großes und zu kräftiges Mädchen, das weit davon entfernt war, eine Schönheit zu sein, kaum Interesse gehabt.

Wie gesagt waren die Zuschauer und Zuhörer damals in Wien fasziniert. Sie kannten das Metier gut genug, um zu wissen, wann H. H. spielte und wann sie Iphigenie oder Puck war. Und da sie ja oder jedenfalls die meisten von ihnen daran interessiert waren, was ein Schauspieler oder eine Schauspielerin spielen konnte, waren sie verblüfft. Wann hatte das junge Mädchen lernen können, so schnell zu charakterisieren? Sie wären noch verblüffter gewesen, wenn sie geahnt hätten, daß sie das nie gelernt hatte, weil sie überhaupt nie in eine Schauspielschule gegangen war oder sie auch nur von weitem gesehen hatte.

Sie vermutete, das hatte sie beim Zuhören der Schauspieler, die vor ihr drangekommen waren, erfahren, daß man sie irgendwann unterbrechen würde. Aber niemand unterbrach sie. Niemand sagte ihr, es sei genug. Schließlich stand der Herr, der sie anfangs befragt hatte, auf, sagte zu ihr, es sei gut, und sie werde sehr bald das Resultat ihrer Bemühungen erfahren.

Und dann war sie draußen. Und dann erinnerte sie sich, daß sie furchtbar Hunger hatte und eilte so schnell wie möglich in die Schule zurück.

Erstaunlicherweise hatte niemand ihre Abwesenheit wahrgenommen oder wenn, hatte man sich ausgeschwiegen. Ihre beiden besten Freundinnen waren über ihre Absichten im Bilde gewesen und wollten nun bei der Jause genau wissen, was passiert sei.

Es sei gar nichts passiert. Sie habe vorgesprochen.

»Und hast du Erfolg gehabt?« wollten sie wissen.

Sie lächelte vergnügt. Natürlich habe sie Erfolg gehabt, antwortete sie, aber sie war gar nicht so sicher, wie sie tat. Was erwartete sie eigentlich?

Zwei Tage lang geschah nichts. Am dritten gab es ein Telefongespräch für sie. Es war das Stadttheater in Brünn, das bereit war, ihr einen Vertrag als Anfängerin zu geben. Sie solle vorbeikommen.

Sie sagte, das könne sie nicht, sie sei noch in der Schule und stehe vor dem Abitur.

Brünn war ratlos. Eine Schülerin? Und: wann könne sie kommen? Sie vertröstete die Sekretärin auf die übernächste Woche – »nach der Matura!«

Es kamen an jenem Nachmittag noch zwei Telefonanrufe für sie, was die Schulleitung offensichtlich nicht gerne zur Kenntnis nahm. Aber so kurz vor der Matura wollte man ihr keine Vorwürfe machen.

Der zweite Anruf kam aus Linz. Das gleiche Angebot, die gleiche Antwort. In Linz fügte man nur hinzu, daß sie von der Gage, die man ihr zahlen würde, kaum in der Lage sei, in Linz zu leben. Sie müsse schon ein bißchen Geld von zu Hause mitbringen. Das war das Ende von Linz, was sie anging.

Der dritte Anruf kam aus Wien, vom Theater an der Wien. Ein großes Haus, das wußte sie. Sie wußte auch, daß man dort vor allem Operetten spielte. Es war ein Mann am Telefon, nach ihrer Ansicht ein Deutscher; wie sich später herausstellte, war es ein Deutscher, und zwar Dr. A. Hellmer, der vor einiger Zeit das Theater gepachtet hatte. Als er hörte, daß er mit einer Schülerin sprach, die noch in einem Internat war, bekam er einen Lachkrampf. Als er sich beruhigt hatte, meinte er, er würde sie sofort engagieren, als Anfängerin natürlich. Sie wußte damals nicht, was das bedeutete, nämlich eine sehr geringe Gage und kleine und kleinste Rollen.

Sie wollte aber wissen, was sie spielen würde. Die Antwort, was eben so anfiele, sagte ihr nichts. Sie behauptete aber trotzdem, sie sei ja schließlich Schauspielerin!

Neuer Lachkrampf des Direktors. Und er bestellte sie auf den nächsten Tag zur Unterschrift des Vertrages. H. H. konnte am nächsten Tag nicht kommen, denn da war es nicht möglich, sich aus der Schule zu entfernen. Und am übernächsten Tag erfuhr sie, daß sie den Vertrag gar nicht unterschreiben konnte, weil sie nicht mündig war.

Die Mutter mußte unterschreiben. Das fand wiederum einige Tage später statt. Frau Maria war ärgerlich, als sie las, daß ihre Tochter nicht einmal 250 Schillinge pro Monat verdienen würde.

»Wie sollen wir beide davon leben?« fragte sie. Die Tochter konnte ihr diese Frage nicht beantworten. Aber sie meinte, irgendwie würde es schon gehen.

Immerhin machte sie noch einen Besuch bei der Wiener Verwandtschaft Feucht. Sie erzählte dort, daß sie demnächst Theater spielen würde, und die Reaktion war Betroffenheit und Ablehnung. Ihr Onkel, Robert Feucht, der Gymnasial-Professor war, stellte mißmutig fest, daß noch niemand aus der Familie zur Bühne gegangen sei. Er hielt das wohl für nicht ganz gehörig.

Ohne viel Hoffnung erzählte H. H. auch, daß die Gage sehr gering sei und sie ja die Mutter miternähren müsse. Niemand aus der Familie kam auf die Idee, ihr in dieser Beziehung ein bißchen unter die Arme zu greifen.

Der Onkel, so wie sich H. H. später erinnerte: »Wenn du auf die Bühne gehst, mußt du eben mit der Gage vorliebnehmen!« Als ob ihr etwas anderes übrig geblieben wäre, sich ihren Lebensunterhalt zu verdienen! Was die Mutter anging, so meinte die Familie unisono, sie solle doch endlich arbeiten. Sie war in ihrer eigenen Familie nicht sehr beliebt.

Ebenfalls unisono meinte die Familie Feucht, warum das Mädchen nicht die Familie Hatheyer aufsuche, die hätte mehr Geld und würde ihr vielleicht helfen. H. H. erwiderte, sie habe nicht einmal das Reisegeld. Man gab es ihr großzügigerweise – Wien–Klagenfurt und zurück, dritter Klasse, natürlich.

Sie fuhr am nächsten Tag. Die Familie Hatheyer war noch immer in Besitz der gutgehenden Firma, es wäre ein leichtes für sie gewesen, das junge Mädchen wenigstens vorübergehend zu unterstützen. Die Großmutter, nicht die Großmutter von H. H., sondern die zweite Frau des inzwischen verstorbenen Großvaters, die den Clan mit eiserner Faust regierte, dachte gar nicht daran. Sie hatte für das junge Mädchen ebensowenig Sympathien wie für deren verstoßenen Vater.

Die Großmutter war geradezu außer sich über den Plan der Enkelin. Offenbar war für sie die Welt des Theaters ein tiefer moralischer Abgrund, und sie versuchte, die Enkelin umzustimmen. Aber welche Alternative gab es denn? »Du solltest einen reichen Mann heiraten!« riet sie der noch nicht Achtzehnjährigen. Auf diese Idee wäre H. H. wirklich nicht verfallen.

Im übrigen erklärte ihr die Großmutter, und einige andere Verwandte stimmten wohl ein, sie werde es auf der Bühne zu nichts bringen. Sie sei nicht der Typ.

Das wußte man in Klagenfurt eben genau.

Schließlich mußte H. H. noch froh sein, daß die Großmutter ihr erlaubte, im Haus zu übernachten. Und dann bot sie ihr sogar großzügigerweise an, die Rückreise nach Wien zu zahlen. H. H. sagte, das sei nicht nötig, sie habe ein Rückfahrbillett.

Später, viel später zu mir: »Das habe ich mir nie verziehen! Das wäre wohl das letzte Geld gewesen, das ich aus dem Haus Hatheyer bekommen hätte!«

Es war in der Tat so. Sie kam nur noch selten nach Klagenfurt zurück, wo allenfalls ein Onkel, der Arzt geworden war, ein sehr geschätztes Interesse für sie zeigte. Die Großmutter? Sie war damit beschäftigt, das Erbe aufzuessen. Nicht nur ihr Erbe, sondern das Erbe aller anderen Hatheyers, die nie etwas von dem Geld sahen, das ihnen hätte später zukommen müssen. Die Großmutter sollte übrigens erst viel später sterben, lange nach dem Zweiten Weltkrieg, just in dem Augenblick, in dem kein Geld mehr vorhanden war.

H. H. fuhr also nach Wien zurück. Die Mutter hatte ein relativ komfortables, aber billiges Zimmer gefunden, in dem sie nun mit ihrer Tochter hausen würde. Das erste, was die Tochter tat, war, ins Theater zu fahren und im Direktionsbüro vorzusprechen. Sie hatte, als bei Vertragsabschluß einige Details besprochen worden waren, den Wunsch geäußert, unter dem Namen Heyer auftreten zu dürfen. Das war der Direktion nur recht, denn der Name Hatheyer war doch ein bißchen zu kompliziert für einen Theaterzettel. Jetzt erklärte sie, sie wolle doch unter dem Namen Hatheyer spielen. Sie ließ sich auch davon nicht abbringen.

Ich habe sie später gefragt, warum sie darauf bestand. Die Antwort: »Damit die Familie sich ärgert!«

Und da ich nicht gleich verstand: »Die in Klagenfurt! Die haben doch gedacht, ich würde nie Erfolg haben! Und wenn ein Fräulein Heyer Erfolg gehabt hätte, würden sie es nie mit mir in Verbindung gebracht haben. Aber wenn sie demnächst lesen, daß Heidemarie Hatheyer Erfolg hat, werden sie es wohl schlucken müssen!«

So sicher war sie schon damals, daß sie Erfolg haben würde.

Es gab noch eine Klippe zu umschiffen. Der sogenannte Normalvertrag für angehende Schauspieler enthielt damals einen Paragraphen, daß die Schauspieler, respektive Schauspielerinnen eine gewisse Garderobe mitzubringen hätten, nämlich für den Fall, daß sie in modernen Stücken eingesetzt würden. Das war im Falle von Schauspielerinnen ein Kleid für alle Tage, ein Abendkleid, ein Wintermantel, ein Sommermantel, ein sportliches Kostüm, so ungefähr. H. H. besaß nichts dergleichen. Aber die Mutter hatte gute Beziehungen zu den ersten Modesalons in Wien, wo sie sich früher viel bestellt hatte. Sie erklärte einer der Inhaberinnen: »Bitte, liefern Sie meiner Tochter diese notwendigen Kleidungsstücke. Sie wird zahlen, wenn sie genug Geld verdient!«

Die betreffende Dame sah sich H. H. an und sagte erstaunlicherweise nicht nein. Und lieferte.

H. H. vermutete später, daß sie es nicht tat, weil sie besonderes Vertrauen in die Zukunft der jungen Schauspielerin setzte, sondern weil sie die Mutter, die ja schon sehr viel bei ihr bestellt hatte, für zahlungskräftig genug hielt, um einzuspringen.

H. H. zahlte dann in drei oder vier Raten über die nächsten zwei Jahre. Sie zahlte auch ein Kostüm, das die Mutter auf ihre Rechnung hatte anfertigen lassen. Die Mutter hatte ihr nichts darüber gesagt, und die Tochter sagte ihr auch später nichts darüber, denn als sie dieses Kostüm bezahlte, war sie schon im klaren, daß sich ihr Weg von dem der Mutter einmal trennen würde.

Und dann begann ihre erste Probenarbeit am Theater an der Wien. Der Direktor hatte ihr zwar versprochen, er werde sie als Schauspielerin beschäftigen, nachdem sie in dem ersten und vorläufig einzigen Gespräch darauf hingewiesen hatte, sie sei Schauspielerin, was er skeptisch-schmunzelnd zur Kenntnis nahm. Sie hatte zwar nach einigen Erkundigungen feststellen müssen, daß das Theater an der Wien in den letzten Jahren neben Operetten auch Schauspiele oder besser Lustspiele oder noch besser: Possen brachte. Nein, keinen Shakespeare, keinen Goethe, aber – sie würde spielen.

Sie begann, wenn die Erinnerung nicht täuscht, 1936 mit einem nicht mehr neuen Lustspiel deutschen Ursprungs, geschrieben um die Zeit des Ersten Weltkrieges. Der Titel: »Krach im Hinterhaus«. Es ging im wesentlichen um eine etwas ältere Dame, die von der damals unglaublich populären Wiener Komikerin Gisela Werbezirk dargestellt wurde. Ihretwegen war wohl das Stück überhaupt angenommen worden. Es handelte sich um eine sogenannte Paraderolle. Heide spielte das Dienstmädchen dieser Dame, und sie hatte immer mal wieder aufzutreten, freilich, die Auftritte waren kurz, sie war das, was man in der Branche eine Stichwortgeberin nannte, wie etwa bei Klassikern: »Die Pferde sind gesattelt!«

Da die junge Schauspielerin keinerlei Anweisungen vom Regisseur bekam, spielte sie so einfach drauflos. Um der Rolle, die keine Farbe hatte, ein bißchen Farbe zu verleihen, spielte sie auf »temperamentvoll«. Das heißt, sie kam mit Soldatenschritten auf die Bühne, sie riß Türen auf und schlug sie zu. Die Werbezirk, die natürlich wußte, daß das Anfängerkrankheiten sind, schmunzelte. Einmal rief sie ganz laut improvisierend: »Aber bitte reißen Sie nicht das Haus ein!«, worauf das Publikum heftig applaudierte. Der erste Applaus, der, wenn auch indirekt, der Hatheyer galt.

Übrigens verstand sich Heide gut mit der erfahrenen Schauspielerin. Sie hatte auch später noch Kontakt mit ihr, als die Werbezirk Wien verlassen mußte. Das war 1938. Die Werbezirk war ja Jüdin. Sie hörte noch gelegentlich von der Werbezirk aus der New Yorker Emigration, wo sie es natürlich zu nichts bringen konnte. Sie starb bald darauf – todunglücklich vor Heimweh. Wenn man sie fragte, wie sie sich fühle, pflegte sie zu sagen – und einmal schrieb sie das auch H. H.: »Wie kann ich mich fühlen in einem Land, wo man mich Scheissela nennt!« Die englische Aussprache des Namens Gisela.

Ja, die Juden. Es ist jetzt Zeit, von ihnen zu sprechen, denn es waren vor allem Juden, die in der nächsten Zeit das Leben Heides bevölkerten. Sie sollte, natürlich, erfahren, daß ihr Idol, Hans Jaray, das Land fluchtartig hatte verlassen müssen, daß auch der größte Regisseur der Zeit, den sie übrigens persönlich nie kennenlernen sollte, Max Reinhardt, aus den selben rassischen Gründen das Theater in der Josefstadt hatte aufgeben und ebenfalls aus Österreich hatte verschwinden müssen – aber das alles kam etwas später.

Aber damals, 1937, gab es noch viele Juden an den Wiener Theatern. Was H. H. erst später erfuhr – es gab an allen Theatern der Welt viele Juden. In Paris und in London, in New York und vor allem auch in Hollywood. Das Theater oder die Kunst der Verstellung ist offenbar eine Kunst, die Juden liegt, die sie sich in Jahrhunderten der Unterdrückung haben aneignen müssen, um überleben zu können. Diese Zusammenhänge waren dem jungen Mädchen natürlich völlig unbekannt – noch.

Berlin war bis vor kurzem als die bedeutendste Theaterstadt der Welt bezeichnet worden. Das war sie nicht mehr und nicht zuletzt deshalb nicht mehr, weil die vielen jüdischen Schauspieler und Regisseure dort nicht mehr wirken konnten. Und obwohl in Deutschland die Juden nie auch nur ein ganzes Prozent der Bevölkerung ausgemacht hatten, befanden sich doch unter den zwei Dutzend bedeutendsten Schauspielern mindestens ein Dutzend Juden. Man denke nur an Fritzi Massary, die Königin der Operette und Revue, die auch die albernsten Texte oder Vorgänge hörens- und sehenswert machte, weil sie daraus etwas wie hohe Kunst schaffen konnte. Man denke an Elisabeth Bergner, ohne Zweifel in den zwanziger Jahren die bedeutendste Schauspielerin deutscher Sprache. Man denke an Ernst Deutsch, schön wie ein Märchenprinz, man denke an Fritz Kortner, den grimmigen Charakterspieler, man denke . . .

Keinen von ihnen kannte H. H. – einige sollte sie nach dem Krieg kennenlernen –, aber von allen hatte sie gehört. Die waren nun nicht mehr in Deutschland. Die Massary war in ihr Haus in Lugano gezogen, um gelegentlich in Wien zu gastieren. Die junge Bergner war, Schlimmes vorahnend, ein bis zwei Jahre vor Hitlers Machtantritt nach London gegangen und war dort, wo Ausländer nie besonders geschätzt waren, der beliebteste Star geworden. Andere waren nach Hollywood emigriert. Noch andere waren an das Schauspielhaus Zürich geholt worden, dessen Direktor Ferdinand Riesser sich für ein Spottgeld zahlreiche emigrierte Schauspieler holte, die glücklich waren, überleben und vor allem bei ihm Theater spielen zu können.

Aber die meisten der jüdischen Schauspieler, die in ihrer Heimat nicht mehr geduldet wurden, waren nach Wien gekommen, in der sicheren Annahme, in dieser großen Theaterstadt würden sie schon ein Engagement finden. Und so kam es, daß Wien überfüllt von erstklassigen Schauspielern war, die sich für ein Spottgeld anboten oder bereit waren, für ein Spottgeld zu arbeiten. Was natürlich bedeutete, daß der Arbeitsmarkt für

Schauspieler denkbar schlecht war und die blitzartigen Angebote an H. H. umso erstaunlicher, ja, geradezu mirakulös machte. Direktor Hellmer, der zwar Österreicher, aber doch selbst ein Emigrant war, holte sich natürlich die besten Schauspieler und Schauspielerinnen, die aus Deutschland gekommen waren, an sein Theater. Und so fand H. H. eine Unzahl von jüdischen Schauspielern am Theater an der Wien.

»Fand« ist das richtige Wort. Sie hatte nämlich die Angewohnheit angenommen, vor den Proben oder auch gelegentlich spät abends, nach Schluß der Vorstellung, durch das Theater zu streifen. Ein sehr weitläufiger, sehr alter Bau, ein riesiger Theaterkasten mit Tradition. Hier war »Fidelio« uraufgeführt worden oder, um einen Sprung zu tun, »Die Lustige Witwe«.

H. H., die ja nie zur Bühne hatte gehen wollen, begann, sich dort heimisch zu fühlen. Hier würde sie also ihr Leben verbringen. Nicht unbedingt im Theater an der Wien, aber doch in irgendwelchen Theatern. Eben nicht nur auf der Bühne, sondern auch in den unzähligen Räumlichkeiten hinter der Bühne. Den Garderoben, den Konversationszimmern, den Schminkräumen, den Räumen, in denen man eine Perücke aufgesetzt bekam oder frisiert wurde.

Und da traf sie »Kollegen« aus Deutschland, meist Juden, und H. H. mußte feststellen, daß einige von ihnen sehr nett waren und daß es wenig, wenn überhaupt etwas gab, das sie von anderen gewöhnlichen Sterblichen unterschied.

Schon im »Krach im Hinterhaus« hatten einige von ihnen mitgespielt. Und jetzt sollte sie eine Rolle spielen, in der Produktion eines Musicals, in dem sie fast alle mitspielten. H. H. war eine der wenigen Österreicherinnen, die auch mittun durften.

Das Spektakel hieß »Axel vor der Himmelstür«. Die Geschichte, wenn man sie überhaupt so nennen darf, war die, daß ein junger Mann nach Hollywood kommt und sich dort unsterblich in einen blendend aussehenden Filmstar verliebt. Und sie am Ende auch bekommt. Irgendwelche fiktiven Namen standen für die Lieferanten des Textes auf dem Programmzettel. Die der Chansons hatte ein gewisser Hans Weigel geschrieben, der Hausdichter des bedeutendsten politisch-literarischen Kabaretts »Literatur am Naschmarkt«.

Die Idee zu der sogenannten Handlung hatte Max Hansen geliefert, ein Däne, klein, hübsch, mit einer schönen Tenorstimme, der in Berlin über Nacht sehr populär geworden war. Er hatte wohl gehofft, daß man in Berlin seine Abstammung nicht so genau untersuchen würde. Aber es kam doch relativ bald heraus, daß er Jude oder Halbjude war, und er verließ Berlin oder mußte es verlassen.

Er spielte jetzt, natürlich, den Axel. Noch andere hatten an der Zusammenstellung des Textbuches mitgewirkt, vor allem der bekannte Paul Morgan, ein glänzender Komiker, auch Jude, sogar ursprünglich Wiener Jude, der aber in Berlin Karriere gemacht hatte.

Beide hatten sich an H. H. herangemacht, beide hatten eine Abfuhr erlitten – nein, so kann man es im Falle Hansen nicht nennen. Dieser sympathische Bursche hatte immer Glück bei Frauen gehabt, aber nahm mit Achselzucken hin, daß dieses blutjunge Mädchen, das im Grunde genommen gar nicht sein Typ war, nicht mitmachen wollte. Morgan war unangenehmer. Er hatte in der nächsten Zeit stets etwas an H. H. auszusetzen, und da er im Theater viel zu sagen hatte, war seine ständige Nörgelei eher peinlich.

Da war noch ein dritter deutscher Jude, Otto Walburg, ursprünglich Frankfurt, der in Berlin bei Reinhardt Karriere gemacht hatte. Er war groß und sehr dick, was ihm beruflich nicht schadete, denn er spielte komische Rollen. Und da war er unübertrefflich.

H. H. später zu mir: »Man ist Komiker, oder man ist kein Komiker. Komisch zu wirken, wenn man nicht komisch ist, ich meine von Natur aus, ist unheimlich schwer. Ich habe das im Laufe der Jahre erfahren, nämlich, daß traurig oder gar tragisch zu wirken, meist viel leichter ist als komisch.«

Übrigens, wir schreiben noch das Jahr 1936. Als nicht einmal zwei Jahre später Hitler in Wien erschien, konnte sich der Däne

Hansen nach Kopenhagen absetzen. Morgan wurde in Wien verhaftet und umgebracht. Walburg in Holland, wohin er ja hatte flüchten können, beide für das Verbrechen, Jude zu sein. Beide kamen in Konzentrationslagern um. Davon erfuhr Heide freilich erst viel, viel später und war erschüttert. Aber immerhin ahnte sie schon aus ihren ersten Wochen am Theater an der Wien, aus den Gesprächen der Emigranten, wie gefährlich es in jenen Zeiten war, Jude zu sein, vorläufig in Deutschland und bald darauf, ab 1938, auch in Österreich.

In Österreich war es, wie sie es schon wußte, in der eigenen Familie und auch im Familienkreis der wenigen Mitschülerinnen, die sie gelegentlich einladen durften, selbstverständlich, antisemitisch zu sein. Man dachte nicht gerade daran, Juden umzubringen, man war auch bereit, mit ihnen Geschäfte zu machen, junge Österreicher sahen auch keine Sünde darin, Verhältnisse mit jüdischen Mädchen zu haben, aber heiraten – nein. Das kam nur selten vor.

Was die Familie, besser die Familien von H. H. anging, so waren also auch sie nicht gerade judenfreundlich. Die in Klagenfurt standen auf dem Standpunkt: Mit Juden macht man Geschäfte, aber man verkehrt nicht mit ihnen. Die einzige Ausnahme: Paul Hatheyer, der schon vor seiner Emigration nach Südamerika eine Art Weltbürger gewesen war. Er hatte jüdische Freunde in Wien und sah nie einen Grund, mit ihnen zu brechen.

Das war bei den Feuchts etwas anders. Vielleicht ausgenommen die Großeltern, die, zumindest als Heide sie kennenlernte, sich für Politik überhaupt nicht interessierten, wenn sie es je getan hatten und beide viel zu gutmütig waren, als daß sie Emotionen wie etwa Judenhaß in sich fühlen konnten. Heides Mutter ist übrigens auch nie Antisemitin gewesen. Vielleicht, weil es in Wiener Musikkreisen, in denen sie ja verkehrt hatte und wohl weiterhin verkehrte, Juden gab, die nicht unsympathisch waren, weil es berühmte jüdische Dirigenten wie Bruno Walter gab oder Otto Klemperer, weil der größte österreichische Komponist der Moderne, Gustav Mahler, ein Jude war, und... und... und...

Der Bruder von Maria Hatheyer, der Gymnasialprofessor Feucht, war nicht nur zu einer Zeit, in der die Nazipartei in Österreich verboten war, Mitglied dieser Partei, also illegaler Nazi. Was ihm übrigens bei der staatlichen Behörde, bei der er schließlich angestellt war, nicht im geringsten schadete. Dort gab es wohl auch genügend illegale Nazis oder zumindest Sympathisanten. Seinen Sohn schickte dieser »vorbildliche«, weil antisemitische Pädagoge in die ebenfalls illegale Hitler-Jugend. Der hatte, wie er mir später versicherte, gar keine Gelegenheit mehr, in die Partei einzutreten. Mag sein, mag auch nicht sein. Ich habe nie versucht, mir über die Wahrheitsliebe der Nazis, insbesondere auch der österreichischen Nazis, die ich zu treffen erst nach dem Krieg Gelegenheit hatte, ein Bild zu machen. Mir gegenüber hat jedenfalls keiner, der nicht dazu gezwungen war, weil seine Vergangenheit offenlag, je zugegeben, für Hitler gewesen zu sein. Alles, was ich über die Familie Feucht hier zum besten gegeben habe, ist, was ein Mitglied dieser Familie, nämlich Heide, mir erzählt und einige ihrer Freunde bestätigt haben.

Warum dies alles? Weil, zumindest nach meiner Meinung – und sicher nicht nur nach meiner – die übergroße Mehrzahl der zum Antisemitismus und schließlich zur Judenverfolgung verführten Millionen aus Leuten bestand, die nie einen Juden kennengelernt hatten. Man vergesse nicht, daß in Wien, wohin sich schon seit Ende des Ersten Weltkrieges Ostjuden geflüchtet hatten, und dasselbe nach Hitlers Machtergreifung in Berlin durch deutsche Juden geschehen war, knapp neun Prozent der Bevölkerung Juden waren. Und daß eben H. H., Ausnahme von der Regel, sehr früh mit Juden zusammengetroffen war, Tag für Tag, Abend für Abend, eben beruflich.

Heide später: »Und so erfuhr ich, daß Juden gar nicht anders sind als wir.«

Als in den ersten Monaten 1938 Hitlers Truppen Österreich besetzten – der sogenannte »Anschluß« –, war sie gar nicht mehr in Wien.

Von allen Juden am Theater an der Wien machte ihr der blutjunge, nur um ein paar Jahre ältere Hans Weigel den meisten Eindruck. Er war nicht gerade eine männliche Schönheit, aber er war, wie H. H. es später immer wieder sagte, »ungewöhnlich, einmalig«. Er hatte Witz, er war überaus intelligent, was seine Texte bewiesen, die auch aktuell und politisch angriffig, das heißt, nicht ungefährlich waren – ungefährlich für den Autor. Er lernte H. H. bei den Proben zu »Axel vor der Himmelstür« kennen. Er verliebte sich ein wenig in sie, was ganz natürlich war, und sie verliebte sich in seine Intelligenz und seinen Witz und wohl auch ein wenig in seinen Charme. Mehr war nicht.

Oder doch. Das »Mehr« bestand darin, daß Weigel sich sofort entschloß, für H. H. Chansons zu schreiben. Es wurden, da »Axel« drei Akte hatte, schließlich drei Chansons. Drei schöne Erfolge.

Ja, worin bestand eigentlich Heides Rolle im »Axel«? Sie war die Zofe des Filmstars. Und da die Sache in Hollywood spielte, glaubten die für den Text Verantwortlichen, von denen freilich nicht einer je amerikanischen Boden betreten hatte, es müsse eine Schwarze sein. Eine schwarze Schauspielerin gab es um diese Zeit in Wien nicht. Also fiel die Rolle, die keine war, Heide zu. Sie war darüber ziemlich bekümmert, aber was hätte sie unternehmen können? Sie war auf ihre Gage angewiesen, wovon hätte sie, hätte die Mutter leben sollen?

Überflüssig, zu betonen, daß H. H., auch wenn sie sich schwarz schminkte, nicht wie eine Negerin aussah. Nur, wie der Regisseur und die Kollegen schon während der ersten Proben feststellten, sie bewegte sich wie eine Negerin. Sie hatte natürlich nie in ihrem bisherigen Leben eine Farbige gesehen, wohl aber einen Film, oder vielleicht waren es auch zwei oder drei amerikanische Filme, in denen Negerinnen mitwirkten. Sie hatte sofort gesehen, daß die sich eben anders als die Weißen bewegen.

Und hier bewies H. H. das erste Mal eine Fähigkeit, die ihr ein ganzes Leben lang helfen sollte, nämlich perfekt nachzuahmen. Sie konnte, wann immer von ihr verlangt, im Beruf oder im Leben, englisch oder französisch ohne den geringsten Akzent sprechen, wenn sie auch nur wenige Worte der Sprache kannte, sie hatte auch den Unterschied zwischen kärntnerisch und tirolerisch im Blut. Sie sollte – um nur ein Beispiel zu geben – 15 Jahre später die Mutter John in Gerhart Hauptmanns verfilmten »Ratten« spielen, eine Urberlinerin. Und als der Verleih die ersten Muster bekam, ich erinnere mich noch daran, als sei es gestern gewesen, meldete er sofort telefonisch Bedenken an, weil sie so berlinisch sprach, und hielt es für fraglich, ob man sie außerhalb von Berlin überhaupt verstehen könne.

Um es gleich hier zu sagen: H. H. wurde oder war vielleicht schon damals eine Art menschlicher Papagei, der alle Töne nachahmen konnte, auch Schattierungen von Tönen brachte, wenn sie benötigt wurden. Damit begann – vielleicht – ihre Fähigkeit, sich zu verwandeln. Eine innere Verpflichtung, sich aus künstlerischen Gründen zu verwandeln. Nicht von außen nach innen, sondern umgekehrt. Sie konnte eine andere werden. Sie mußte später immer wieder eine andere werden. Das ist wohl das erste Mal, daß ich das, was ich als das Zentrale in H. H.'s Künstlertum halte und das Einmalige erwähne, und wovon noch ausführlich gesprochen werden soll.

Auf den Proben zu »Axel« wurde die Rolle von H. H. von Tag zu Tag ein bißchen größer. Sie bekam immer neue Zeilen, die gar nicht in der Rolle gestanden hatten. Und, wie gesagt, Chansons. Und das hatte schließlich die Wirkung, daß Besucher des Musicals sich noch jahrelang an diese Rolle, die es ursprünglich so gut wie nicht gegeben hatte, erinnerten.

Die Hauptrolle spielte eine nicht mehr ganz junge Dame, vermutlich Mitte der Dreißig, die kein Mensch in Wien oder überhaupt außerhalb von Schweden kannte. Max Hansen hatte sie von dort importiert. Die hatte dort Operetten gespielt, nicht viele, hauptsächlich und immer wieder über Jahre hinweg die »Lustige Witwe«. Ihr Name: Zarah Leander.

Diese Frau Leander war sehr groß, sogar ein oder zwei Zentimeter größer als H. H. Und wohlgebaut. Sie war nicht eigentlich schön, ihr Gesicht, umrahmt von allerdings prächtigem roten Haar, war von Sommersprossen übersät. Sie machte auf niemanden der Mitwirkenden besonderen Eindruck, als sie erschien. Man fragte sich, warum sie geholt worden war, nur einer wußte es, nämlich der Direktor, der ihr eine relativ geringe Gage zahlte, jedenfalls gering für die Starrolle eines großen, das heißt üppig inszenierten Musicals. Nur einer glaubte, sie würde dem Publikum gefallen – eben Hansen, der auch andere Absichten hatte. Die sich aber, soweit H. H. sich zu erinnern vermochte, nicht erfüllten, denn die Leander, die damals schon verheiratet war – oder sollte man sagen längst? –, hatte durchaus nichts gegen erotische Abenteuer. Aber es gefielen ihr nur Männer, die größer von Statur waren als sie selbst. Das war, wie sie H. H. immer wieder versicherte, bei ihr eine absolute Bedingung: »Kleine Männer mag ich unter Umständen, aber nicht im Bett!«

Die beiden freundeten sich an. Die Leander war zwar ein Star in Schweden, aber in Wien sollte sie es erst werden. H. H. hingegen war in jeder Beziehung Anfängerin.

Anfängerin war nun Zarah Leander in keiner Beziehung. Und die Kollegen bewunderten ihre Sicherheit auf der Bühne, die Geschmeidigkeit ihrer Bewegungen, sie war auch ungemein graziös, so daß die ungewöhnlichen Dimensionen ihrer Gestalt nicht unliebsam ins Auge fielen. Und sie hatte eine herrliche warme Stimme. Freilich, von Schönheit, über die im Verlaufe des Stückes immer wieder gesprochen wurde, konnte bei ihr keine Rede sein.

Und dann geschah das Wunder – Heides eigene Worte. Einige Tage vor der Premiere erschien die Leander zum ersten Mal für die Rolle zurechtgemacht, in »Kostüm und Maske«, eine verwandelte Frau, eine unbekannte Frau, eine große Dame. Keine Spur mehr von Sommersprossen, die waren überschminkt, das rote Haar war aufregend geordnet – ein anderes Wort ist gar nicht denkbar – eine tolle Persönlichkeit. Und alle begriffen: Sie würde ein Erfolg werden.

»Axel« wurde ein Supererfolg. Schließlich kam es zu 200 Aufführungen, nicht en suite, aber doch meist en suite, die sich immerhin über die ganze Spielzeit erstreckten.

Das bedeutete für H. H., daß sie, die ja auch in anderen Produktionen mitwirkte, jeden Abend auf der Bühne stand. Und nicht nur im Theater an der Wien. Hans Weigel hatte sie aufgefordert, doch im Cabaret »Literatur am Naschmarkt« mitzuwirken. Das war nicht nur das größte der kleinen Cabarets, von denen es einige in Wien gab, sondern auch das künstlerisch am höchsten stehende. Dort traten ausgezeichnete Kräfte auf, die Chansons und die Sketche waren wirklich beste Zeitsatiren, wie sie erstaunlicherweise in dem doch sehr reaktionären Wien möglich – oder geduldet? – waren. Und H. H. bewies in diesem Cabaret – das fand in den geräumigen Kellerräumen des Café Dobner, eben am Naschmarkt statt –, daß sie auch das, die Kunst der kleinen Pointen, auf Anhieb meisterte.

Im Jahr zuvor hatte dort die blutjunge Hilde Krahl gewirkt, nur ein Jahr älter als H. H. Sie war inzwischen nach Berlin und zum Film abgewandert. Das Cabaret brauchte also eine neue weibliche Kraft. Und H. H. konnte singen, auch mit halber Stimme, wie das in Cabarets nötig ist, wo es nicht so sehr darauf ankommt, daß man einen Saal mit der Stimme füllt, sondern daß die Pointen verstanden werden. Besonders beliebt war eine Parodie auf das Hauptchanson der Leander in »Axel«, in dem sie die Leander so trefflich nachahmte, daß sie Lachstürme entfesselte. Die Leander nahm ihr das übrigens nicht übel.

H. H. trat also jeden Tag mindestens zweimal auf. Manchmal auch öfter. Sie erinnerte sich mir gegenüber viele Jahre später, an einen Sonntag, an dem sie am Vormittag in einer Märchenvorstellung in Wien mitgewirkt hatte, dann in einer Matinee im Theater an der Wien, am späten Nachmittag hatte sie noch in der Umgegend zwei oder drei Chansons gesungen, am Abend wieder im Theater an der Wien gespielt, in der Nacht im Cabaret. Für die Vorstellungen, die nicht in den Häusern stattfanden, wo sie unter Kontrakt stand, wurde sie bar ausbezahlt und trug bei sich die für sie gigantische Summe von 250 Schillingen. Und dann verlor sie ihre Handtasche, oder sie wurde ihr gestohlen. Genau konnte sie sich später nicht mehr daran erinnern. Aber an den Verlust erinnerte sie sich, denn sie glaubte, die Welt ginge unter. Sie begann, hemmungslos zu weinen. Und diese Reaktion war ein Beweis dafür, wie knapp sie bei Kasse gewesen sein mußte.

»Axel« hätte man vermutlich weit öfter als 200 Mal spielen können. Aber die Leander stand nicht länger unter Vertrag und wollte ihn auch nicht verlängern, obwohl Direktor Hellmer sogar bereit war, die Gage zu verdoppeln. Die Leander konnte gar nicht verlängern, denn sie hatte anderswo unterschrieben. Bei der Ufa, der großen deutschen Filmgesellschaft, wo sie dann sozusagen Vamp Nummer eins des deutschen Films werden sollte. Diese Blitzkarriere hatte sie zweifellos nicht nur ihrem starken Talent zu verdanken, sondern der besonderen Situation.

Es gab eine deutsche Schauspielerin und in jenen Jahren bereits berühmte Filmschauspielerin, die eigentlich Vamp Nummer eins hätte sein können: Marlene Dietrich. Das Propagandaministerium, ja, Goebbels persönlich, hatte alles versucht, um sie von Hollywood zurück nach Berlin zu bringen. Dazu war sie nicht bereit. Sie behauptete zwar, sie würde jederzeit kommen, freilich unter einer unerfüllbaren Bedingung: Sie wollte nämlich den Regisseur, der sie in den Vereinigten Staaten »gemacht« hatte, Josef von Sternberg, mitbringen. Das war nicht möglich, denn von Sternberg, in Wahrheit schlicht Sternberg, war von Geburt Wiener Jude. Aber Marlene wäre wahrscheinlich unter gar keinen Umständen zurückgekommen, denn sie war gegen das Nazi-Regime eingestellt, nicht zuletzt, weil sie auch andere jüdische Freunde hatte. Sie gehörte zu den Deutschen, die Hitler verabscheuten, was nach dem Krieg viele von sich behaupten sollten.

Aber auch das ist eine andere Geschichte.

Die Leander verließ also Wien, was aber für H. H. kaum eine Änderung bedeutete. Sie bekam weiterhin nichts Ernsthaftes zu spielen, obwohl die Direktion ihr immer wieder diesbezüglich Versprechungen machte. Sie sah auch keine Möglichkeit, das zu ändern, denn wo hätte sie etwas zu spielen bekommen, was wert war, gespielt zu werden? Es waren keine frohen Wochen für sie, die ja bisher immer geglaubt hatte, Grund zur Fröhlichkeit zu haben – das jedenfalls empfanden diejenigen, die sie kannten.

Und dann geschah das Wunder, oder es geschah beinahe. Es erschien eines Tages in Wien der bereits erwähnte Ferdinand Riesser, ehemals Weinhändler aus Zürich, jetzt auch Besitzer und Direktor des Schauspielhauses, das, wie auch schon erwähnt, in den Hitler-Jahren mit emigrierten deutschen, meist jüdischen Schauspielern ein Theater von europäischem Rang geworden war. Er sah H. H. in irgendeinem Stück, in irgendeiner Rolle, bestellte sie zu sich ins Hotel und schlug vor, sie solle bei ihm in Zürich spielen. Er sei bereit, sie für mehrere Jahre zu verpflichten. Ja, er sei auch bereit, den Umzug zu bezahlen und die Reisekosten zu übernehmen, auch für die Mutter, die sie ja hätte mitbringen müssen. Sie bat sich Bedenkzeit aus.

Die Mutter erkundigte sich. Zürich war wesentlich teurer als Wien, aber für 500 Schweizer Franken könnten zwei erwachsene Personen allenfalls leben.

H. H. verlangte also von Riesser eine Monatsgage von 500,– Fr., die er ihr lächelnd zusagte. Sie möge versuchen, aus ihrem Wiener Vertrag herauszukommen, dann würde er ihr einen Vertrag für Zürich schicken.

An einem der nächsten Tage kündigte H. H. ihren Vertrag mit Hellmer. Der war etwas erstaunt, denn er konnte sich nicht vorstellen, wie die junge Dame ihre Existenz weiterhin zu bewältigen dachte. Er glaubte an eine reiche Heirat. Er murmelte etwas davon, daß sie diese Kündigung vielleicht, nein, sogar sicher, bereuen würde.

H. H. schrieb nach Zürich, sie habe gekündigt, sie sei für die nächste Spielzeit frei. Und bekam prompt einen Vertrag mit dem Zürcher Schauspielhaus. Die Monatsgage für je neun Monate der kommenden drei Spielzeiten betrug 350,– Fr. Gedanken darüber, wie »seine« Schauspieler die restlichen drei Monate, in denen das Theater Ferien machte, überleben sollten, hatte sich Riesser nie gemacht. Daran, daß er selber versichert hatte, daß zwei erwachsene Personen 500,– Fr. pro Monat

58

bräuchten, konnte er sich später nicht mehr erinnern. Er lehnte eine Erhöhung seines Angebots ab. Er war überzeugt, H. H. werde kommen – was blieb ihr denn anderes übrig?

Ja, was blieb ihr denn anderes übrig? Es ist müßig, darüber zu spekulieren, was aus ihr geworden wäre, hätte sie trotzdem den Vertrag mit Zürich unterschrieben. Aber sie unterschrieb eben nicht. Sie ließ durch einen Schauspielerkollegen bei Hellmer nachfragen, ob er H. H. zurücknehmen würde, mit negativem Resultat. Nein, Hellmer wollte nicht mehr. Er glaubte überhaupt nicht, daß er noch lange die Direktion des Theaters innehaben würde. Er mutmaßte, zu Recht, daß Hitler demnächst auch Österreich beherrschen werde. Er gehört dann, gar nicht so lange später, zu den wenigen Juden, die durch den »Anschluß« nicht überrascht wurden. Er hatte für sich und seine Frau bereits ein Visum nach England in der Tasche, das er wenige Wochen nach dem deutschen Überfall auf Österreich nutzte, um sich in Sicherheit zu bringen.

Im Leben von H. H. spielte er jedenfalls keine Rolle mehr.

Es war freilich die schlimmste Zeit ihres Lebens. Sie sah den Tag kommen, an dem sie, in des Wortes schlimmster Bedeutung, auf der Straße stand. Und wenn sie es nicht sah, es verging kein Tag, ohne daß die Mutter sie daran erinnerte.

Da geschah zum zweiten Mal ein Wunder, und diesmal geschah es vollständig. Ein Telefonanruf. Eine unbekannte Stimme. Der Inhaber dieser Stimme stellte sich als Direktor Otto Falckenberg vor. Er habe sie gestern abend im Theater an der Wien gesehen und möchte sie gerne sprechen. Er schlug vor, ihn noch am gleichen Tag in seinem Hotelzimmer zu besuchen.

Der Name war ihr nicht unbekannt. Otto Falckenberg war der Direktor der Münchner Kammerspiele, nach dem Staatstheater in Berlin und dem dortigen Deutschen Theater das wohl künstlerisch wichtigste Theater im deutschen Sprachgebiet.

Immerhin . . .

4

Schauspielerin

Otto Falckenberg, ein großer, schlanker, sehr gut und sehr klug aussehender Mann mit dunklem Haar, Brille vor den verträumten Augen, man hätte ihn eher mit einer Universität in Verbindung gebracht oder auch für einen Schriftsteller gehalten als für einen Theaterdirektor.

Nun, er war nicht irgendein Theaterdirektor. Er gehörte ohne Zweifel damals schon lange zu den zwei, drei wichtigsten Theaterdirektoren im deutschen Sprachgebiet. Und zu der kaum größeren Gruppe von Theaterleitern, die nichts mit den Nazis im Sinn hatten, und mit denen die Nazis nichts im Sinn hatten. Wenn er auch nicht den Mut von Gustaf Gründgens vom Berliner Staatstheater oder die Entschlossenheit von Heinz Hilpert, Deutsches Theater in Berlin, hatte, so tat er doch alles, was in seinen, allerdings doch wohl schwachen Kräften stand, um von der Nazidoktrin nicht vereinnahmt zu werden.

Die Münchner Kammerspiele wurden von ihm um die Zeit des Ersten Weltkrieges gegründet. Er nannte das Theaterchen Kammerspiele nach dem Muster von Max Reinhardts Kammerspielen in Berlin, die um 1905 entstanden waren. Reinhardt wollte dort Stücke spielen, die er für zu intim für sein Deutsches Theater hielt. Also vor allem Ibsen, Strindberg oder auch gehobenen Boulevard. Falckenberg wollte alles spielen, was bisher und auch weiterhin in München vom Königlichen Schauspielhaus, später Residenz-Theater, gespielt wurde. Nur weniger pompös, weniger pathetisch-theatralisch, es ging ihm um den Kern, was schon dadurch zu erklären ist, daß er von der Dramaturgie her kam, von der Literaturwissenschaft. Trotzdem verstand er das für ihn neue Handwerk des Regisseurs vorzüglich. Er war ein leiser Regisseur, auch in seinen Proben fiel nie ein lautes Wort. Und die so zustandegekommenen Aufführungen standen turmhoch über denen des begüterten Königlichen Schauspielhauses, obwohl dieses hochsubventioniert war und die Kammerspiele so gut wie gar nicht.

Er zog junge Schriftsteller heran. Das prominenteste Beispiel dafür: Bert Brecht, dessen erste Theaterstücke bei ihm uraufgeführt wurden. Er zog auch andere, gar nicht mehr so junge Autoren heran, wie zum Beispiel den sonst so gut wie nirgends gespielten Knuth Hamsun. Auch Frank Wedekind, der mit der Zensur immer Schwierigkeiten gehabt hatte, fand bei ihm eine Heimstätte.

Seine Spezialität war auch, junge Schauspieler zu entdecken. Besonders junge Schauspielerinnen. Anfang der zwanziger Jahre spielte die sagenhaft schöne Sibylle Binder, die er auch heiratete, die großen weiblichen Rollen. Sie ging später nach Berlin und dann, 1933, als Jüdin, in die Emigration nach London.

Eine andere Entdeckung von Falckenberg war die blutjunge Elisabeth Bergner, die in einem österreichischen Provinztheater als völlig talentlos entlassen worden, in Zürich bewies, daß sie nicht talentlos war und nun bei Falckenberg viel spielte. Sie trennte sich dann doch von den Kammerspielen, weil sie fand, daß die Frau Direktor ihr die Rollen wegspielte, die sie selbst hätte spielen sollen oder jedenfalls glaubte sie das.

Später kam dann Käthe Gold, diese Himmelsschauspielerin, die seltsamerweise weder in der Schweiz, wo sie begann, noch in Breslau, wo sie schließlich ein Engagement fand, gewürdigt wurde. Falckenberg sah sie dort in irgendeiner Rolle, war erstaunt, daß man sie nicht längst nach Berlin verpflichtet hatte, und sie wurde viele Jahre lang sein Star. Sie war dann doch nach Berlin abgewandert, aber erst vor ein paar Jahren, und seither war Falckenberg auf der Suche nach Ersatz.

Alles das wußte H. H. natürlich nicht, als sie in seinem Hotelzimmer erschien. Er war, sie erinnerte sich später daran, sehr liebenswürdig mit ihr, kehrte gar nicht den bedeutenden Theaterdirektor heraus, ließ sie auch nicht spüren, daß sie eine Anfängerin war, er sagte nur, er habe sie am gestrigen Abend gesehen, er sei sofort an ihr interessiert gewesen, in solchem Maße, daß er dann noch auf Anraten seines Dramaturgen Glückmann in das Cabaret gegangen sei. Nun, singen würde sie bei ihm nur in Ausnahmefällen, aber ob sie so nett sei, ihm einiges vorzusprechen.

Sie war nervös, um es gelinde zu sagen. Sie begriff sofort, dies war ein Glücksfall, der sich so schnell nicht wiederholen würde, und sie brauchte ja ein Engagement.

Sie sprach einige Zeilen der Ophelia aus »Hamlet«. Sie unterbrach sich, entschuldigte sich, sie sei nervös. Und begann von neuem. Falckenberg lächelte, er kannte ja den Grund der Nervosität der jungen Schauspielerin nicht. Diesmal sprach sie zu Ende, wollte sich nochmals entschuldigen, aber sie kam gar nicht dazu.

Denn Falckenberg sagte nur: »Das habe ich nicht geahnt!« Fast die gleichen Worte, die nur wenige Jahre später ein anderer Regisseur nach einer Probe mit H. H. sagen sollte.

Falckenberg stand auf – dies alles blieb H. H. in genauester Erinnerung und fragte nur: »Ab wann sind Sie frei?« Das übrige würde der geschäftliche Direktor mit ihr erledigen. Der ließ auch am übernächsten Tag von sich hören. Er sandte einen sehr anständigen Vertrag. Offenbar hatte Falckenberg erfahren, daß sie die Mutter ernähren müsse und das war auch durchaus mit der vorgeschlagenen Gage möglich.

Die Mutter dachte, man könnte »mehr herausholen«. Ohne Wissen ihrer Tochter setzte sie sich mit dem geschäftlichen Direktor in Verbindung, unterstrich, ihre Tochter sei noch nicht mündig, sie, die Mutter, müsse unterschreiben und sie gebe doch zu bedenken ... etc., ... etc.

Der geschäftliche Direktor war um diese Zeit bereits ein Nazi, dem man Falckenberg, der nun weiß Gott keiner war, sozusagen vor die Nase gesetzt hatte. Der ging gar nicht darauf ein, sondern schrieb der Mutter einen kurzen Brief, das Theater werde schließlich mit der Tochter zu tun haben, nicht mit ihr, und wenn es legale Schwierigkeiten gäbe, solle sie doch die Tochter für mündig erklären lassen. Was sie dann auch tat. Und später bereute. Denn nun konnte sie nicht mehr Entscheidungen treffen, nicht einmal mitreden. Was sie aber nicht lassen konnte.

Noch etwas aus jener Zeit wäre zu berichten. H. H. hatte kein gutes Gefühl bei dem Gedanken, daß sie nun in ein von den Nationalsozialisten beherrschtes Land gehen sollte, von den bösen Menschen, die viele ihrer Kollegen vertrieben hatten. Aber gerade die waren es, die ihr zuredeten. Sie alle waren dafür, daß sie das Münchner Angebot annehmen solle. Die Nazis würden sowieso bald nach Wien kommen, das Jahr war 1937, oder jedenfalls in Wien und Österreich so viel Einfluß nehmen, daß es schon gleichgültig sei, ob man in Wien oder in München spielte. Und in München könne sie endlich Rollen bekommen, die ihr zukämen und nicht solche, mit denen man sie besetzte, weil sie gerade zur Stelle war.

Hellmer zuckte die Achseln. Er sagte, es sei schade, daß sie nicht bleibe, aber er könne alles verstehen. Nicht verstehen konnte Direktor Riesser in Zürich, als er in der Zeitung las, daß H. H. nach München engagiert sei. Er schrieb ihr in etwa, er wisse jetzt, warum sie das Zürcher Angebot nicht angenommen habe. Es dränge sie wohl ins Dritte Reich. Aber er wußte ja sehr wohl, daß sie gern nach Zürich gekommen wäre, freilich nicht zu einer Gage, bei der die Mutter und sie hätten verhungern müssen.

Sie fuhr also mit der Mutter von Wien nach München. Sie hatten nicht allzuviel Gepäck bei sich, obwohl es sich um einen Umzug über vermutlich viele Jahre handelte – der Vertrag garantierte drei Jahre. Sie besaßen eben nicht viel. Sie fuhren, natürlich, dritter Klasse. Mehr war nicht drin.

Mehr als zwei Zimmer in einer preiswerten Pension, in der sie auch für sich kochen konnten, war nicht drin. Diese Bleibe hatte zwei Vorteile. Sie war recht billig, und sie war so nahe beim Theater, so daß Fahrspesen nicht in Frage kamen.

Am Tag nach ihrer Ankunft meldete sich H. H. bei Direktor Falckenberg. Der war so liebenswürdig wie bei ihrem bisher einzigen Zusammentreffen, er sagte nur, sie sei sich doch hoffentlich darüber im klaren, daß sie nicht nur die Ophelia oder gar die Iphigenie spielen würde, wenn überhaupt, sondern eben alles, was anfiele. Sie sei Mitglied des Ensembles, nicht mehr, aber auch nicht weniger. Ensemble: Die besten deutschsprachigen Schauspieler konnte man bei ihm finden, wenn auch ihre Namen H. H. fast nichts bedeuteten. Seltsam genug, aber in Wien kannte man fast nur deutschsprachige Schauspieler, die auch filmten oder vor allem filmten und allenfalls zwei oder drei, die gelegentlich in Wien gastierten. In München stieß sie auf den Schauspieler O. E. Hasse, der damals noch nicht oder so gut wie nie filmte, auf Friedrich Domin, der aus privaten Gründen nie nach Berlin wollte, auf Gundel Thormann, auf die schöne Hanna Ralph, auf Maria Niklisch, Sibylle Schmitz, später ein Filmstar bei der Ufa, auf Hedwig Wangel, eine damals recht bekannte Schauspielerin mit einer relativ hohen Gage, die kärglich lebte, weil sie alles Geld für »gefallene Mädchen« ausgab; die übrigens bald die Freundin von H. H. wurde, die ja keines war ... ach, sie sind ja alle schon längst vergessen, die Schauspielerinnen von damals.

Der Zufall wollte es freilich, daß H. H. jetzt, 1937, mit einer Hauptrolle in einem brandneuen Stück zu ihrem Debut auftrat. Es handelte sich um das neueste Theaterstück eines gewissen Richard Billinger.

Der war damals ein in Mode gekommener junger Dramatiker, der mindestens ein Stück pro Jahr schrieb. Richard Billinger lebte auf dem Lande, irgendwo in Oberbayern, und fast alle seine Stücke spielten auf dem Land. Die waren so eine Art Vorläufer der späteren Heimatfilme. Er hatte einen Riesenerfolg gehabt, 1931 mit »Rauhnacht«, aber seine meisten Stücke wurden fast nur an den Münchner Kammerspielen gebracht, wo Falckenberg sie inszenierte, weil er an ihn glaubte. Aber er wurde nicht mehr oder so gut wie nicht mehr aufgeführt, nachdem Hitler abgetreten war, obwohl alle Welt zu wissen glaubte, daß er nie der Partei angehört hatte.

Er war wohl doch nicht mehr als ein geschickter Macher, man könnte sagen ein Heimat-Sudermann.

Sein neues Theaterstück hieß »Der Gigant«. Es handelte von einem gewissen Tony, der in Prag, das um diese Zeit noch Ausland war, also ruhig als »verdorben« geschildert werden durfte, junge Mädchen verführt. Vor allem solche, die vom Lande kommen und von nichts eine Ahnung haben. Und tragisch enden. In Berlin hatte die weibliche Hauptrolle bei der Uraufführung Käthe Gold gespielt – Gründgens selbst hatte das Werk inszeniert, der blutjunge Kurt Meisel war der Verführer gewesen, und die Sache wurde ein Riesenerfolg.

Einige Wochen später inszenierte Falckenberg also das Werk in München. Diesmal war der Verführer der junge O. W. Fischer, ein gutaussehender Wiener Schauspieler, der schon damals einen Stil hatte, wie er in Deutschland fast unbekannt und sicher unerwünscht war. Er unterspielte, wie er das in englischen und amerikanischen Filmen gesehen hatte. Das Mädchen war H. H.

Sie erinnerte sich noch lange der Proben, den ersten in den Münchner Kammerspielen. »Es fiel kein lautes Wort. Falckenberg, in der fünften oder sechsten Reihe, sagte selten etwas. Das meiste, was er zu sagen hatte, flüsterte er seinem Regieassistenten zu, der sich die entsprechenden Notizen machte. Man kann sich keinen größeren Unterschied vorstellen, als den zwischen den Proben in Wien und den in München. Dort war alles drunter und drüber gegangen, es wurde oft improvisiert und fast immer geschrien, die Regisseure wußten alles besser als die Kollegen, man brüllte sich an, vor allem duzte man sich.

»In München duzten sich einige der Schauspieler, die einander schon lange kannten, aber zum Beispiel Falckenberg sagte nie du zu mir, auch nicht nach Jahren. Er nannte mich meist Fräulein Hatheyer, gelegentlich auch nur Hatheyer, nicht Fräulein, erst in der zweiten oder dritten Spielzeit Heide.«

»Er hörte meist zu. Die Schauspieler, die gute Augen hatten, ich hatte nicht mehr so gute, glaubten an seinem Gesicht ablesen zu können, ob er einverstanden war oder nicht. Wenn nicht, was natürlich häufig vorkam, pflegte er in etwa zu sagen ›Sie können es ja auch einmal anders probieren, Fräulein Hatheyer.

Wie wäre es, wenn . . .‹ Und meist umriß er in etwa, was er wollte, mit Worten, nur selten kam er auf die Bühne und machte etwas vor.«

Es sollte einige Zeit dauern, bis H. H. begriff, daß fast immer nur die Regisseure etwas vormachen, die vorher Schauspieler gewesen waren, während diejenigen, die von einer anderen Sparte kamen, wie eben Falckenberg, das meist gar nicht versuchten.

Was Falckenberg an H. H. auffiel, war, daß sie fast über Nacht »in eine Rolle schlüpfte« – seine Worte, die mir von O. E. Hasse später überliefert wurden.

Das fiel übrigens auch anderen Kollegen auf. Viele kamen in die Proben von Stücken, in denen sie nicht mitspielten, nur um sich die Neue anzusehen. Viele verglichen sie mit der damals schon berühmten Max Reinhardt-Entdeckung Paula Wessely. »Vielleicht etwas spröder!«

Das »In eine andere Haut schlupfen«, ein Begriff, den Heide noch oft mir gegenüber gebrauchen sollte, und der eigentlich ihren Beruf deckend umschreibt, war ihr völlig bewußt, und sie nahm das sehr ernst. Sie äußerte später immer wieder, daß das viel schwerer sei, als etwas »spielen«. Sie spielte niemals bewußt, sie hielt auch gar nichts davon, zu zeigen, was sie fühlte oder spürte. Sie meinte, das sage sie ja in ihrer Rolle, oder genauer, »das sagt der entsprechende Mensch, der ich geworden bin. Wenn ein Mädchen oder eine Frau oder wer auch immer Schmerzen empfindet und es äußert, dann muß man nicht auch noch unbedingt ein Gesicht machen, als empfinde man Schmerzen. Was der neue Mensch, den ich darstelle, empfindet, empfindet er eben, und er, respektive sie, benimmt sich dabei so, wie sie es im täglichen Leben tun würde. Etwas ›spielen‹ ist sicher nicht leicht, aber ein anderer Mensch werden, ist nicht nur schwieriger, es ist auch schmerzhaft. Ich gehe jeden Abend eine Art innere Operation durch, was bedeutet, daß die hundertste Aufführung, die für eine routinierte Kollegin eigentlich nur das Nachplappern der ersten Aufführung wäre, genau dieselbe Anstrengung kostet wie das erste Mal.«

Um auf München zurückzukommen: Sie war dort trotz ihrer großen Erfolge, schon ganz zu Anfang, nie als Star angesehen. Sie war Mitglied eines Ensembles, allerdings eines außerordentlichen Ensembles.

O. E. Hasse, damals prominentes Mitglied des Ensembles, aber keineswegs über München hinaus bekannt, geschweige denn ein Filmstar: »Das Erstaunliche an dieser jungen Dame, oder besser, das Erstaunliche für uns war, die wir sie auf den Proben zu sehen bekamen, daß wir alle ohne jede Ausnahme zu der Überzeugung gelangten: Die wird was! Es ist ja üblich, daß gestandene Schauspieler, wie wir es waren, im allgemeinen eher kritisch sind, wenn eine Neue zu uns kommt. Das war bei H. H. überhaupt nicht der Fall. In unseren Augen war sie bereits in dieser ihrer ersten Rolle bei uns ein Star!«

Übrigens: ihr selbst kam das gar nicht zu Bewußtsein. Sie wußte, sie gab ihr Bestes, aber war sie gut genug?

Bei Publikum und Presse wurde sie eine kleine Sensation. Die war natürlich bedingt durch den Umstand, daß niemand bisher je von ihr gehört hatte. Weder passionierte Theaterbesucher, noch die Presse – in Wien war ihr ja nie eine ernsthafte Rolle zugeteilt worden. Und jetzt überschlugen sich die Journalisten. In etwa: »Falckenberg hat . . . den Mut, bislang noch unbekannte Darsteller in großen Rollen einzusetzen. Und auch die blutjunge Heidemarie Hatheyer, die Falckenberg die Annuschka spielen läßt, ist echte Begabung.« Dieser spezielle Kritiker, heute ebenso unbekannt wie die meisten Schauspieler, die er kritisierte, bemängelte noch, daß »ihre Ausbrüche zu plötzlich kämen«. Die meistens seiner Kollegen hatten überhaupt nichts zu bemängeln, sondern wollten nur jubeln. »Heidemarie Hatheyer, eine vielversprechende neue Entdeckung . . .« Und: »Heidemarie Hatheyer gab uns in ihrer Annuschka ein bezwingendes Erlebnis, nicht nur in dem lieblichen Reiz ihrer Persönlichkeit an sich, sondern auch in der Andeutung des seelischen Bruches, der ihr Schicksal von Anfang an bestimmt und vollendet. Alle wußten: . . . man würde bald wieder von ihr hören.«

Wenig später – dazwischen hatte sie in ein paar Stücken mitgespielt – bekam sie ihre erste klassische Rolle. Die Luise in »Kabale und Liebe«. Ihr Partner, der Sohn des Präsidenten Ferdinand, war der junge Schauspieler Horst Caspar, der zur gleichen Zeit wie sie nach München gekommen war. Aus Bochum, wo in jenen Tagen großes, wenn auch ein bißchen zu lautes und pathetisches Theater gemacht wurde. Horst Caspar war in Bochum ein sehr lauter und pathetischer Helden-Darsteller gewesen, er hatte alle Möglichkeiten dazu, er war groß, schlank, sah sehr gut aus und hatte alle nur denkbaren Stimmittel. Er galt in der Branche als »der« jugendliche deutsche Held.

Ironie des Schicksals: Dieser Caspar war Vierteljude. Er brauchte also, respektive das Theater, an dem er arbeitete, benötigte jeweils Spezialgenehmigungen für jeden neuen Vertrag. Die wurden allerdings stets ausgestellt, denn man benötigte einen solchen »deutschen Jüngling« wie den jungen Caspar.

Und Falckenberg war entschlossen, aus diesem reichlich lauten und pathetischen Jüngling einen leisen Schauspieler zu machen. Was ihm auch gelang.

Und es gelang über alle Begriffe grandios eine leise, zarte Aufführung der »Kabale und Liebe«, wie man sie lange in Deutschland nicht gesehen hatte. Es spielten auch vorzügliche Schauspieler mit. Da war etwa der Präsident des Charakterspielers Friedrich Domin, ohne Zweifel prominentester Münchner Schauspieler. Oder der unbeschreiblich komische Höfling von Kalb, den O. E. Hasse hinlegte. Und da war eben das Liebespaar, das in Jahrzehnten nicht ohne Pathos von so schlichten, so »menschlichen« jungen Darstellern gespielt worden war. Und über diese unbekannte junge Schauspielerin mußte man immer wieder weinen.

Es war im deutschsprachigen Raum üblich, daß man Klassiker plakativ spielte. Die Zuschauer sollten wissen, daß sie etwas »Klassisches« zu hören und zu sehen bekamen. Bei Falckenberg fiel kein lautes, geschweige denn ein pathetisches Wort.

Die Kritiker überschlugen sich also, besonders was H. H. anging. Schon nach dem »Gigant« hatte man in München von ihr gesprochen, jetzt schrieben die Kritiker in ganz Deutschland über sie, und darüber sprach man in den Theaterdirektionen. Kritiker aus Berlin, aus Hamburg, aus Köln, ja, aus Wien, wo man die junge Schauspielerin kaum beachtet hatte, kamen angereist, um die Aufführung zu besichtigen; natürlich nicht nur H. H., sondern eben auch den jungen und sensationellen Horst Caspar und O. E. Hasse, und ... und ... Freilich, sie war die jüngste, einfachste, und daher die am tragischsten ausgelieferte Luise seit Menschengedenken.

»H. H. war Luise doch zwingend. Eine bis in die Wurzeln ihres Daseins Liebende, unendlich rührend in der wahrhaft kreaturischen Herzensangst und ausgebrannten Einsamkeit«, was immer das aussagen sollte. Die Kritiken waren keine Kritiken mehr, es waren Begeisterungsausbrüche. Und das für ein Mädchen unter zwanzig in ihrer ersten klassischen Rolle.

Sie war jetzt – nein, sie wurde kein Star. Sie blieb weiterhin Mitglied des Ensembles, und Falckenberg setzte sie gelegentlich auch in kleinen und kleinsten Rollen ein. »Er brachte Stücke heraus, in denen ich eine Hauptrolle hätte spielen können, die er aber anders besetzte, und mich in einer kleinen, ganz unwichtigen Rolle, die jede andere hätte spielen können. Aber: Es tat mir gut! Ich schnappte nicht über. Auch nicht nach den Erfolgen in anderen Stücken, wie etwa in der ›Heiligen Johanna‹ von Bernard Shaw.«

Auch sonst hatte sie wenig Grund überzuschnappen. Da war die Mutter, die immer von neuem für Schwierigkeiten und Peinlichkeiten sorgte.

Sie bewachte jeden ihrer Schritte, als ob H. H. nicht bereits erwachsen gewesen wäre. Sie saß auch, wann immer es zugelassen wurde, in Proben und übte danach meist scharfe Kritik an ihrer Tochter.

Anderen gegenüber gab sie sich zwar sehr stolz auf H. H. und war es wohl auch, aber ihr selbst sagte sie das nie. In jenen ersten Münchner Tagen oder sagen wir ruhig, im ersten Münchner Jahr, als H. H. noch unsicher war, hatte sie geradezu Angst vor diesen Kritiken der Mutter, auch wenn ihr Kollegen und der jeweilige Regisseur versicherten, sie mache ihre Sache gut. Die Mutter wischte das weg: »Das sagen die Leute nur, um nett zu dir zu sein!«

Die Hauptsorge der Mutter freilich galt dem Privatleben ihrer Tochter. Man bedenke: Die war jetzt bald zwanzig, sie war beruflich in erstaunlichem Maße durchgesetzt, aber für die Mutter war H. H. – ja, was war sie? Nicht das Kind, das sie beschützen mußte, sondern – ihr, der Mutter Besitz. Frau Maria, die aus Gründen, die ihrer Tochter niemals klar wurden, nie mehr versuchte, wieder zu heiraten, was vielleicht möglich gewesen wäre, denn sie war noch immer eine vorzüglich aussehende Dame, aber dumpf entschlossen, keinen Finger zu rühren, hielt H. H. für ihre einzige mögliche Geldquelle.

Und die durfte nicht versiegen. Und wenn sie nun einen Mann fand, den sie liebte und gar heiratete? Und vielleicht Kinder bekam? Dann würde doch gar nicht mehr so viel Geld für die Mutter da sein! Das galt es zu verhindern! Wann immer sie spürte, daß irgendein junger Mann sich für ihre Tochter interessierte, begann sie, diesen Bewerber aufs heftigste zu kritisieren und der Tochter klarzumachen, daß dieser kein geeigneter Umgang für sie sei.

Gelegentlich ging sie sogar weiter. Da war ein gewisser Dr. Wilfried Feldhütter. Ein großer, schlanker, blonder Mann, ausgesprochen gutaussehend, sehr gebildet, er hatte Kunstgeschichte studiert und war zuerst als Dramaturg an den Kammerspielen, dann in der Hörspiel-Abteilung des Bayerischen Radios beschäftigt. Als er H. H. kennenlernte, hatte er schon eine ganze Anzahl von Affären hinter sich, sehr zur Besorgnis seiner Mutter, die ähnliche Ängste hatte wie die Mutter von H. H. Zwar brauchte sie sich nicht um ihren Unterhalt zu sorgen, aber sie sorgte sich umsomehr um ihren Einfluß auf den Sohn, der erstaunlich war.

Der übrigens reizende und gutmütige Vater des jungen Feldhütter war ein Zollbeamter, der es weiter hätte bringen können, wenn er sein Abitur gemacht hätte. Er kam aus ausgesprochen bescheidenen Kreisen. Seine Frau, die besseren Kreisen entstammte oder zumindest es behauptete, nahm ihm ein Leben lang übel, daß er es nicht hatte weiter bringen können, haderte entsprechend mit ihrem Schicksal. Und sah in ihrem Sohn eine Art von Rehabilitation.

Sie hatte natürlich immer etwas auszusetzen an den jungen Damen, mit denen ihr Sohn anbandelte. Das führte manchmal zu drastischen Szenen. H. H. erinnerte sich später, daß eine der verflossenen Freundinnen von Wilfrieds Mutter in solchem Maße gereizt wurde, daß sie, als die mögliche Schwiegermutter, wieder einmal im Treppenhaus erschien, zum Feuerlöscher griff und die alte Dame durch einen Wassererguß zur Flucht trieb.

Von dieser Geschichte und anderen ähnlichen »Taten« sollte H. H. freilich erst später erfahren. Zum Teil am eigenen Leib, wenn sie auch nicht gerade zu einem Feuerlöscher greifen mußte, um sich zu wehren.

Wie jede junge Schauspielerin hatte auch H. H. schließlich Probeaufnahmen für den Film gemacht. Das gehörte nun einmal dazu. Aber vielleicht wäre sie nicht einmal zu den Probeaufnahmen gegangen, denn sie war überhaupt nicht daran interessiert, Filme zu machen, wenn nicht die Mutter sie dazu gedrängt hätte. Mit Film konnte man ja schließlich viel Geld verdienen.

H. H. ließ also Probeaufnahmen von sich machen. Sie saß eine Weile in dem betreffenden Vorzimmer herum, bis die Reihe an ihr war. Neben ihr saß Susi Nicoletti, die in Wirklichkeit nicht so hieß, aus Nürnberg stammte und in Wien eine sehr bekannte Schauspielerin werden sollte. Die beiden jungen Mädchen wünschten einander Glück, aber H. H. glaubte wohl nicht so recht an das ihre. Sie war überzeugt davon, daran hat nicht nur sie selbst sich immer wieder erinnert, sondern auch andere, denen sie es sagte, nämlich: »Ich bin nicht schön genug zum Filmen!«

Sie hielt sich wirklich nicht für schön, und im klassischen Sinne des Wortes hatte sie vielleicht nicht einmal unrecht.

Aber es sollte anders kommen.

5

Unternehmen »Geierwally«

Später hieß es, Luis Trenker hätte sie in den Kammerspielen gesehen und sofort erklärt, sie müsse seine Partnerin werden. Das stimmt überhaupt nicht. Trenker ahnte nicht, daß es eine H. H. gab, und diese wußte wiederum nichts von ihm. Letzteres ist erstaunlich, denn Trenker war durchaus kein Unbekannter mehr. Gebürtiger Tiroler, hatte er als Bergsteiger, will sagen als Bergführer, begonnen, sich von Touristen, die einen Berg besteigen wollen, engagieren zu lassen. Er war durch eine Reihe von Zufällen zum Film gekommen, hatte infolge seiner Fähigkeit, gefährliche Berge zu besteigen, sehr schnell Popularität erlangt, war Filmregisseur und sein eigener Star geworden und verdiente viel Geld mit seinen Filmen. Freilich, er dachte nicht mehr daran, irgendwelche gefährlichen Heldenstücke selbst zu verrichten. Wozu waren Doubles da? Eine übrigens vielleicht wenig heroische, aber vernünftige Entscheidung, denn keine Filmgesellschaft der Welt würde gern ihren Star gefährlichen Situationen aussetzen. Das finanzielle Risiko wäre zu groß. Hätte sich der Bergsteiger auch nur am Gesicht verletzt, mit der Folge, daß dieses nie wieder so aussehen würde, wie es einmal ausgesehen hatte, konnte man die bisher gedrehten Streifen wegwerfen. Ein möglicherweise verletztes Double konnte von einem anderen Double leicht ersetzt werden.

Die Besonderheit von Trenker war, daß er ein Geheimnis daraus machte, daß er nicht selbst die Heldentaten vollbrachte, sondern den größten Wert darauf legte, daß man ihn für einen Mann hielt, der allen Gefahren trotzte. Denn er war eitel.

Was H. H. sehr bald erfahren sollte. Die Sache war vielmehr die: In dem Film, den Trenker 1937 drehen sollte, »Der Berg ruft«, ging es um einen Bergsteiger, der allen Mahnungen zum Trotz einen gefährlichen Gipfel erklimmt, woran andere tragisch gescheitert waren. In diesem Film, respektive dem Bergdorf, gibt es auch ein junges Mädchen, das er liebt, das ihn liebt und das um ihn bangt und mit dem er zuletzt wieder vereinigt wird, will sagen, die beiden werden wohl heiraten.

Für diese Rolle hatte man bis zuletzt noch keine Besetzung. Die Damen, die bisher mit Trenker gearbeitet hatten, zum Beispiel Leni Riefenstahl, waren auch Sportlerinnen, kletterten selbst, wenn nötig. Die Liebende in dem Film, der jetzt gemacht werden sollte, blieb am Boden. Also brauchte man »nur« eine Schauspielerin. Eine möglichst junge Schauspielerin, denn Trenker sollte ja auch recht jung sein, jünger jedenfalls, als er in Wirklichkeit war. Eine junge war auch billiger.

Also wurde H. H. engagiert. Und zwar von dem Produzenten oder Produktionsleiter.

Sie bekam Urlaub von den Kammerspielen, für einige Wochen, so groß war die Rolle ja nicht, und fuhr nach Zermatt. Und traf Trenker. Der bekam fast einen Schlaganfall. Denn H. H. war größer als er selbst. Das schuf, da es nicht anging, den »Helden« kleiner als seine Partnerin zu zeigen, sie mußte ja schließlich anbetend zu ihm aufblicken, gewisse Komplikationen. Wenn in den gemeinsamen Szenen beide saßen oder nur einer von beiden stand, ging es an. Wenn sie aber beide standen oder, was unabdinglich war, nebeneinander gingen, mußte Trenker entweder auf einem Schemel stehen, oder es mußte ein Gehsteig gebaut werden, auf dem er neben der größeren H. H. einherging. Das war zu schaffen und wurde schließlich fast geschafft.

Was nicht geschafft werden konnte, war der verletzte Stolz Trenkers. Er wußte natürlich, daß er nicht gerade ein Hüne war, aber bisher hatte er noch nie Partnerinnen gehabt, die ihn überragten. Von nun an konnte er H. H. nicht leiden. Und ließ sie das bei jeder Gelegenheit spüren.

Ich fragte, als ich die Geschichte hörte, warum man denn die Rolle nicht umbesetzt habe? Der Grund: Man hatte schon einige Szenen in Zermatt mit H. H. gedreht. Szenen, in denen Trenker nicht vorkam und, obwohl er als Regisseur zeichnete, gar nicht zur Stelle gewesen war. Man hätte also diese Szenen noch einmal drehen müssen. Das hätte mehr Geld gekostet, als vorgesehen war. Damals mußten Budgets eingehalten werden, so etwas wie Filmförderung gab es noch nicht. Und der Produzent und der Fotograf und andere fanden H. H. nicht nur recht nett, sondern, was ja immer wichtig war, sie fanden auch, daß sie »über die Leinwand kam«. Es gibt ja Schauspieler, die schauspielerisch gut sind und anziehend oder sogar schön und auf der Leinwand überhaupt nichts verströmen. H. H. war das genaue Gegenteil. Sie, will sagen, die gefilmte H. H., sprang einen geradezu an.

Also mußte Trenker in den für ihn so bitteren Apfel beißen. Aber er ließ H. H. bei jeder Gelegenheit wissen, daß er nichts von ihr halte – eigentlich eine eher dumme Reaktion, denn er mußte ja als Direktor der produzierenden Gesellschaft an einem guten Klima während der Aufnahmen interessiert sein. Er war wohl doch ein sehr primitiver Mensch, was viele bezeugten und bezeugen.

Sie fand Zermatt zwar herrlich, sie genoß die Bergluft, sie genoß das kräftige Essen, aber sie war fast immer allein, wenn nicht bei den Aufnahmen. Denn mit der kleinen Gage konnte sie sich, obwohl diesmal die Mutter nicht mitgekommen war, was sie natürlich übelnahm, das teure Prominentenhotel, in dem die anderen abgestiegen waren, nicht leisten. Das nahm sie nicht weiter tragisch.

Trenker rächte sich auf seine Art. Er schnitt wichtige Szenen von H. H. heraus. Auf diese Weise machte er die im ursprünglichen Drehbuch recht gute Rolle zu einer eher kleinen.

H. H. erfuhr erst bei der Premiere des Films, der sie, das stand in ihrem Kontrakt, beiwohnen mußte, wie wenig von ihrer Rolle geblieben war. Sie hätte freilich kaum eine Möglichkeit gehabt, dagegen zu protestieren. Wer war sie denn schon? Und dann: Ihr lag an der ganzen Filmerei nicht viel. Sie glaubte damals nicht einen Augenblick daran, daß sie bald einen zweiten Film machen würde oder gar noch viele Filme in den folgenden Jahren.

Sie verbesserte auch Journalisten, die sie späterhin interviewten und als Filmschauspielerin bezeichneten. »Ich bin Schauspielerin!« pflegte sie zu sagen.

Maßgebende Persönlichkeiten in der Filmindustrie wurden aufmerksam auf sie. Es wäre übertrieben, zu behaupten, daß es nun Angebote hagelte. Aber immerhin kamen einige und schließlich eines, das sie nicht gut abschlagen konnte. Es kam von der Filmgesellschaft Tobis, der Hauptkonkurrentin der Ufa, ein Vertrag, nicht für einen Film, sondern für mindestens zwei Filme pro Jahr und das auf drei Jahre – oder waren es fünf? Und nun verdiente sie gutes Geld, wesentlich mehr als ihre Gage an den Kammerspielen betrug.

Die Mutter begann, eine bessere Wohnung zu suchen. Die Tochter wollte zumindest vorläufig in der Pension bleiben, denn sie lag ja so nahe am Theater.

Um noch einen Augenblick beim Film zu verweilen: In den nächsten Jahren machte sie einige Filme für die Tobis, die man heute »Filme« nennen würde, damals kleine Filme nannte, aber bald war sie schon ein Name, wenn auch noch kein großer.

Was den Namen anging, so bedeutete das noch nicht, daß das Filmpublikum von ihr zu reden begann. Aber die Filmverleiher redeten von ihr und die Kinobesitzer. Sie wurde eine Spezialistin – zumindest in ihren eigenen Augen –, und zwar in zweierlei Hinsicht: Einmal war sie immer das Mädchen vom Lande. In keinem der Filme, in denen sie vorerst mitspielte, manchmal auch eine der führenden Rollen spielte, trug sie Kleider, wie im täglichen Leben, sie war immer ein Bauernmädchen mit entsprechender Kleidung und mit entsprechenden Manieren zu ihrem Leidwesen. Denn sie hätte ihre modernen, schicken Kleider, wie ihre Kollegin neu für ein Butterbrot erwerben können.

Sie, die jetzt auf der Bühne oft genug klassische Rollen spielte und im Gegensatz zu vielen ihrer Kolleginnen in reinstem Deutsch, während andere, ob nun mit Absicht oder ohne es selbst zu merken, die Melodie ihrer Heimat mitklingen ließen. Und dann: Die Filme waren durch die Bank Lustspiele. Ihre Aufgabe, das jedenfalls hatten Drehbuchautor und Regisseur geplant, war, die Leute fröhlich zu stimmen. Was ihr übrigens ohne Mühe gelang. Es ist nicht unwichtig, dies hier zu vermerken, denn in späteren Jahren, als sie ganz oben war, galt sie als eine der »letzten Tragödinnen«. Und das wurde immer wieder öffentlich, das heißt durch die Medien festgestellt und gleichzeitig beklagt, daß man ihr nie etwas Lustiges zu spielen gegeben habe. So schnell hatte man ihre Anfänge vergessen.

Aber natürlich spielte sie späterhin auch nichts Lustiges mehr im Theater. Sie war in der Tat eine junge Tragödin geworden. Der eigentliche Grund lag nicht darin, daß die Filmemacher ihr nicht zutrauten, auch komisch sein zu können. Der Grund lag vielmehr darin, daß es so wenige Tragödinnen im deutschen Sprachbereich gab. Etwas Leichtes konnten viele spielen, das sagten sich die Filmemacher, die ja nicht immer recht hatten. Aber etwas Tragisches konnten nur wenige spielen, sagten sich die Filmemacher, und damit hatten sie recht. Die Mächtigen des Films, nun nicht nur in Deutschland, sondern im gesamten deutschen Sprachgebiet, mit Ausnahme der Schweiz, hatten viele von denen vertrieben, die als große Schauspielerinnen und Schauspieler hätten bezeichnet werden können.

Aber das ist eine andere Geschichte.

H. H. hatte also in wenigen Jahren geschafft, ein geachtetes Ensemble-Mitglied eines der bedeutendsten deutschen Theater zu sein und eine gelegentlich gern beschäftigte Filmschauspielerin. Und sie hatte auch – endlich – ein Privatleben. Sie hatte, entgegen den Plänen der Mutter, sie war ja mündig gesprochen worden, konnte also für sich entscheiden, eine eigene Wohnung genommen, in der die Mutter nicht mehr ständig anwesend war. Die hatte, natürlich auf Kosten der Tochter, eine andere Wohnung. Und H. H. hatte einen Freund, eben den bereits erwähnten Dr. Feldhütter.

Er war nicht der erste. Sie hatte es, um ihre eigenen Worte zu gebrauchen, »immer mal wieder probiert«. Sie hatte so oft auf der Bühne und nun auch im Film ein Mädchen gespielt, das in einen Mann verliebt war oder ihn liebte oder gar ihm hörig war, daß sie feststellen wollte, wie es in Wirklichkeit sei. Das hatte schon in Wien begonnen, mit einem Jugendfreund, als sie noch im strengbewachten Internat gewesen war.

Sie war ein bißchen enttäuscht gewesen. Sie hatte vorläufig das Gefühl: Ist das alles? Sie hatte noch ein oder zwei andere – ja, wie soll man es nennen? – Abenteuer. Später sagte sie einmal: »Die Wirklichkeit hält nicht immer das, was die Bühne verspricht.«

Mit W. Feldhütter war das anders. Sie war wirklich in ihn verliebt und er in sie. So jedenfalls hatte sie es später in Erinnerung. Sie war sehr bald überzeugt davon, daß er ein Freund für längere Zeit sein würde. Vielleicht für immer, wer weiß?

An eine Ehe mit ihm dachte sie nicht. Sie dachte überhaupt nicht daran, zu heiraten, jedenfalls nicht in dieser Zeit. Sie war so froh darüber, daß sie nicht mehr bewacht wurde, daß sie, wie sie es ausdrückte »die Tür hinter sich zumachen konnte«, es hätte nach ihrer Meinung oder zumindest nach ihrem Gefühl immer so weitergehen können.

Freilich, die Mutter dachte an eine mögliche Heirat und fürchtete sie. Sie machte sich auf den Weg zur Direktion der Kammerspiele und verlangte von dem verblüfften Falckenberg, daß er die Freundschaft ihrer Tochter mit »diesem« Dramaturgen Feldhütter beende. Wie sie sich das vorstelle? fragte der Direktor und entließ sie etwas ungnädig. Sie versuchte es übrigens noch einige Male, wurde aber nicht mehr vorgelassen.

H. H. erfuhr davon durch Falckenberg selbst, der ihr vor einer Probe davon erzählte und sie bat, ihm die Mutter vom Leibe zu halten. Sie sprach mit der Mutter, die durchaus nicht einsehen wollte, daß ihr Benehmen befremdlich war.

»Schließlich bist du meine Tochter!« soll sie geschrien haben. Dabei hätte gerade sie verstehen müssen, daß ihre Tochter mit einem Mann zusammenlebte, mit dem sie nicht verheiratet war.

Und dann änderte sich alles, obwohl die Sache ganz normal

begann. Die Tobis hatte H. H. unter Vertrag. Schon nach dem Film mit Luis Trenker lag es für die Herren der Tobis auf der Hand, daß sie wieder ein Mädchen vom Lande spielen sollte. In der Tobis befand sich auch ein schon erprobter Regisseur und Produzent namens Franz Seitz. Der erinnerte sich noch an einen Stummfilm mit dem ersten deutschen Filmstar Henny Porten, »Die Geierwally«, nach dem gleichnamigen Roman einer gewissen volkstümlichen Schriftstellerin namens Wilhelmine von Hillern. Seitz sollte ein, wie man es in der Branche nennt, Remake machen. In der Tobis sagte man nicht nein, und Herr Seitz fuhr nach München und schlug H. H. vor, den Film zu machen. Er erzählte ihr auch in Umrissen, was darin vorgehen sollte. Sie sagte auch nicht nein. Sie hätte wohl auch nicht gut nein sagen können, es sei denn, sie hätte riskieren wollen, nie wieder in einem Tobis-Film eingesetzt zu werden.

Seitz verabschiedete sich mit den Worten, sie werde sehr bald wieder von ihm hören. Aber sie hörte überhaupt nichts mehr von ihm. Denn bei der Tobis in Berlin war aus dem Projekt, einen kleinen Film zu drehen, das Projekt geworden, einen großen, einen ganz großen Film zu machen. Das war das Werk eines gewissen Hans Steinhoff, Starregisseur der Tobis, der ursprünglich einmal am Berliner Metropol-Theater Direktor gewesen war, dort, wo man große Revuen aufführte, vor allem mit halbnackten oder fast ganz nackten Girls, die zumindest in der Ära Steinhoff eigentlich die Attraktionen der Produktionen waren. Steinhoff war dafür berühmt, eher berüchtigt, die Girls mit eiserner Faust zu regieren. Dies geschah vor allem dadurch, daß er sie allabendlich fühlen ließ, wie wenig er von ihnen hielt.

Er wechselte dann irgendwann zum Film über – als Regisseur. Aber seine Art, Menschen zu führen, blieb die gleiche. Er behandelte sie schlecht. Er ließ keinen Drehtag vergehen, ohne sie wissen zu lassen, wie wenig er sie schätzte und daß er sie noch am selben Tag auf die Straße setzen würde, wenn er die Macht dazu hätte. Er hatte sie ja mehr oder weniger, aber er machte diese Drohungen trotzdem nie wahr. Nur verbreitete er weiterhin Furcht und Schrecken.

Erstaunlicherweise wurden die Filme, die er ablieferte, trotzdem recht gut, zum Teil sogar sehr gut. Besonders die historischen Filme, die er mit Emil Jannings inszenierte. Jannings war damals, seit Beginn des Dritten Reichs und seitdem Goebbels mit dem Propagandaministerium auch die Herrschaft über den deutschen Film an sich gerissen hatte, ohne Zweifel der bedeutendste deutsche Filmschauspieler. Viele, die ebenso hervorragende Schauspieler wie er gewesen waren, hatten das Land verlassen müssen, andere, die hätten bleiben können, wollten es nicht. Wie dem auch sei, Jannings-Filme waren mit die wichtigsten im Dritten Reich, auch als Devisenbringer, und Steinhoff daher einer der wichtigsten Regisseure.

Er war übrigens auch einer der wenigen bedeutenden deutschen Filmregisseure, die begeisterte Anhänger Hitlers wurden. Da er nicht dumm war, sah er den Krieg kommen, schon wie seine erhaltenen Briefe beweisen, zu Beginn des Jahres 1939. Als wenig später in den Büros der Tobis das Filmprojekt »Geierwally« diskutiert wurde, sah er seine Chance. Er mußte nicht im möglicherweise durch Fliegerbomben gefährdeten Berlin drehen, er stellte sich auf den Standpunkt, der Film dürfe überhaupt nicht in einem Atelier gedreht werden, sondern in Gottes freier Natur, in diesem Fall in der Nähe eines kleinen Tiroler Dorfes, das sicher nicht gefährdet war, und er selbst somit auch nicht.

Aber sprechen wir erst einmal von dem Stoff.

Es handelte sich da um die Geschichte eines Bauern in den österreichischen Alpen, im Film wurden es dann die Tiroler Alpen, der Fender-Bauer genannt wurde, sein Besitz hieß so. Die Geschichte dieses etwas altmodisch trotzigen Bauern und seiner Tochter Wally, die auch ihren eigenen Kopf hatte: Der Vater wollte sie einem gewissen Vincent zur Frau geben, was diesem Vincent nur recht sein konnte. Denn Wally würde einmal sehr reich sein. Und außerdem war sie ungewöhnlich hübsch, oder jedenfalls war sie ungewöhnlich anziehend, wenn auch vielleicht keine klassische Schönheit. Aber sie wollte nicht. Sie liebte einen Jäger namens Joseph, was weder der Vater ahnte noch Joseph selbst.

Wally ist unter anderem sehr mutig. Aus Gründen, die zu kompliziert sind, um außerhalb der Tiroler Alpen verstanden zu werden, will sie einem Geier das Junge rauben. Dazu muß sie eine Steilwand hinunterklettern, was schon an sich gefährlich ist. Kommt hinzu, daß die Mutter früher als erwartet ins Nest zurückfliegt und Wally angreift.

Es kommt zu einem Kampf, der für Wally lebensgefährlich ist, ja aussichtslos. Aber der Jäger Joseph schießt in der buchstäblichen letzten Sekunde auf die Geiermutter und rettet so Wally, die mit ihrer Beute abzieht. Da sie sich auch weiterhin hauptsächlich mit dem jungen Geier beschäftigt, nicht aber mit ihm, dem Jäger, dem sie doch ihr Leben verdankt, treibt diesen zum Spott. Er prägt den Namen Geierwally für sie, der bald im Dorf die Runde macht.

Um die Geschichte zu Ende zu erzählen: Es kommt wegen der verweigerten Heirat mit dem ungeliebten Vincent zu einem Krach zwischen Vater und Tochter, die schließlich in die Emigration geht, will sagen, in eine Berghütte zieht, die zu dem Besitz gehört, aber meist leersteht. Sie ist also allein. Nein, nicht allein. Der junge Geier, der sich zu Anfang so energisch gegen sie gewehrt hat, ist inzwischen eine Art Gefolgsmann geworden. Wo immer sie hinzieht, fliegt er mit. Also auch zur Berghütte. Und da sitzt sie nun, und alle Versuche von Knechten und Mägden und anderen der Familie Nahestehenden, sie zur Rückkehr zum Vater zu bewegen, bleiben erfolglos.

Bis sie eines Tages erfahren muß, daß der Vater im Sterben liegt. Sie bricht sofort auf, natürlich gefolgt von dem Geier, und findet einen Vater, der gerade seinen letzten Atemzug tut.

Und sogleich übernimmt sie die Leitung des Hofs. Sie liebt noch immer den Mann, der sie auch liebt, aber keiner von beiden zeigt es. Und durch ein Mißverständnis, will sagen, dadurch, daß zum Jäger ein sehr junges, sehr schönes Mädchen zieht, von dem Wally glauben muß, daß sie seine Geliebte ist, die aber in Wirklichkeit seine uneheliche Tochter ist, wird alles nur noch schwieriger. Besonders auch, weil Wally glauben muß, daß der Geliebte sie vor dem ganzen Dorf lächerlich ma-

1 Ohne dieses Formular – ausgefüllt – wäre dieses Buch nicht möglich gewesen.

2　*Journalismus wäre ein hübscher Beruf.*

3   Bei der Uraufführung von »Der Gigant« zwischen dem Regisseur
Otto Falckenberg und dem Autor Billinger, der sich für einen Dichter
hielt.

4   »Der Gigant« von
Richard Billinger mit
         O. W. Fischer.

5   6

9   7   8   10

11 *12*

15 *13* *14* *16*

17 Die »Geier-
wally«, angeblich
guten Mutes.

18 H. H. bei den
Filmarbeiten zu
»Geierwally«.

19   Die »Geierwally«
wurde nicht im Atelier,
sondern im Ötztal mit
seiner majestätischen
Bergwelt gedreht.
1921 war die »Geier-
wally« einer der größ-
ten Stummfilmerfolge
mit Henny Porten.

20   Ist die »Geier-
wally« verliebt, oder
was sonst?

21 Heinrich George wollte mit der Hatheyer filmen – aber nicht nur filmen. »Der große Schatten« entstand 1942 unter der Regie von Paul Verhoeven.

22 Offenbar eine Frau mit traurigem Schicksal.

23   *Dieser Film mit Ewald Balser wurde in Kanada gedreht. Die Aufnahmen taugten nichts und wurden in Wien wiederholt.*

24   H. H. als »Elisabeth von England« von Ferdinand Bruckner im
Thalia-Theater in Hamburg.

25 H. H. mit Maria Schell.

26 Ein Film mit dem
blutjungen Maximilian
Schell.

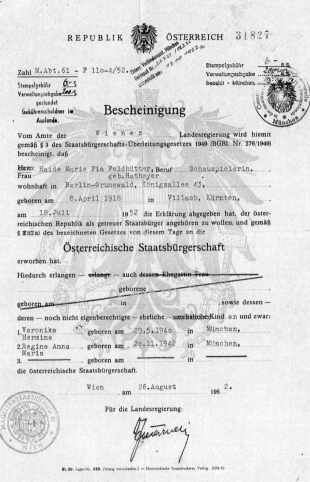

REPUBLIK ÖSTERREICH 31827

Zahl M.Abt.61 – F 11o-4/52.

Stempelgebühr 6.-S
Verwaltungsabgabe 100.-S
gestundet
Gebührenschuldner im
Auslande.

Stempelgebühr 6.-S
Verwaltungsabgabe 100.-S
bezahlt - München,

Bescheinigung

Vom Amte der   W i e n e r   Landesregierung wird hiemit gemäß § 3 des Staatsbürgerschafts-Überleitungsgesetzes 1949 (BGBl. Nr. 276/1949) bescheinigt, daß

~~Herr~~ Haide Marie Pia Feldhütter, Beruf   Schauspielerin,
Frau   geb.Hatheyer

wohnhaft in   Berlin-Grunewald, Königsallee 43,

geboren am   8.April 1918   in   Villach, Kärnten,

am   18.Juli   19 52 die Erklärung abgegeben hat, der österreichischen Republik als getreuer Staatsbürger angehören zu wollen, und gemäß § 2x(2a) des bezeichneten Gesetzes von diesem Tage an die

Österreichische Staatsbürgerschaft

erworben hat.

Hiedurch erlangen — ~~erlangt~~ — auch ~~dessen Ehegattin Frau~~

, geborene

geboren am   in   , sowie dessen

deren — noch nicht eigenberechtigte — eheliche ~~unehliche~~ Kind er. und zwar:

1. Veronika   , geboren am   29.5.1940   in   München,
   Hermine
2. Regine Anna   , geboren am   20.11.1942   in   München,
   Maria
3. _____ , geboren am _____ in _____

die österreichische Staatsbürgerschaft.

         Wien   , am   26.August   195 2 .

Für die Landesregierung:

St. Dr. Lager-Nr. 429. (streng verrechenbar.) — Österreichische Staatsdruckerei, Verlag. 2078 50

27   *Ein Papier, auf das auch H. H. größten Wert legte.*

*28   Nach der Trauung in Gesellschaft des Trauzeugen Paul
Dahlke.*

Schweizerische Eidgenossenschaft

KANTON ZÜRICH

Eheschein

Auszug aus dem Eheregister des Zivilstandskreises Zürich

Jahr 1952, **Band** VIII, **Seite** 369 , **Nr.** 3317

Am zwanzigsten Oktober _____ tausend neun hundert zweiund-
fünfzig. _____ sind zu Zürich gesetzlich getraut worden:

Name	Riess, Curt,
Vorname	
Zivilstand	geschieden von Ingrid geborener Hallen seit 20. September
von	Bürger der Vereinigten Staaten von Amerika, —————1944,
wohnhaft in	New York,
geboren am	21. Juni 1902 in Würzburg, Bayern,
Sohn des	Steinam Bernhard,
und der	Jenny geborenen Straus, und Adoptivsohn des Carl Riess,
	und
Name	Feldhütter, Haide Marie Pia, geborene Hatheyer,
Vorname	
Zivilstand	geschieden von Wilfried Feldhütter seit 2. September 1947,
von	österreichische Staatsangehörige, zuständig nach Wien,
wohnhaft in	Kirchseeon, Bayern,
geboren am	8. April 1918 in Villach, Kärnten,
Tochter des	Hatheyer, Paul,
und der	Maria Helena geborenen Feucht.

Für richtigen Auszug:

Zürich, den 20. Oktober 1952.

Der Zivilstandsbeamte:

Stellvertreter

B 8 B Z VII. 47. 40 000

29   Ein Papier, auf das H. H. und ihr Mann größten Wert legten.

30 *Nach einigen Jahren Ehe, die nur drei Monate dauern sollte.*

31   Die »Ulla Winblad« von Carl Zuckmayer war Heidemarie Hatheyers Antrittsrolle in Düsseldorf. Gustav Gründgens hatte sie geholt
und Zuckmayer sie sich für diese Rolle gewünscht. Die Premiere
fand am 13. 2. 1954 statt. Zusammen mit H. H. spielten unter der
Regie von Ulrich Erfurth Günther Lüders, Max Eckard, Hermann
Schomberg und Paul Maletzki.

32   Unter der Regie von Willi Schmidt spielte H. H. 1954 im Berliner Renaissance-Theater die »Minna von Barnhelm«. Gustav Fröhlich als Tellheim und Ursula Lingen als Franziska waren in weiteren
Rollen zu sehen.

chen will, stiftet schließlich sie den bisher doch ungeliebten Vincent an, ihn umzubringen. In letzter Minute begreifen die Liebenden, daß sie einander lieben, und Wally kann gerade noch den Mord verhindern. Und nun fallen die Liebenden einander in die Arme, und der Geier, der bisher immer Wally begleitet hat, fliegt fort. Wohin? Das erfahren wir nicht mehr, wir wissen eben nur, daß der Geier sich offenbar zu der Meinung durchgerungen hat, Wally brauche jetzt keinen Schutz mehr, sie habe ja, siehe oben, einen Beschützer.

Wie man sieht, keine sehr interessante oder überzeugende Story. Eher eine Schnulze. Das war Steinhoff gleichgültig, der Hatheyer im Grunde auch. Er hatte bis dahin noch keinen Meter Film von ihr oder eine ihrer Vorstellungen angesehen. Später erzählte er in einem Interview, er hätte vorher nicht einmal ihren Namen gehört. Fast alle anderen Darsteller waren Mitglieder der sogenannten Exl-Bühne, einem österreichischen Bauerntheater von künstlerischem Rang.

Der Regisseur behauptete zwar immer wieder, nur die »Echtheit« der Kulisse, also die Natur, ja selbst die Zimmer in Bauernhäusern garantierten den künstlerischen Wert des Films – im Grunde genommen ging es ihm doch mehr um seine persönliche Sicherheit. Und so zog sich der Film, der im Berliner Atelier und mit Außenaufnahmen in den bayrischen Alpen in etwa sechs bis acht Wochen hätte hergestellt werden können, neun Monate hin.

Alles muß echt sein! Auch die Inneneinrichtung der Stuben, in denen gedreht wird, soll so sein, wie sie 1840 – um diese Zeit spielt die Geschichte – gewesen wäre, obwohl es für die Kameraleute unsäglich schwierig ist, nicht wie im Atelier ohne die vierte Wand zu drehen, sondern eben in der Enge der winzigen Bauernhäuser.

Auch die Kostüme, auch der Schmuck, dafür hat ein eigens dafür engagierter Kustos des Innsbrucker Heimatmuseums zu garantieren.

Steinhoff stört es nicht, daß in Sölden und im Ötztal überhaupt die Sonne nur für zwei Stunden pro Tag scheint, selbst wenn gutes Wetter ist. »Dann wird das Filmen eben länger dauern als vorgesehen.« Am liebsten ist ihm wohl, der Film würde so lange dauern wie der Krieg, der soeben begonnen hat.

Die um ihn versammelten Schauspieler sind weniger glücklich. Sie hocken nun Tag für Tag, Abend für Abend aufeinander im einzigen Gasthaus oder wo sonst man sich treffen kann, sie haben schon nach wenigen Wochen einander nichts mehr zu sagen. Sie werden auch gelegentlich krank, das starke Sonnenlicht, das noch durch Blenden und Spiegel verstärkt wird, ist ihren Augen nicht zuträglich. H. H. muß einmal fünf Tage in einem verdunkelten Raum liegen, das hat der aus Innsbruck herbeizitierte Augenarzt verordnet.

Andere Schauspieler fangen Feuer, jawohl, in des Wortes wahrster Bedeutung Feuer. Sie verbrennen nicht gerade, aber sie rauchen schon, und man muß ihre Gewänder mit Wasser »löschen«.

Der Tonmeister glaubt, verrückt zu werden. Damals gibt es noch keine Synchronisation, sondern nur Original-Töne, also müssen die notwendigen Apparate unter Umständen meilenweit auf unwegsame Berggipfel geschleppt werden.

Da das Drehen des Films ja viel länger dauert als ursprünglich vorgesehen, verändert sich die Landschaft während des Drehens. Eine Szene, die noch vor einem verschneiten Hintergrund begonnen worden ist, kann nicht gut auf einer grünen Wiese beendet werden. Man muß also Schnee in ungezählten Zentnern zu der betreffenden Szene schaffen oder man muß Schnee wegschaufeln, weil ein Teil der Szene auf einer grünen Wiese begonnen worden ist.

Verzögerungen, Verzögerungen, die die Kosten des Films erheblich steigen lassen. Was Steinhoff völlig gleichgültig ist.

Da er – das können zahllose Schauspieler bezeugen – ein Sadist ist, macht er das Leben seiner Schauspieler zur Hölle. Er postiert sie so, daß sie gefährlich nahe an irgendeinem Abgrund stehen, nicht so nahe, daß, wie es in der Oper »Carmen« heißt: »Ein falscher Schritt in den Abgrund führt!«, aber doch nahe genug, um sie nervös zu machen.

Oder da ist, um nur ein Beispiel zu nennen, eine Szene, in der Wally dem ungeliebten Vincent eine Ohrfeige verabreichen muß. Steinhoff befiehlt seiner Wally, sich nicht etwa zurückzuhalten, sondern kräftig zuzuschlagen. »Auch bei den Proben darf nicht markiert werden!« ordnet er an.

Und dann läßt er die Szene an die 36mal drehen. Zuletzt weiß der arme Vincent überhaupt nicht mehr, wo oben oder unten, rechts oder links ist. Er muß ins Dorf zurückgetragen werden.

Eine Woche später Nachricht aus Berlin, wohin der gedrehte Film jeden Tag gesandt und wo er entwickelt wird. Die betreffende Szene sei unbrauchbar. Denn das Gesicht des Ohrfeigen-Empfängers sei völlig verschwollen.

Der Regisseur ungerührt: »Dann werden wir eben die Szene noch einmal drehen!« Und als sowohl der Schauspieler als auch H. H. protestieren: »Habt euch doch nicht so!« Und: »Wir werden die Szene nicht so oft filmen.« Immerhin: 18mal muß H. H. zuschlagen. Und da sie sich doch etwas zügelt, erklärt der Regisseur mißbilligend: »Sie haben die Szene wirklich nicht gut gespielt!«

Und Vincent: »Danke!« Auch so wird er die nächsten Wochen nur mit Kopfwehtabletten überstehen.

Dem Regisseur Steinhoff fiel immer wieder auf, daß seine Schauspielerin sich vollkommen verändert hatte. Sie war eine andere geworden. Eben – Wally. Seine Worte waren, wie H. H. erfuhr, etwa: »Sie spielte nicht, sie war überhaupt keine Schauspielerin mehr. Ich bin schließlich ein alter Hase in diesem Metier. Ich weiß, wenn einer spielt, auch wenn er großartig spielt. Aber die junge Dame . . .«

Dies mag natürlich keine wörtliche Wiedergabe sein. So hat es mir H. H. erzählt, der es wiederum Jahre später ein Freund erzählte.

Und hier zeigte sich zum ersten Mal – wenigstens für Außenstehende – das Besondere, das Einmalige an H. H. Sie konnte sich verwandeln. Sie mußte sich verwandeln. Sie konnte nicht einfach etwas erspielen, sie konnte nur sein. Sie selbst konnte es sich nicht erklären, sie hat es wohl auch nie versucht. Mir gegenüber, wiederum viel später: »Es war eben so!«

Sie war also in dieses kleine Nest gekommen. Sie war während der Probenzeit, also etwa zwei bis drei Wochen, vielleicht nicht ganz so lange, dauernd in dem Dorf Sölden im malerischen Ötztal, sie sprach nur mit Männern und Frauen aus dem Dorf, sie sah natürlich, wie die Menschen sich bewegten, wie sie einen anblickten, wie sie sprachen. Das war das Äußere. Aber während sie das Drehbuch studierte – damals lernte sie noch das ganze Drehbuch, später nahm sie die Gewohnheit an, sowohl während Bühnenproben wie Filmproben, immer nur die Szenen zu lernen, die am nächsten Tag drankommen würden –, also während dieser Tage nahm sie die Bewegungen, die Sprechweise der sie umgebenden Bevölkerung an. Und – das war ja das Wunder, das Einmalige – sie wurde diese Wally. Sie war schon damals, wohl nicht zum ersten Mal, das, was sie später von den meisten der Kolleginnen, von fast allen unterscheiden sollte: Sie brauchte nicht zu spielen, sie war. Und ihr Regisseur, er sagte es ja selbst, kannte sich da nicht recht aus. Immer wieder also seine erstaunten Blicke, was bei ihm nicht bedeutete, daß er sie mit Respekt behandelt hätte. Er behandelte ja alle Schauspieler wie den letzten Dreck, schon aus Prinzip.

Es gibt zwar keine Szene, in der H. H. geohrfeigt oder körperlich mißhandelt wird, wohl aber Szenen, die nicht ohne Gefahr gefilmt werden. Sie muß sich immer mal wieder abseilen. Die Tobis in Berlin, die ihren Steinhoff kennt, verbietet telegrafisch, daß H. H. diese gefährlichen Szenen selbst spielt. Ein junger blonder Double wird geholt. Immerhin, die Seile, deren er sich bedient, sind so scharf, daß er sich durch seine Lederhosen hindurch Fleischwunden zuzieht. Die Folge: daß er noch wochenlang nicht sitzen kann, jedenfalls nicht so, wie er es bis dahin getan hat. Was Steinhoff durchaus nicht rührt.

H. H. hat eine Eigenschaft, mit der nicht sehr viele Schauspielerinnen gesegnet sind. Sie besitzt eine Lammsgeduld. Sie weiß von ihren ersten Filmen und vor allem auch von der Bühne her, daß nur der Regisseur entscheiden kann, ob eine

Szene oder ein Take gut oder schlecht gespielt worden ist, ob und wie sie anders gespielt werden könnte oder sollte. Aber was Steinhoff mit den Schauspielern treibt, ist, wie immer es sich künstlerisch auswirken mag, pure Schikane. Und es kommt der Tag, an dem sie sich entschließt, sich den Schikanen des Regisseurs nicht weiterhin auszusetzen.

Da ist zum Beispiel die Gewohnheit Steinhoffs, seine Schauspieler allabendlich in der Wirtsstube zu versammeln, um den Text für die Szene oder Szenen, die am nächsten Tag drankommen sollen, durchzugehen. Dies ist nicht unüblich im Filmbetrieb. Im Falle »Geierwally« ist es fast notwendig, denn der Text, der morgen gesprochen werden soll, ist oft erst vor wenigen Stunden entstanden. Will sagen, daß Steinhoff das vorliegende Drehbuch immer wieder umschreibt, so daß die Akteure wirklich nicht wissen können, was sie morgen sagen sollen.

Aber Steinhoff will sie nicht nur mit dem neuen Text bekanntmachen. Er will nicht nur diesen neuen Text mit ihnen durchgehen. Sie sollen »einsteigen«. Sie sollen, wenn auch an einem Tisch sitzend, den Text nicht nur lesen, wie das bei sogenannten Leseproben immer mal wieder der Fall ist, sondern ihn spielen.

Nun, das ist zwar albern, aber dagegen kann man schwer etwas vorbringen. Die meisten der Mitwirkenden schon deshalb nicht, weil sie wissen, daß sie von Steinhoff abhängig sind, und wenn er sich mit ihrer Leistung unzufrieden erklärt, ersetzt werden können. Das ist zwar nur bis zu einem gewissen Grad oder sagen wir bis zu einem gewissen Tag möglich, wenn ein Schauspieler einmal schon ein paar Szenen gedreht hat, die in Berlin akzeptiert worden sind, kann er nicht so ohne weiteres ersetzt werden.

Die einzige, die entschlossen ist, Steinhoff das Absurde seiner Forderung klarzumachen, ist H. H.

Es handelt sich da um eine Szene, in der sie sich mit dem Mann, den sie liebt, streitet. Und es endet damit, daß sie in Tränen ausbricht.

Während die anderen Akteure angeblich gespannt vor den

zwei oder drei Seiten des neuen Manuskriptes sitzen und versuchen, so etwas wie die Stimmung wiederzugeben, in der sie sich befinden sollen, strickt H. H. Jawohl, sie strickt an einem Schal – sie hat sich später nicht mehr erinnern können, ob der Schal je fertig geworden ist und für wen er gewesen sein könnte.

Wann immer sie drankommt, schiebt sie ihr Strickzeug beiseite und liest mit betontem Gleichmut, was immer sie zu sagen hat.

Steinhoff schreit, daß dieser Gleichmut seiner Schauspielerin ein Protest gegen seine Regiekünste sei. Er unterbricht immer wieder. Einmal brüllt er: »Hatheyer, Sie stricken, Sie stricken! Zugegeben, Sie können stricken, aber weinen können Sie nicht!«

Und H. H.: »Warum sollte ich weinen?« Sie hat schon wieder ihr Strickzeug bei der Hand.

»Weil es so in Ihrer Rolle steht, verdammt nochmal!«

Aus der Leseprobe wird ein Streitgespräch. Steinhoff redet nicht mehr, er brüllt.

H. H. weiß natürlich genau, daß sie nicht einfach vor die Tür zu setzen ist. Dazu würde Berlin nie seine Zustimmung geben. Sie hat also nichts zu befürchten. Aber ihre Nerven, durch die wochenlange Arbeit unter den schwierigsten Umständen, sind mürbe geworden. Sie beginnt zu weinen.

Und Steinhoff, richtig befriedigt: »Sie können also weinen!«

Später wurde überliefert, der Regisseur habe befohlen, sofort zu filmen, damit man die weinende H. H. in den Kasten bekomme. Dies war schon rein technisch nicht möglich.

Was geschah: Am folgenden Tag, als die Szene gedreht wurde, in der sie mit dem Vater streitet, über ihn und seine Forderung, den ungeliebten Mann zu heiraten, und in Tränen ausbricht, verlangt sie Glyzerin. Mit Glyzerin kann man Tränen vortäuschen.

Steinhoff ist entgeistert. »Aber Sie können ja weinen! Gestern abend konnten Sie es jedenfalls!«

»Gestern abend hatte ich auch Grund dazu!«

»Und der wäre?«

»Wenn Sie es unbedingt wissen wollen: Sie!«

Darauf gibt es kaum eine Antwort, umso mehr als der Regisseur, seit er sie »kennt«, jetzt weiß, daß H. H. zu den Schauspielerinnen gehört, die, wenn sie wollen, weinen können. Es gibt viele Schauspielerinnen, auch sehr gute, die nicht dazu in der Lage sind.

Hier nun das Ende der Szene zwischen dem Regisseur und H. H., die nicht im Drehbuch zu finden war: Sie weigerte sich ganz einfach zu weinen. Sie verlangte hartnäckig nach Glyzerin. Und bekam es. Und obwohl Steinhoff die betreffende Großaufnahme fünfmal drehen ließ, ließ sie sich fünfmal mit Glyzerin bestreichen.

»Er hätte das mit mir auch fünfzigmal probieren können. Ich hätte nicht geweint. Ich hätte ihm den Gefallen nicht getan!« kommentierte H. H. später.

Wie dem auch sei: Keinem der Kritiker sollte nach Besichtigung der »Geierwally« auffallen, daß die weinende Schauspielerin gar nicht geweint hatte. Das war übrigens die einzige Stelle im Film, in dem sie hätte weinen müssen. Ihre Rolle bestand ja gerade darin, daß sie nicht weinte.

Die Tage im Ötztal vergingen schnell, viel schneller, als daß sehr viel pro Tag hätte gefilmt werden können, wenn überhaupt. Denn es gab auch verschneite Tage, regnerische Tage, mit dunklen Wolken, die keine Sonne durchließen.

An solchen Tagen, die sich manchmal voraussehen ließen, konnte der eine oder andere der Schauspieler Urlaub nehmen. H. H. nie. Die Begründung des verärgerten Regisseurs: Sie komme ja in fast allen Szenen vor, und das Wetter könne sich ja aufhellen.

Aber nichts hinderte W. Feldhütter, nach Tirol zu fahren und natürlich mit ihr zusammenzusein. Und da geschah es. Sie mußte eines Tages feststellen, daß sie schwanger war. Sie war weder besonders überrascht noch gar bestürzt. Sie teilte das ihrem Freund bei ihrem nächsten Telefongespräch – wenn sie sich recht erinnerte – zwei oder drei Tage später mit. Die Telefongespräche aus dem kleinen Ort, selbst nach München, das kilometermäßig gar nicht so weit entfernt war, gestalteten sich oft schwierig. Weniger wegen des Krieges, als weil der Ort eben wirklich sehr klein und Ferngespräche von dort oder nach dort bis zu dem Einzug der Filmtruppe eher selten gewesen, die Beamtinnen extrem unerfahren, auch weil die technischen Voraussetzungen nicht gerade ideal waren. H. H. konnte nur vom Wirtshaus aus telefonieren und mußte die Kunde ihrer Schwangerschaft geradezu herausschreien, so daß das halbe Dorf mithören konnte oder sogar mußte. Es war alles ein wenig grotesk. Deshalb blieb ihr das betreffende Telefongespräch auch stets in Erinnerung.

Der junge Mann kam sofort angereist und schlug eine schnelle Heirat vor. Er hielt diese Legalisierung für selbstverständlich. H. H. nicht. Sie sah nicht recht ein, warum sie ihr Kind nicht haben konnte, ohne geheiratet zu haben.

Jahre später sprach sie davon, sie habe den richtigen Instinkt gehabt, sich aber überreden lassen. Wie das im einzelnen geschah, hat sie niemals gesagt, nicht, weil sie das peinlich fand – so einen Begriff wie »das gehört sich nicht« hat es für sie nie gegeben, auch später nicht.

Sicher ist nur, daß sie mit dem Produzenten der Tobis, der auch für viele ihrer späteren Filme verantwortlich sein sollte und mit dem sie bald eine gewisse Freundschaft verband, in Verbindung trat.

Sie brauche nach so vielen Wochen oder schon Monaten Arbeit eine Verschnaufpause. Die wurde ihr – von Berlin aus – gewährt, mit der Einschränkung, der Regisseur müsse natürlich seine Zustimmung geben. Der konnte nun nicht gut nein sagen, umsomehr als bereits bittere Beschwerden über seine Behandlung der Schauspieler bis in die Tobis-Zentrale gedrungen waren.

Sie fuhr also nach Wien und beriet sich mit ihrer Mutter. Die hatte ja jeden Grund, gegen die Heirat zu sein, aber noch unbehaglicher war ihr der Gedanke, ihre Tochter könne ein uneheliches Kind zur Welt bringen. Ihre Reaktion also: »Er muß dich natürlich heiraten!«

Der Zufall wollte es, daß um diese Zeit der geliebte Großvater Feucht starb. Sie fuhr in das nahe Dorf, in dem er mit der noch lebenden Großmutter gewohnt hatte, um am Begräbnis teilzunehmen. Und sie hatte die Absicht, der Großmutter mitzuteilen, daß sie ein Kind erwarte, aber nicht heiraten wolle. Im letzten Moment spürte sie, daß die Großmutter das nicht verstehen würde. Sie wollte ihr nicht wehtun, sie wollte auch keine langen Auseinandersetzungen mit der schon sehr alten Frau. Sie beauftragte die Frau ihres Onkels Robert, es der alten Dame »schonend« beizubringen und fuhr wieder zum Filmen zurück.

Die Version, die damals, kurz nach der Premiere des Filmes, verbreitet wurde, sie habe schließlich nur geheiratet, weil die Großmutter darauf bestanden habe, stimmt also nicht. So war sie nicht. Rücksichten auf familiäre Traditionen oder auf das, »was sich schickt«, waren für sie unsinnig.

Übrigens heiratete sie schließlich doch. Der Entschluß hatte sicher nichts mit Rücksicht auf die Familie zu tun. Sie hat darüber später nicht oft und sicher nicht gern gesprochen, nur eben, daß die Heirat ein Fehler gewesen sei.

Vieles mag mitgespielt haben. Sie war wohl wirklich in den jungen Feldhütter verliebt, und das, wovon man damals nur andeutungsweise sprechen durfte, selbst in Künstler- oder Theaterkreisen, was heute unter dem allgemeinen Begriff Sex zusammengefaßt wird, war für H. H. wichtig. Darüber hinaus war ja der junge Mann sehr gebildet, verstand einiges von Malerei, verstand sehr viel von Dichtung, von Lyrik.

Er spielte jetzt am Rundfunk und hatte dort eine verantwortliche Rolle und sollte sie bis zum Kriegsende innehaben. Er war wohl zuletzt eine der wichtigsten Persönlichkeiten im deutschen Rundfunkbetrieb, mußte oder wollte auch in die Partei eintreten, war aber politisch weder besonders interessiert noch aktiv. H. H. später: »Er war P. G., aber nie Nazi.«

Er war sicher keiner, mit dem man sich langweilte, aber es wäre übertrieben zu sagen, daß die Heirat für H. H. ein entscheidendes Ereignis wurde. Über dieser Eheschließung standen eher die unausgesprochenen Worte: Warum nicht?

Ein knappes Vierteljahrhundert später beantwortete sie mir gegenüber sich selbst diese Frage oder, besser gesagt, sie meinte, diese Frage hätte sie sich nie stellen sollen. Denn: »Er hatte Charme! Er war gebildet! Er war, besonders was bildende Kunst anging und auch Folklore, Fachmann. Aber heiraten? Dazu war er nach meinem Gefühl, ja nach meinen Erfahrungen einfach nicht . . . nicht intelligent genug.«

Aber vielleicht nicht unwichtig war für H. H. auch der Wunsch, den sie seit Jahren im Unterbewußtsein mit sich herumtrug: der Wunsch nach einem Zuhause. Denn sie hatte eigentlich kein Zuhause mehr gehabt, seitdem der Vater mit seiner zweiten Frau nach Südamerika entschwunden war. Sie hatte bei verschiedenen Verwandten gelebt, schließlich in einem Internat, dann in möblierten Zimmern oder Wohnungen, erst in Wien, dann in München, aber ein echtes Zuhause hatte sie nicht mehr gehabt und würde auch keines haben, es sei denn, sie gründe eines.

Übrigens bei dieser Gelegenheit: Sie betonte auch später immer wieder, »einen Schauspieler hätte ich nicht geheiratet«. Obwohl sie ja mit ihnen arbeitete, obwohl sie mit manchem sehr befreundet war, später zum Beispiel auch mit Gustav Knuth, sie meinte, das sei kein Beruf für einen ausgewachsenen Mann.

Also Heirat auf dem Standesamt einer kleinen Gemeinde in der Umgebung von München. Eine Heirat, von der nur wenige erfuhren. Die Direktion der Kammerspiele zum Beispiel wurde nicht ins Bild gesetzt. Warum auch? Die Direktion der Tobis wurde nicht ins Bild gesetzt – warum auch?

Der Film war noch nicht zu Ende gedreht. Steinhoff wurde immer schwieriger. Feldhütter, der jetzt häufiger in das kleine Dorf kam, aber immer noch als ein Freund der Hauptdarstellerin, war ehrlich aufgebracht über die Manieren des Regisseurs. Er wollte mit ihm sprechen – H. H. wollte das nicht. »Es würde nichts ändern!« war ihr Kommentar. Aber sie selbst beschloß, etwas zu ändern.

Eines Tages erklärte sie, sie fühle sich nicht wohl und wolle einen Arzt in Innsbruck konsultieren. Das bedeutete den Ausfall eines Drehtages. Doch das konnte Steinhoff ihr nicht gut abschlagen. Am übernächsten Tag kam sie zu den Dreharbeiten wie immer und legte dem Regisseur ein Schriftstück vor.

Es handelte sich um die Bestätigung des Arztes aus Innsbruck, Frau Feldhütter sei schwanger, im fünften Monat, und falls ihr die Filmarbeit schwerfalle, sei sie jederzeit berechtigt, sie abzubrechen.

»Frau Feldhütter?«

»Das bin ich!«

Daß Steinhoff nicht gerade entzückt war, ist begreiflich. Wie groß sein Entsetzen war, ließ er sich zwar nicht anmerken. Aber H. H. wußte es. Denn mit dieser ärztlichen Bestätigung konnte sie von heute auf morgen aussteigen. Das bedeutete das Platzen des Projektes. Ganz abgesehen davon, daß Steinhoff mit dem künstlerischen Erfolg des Filmes gerechnet hatte, wie würde die Tobis darauf reagieren, Unsummen zu verlieren?

Steinhoff meldete ein Blitzgespräch von der Post nach Berlin an. Bis es zustande kam – H. H. erinnerte sich später noch genau daran – verging mehr als ein halber Tag. Die Verständigung wurde mehrmals unterbrochen, aber nicht das allein erklärte die Länge des Gespräches von wesentlich mehr als zwei Stunden. Als es zu Ende war, erschien eine Vertraute Steinhoffs in der Wirtsstube, wo sich die ganze Mannschaft versammelt hatte und setzte sie ins Bild. Die wußte, was Steinhoff nicht wußte. Nämlich, daß H. H. nicht die geringste Absicht hatte, den Film platzen zu lassen. Sie war ein Pflichtmensch.

Das spürte auch der letzte Beleuchter, auch die dritte Maskenbildnerin. Warum der Regisseur es nicht wußte, sondern mit dem Schlimmsten rechnete? Weil er sich nie die Mühe gemacht hatte, andere Menschen zu verstehen, nie etwas anderes als Verachtung für sie empfand.

Er bat H. H. um ein Gespräch unter vier Augen, aber die meinte: »Was Sie mir zu sagen haben, können ja wohl die Kollegen hören. Das geht die ja auch an.«

Steinhoff sagte also, Berlin habe gefragt, warum H. H. vor

Antritt der Arbeiten an der »Geierwally« nichts über ihren Zustand gesagt habe?

Die Antwort lag auf der Hand. »Ich war ja nicht schwanger, als der Film begann.«

»Und dann?«

»Ich rechnete immer damit, daß der Film längst abgedreht sein würde, bevor ich schwanger werden würde. Jeder normale Film wäre ja auch längst abgedreht gewesen.«

Der Regisseur versuchte, den Spieß umzudrehen: »Finden Sie, Fräulein Hatheyer, will sagen, Frau Feldhütter, daß der Film in kürzerer Zeit hätte fertiggestellt werden können. Begreifen Sie nicht, daß wir hier etwas ganz Besonderes machen?«

»Es ist nicht meine Aufgabe, diese Frage zu beantworten.«

Von diesem Augenblick an war die Atmosphäre in Sölden wie verwandelt. Steinhoff riskierte kein lautes Wort mehr gegen H. H. Er war überhaupt wie verwandelt. Der Grund dafür war schlicht Angst. Er hatte Angst davor, daß H. H. eines Tages erklären würde, sie könne nicht mehr weiter filmen. Das hätte den Abbruch des Unternehmens »Geierwally« bedeutet. Gewiß, nach Geburt des Kindes hätte die Tobis die Schauspielerin zwingen können, die Dreharbeiten wieder aufzunehmen. Aber das alles war höchst unsicher. Würden dann noch die Kräfte, die jetzt zur Verfügung standen, zur Verfügung stehen? Vor allem: Wie würde H. H. nach der Geburt aussehen?

Ihr Aussehen verwandelte sich sowieso schon jetzt. Sicher hatte man ihr bisher die Schwangerschaft nicht angesehen. Jetzt mußte man schon vorsichtig sein, wenn man sie fotografierte. Sie konnte nicht mehr den ganzen Körper zeigen, sondern nur noch den Kopf und vielleicht noch die Schultern. Aber irgendwie ging es.

Schließlich waren die letzten Aufnahmen dann doch gemacht. Eines Tages – es war Spätsommer 1940 geworden.

Steinhoff mußte nach Berlin, um den Film dort zu schneiden und zu mischen. Und Berlin war noch intakt und nichts deutete darauf hin, daß sich das ändern würde. Die feindlichen Bomber spielten zwar schon eine gewisse Rolle, aber es waren deutsche Bomber, die über London erschienen, nicht englische über Deutschland.

Es kam zur Uraufführung des Films in München. Und selbstverständlich, daß H. H. dieser Uraufführung beiwohnen würde. Die zuständigen Ärzte hielten das allerdings für höchst unratsam. Hinter ihrem Rücken zogen ihr die Schwestern der Klinik, in der sie bereits lag, das Kostüm an, das sie als Geierwally getragen hatte. Sie wurde unter Begleitung von zwei Krankenschwestern ins Kino gefahren. Hinter der Leinwand hatte man eine Art Ruhebett installiert und dort lag sie nun, während der Film ablief. Als er sich dem Ende näherte, erschienen zwei junge Männer, halfen ihr aufzustehen und stellten sich neben sie, als der Film zu Ende war.

Donnernder Applaus. Die Leinwand hob sich. H. H. stand allein auf der Riesenbühne, umjubelt von den Premierenbesuchern. Sie sahen nicht, daß sie nur einen knappen halben Meter vor den Vorhang trat und von den jungen Männer gehalten wurde. Als nach wenigen Sekunden der Vorhang wieder fiel, rief der Vorhangzieher aus der Ecke: »Geht es noch einmal?« Sie nickte. Der Vorhang ging noch einmal hoch, sie erschien noch einmal. Als der Vorhang sich wieder senkte, schwankte sie. Obwohl das Publikum noch minutenlang applaudierte, hob sich der Vorhang nicht mehr. Nur wenige der Premierenbesucher wußten, daß H. H. sich bereits in einer Ambulanz befand, die sie zurück zu der Klinik brachte.

Sie wußten freilich alle, daß sie einen außerordentlichen Film gesehen hatten, einen Film, von dem vorher zu vermuten war, daß es sich um einen der üblichen Heimatfilme handeln würde, eine Schlunze etwa, wie sie viele, viele Jahre zuvor Henny Porten hingelegt und ihr Publikum zu Tränen gerührt hatte. Sie hatten einen bösen und harten Film gesehen, in seiner Art etwas Einmaliges. Und sie wußten auch: Ein neuer Filmstar war geboren.

6

Berlin

Noch während die »Geierwally« gefilmt wurde, als H. H. wußte, daß sie ein Kind bekommen würde, also noch vor ihrer Heirat, war sie, wenn sie auch nur einen halben Tag frei hatte, in das nahe München gefahren, um eine Wohnung zu suchen. Sie war sehr glücklich, endlich eine eigene Wohnung zu haben. Das konnte der Regisseur ihr jetzt nicht mehr verbieten. Das würde das Zuhause sein, das sie so lange entbehrt hatte.

Nach Beendigung des Films hatte sie nur noch wenige Wochen, bevor sie ins Krankenhaus mußte, um Möbel zu kaufen. Es handelte sich um die Ausstattung einer Vierzimmer-Wohnung in der Nähe des Waldfriedhofs, am Rande von München. Sie suchte die Möbel aus – und bezahlte sie. Viel später sagte sie zu mir: »Ich hatte ja eine Filmgage verdient! Und so kam ich gar nicht auf die Idee, daß mein Mann die Möbel zahlen könnte. Er kam übrigens auch nicht auf die Idee.«

Es soll schon an dieser Stelle gesagt werden: Obwohl H. H. ja jetzt in den Augen des Publikums und natürlich auch der Filmbranche ein Filmstar war – sie selbst hat diese Position nie ausgenutzt, sie hat es demnach nie abgelehnt, einen angebotenen Film zu spielen. Oder doch, ein Mal hat sie es versucht. Das war später der Film »Der große Schatten« mit Heinrich George, der dann immer wieder im Fernsehen laufen sollte. Sie hatte nichts gegen den Film an sich, sie hatte viel gegen Heinrich George, den sie zwar für einen vorzüglichen Schauspieler hielt, der aber immer wieder versuchte, etwas mehr als ihr Partner zu sein. Doch George war mächtiger als sie – vor allem im Dritten Reich.

W. Feldhütter wohnte schon in der Wohnung, als er sie aus der Klinik holte, sie und die kleine Veronika. Diese ersten Monate waren recht lustig, wie sie sich später erinnerte. Das verpflichtete Dienstmädchen konnte gut kochen und fand bald heraus, daß ihre Herrin allenfalls Kaffee und Eier kochen konnte. Was dazu führte, daß das Mädchen eine dominierende Rolle im Haushalt spielen konnte. Aber H. H. lernte schnell, wie man gut kocht. Österreicherinnen haben dafür ja ein besonderes Talent.

Sonst? Morgens frühstückte das Ehepaar zusammen, was H. H. schon damals schwerfiel, denn nach den abendlichen Auftritten wollte sie eigentlich länger schlafen als ihr Mann es konnte, der frühmorgens im Rundfunk sein mußte. Aber wenn er dann mit der Straßenbahn abgefahren war, legte sie sich noch einmal hin. Später Proben, oder auch nicht, und abends Theater. An ihren freien Abenden führte ihr Mann sie in ein Restaurant oder meist in das Hotel Excelsior, nahe dem Hauptbahnhof, wo sie Stammgäste wurden. »Dort zahlte er übrigens!« erzählte mir H. H.

Ich verstand das nicht gleich. Was sie sagen wollte, war, daß er sonst so gut wie nie zahlte, auch keine Miete für die Wohnung. Das Haushaltsgeld, das Gehalt des Mädchens, die Kosten, die mit dem Kind zusammenhingen und selbstverständlich auch ihre Garderobe bezahlte sie. Und so sollte es bleiben.

An den Kammerspielen war nicht mehr alles so, wie es einmal gewesen war. Natürlich hatte H. H. in der letzten Zeit nicht mehr so ständig in München spielen können, da sie immer mal wieder filmte. Und der Langlauffilm »Geierwally« hatte ja nahezu ein Jahr beansprucht. Übrigens hatte der geschäftliche Leiter der Kammerspiele, wie wir wissen, ein Parteimitglied, das nicht so hingenommen. Dazu war er ein zu guter Geschäftsmann. Nicht nur, daß die Theatergage der Schauspielerin natürlich storniert wurde, er verlangte auch »Ersatz« von der Tobis. Was bedeutete, daß er glaubte oder zumindest zu glauben vorgab, der Ausfall der Hatheyer sei ein Verlust für das Theater. Wie dem auch sei – die Tobis zahlte.

Aber natürlich hätte dieser Stand der Dinge bedeutet, daß sie, nach ihrer Schwangerschaft und jetzt in München verheiratet und mit einem Kind, das sie sicher nicht ständig verlassen wollte, umso mehr an den Kammerspielen tätig sein würde. Aber gerade dies geschah nicht.

Eine Neue war gekommen. Eine junge, sehr hübsche Schauspielerin, allerdings kaum von dem Format der Hatheyer. Und es geschah, was eigentlich seit vielen Jahren nicht mehr geschehen war: Der alternde Falckenberg verliebte sich Hals über Kopf in die Neue. Und gab ihr Rollen, die sie nach Ansicht des gesamten Ensembles einfach nicht spielen konnte, was Falckenberg wenig interessierte. Er war zu verliebt, um es überhaupt zur Kenntnis zu nehmen.

Für H. H. bedeutete es, daß sie gewisse Rollen, die ihr zugedacht waren, nicht spielen konnte. Sie hatte eine Unterredung mit Falckenberg, in der sie sich beklagte. Was sie nicht verstehen konnte: daß der Mann, der sie vor wenigen Jahren »entdeckt« hatte und damals sehr stolz darauf und sehr glücklich darüber gewesen war, sich jetzt gar nicht mehr für sie interessierte.

Er lieh sie an das Volkstheater aus, wo sie 1938 Shaws »Die heilige Johanna« spielte. Ein enormer Erfolg für sie, aber eine Aufführung, die ihr überhaupt nicht gefiel. Später sollte sie nie ganz verstehen, warum sie in dieser Rolle einen ihrer größten Erfolge hatte. Natürlich war sie genau der richtige Typ für die Johanna von Shaw. Ein stämmiges Bauernmädchen, während viele, viele Jahre vorher Elisabeth Bergner, die in Berlin die deutsche Erstaufführung unter Reinhardt gespielt hatte, das zarte, zerbrechliche Mädchen, genau der entgegengesetzte Typ war. Wie dem auch sei: zwar Riesenerfolg, aber wenig Befriedigung für sie.

H. H. wartete dann darauf, daß Falckenberg sie wieder zurückholen würde. Davon redete er zwar einige Male am Telefon, aber es kam nicht dazu.

Indessen machte sie immer wieder mal einen Film. Die Tobis nahm insofern Rücksicht auf sie, als Atelieraufnahmen in München stattfanden, um ihr Reisen nach Berlin wenn irgend möglich zu ersparen, was bedeutet hätte, daß sie sich von dem kleinen Mädchen hätte trennen müssen. Gelegentlich rezitierte sie auch am Münchner Rundfunk. Ihr Mann hatte entdeckt, daß sie eine ideale Sprecherin für die Lyrik von Novalis, Mörike und andere klassische und romantische Dichter war und holte sie immer wieder.

Was die Filme anging, so sollte sie den »Postmeister« mit Heinrich George drehen, die Rolle fiel aber dann der Wiener Schauspielerin Hilde Krahl, die schon arrivierter war, zu. Nicht zuletzt weil die Hatheyer gerade aus dem Krankenhaus gekommen und noch etwas schwach war.

Ein gutes Jahr später macht sie den zweiten großen Film ihrer bisherigen Laufbahn, in dem sie zeigen kann, daß sie nicht nur ein derbes Bauernmädchen, sondern auch eine zarte, junge Dame der Gesellschaft sein kann. Der Film heißt »Ich klage an« und wird später für sie und die anderen Mitwirkenden schlimme Folgen haben.

Es handelt sich um ein Thema, das damals sehr aktuell ist und über das in Deutschland ständig gesprochen wird, wenn auch hinter vorgehaltener Hand.

Es ist längst kein Geheimnis mehr, daß die Nazis sich zu der sogenannten Euthanasie entschlossen haben, das heißt, angeblich nutzloses Leben auszulöschen. Es ist auch kein Geheimnis, daß dies in gewissen Irrenanstalten immer häufiger geschieht. Der Erzbischof Graf Galen, ein Gegner der Nazis, hat den Mut gehabt, das vor allem ab 1941 offiziell als gottlos anzuprangern.

Goebbels hätte daher sehr gern einen Film gesehen, der für diese Morde, die vorläufig noch keine Massenmorde sind, aber sehr schnell werden könnten, Propaganda macht. Und er betreut Wolfgang Liebeneiner, den Chef der Ufa, mit dieser Aufgabe.

Liebeneiner, nichts weniger als ein Anhänger des Regimes, denkt gar nicht daran, für die Tötung überflüssigen Lebens Propaganda zu machen. Er ist aber bereit, über »Tötung auf Verlangen« einen Film zu machen.

Das ist natürlich etwas grundsätzlich anderes, wenn auch diese beiden Arten von Tötung in der öffentlichen Meinung oft durcheinandergebracht werden. Euthanasie ist die Tötung von

Menschen, die, unter welchen Bedingungen auch immer, weiter leben wollen. Tötung auf Verlangen ist die Tötung von Menschen, die nicht weiterleben wollen.

Es entstehen nach unzähligen Rücksprachen von Liebeneiner mit Ärzten verschiedene Drehbuchentwürfe, und schließlich scheint einer akzeptabel. Er ist es jedenfalls für den Regisseur. Die weibliche Hauptrolle soll H. H. spielen. Der Titel: »Ich klage an«.

Sie ist die junge Frau, die glücklich mit ihrem Mann lebt, der von dem bekannten Heldendarsteller Paul Hartmann gespielt wird. Eines Tages greift die perfekte Klavierspielerin erstaunlicherweise bei einem Stück, das sie schon oft gespielt hat, daneben. Das wundert sie nicht weiter und ihren Mann schon gar nicht. Wieder in paar Tage darauf fällt sie auf der Treppe hin. Und nun mehren sich die Zeichen dafür, daß sie nicht mehr die Kontrolle über ihre Glieder besitzt. Ein gemeinsamer Freund des Ehepaares, ein Doktor, von dem bekannten Schauspieler Matthias Wiemann gespielt, untersucht sie und erkennt das Entsetzliche. Sie leidet an der unheilbaren Krankheit multiple Sklerose, die zu einer Art Versteinerung und schließlich zum qualvollen Tod führt.

Als auch sie das erfährt – da gibt es erschütternde Szenen, aber alle sehr leise, sehr zart und von außerordentlichem schauspielerischem Wert –, verlangt sie, daß man sie erlöst. Die Männer lehnen das ab, aber der Arzt findet sich schließlich bereit, auch auf Bitten seines Freundes, ihr einen Trank zu verabreichen, wonach sie einschlafen und nie wieder aufwachen wird.

Die Sache kommt durch Denunziationen von mißliebigen Verwandten vor Gericht. Der Arzt wird des Mordes angeklagt und der Mann der Beihilfe zum Mord. Wie das Verfahren ausgeht, erfahren wir nicht.

Ein außerordentlicher, erschütternder Film. Aber er genügt Goebbels nicht. Ohne den Regisseur zu benachrichtigen, geschweige denn den Drehbuchautor oder die Schauspieler, läßt er einen Prolog drehen. In diesem Prolog schweift ein Jäger durch den Wald und findet ein Reh, das sich kaum noch bewegen kann – es ist wohl angeschossen worden. Schnell entschlossen bringt der Jäger dieses Reh durch einen Gnadenschuß um. Das ist also Tötung des »nutzlos gewordenen« Lebens. Und dieser Vorspann gibt dem Film eine völlig neue Tendenz. In dem Film selbst ging es um eine kranke Frau, die sich gegen diese Krankheit aufbäumt, aber langsam doch begreift, daß alles vergeblich ist, und als ihr alles zuviel wird, der Tod für sie seinen Schrecken verliert und sie sich dazu durchringt, ihren Tod zu verlangen.

Und diese Verfälschung, die von den Mitwirkenden als solche gar nicht erkannt wird, will sagen, der Glauben, daß hier Reklame für Euthanasie gemacht wird, ist den Leuten im Reich und insbesondere auch in Österreich nicht geheuer. Es kommt nach den Aufführungen zu Menschenansammlungen, wie man sie im Dritten Reich und schon gar nicht während des Krieges nie erlebt hat.

Schlimmer noch: die aus Rußland zurückkehrenden Verwundeten befürchten, müssen ja befürchten, daß man sie als »nutzlos Gewordene« umbringen wird. Es ist das erste und einzige Mal während der Dauer des Dritten Reiches, daß ein Film Skandale entfesselt. Und Hitler, der davon natürlich hört, befiehlt Goebbels, den Film sofort zurückzuziehen.

Er wird also nicht, wie später immer behauptet, erst nach Ende des Dritten Reiches verboten, sondern wenige Wochen nach der Premiere, noch im Jahre 1941.

Aber er wird ein Nachspiel haben, und zwar für alle, die mitgewirkt haben, nicht zuletzt für die Hatheyer.

Zurück nach München, wo sich für H. H. kaum noch Arbeit an den Kammerspielen ergibt. Am Staatstheater will man sie nicht haben, und sie würde auch nicht gern dorthin gehen. Also?

Schlimmer: ihr Leben ist auch nicht das, was sie sich erhofft hat. Ihr Mann lebt vor allem in seinem Beruf, sie kann ihm das nicht einmal vorwerfen, sie selbst hat das auch getan. Ende 1942 wird sie sich klar darüber: In München wird sie zumindest vorläufig nicht mehr Theater spielen. Wie schnell alles gegangen ist! War es nicht gestern, daß man sie hier »entdeckt« hat und nun soll sie nur noch filmen? Gewiß, es gibt zahlreiche Kollegen, die nie auf einer Bühne gestanden haben oder das Filmen, schon weil es lukrativer ist, dem Theaterspielen vorziehen. Soll sie von nun an zu denen gehören?

Zu mir, viel später: »Damals stellte ich mir die Frage nach meiner Zukunft. Ich versuchte, mit meinem Mann darüber zu sprechen, aber er verstand gar nicht, was ich wollte. Er fand, ich könnte doch filmen, so viel ich wollte und dann sollte ich eben das Theater vergessen. Er begriff nicht, was auch mir erst in jenen Tagen klar wurde, daß ich mich immer nur als Schauspielerin und nie als Filmschauspielerin gesehen hatte.«

Da geschah ein Wunder. Sie bekam in ganz kurzer Folge drei Briefe. Drei Einladungen nach Berlin, will sagen, in Berlin Theater zu spielen. Die erste kam von der Volksbühne, deren Direktion der Schauspieler Eugen Klöpfer durch Goebbels übertragen bekommen hatte. Die zweite kam vom Staatstheater, gezeichnet von Gustaf Gründgens. Die dritte kam vom Deutschen Theater, gezeichnet vom Nachfolger Max Reinhardts, Heinz Hilpert.

Sie fuhr nach Berlin, um zu rekognoszieren. Denn, und das ist erstaunlich, obwohl Berlin ja nicht so unendlich weit entfernt war, man wußte in München so gut wie nichts über das Theater in Berlin, und umgekehrt war es wohl auch so.

Sie ging zuerst in die Volksbühne. Eugen Klöpfer, der einmal ein herrlicher Schauspieler gewesen war, hatte sich inzwischen vor allem dem Suff ergeben und war irgendwie den Nazis verfallen, denen er ja seine Direktion verdankte. Nach zehn Minuten wußte H. H.: Sie würde das Angebot Klöpfers nicht annehmen, das übrigens gar nicht so verlockend war.

Sie fuhr ins Deutsche Theater. Der Direktor, der sie allerdings nicht gleich empfangen konnte, war ein sehr ernstzunehmender Theatermann. Er hatte noch unter Reinhardt viel am Deutschen Theater inszeniert, er hatte, und das sprach schon damals sehr für ihn, die Berufung als Nachfolger Reinhardts erst angenommen, als Reinhardt, damals schon emigriert, sein Einverständnis erklärte.

Aber irgendwie spürte H. H., daß sie nicht in das Ensemble dort paßte, obwohl viele ihrer Freunde dort spielten, vor allem Brigitte Horney, ihre beste Freundin, und der Regisseur Erich Engel dort arbeitete, der seinerzeit die »Dreigroschenoper« herausgebracht hatte und als einer der klügsten Theaterleute seiner Zeit galt.

Erst der dritte Besuch galt Gustaf Gründgens. »Ich hatte wohl die ganze Zeit gewußt, daß ich dort landen würde. Oder vielleicht wäre es besser zu sagen: landen wollte!«

So geschah es.

Sie fuhr also, wie im Brief von Gründgens vorgeschlagen, in das sogenannte Gartenhaus des Schlosses Bellevue im Tiergarten. Das Schloß Bellevue war seit unendlichen Jahren nicht mehr bewohnbar. Das Gartenhaus, eine stattliche Villa, war vor 1933 von Max Reinhardt bewohnt worden, und jetzt war dort Gründgens mit seiner Frau, der Schauspielerin Marianne Hoppe, eingezogen.

Sie erwartete H. H., Gründgens ließ sich entschuldigen, er würde in Bälde kommen.

Die Hoppe wollte wissen, ob H. H. schon gegessen habe. Nein, sie hatte nichts gegessen. Das war damals, 1943, schon ein Problem in Deutschland, insbesondere wenn man seine Marken für die Familie in München zurückgelassen hatte. Die Hoppe sagte der Köchin, sie solle etwas bringen. H. H. später: »Sie brachte ein ausgezeichnetes Essen. Ich aß es bis auf den letzten Bissen auf!« Die Hoppe: »So ausgezeichnet war das auch wieder nicht. Eben nur falscher Hase ...!«

Und dann kam Gründgens. H. H. hatte ihn ja bei ihrem ersten Besuch in Berlin schon auf der Bühne gesehen in »Emilia Galotti« und war damals stark beeindruckt. Sie hatte wohl auch einige seiner Filme gesehen. Er hatte H. H. noch nie gesehen, aber er hütete sich, ihr das zu sagen.

Die Sache war die: Es gab da eine gewisse Gustl Mayer. Die war die Schwägerin des bekannten Schriftstellers Felix Holländer, der bei Reinhardt Regisseur und Dramaturg gewesen war und ihn immer mal wieder vertreten hatte. Und auf Anraten von Holländer hatte Reinhardt Gustl Mayer als eine Art Super-sekretärin engagiert, die ihn beriet, was sich stets positiv aus-wirkte, denn sie verstand wirklich etwas von Theater und Schauspielern. Als Reinhardt in die Emigration ging, war sie zu ihrer Schwester in Wien gezogen. Aber als Gründgens das Staatstheater übernahm, holte er sie als seine Beraterin zurück. Sie war nicht immer bei ihm in Berlin, sie fuhr mal nach Mün-chen, mal nach Wien, mal nach Köln, um sich Stücke, vor allem aber, um sich Schauspieler anzusehen. Und eines Tages – das war noch gar nicht so lange her, vielleicht zwei, allenfalls drei Wochen – rief sie GG an und riet ihm dringend, die junge H. H. zu verpflichten. Sie sagte nicht, was sie von ihr gesehen hatte, wann oder wo. Vermutlich handelte es sich um irgendein Gast-spiel, das sie im Rahmen einer alten Kammerspielinszenierung irgendwo gegeben hatte. Genau erfuhr sie es nie, es war ja auch nicht wichtig.

GG hatte sie, wie gesagt, nie gesehen, ihm genügte freilich die enthusiastische Empfehlung seiner Vertrauten. Daher hatte er seine Offerte gemacht. H. H. war natürlich fasziniert von Gründgens, der so charmant lächeln konnte – wer war das nicht, wenn er ihn zum ersten Mal traf?

Aber gleichzeitig erinnerte sie sich wieder an gewisse Beden-ken, die sie vor ihrer Reise nach Berlin gehabt hatte, gerade ihn und sein Theater betreffend. Denn in München hatte sie, jeden-falls bis vor relativ kurzer Zeit, die großen Rollen spielen kön-nen, da war sie ohne Konkurrenz, in Berlin standen vor ihr im-merhin Käthe Gold und Marianne Hoppe, beide arrivierte Schauspielerinnen. Noch bevor sie diese Bedenken anmelden konnte, denn sie war jetzt entschlossen, das zu tun, ergriff Gründgens das Wort: »Jetzt werden Sie mir sicher gleich aus-einandersetzen, daß Sie an meinem Hause gar keine Chance haben, weil die Hoppe und die Gold die Rollen spielen, die man Ihnen in München gegeben hat.«

Wieder einmal hatte er wie so oft erraten, was der Gesprächs-partner sagen könnte.

Aber H. H. tat es ihm gleich. Sie sagte: »Vermutlich wollen

Sie mich, weil die Hoppe viel filmt und die Gold mit ihrem Schweizer Paß ja morgen abreisen kann, wenn ihr der Krieg zuviel wird!«

Was sie sich denn an Gage gedacht hatte? Sie sagte, sie dachte an die Gage der Flickenschildt, die damals ja nicht in der ersten Reihe stand. GG mißverstand, er meinte, H. H. wolle für die fünf Monate, die sie allenfalls zur Verfügung stehen würde, das haben, was die Flickenschildt pro Jahr verdiente und sagte zu. Eine exorbitante Antrittsgage.

Wenige Minuten später begriff er, daß er einen Fehler gemacht hatte, aber er wollte nicht mehr zurück. H. H. später: »Das war wohl einer der wenigen Fälle, in denen Gründgens bei einer Gagenverhandlung hereingelegt wurde. Das konnte nur geschehen, weil ich das gar nicht versuchte.«

Später hieß es, H. H. sei bei dieser ersten Unterredung frech gewesen und hätte gesagt, sie werde wohl geholt, weil die Hoppe und die Gold zu alt seien. Das war Geschwätz.

Dann setzte GG als erstes Stück, das die Hatheyer spielen sollte, Grillparzers »Des Meeres und der Liebe Wellen«, auch »Hero und Leander«, an.

GG wollte das natürlich inszenieren. Er begann, an dem Regiebuch zu arbeiten, während H. H. wieder nach München zurückgekehrt war, aber je länger Gründgens sich mit dem Stück befaßte, umso mehr spürte er: Das zarte Pathos dieses Dramas, das weniger Handlung war als Lyrik, das lag ihm nicht. Aber noch etwas anderes kam hinzu, was er sich selbst vorerst nicht eingestand, worüber er später, viel später mit mir sprach: Im Gegensatz zu den Schauspielern, mit denen er seit Jahren gearbeitet hatte, war er ein bißchen ratlos, was H. H. betraf. Wie sollte er sie anfassen? Sie war, das spürte er genau, ein Ausnahmefall. Sie war sicher eine gute, vermutlich hervorragende Schauspielerin, das sah er nicht nur aus den Erfolgen, die sie bisher hatte und von denen er durch seinen Dramaturgen jetzt erfuhr. Das war ganz evident. Bloß: war sie »seine« Schauspielerin?

H. H. war ein wenig enttäuscht, als sie erfuhr, daß nicht Gründgens Regie führen würde. Wer denn sonst?

Stroux. Karlheinz Stroux.

Von dem hatte H. H. bisher noch nie gehört. Das hatte damit zu tun, daß sie, was Theater anging, nur Wien und München kannte. Stroux war aber vor allem in Berlin tätig gewesen. Ein blutjunger Mann, untersetzt, mit rötlichem Haar, mit einem scharfgeschnittenen Gesicht, das man, wenn man es einmal gesehen hatte, nicht vergessen konnte. Im Rheinland geboren, hatte er sehr früh – er war übrigens nur zehn Jahre älter als H. H. – sich als Schauspieler und Regisseur an kleineren Bühnen ausprobiert, war schließlich nach Berlin an die Volksbühne gelangt, wo er erst als Regieassistent, dann als Schauspieler wirkte und schließlich 1931 mit einem Shakespeare-Lustspiel seine erste Regie führen durfte. Er hatte dann unheimlich viel in allen nur denkbaren Berliner Theatern gespielt. Es gab für ihn unter Hitler gewisse Schwierigkeiten, denn er war nicht der Mann, der seine Gegnerschaft gegen die Nazis geheimhielt. Er war schließlich beim Staatstheater gelandet, als jüngster Regisseur von GG, hatte mit allen seinen großen Schauspielern gearbeitet, und nun kam am 21. August 1943 das Grillparzer-Stück unter seiner Regie heraus.

Es war zwischen dem Regisseur und H. H. Liebe auf den ersten Blick. Sie wußte sofort, was er wollte, er wußte sofort, was sie wollte. Es gab in all den Jahren, die folgen sollten, kaum je die geringsten Differenzen zwischen den beiden. Er sollte ihr Lieblingsregisseur werden, sie seine Lieblingsschauspielerin.

Zurück zu Grillparzer. Das eigentliche Handicap für H. H. konnten weder GG noch Stroux kennen. Es war die Tatsache, daß sie einige Jahre zuvor in Wien, in der Rolle, die sie nun spielen sollte, die große Wessely gesehen hatte. Sie war damals, wie alle Welt, von der außerordentlichen Leistung der Protagonistin erschüttert. Und sie sagte damals, der Eindruck, den sie auf sie gemacht habe, sei unauslöschlich.

»Das sagt man so ...« Aber in diesem Fall war es wirklich so.

»Als ich begann, den Text Grillparzers zu studieren, sah und hörte ich immer die Wessely. Es war mir klar, daß ich so bestenfalls zu einer Imitation der großen Kollegin kommen würde, nicht aber zu ›meiner‹ Hero.« Sie hätte später nicht sagen können, wie ihr dieser Verdrängungsakt gelang. Aber sie schaffte es. Und wenn man sie Jahre danach fragte, wie denn nun eigentlich die Wessely diese oder jene Stelle gespielt habe – sie wußte es ganz einfach nicht mehr.

Ich glaube übrigens zu wissen, wie sie es schaffte. Es war der Verwandlungstrieb in ihr. Der Wunsch, das Bedürfnis, Hero zu sein, war schließlich stärker als die Erinnerung.

Es handelt sich bei dem Drama »Des Meeres und der Liebe Wellen« um die tragische Liebesgeschichte von zwei Griechen, die auf zwei miteinander verfeindeten Inseln leben. Hero, blutjung, ist im Begriff, Priesterin zu werden, worauf sie sich freut, obwohl es ja Entsagung bedeutet.

»Mir wird vergönnt, die unbemerkten Tage
Die fernhin rollen ohne Richt' und Ziel
Dem Dienst der hohen Himmlischen ohne zu wein'«,
verkündet sie gleich zu Beginn des Stückes in dem nicht immer unproblematischen Deutsch des österreichischen Klassikers.

Es kommt anders. Leander, heimlich zu Besuch gekommen, verliebt sich in sie und sie sich sehr bald in ihn. Übrigens wird von ihnen immer wieder festgestellt, daß sie einander lieben, aber jeder sagt es, wenn der andere nicht dabei ist. Es gibt in diesem Liebesdrama par excellence nicht eine einzige Liebesszene.

Am Ende ertrinkt Leander, der das Meer durchschwimmen wollte, weil seine Freunde ihm nicht das Boot überließen, und Hero steht verzweifelt vor seiner Leiche.

»Nie wieder dich zu sehen, im Leben nie!
Der du einhergingst im Gewand der Nacht
Und Licht mir stelltest in die dunkle Seele ...
Der Tag wird kommen und die stille Nacht,
Der Lenz, der Herbst, des langen Sommers Freude,
Du aber nie, Leander, hörst Du? – Nie!
Nie, nimmer, nimmer, nie!«

H. H. war eine überzeugende angehende Priesterin, die allem entsagt hatte. Sie ist nun völlig anders, ein liebendes Mädchen, sie ist eine, die über den Tod des Geliebten nicht hinwegkommen kann.

Noch viele, viele Jahre später hörte ich immer wieder von Leuten sagen, die sie in dieser ihrer ersten Berliner Rolle gesehen hatten, sie sei »unvergeßlich« gewesen – eben in dieser Verwandlung.

Nach den ersten Szenen, als eine kurze Pause gemacht wurde, bemerkte der Regisseur leise: »Da ist wohl nichts mehr zu sagen.« Das dachte auch ein anderer, nämlich Gründgens. Der hatte sich in den Zuschauerraum gesetzt, nein, nicht in eine der ersten Reihen, nicht so, daß die anderen ihn sehen mußten – und wie sich herausstellte, sah ihn auch niemand.

Später sagte er zu mir: »Es war das erste Mal in meiner Zeit als Intendant des Staatstheaters, daß ich von Zweifeln geplagt wurde. Es war mir klar, daß dieses Stück mir eben nicht lag. Es war mir zu weichlich, zu süßlich, irgendwie hätte ich nicht annähernd das damit anfangen können, was Stroux gelang, der übrigens, wie immer, allen Schauspielern alles vormachte. Was, insbesondere wenn es um die Frauen ging, ein bißchen komisch wirkte, aber er machte richtig vor.

Doch die Hatheyer . . . die war ja alles. Die hatte alles. Ich möchte nicht sagen, das sie alles konnte. Ich habe in meinem Leben viele herrliche Schauspielerinnen gesehen, und einige von ihnen spielten ja auch an meinem Haus. Ich will nicht sagen, daß dieses junge Mädchen besser war als die Dorsch oder die Gold oder die Hoppe. Sie war, wie ich es damals empfand, gar keine Schauspielerin. Sie war.«

Und so geschah es, daß dieser vielbeschäftigte GG zu den folgenden Proben sich wieder auf einen Platz setzte, wo er von den anderen nicht gesehen werden konnte. Etwa in den zweiten Rang, wo er zu seiner Verblüffung feststellte, daß man H. H. auch dort oben verstand, auch wenn sie ganz leise wurde.

In der vorletzten Probe vor der Premiere erschien dann Gründgens offiziell. Die Mitwirkenden hatten ein bißchen

Angst. H. H. nicht und Stroux wohl auch nicht. Gründgens ließ während des gesamten Ablaufs kein Wort verlauten. Auch auf die begeisterten Bemerkungen seiner Assistentin reagierte er nicht. Dann ging er, wie das so üblich ist, zur Kritik auf die Bühne. Zu H. H. gewandt sagte er: »Das habe ich nicht geahnt!« Also fast die gleichen Worte, die vor einigen Jahren Falckenberg in dem Wiener Hotelzimmer ihr gesagt hatte. Aber als er Kritik an anderen übte und die glückliche Hatheyer einem Kollegen ein Zeichen gab, er möchte ihr eine Zigarette reichen, fauchte er sie an: »Wenn ich rede, wünsche ich nicht, unterbrochen zu werden!«

So war er eben.

Der Erfolg der Aufführung am 21. August 1943 – also durchaus nicht in einer guten Theaterzeit – war beispiellos. Die Berliner, von jeher theaterkundig, erkoren H. H. sofort zu ihrer Lieblingsschauspielerin. Die Kritiker gerieten, wie einst in München, ins Schwärmen. Was ihnen besonders auffiel, in der Tat ein Attribut der H. H., war ihre Präsenz. Wenn sie auf die Bühne kam, wußte man, daß sie auf die Bühne kam. Man konnte sie nicht einen Augenblick übersehen. Man starrte immer wieder auf sie. Und das sollte übrigens eine ihrer Eigenschaften bleiben – kann man das Eigenschaft nennen? –, die ihr bis ganz zuletzt blieb.

Zusammenfassend: sie spielte nie, sie war immer. Und sie war stets unübersehbar.

Um diese Zeit kannte H. H. natürlich das gesamte Ensemble. Man traf sich ja immer wieder im Konversationszimmer. Und bald fiel ihr auf, daß die Schauspieler in diesem Theater anders waren als in München oder gar in Wien. Sie waren sozusagen Verschworene – gegen das Naziregime. Sie sprachen immer wieder über Politik. Der Verlauf des Krieges und was die jetzt regierenden Nazis trieben, war ein ständiges Thema.

Dazu ein Wort der Erklärung: Goebbels, der Propagandaminister, hatte schon bald nach seinem Machtantritt, also noch 1933, ein Dekret erlassen, daß Juden nicht mehr Theater spielen durften, wie sie auch keine Anwälte oder Ärzte mehr sein konnten. Aber dieses Verbot bezog sich nicht nur auf die Schauspieler oder Schauspielerinnen, sondern auch auf ihre Männer und Frauen. Das heißt, ein Mann mit einer jüdischen Frau durfte nicht mehr Theater spielen und umgekehrt.

Dies wurde in allen Theatern Deutschlands und später Österreichs so gehandhabt. Mit einer Ausnahme. Nämlich in den Theatern, die nicht Goebbels, sondern Göring in seiner Eigenschaft als preußischer Ministerpräsident unterstanden. Er hätte sonst auch nicht gerade Gründgens zu seinem Intendanten gemacht, der ja eine reichlich »verjudete« Vergangenheit aufzuweisen hatte. Aber seine Nachgiebigkeit in Sachen Rasse war wohl vor allem seiner Freundin und späteren Frau zu verdanken, die eine Schauspielerin gewesen war und deren beste Freundin eine Jüdin war.

Wie dem auch sei: Gründgens konnte es sich leisten, manche Schauspieler zu engagieren, die anderswo in Deutschland und Österreich nicht untergekommen wären, etwa Paul Bildt, der eine jüdische Frau hatte oder den mit dem gleichen Mangel behafteten Theo Lingen oder den Münchner Schauspieler Wernicke. Und . . . und . . . und . . .

Selbstverständlich also redeten die und ihre »arischen« Freunde im Konversationszimmer ständig über den Krieg. Sie waren sich einig gegen Hitler, mit einer Ausnahme: Wenn Bernhard Minetti das Konversationszimmer betrat, verstummten sie alle. Denn er war ihnen suspekt. Und blieb es bis zum Ende.

GG darüber später zu mir: »Ich hatte keine Angst vor Göring, ich hatte keine Angst vor Goebbels, ich hatte nur Angst vor Minetti. Angst – von ihm denunziert zu werden.«

Übrigens hatte es mit diesem Verdacht, den mir auch Gustav Knuth, H. H., Paul Hartmann und andere äußerten, womöglich seine Berechtigung. Denn Minetti verschwand nach dem Krieg für einige Zeit nach Norddeutschland, und die Engländer, die dort das Sagen hatten, sperrten ihn für die Bühne. Was ihn nicht hinderte, nach Berlin zurückgekehrt, die Mär zu verbreiten, er sei im Widerstand gewesen. Sagen konnte er es, niemand, der ihn von früher kannte, glaubte ihm.

Auch sonst geriet H. H. in Kreise, von deren Existenz sie in Wien oder München nichts geahnt hatte. Ihr Produzent, der ursprünglich Anwalt gewesen war, lud sie in seine Wohnung im Grunewald ein. Dort lernte sie seine schöne und sehr kluge Frau kennen. Was sie dann erfuhr, war, daß diese Frau zumindest Vierteljüdin war und daß es gar nicht so einfach für den Anwalt gewesen war, die Erlaubnis zu bekommen, sie zu heiraten. Wie er es geschafft hatte, erzählte er H. H. nicht, und sie hätte es auch kaum verstanden. Aber sie befreundete sich mit dieser »rassisch fragwürdigen« Person und blieb lange über den Krieg hinaus mit ihr befreundet, auch als sie nach Amerika ausgewandert war.

Dann war da noch ein älteres Ehepaar im ersten Stock des Hauses. Der Mann hatte eine große Stellung in der Industrie gehabt. Die Frau war Jüdin. Aber eines Tages starb der Mann. Und das bedeutete, daß die alte Dame demnächst geholt und in ein Konzentrationslager überführt würde.

Der Anwalt: »Möglicherweise in ein Vernichtungslager.«

Es war das erste Mal, daß H. H. von solch einem Lager hörte. Sie wollte Genaueres wissen. Der Freund winkte ab. »Besser, du weißt nichts davon!«

H. H. mochte die alte Dame und hatte sie immer mal wieder besucht, wenn sie im unteren Stock bei ihren Freunden war. Was sie jetzt erlebte, schien ihr jenseits aller Realität. Der Produzent-Anwalt besorgte Gift. Weder er noch seine Frau versuchten, der alten Dame das Gift heimlich zu verabreichen. Sie übergaben es ihr »wie eine Schachtel Zigaretten, einfach so«. Heides Worte. Und die alte Dame sagte nur – so hörte H. H. es wenige Minuten später: »Ihr habt recht, es ist besser so.«

Am nächsten Tag war sie tot.

H. H. erlitt einen Schock. Zwei Tage lang konnte sie nicht arbeiten und auch dann nur mit einiger Mühe. Sie dachte in dieser Zeit viel nach. Wie war es denn möglich, daß sie so lange mit einer Art Gleichgültigkeit den Nazis bei ihren Missetaten sozusagen zugesehen hatte? Sie wußte ja schon sehr früh einiges. Angefangen hatte es damit, daß die Kollegen in Wien, die jüdischen, hatten emigrieren müssen, weil sie in Deutschland nicht mehr spielen durften. Das war bitter, aber die Betroffenen selbst hatten nicht geglaubt, daß Hitler sich lange halten würde. Sie hielten es für wahrscheinlich, daß sie bald nach Deutschland zurückkehren könnten. Dann, als die Nazis nach Österreich kamen, mußte ihr erster Freund – in jedem Sinne –, ein junger Jude, »um sein Leben rennen« – ihre Worte später. Sie erfuhr das erst, als er in Sicherheit war, aber der Gedanke, daß die Nazis ihn hätten umbringen können, war furchtbar für sie. Sie begann, die Nazis zu hassen.

Aber diesmal war sie hautnahe dabei gewesen. Und sie fühlte sich mitschuldig an dem Tod der alten Frau, die sie ja kaum gekannt hatte. Von jetzt ab mußte sie immer wieder denken: Wir alle, die Hitler miterlebt haben, vielleicht miterleben mußten, sind mitschuldig geworden.

Übrigens sah sie wenig von den führenden Nazis. Dies war erstaunlich, denn die waren alle sehr theaterfreundlich. Hitler zog die Oper vor, ging aber doch gelegentlich ins Theater. Göring ging schon deshalb ins Theater, weil er ja dem Schauspielhaus und übrigens auch der Oper in Berlin und in Kassel vorstand. Die Sänger und Schauspieler dort waren »seine« Sänger und »seine« Schauspieler.

Und Goebbels war geradezu vernarrt ins Theater und vor allem in den Film. Er hatte ja sowohl dort als auch hier das Sagen. Und er war vielleicht noch vernarrter in attraktive Schauspielerinnen. Sein Konsum auf diesem Gebiet war erstaunlich. Erstaunlicher noch, daß alle Welt davon wußte. Er hätte ja beinahe seine Frau verlassen einer tschechischen Filmschauspielerin wegen, wenn es ihm vom wütenden Hitler nicht untersagt worden wäre. Ein Propaganda-Minister mußte ein moralisches Vorbild sein und kein Ehebrecher, dekretierte der »Führer«.

Der Zufall wollte es, daß H. H. nie zu den Empfängen Hitlers eingeladen wurde. Die waren damals, mitten im Krieg, nur noch spärlich. Zu Goebbels wurde sie nur einmal eingeladen. Zu einem eher kärglichen Abendessen, zu dem man seine Lebensmittelkarten mitbringen mußte. Dafür war Goebbels berüchtigt. Es zeigte sich sehr bald, daß H. H. nicht der Typ war, der Goebbels besonders zusagte. Er konversierte ein bißchen mit ihr, lobte ihre Darstellung in Allgemeinplätzen, und das war alles. Der Abend dauerte nicht sehr lang, jedenfalls nicht für H. H.

Anders Göring. Der mochte sie, und sie wurde eines Tages zum Mittagessen nach Karinhall geladen, dem fast fürstlich-ländlichen Besitz Görings. Sie fuhr mit dem ebenfalls geladenen Gründgens in einem Dienstwagen hinaus. Sie dachte, die Einladung sei nur für das Mittagessen gedacht, aber es stellte sich heraus, daß die Görings sie den ganzen Nachmittag bis in den Abend hinein behalten wollten. GG verschwand zwischendurch einmal, er hatte ja ein Theater zu leiten, kam aber zurück, um H. H. abzuholen.

Sie fand den Ton recht nett, Göring war durchaus liebenswürdig, das einzige, was H. H. frappierte, daß er gelegentlich verschwand, um bald darauf in einer anderen, stets prunkvollen Uniform zu erscheinen. H. H. erinnerte sich später nicht mehr, aber es waren mindestens drei oder gar vier Phantasieuniformen, die er an diesem Tag zur Schau stellte. Etwas irritierten sie die unheimlich großen Brillanten und andere Edelsteine an den unzähligen Ringen, die er an den Fingern beider Hände trug.

Sie fand das etwas albern, aber ihn sonst »ganz nett«, und das war er wohl auch, wenn er wollte. Mit Entsetzen erfuhr sie dann nach dem Krieg, daß dieser scheinbar so gutmütige Mann einer der grausamsten Verbrecher des Dritten Reiches war.

Wirklich gefiel ihr an diesem Tag nur die einstige Schauspielerin, Geliebte und jetzt Frau von Göring, Emmy. Sie wußte ja damals wenig, zum Beispiel nicht, daß Emmy, zusammen mit Käthe Dorsch und natürlich Gründgens, half, gefährdete Schauspieler ans Schauspielhaus zu bringen oder ins Ausland. Da war sie unermüdlich. Was H. H. an Emmy gefiel, war, daß sie so gar nicht die große Dame spielte, sondern eher die ehemalige Kollegin, daß sie sich nach dem Kind von H. H. erkundigte, einmal verschwand und mit einer unheimlichen Menge

111

Kinderwäsche zurückkam, die sie H. H. schenkte. Später sah sie Emmy nicht mehr, es war wohl auch keine Gelegenheit mehr dazu. Obwohl H. H. jetzt oft nach Berlin kam, um zu spielen und zu filmen.

Im Februar 1944, also ein knappes halbes Jahr nach ihrem ersten Auftreten im Staatstheater, trat sie dort in einem weiteren Stück auf, »Othello« von Shakespeare. Sie spielte die Desdemona. Das Stück wurde wieder von Karlheinz Stroux inszeniert. Es war abermals eine starke Aufführung und ein starker Erfolg, obwohl Paul Hartmann, der Heldenspieler, als Mohr von Venedig nicht ganz richtig war. Richtig hingegen war Gustav Knuth als Jago. Gründgens und Stroux hielten sich an eine Maxime, die vor vielen Jahren Max Reinhardt aufgestellt hatte, nämlich daß der Jago, der Bösewicht par excellence, nicht wie bisher an allen Theatern üblich, als grimmiger Intrigant gespielt werden dürfe. Die Begründung: dann würde ja Othello nicht auf seine Lügen, die Verleumdungen Desdemonas hereinfallen. Reinhardt besetzte seine Jagos immer mit Schauspielern, die sonst Helden spielten. Stroux besetzte seinen Jago mit Gustav Knuth, der so gar nicht wie ein Bösewicht wirken konnte, sondern eher wie ein offener und ehrlicher Mann aus dem Volk.

Während der Proben war Knuth H. H. gegenüber eher zurückhaltend gewesen, aber nach der Vorstellung kam er in ihre Garderobe und sagte: »Sie waren großartig! Das sagt auch meine Frau, und die muß es wissen, die war nämlich einmal eine vorzügliche Desdemona!« Es handelte sich um Elisabeth Lennarts, eine recht bekannte Schauspielerin.

Sie ist eigentlich keine dankbare Rolle, diese Desdemona, die ja im wesentlichen nur zu erdulden hat und der keinerlei Aktionen vergönnt sind. Also nicht die richtige Rolle für die temperamentvolle H. H. Aber sie schaffte auch diesmal die so nötige Verwandlung. Sie war die liebende Aristokratin, die nur für ihren Mann da ist. Und sie sah herrlich aus. Das war auch das Verdienst des damals sehr bekannten Künstlers, der die Kostüme entwarf. Sie hatte ihn gebeten: »Bitte kleiden Sie mich nicht in Weiß! Das steht mir nicht!«

Darauf führte er sie in den Riesenraum, in dem die Stoffe lagen, die für Kostüme zur Verfügung standen. H. H., die aus München gewöhnt war, daß zumindest seit Kriegsbeginn Stoffe knapp waren, kam gar nicht aus dem Staunen heraus. Übrigens: sie wurde dann doch, und zwar in jeder Szene, in Weiß gekleidet. Und sah herrlich aus wie nie zuvor.

Gründgens bot ihr als nächste Rolle, die sie noch in der selben Saison spielen sollte, »Der Widerspenstigen Zähmung« von Shakespeare an, eine Rolle, für die sie in der Tat wie geschaffen gewesen wäre. Sie mußte absagen, denn sie erwartete ihr zweites Kind. Die Hoppe übernahm.

Der Krieg näherte sich seinem Ende. Berlin, wie fast alle deutschen Städte, wurde unbarmherzig bombardiert. Und bald erklärte Goebbels den »Totalen Krieg«. Und der bedeutete, daß alle, wirklich alle Deutschen für den Sieg arbeiten sollten, natürlich auch die Schauspieler. Und das hieß die Schließung aller Theater.

Und was bedeutete das für Heidemarie Hatheyer?

7

Schlimme Zeiten

Als er sämtliche Theater schloß, erklärte Goebbels, daß die jetzt arbeitslosen Schauspieler und Schauspielerinnen etwas für den Endsieg tun könnten, indem sie in Fabriken arbeiteten. Sie wurden also in Fabriken geschickt, wo sie alles mögliche tun sollten, was sie nie gelernt hatten und infolgedessen gar nicht fertigbringen konnten, geschweige denn wollten, wie etwa so Einfaches wie das Bemalen der Zifferblätter von Uhren mit Leuchtfarbe und ähnliches, wozu man spezialisiert sein muß. Es kam nichts dabei heraus, die Schauspieler saßen in den Fabrikräumen und unterhielten sich über andere, bessere Zeiten oder über den Krieg – aber vorsichtig, denn wer wußte, wie der oder die neben ihm zu dem Hitler-Regime stand?

Goebbels, der offenbar wenig von der Wirkung des Theaters auf die allgemeine Stimmung hielt, wußte sehr wohl, daß die Menschen irgendwie vom tragischen Kriegsgeschehen abgelenkt und unterhalten werden mußten. Das bedeutete, daß Filme weiterhin produziert wurden. Und diejenigen, die zum Filmen notwendig waren, wurden von der Fabrikarbeit freigestellt. H. H. gehörte zu ihnen.

Freigestellt wurden die Schauspieler durch Listen, die die jeweiligen Theaterdirektoren aufstellten, eben Listen von Schauspielerinnen und Schauspielern, die schon gefilmt hatten oder die nach ihrer Ansicht Filme machen könnten oder sollten – der Kräfte eben, die bisher auf ihren Bühnen gespielt hatten.

Gründgens erstellte so eine Liste und ging noch einen Schritt weiter: Er setzte hinter jeden Namen der Auserwählten die monatliche Gage, die er für den betreffenden Schauspieler angebracht hielt. Sie variierte und spiegelte wohl seine Meinung über die Zugkraft der Betreffenden oder vielleicht auch den Wert der künstlerischen Arbeit, die sie weiterhin verrichten konnten.

H. H. hat dieses Dokument aufbewahrt, und ich entnehme ihm einige Namen: Axel von Ambesser und Paul Bildt zum Beispiel sollten je 1500 Mark im Monat bekommen, Paul Henckels 4000 Mark, Gustav Knuth, damals noch nicht gerade Filmstar, aber ein Lieblingsschauspieler von GG 5500 Mark, Elisabeth Flickenschildt dagegen nur 1500 Mark, Käthe Haack 3500 Mark, Marianne Hoppe 7000 Mark, Heidemarie Hatheyer ebenfalls 7000 Mark.

Inzwischen kam ihre zweite Tochter Regine zur Welt, ein schon bei der Geburt goldblondes, bezauberndes Geschöpf, das sie übrigens während ihres ach so kurzen Lebens bleiben sollte.

Die Feldhütters waren aus der kleinen Wohnung am Stadtrand in eine sehr geräumige Villa am nördlichen Stadtrand gezogen, in dem Örtchen Obermenzing, mit einem prächtigen Garten, der schon beinahe ein Park war. W. Feldhütter hatte zeitweise seine Stellung verloren, war aber dann doch wieder zum Rundfunk geholt worden, und zwar in viel höherer Stellung. Er war wohl einer der wichtigsten Männer im deutschen Rundfunk auf dem Gebiet der Wiedergabe von Dramen, Prosa, vor allem von Lyrik und sogenannten Heimatdichtungen – da kannte er sich aus, er wußte von dem außerordentlichen Wert echter Heimatkunst, besonders was das Süddeutsche und wohl auch Österreichische anging.

Und H. H. hatte ein neues Dienstmädchen engagiert, das eine sehr wichtige Rolle in den nächsten Jahren innerhalb der Familie und vor allem für die Töchter des Hauses spielen sollte. Maria Obermüller, von allen Maja genannt, war ein junges Bauernmädchen von gleichem Alter wie H. H., nur mittelgroß, dunkelhaarig, bildhübsch, fast ohne jede Bildung, aber unheimlich intelligent und von einem außerordentlichen Einfühlungsvermögen. Sie sollte bald für H. H. und ihre Kinder geradezu unentbehrlich werden.

Infolgedessen konnte H. H. wieder nach Berlin fahren, wo die Tobis einen neuen Film mit ihr vorbereitete. Es handelte sich um die Verfilmung eines der weniger bekannten Romane von Fontane.

Während der Aufnahmen 1944–45 – in Babelsberg – lebte H. H. in einem kleinen Bungalow, nur einige hundert Meter von den Ateliers entfernt, neben dem Bungalow ihrer Freundin Brigitte Horney.

Während der letzten Aufnahmen hörte man schon den fernen Geschützdonner. Die Ostfront, besser: die Ostfronten waren gar nicht mehr so weit entfernt. Die Stadt Berlin wurde ständig bombardiert, Babelsberg jedoch verschont. Der Film wurde also fertiggedreht.

Übrigens: er wurde niemals von H. H. gesehen. Er fiel, wohl noch ungeschnitten, in die Hand der Russen und soll später in der DDR häufig gespielt worden sein. Aber eine Möglichkeit, ihn in den Westen zu bekommen, gab es wohl nicht.

H. H. war entschlossen, mit dem nächsten Zug nach München zu den Ihren zu fahren. Natürlich würde auch München besetzt werden, wohl aber von den Amerikanern und nicht von den gefürchteten Russen, und sie wollte wenigstens bei ihrem Mann und ihren Töchtern sein. Die Horney sollte mitkommen, in Obermenzing gab es ja genug Platz, um sie zu beherbergen, aber in letzter Minute fand sich eine Möglichkeit für sie, in die Schweiz zu gelangen, wo sie ihre Lunge erst einmal auskurieren konnte.

Mit dem nächsten Zug . . . H. H. wußte, es würde nicht einfach sein. Aber wie schwer es wurde, hätte sie sich nicht vorstellen können. Sie mußte ungefähr vierzehn Stunden im Anhalter Bahnhof warten. Und es war kalt auf diesem Bahnhof, dessen Dach längst zerbombt war. H. H. hatte gar nicht versucht, großes Gepäck mitzunehmen, sie trug nur ein Handköfferchen mit dem Notwendigsten bei sich, den Rest gab sie verloren – er war auch verloren, wie sich herausstellen sollte. Schließlich gelang es ihr, sich in einen völlig überfüllten Zug zu klemmen. Sie fand natürlich keinen Sitzplatz, sie hatte kaum Platz, um zu stehen. Und die Fahrt, mit mehreren Unterbrechungen – bei Fliegeralarm, aber auch sonst aus mehr oder weniger unerfindlichen Gründen – dauerte 21 Stunden.

Und dann war sie in München, schleppte sich die paar Kilometer nach Obermenzing in die unbeschädigte Villa, wo sie mit der Familie zusammentraf. Ihr Mann gab sich sehr gefaßt, das erstaunte sie eigentlich, und die Kinder, bestens von Maja versorgt, schienen so etwas wie Angst gar nicht zu verspüren.

Feldhütter nutzte die freie Zeit, um Kierkegaard gründlichst zu studieren. Das nicht leichte Beschaffen von Nahrungsmitteln, das bis ganz kurz vor Kriegsende kaum ein Problem gewesen war, überließ er Maja und seiner zurückgekehrten Frau. Was seine eigene Person anging, so hatte er keine besonderen Befürchtungen. Gewiß, er war in der Partei, aber er war auch, wie seine Frau erst jetzt erfuhr, im »Widerstand«. Darüber hatte er nie vorher gesprochen. Als sie mir viele Jahre später davon sprach, erwähnte sie den Namen des Führers dieser Widerstandsbewegung. Sie kannte den Mann, wenn auch nicht in dieser Eigenschaft. Es handelte sich um einen Herrn Gerngroß. Der Name hätte von Nestroy erfunden sein können. Ich lernte übrigens auch diesen Gerngroß kennen, er hatte sich mir kurz nach der Einnahme von München durch unser Seventh Army Corps vorgestellt. Er sagte damals, er habe eine Vereinigung gegründet, um Widerstand zu leisten. Auf meine Frage, wieviele Mitglieder er hinter sich gehabt habe, sagte er bescheiden: »sieben«. Jawohl, es war eine Widerstandsgruppe, die er führte, und einer der sieben war also Dr. Feldhütter. Und was diese sieben nun eigentlich taten, außer sich zu treffen, ist nie bekannt geworden, wie ja auch die Widerstandsgruppe selbst nicht.

Als in den letzten Kriegstagen oder vielleicht auch Wochen München bombardiert wurde, beschloß H. H., mit ihrer Familie irgendwo aufs Land zu ziehen. Ihr Mann wollte freilich in der komfortablen Villa bleiben. H. H. fand nach relativ kurzer Suche zwei Zimmer in einem Bauernhaus in dem Dorf Marwang, oberhalb des Chiemsees. Das war gar nicht so weit von München entfernt, man konnte dorthin radeln, was wenig mehr als zwei Stunden dauerte, wie H. H. einige Male feststellen konnte, aber man war wenigstens sicher.

Glaubte H. H. Es stellte sich heraus, daß in den umgebenden

Bergen sich restliche Gruppen von SS verschanzt hatten, die, wie sie die Bevölkerung wissen ließen, bis zum »letzten Blutstropfen« kämpfen würden. Marwang und Umgebung konnten also noch einmal Kriegsschauplatz werden. Aber H. H. hatte gar keine Zeit, sich darüber Sorgen zu machen. Sie mußte dafür sorgen, daß die Familie etwas zu Essen hatte. Sie stellte sich stundenlang vor den Lebensmittelläden in Marwang an, gelegentlich abgelöst durch Maja. Feldhütter, der, als zu viele Bomben auf München fielen, auch für einige Tage kam, dachte nicht daran, sich dergestalt zu betätigen. Er saß vor dem Bauernhaus in der Sonne und las weiterhin Kierkegaard. H. H. radelte auch in die Umgebung, um von den Bauern Äpfel oder Kartoffeln oder was immer einzukaufen. Sie mußte saftig bezahlen – etwa dafür, daß ein Bauer ihr erlaubte, einige der vom Baum gefallenen Äpfel einzusammeln. Die Bauern damals nahmen auch Klaviere oder Teppiche. Die hatte H. H. freilich nicht mit nach Marwang genommen.

Und es wird auch hier nur vermerkt, um zu zeigen, mit welcher Mitleidslosigkeit die Bauern damals und auch in den kommenden Jahren, in denen man in Deutschland oft hungerte, sich benahmen. So war es eben, und die Flüchtlinge in Marwang und Umgebung mußten schon froh sein, daß die nahe SS sich schließlich doch nicht dazu entschließen konnte, ihre letzten Blutstropfen hinzugeben.

Das formelle Kriegsende änderte nicht viel für die Flüchtlinge. Vorerst mußten sie bleiben, wo sie waren. Die amerikanische Armee hatte jede Bewegung von Zivilisten über drei Kilometer hinaus verboten. Trotzdem radelte H. H. einige Male nach München, um, so seltsam das klingt, dort Nahrungsmittel einzukaufen. Die Kaufleute, die sie in den letzten Jahren belieferten, hatten immer etwas für sie übrig. Und dann kam sie nach Marwang zurück, immer ein bißchen unter Lebensgefahr. Denn es wäre durchaus möglich gewesen, daß eine amerikanische Patrouille auf sie geschossen hätte.

Schließlich durften die Feldhütters wieder nach München zurück, in das Haus in Obermenzing. Dort hatte sich freilich alles gewandelt. Flüchtlinge hatten sich einquartiert. Viele. Kaum, daß H. H. ein Schlafzimmer für sich, für ihren Mann, für die Kinder und Maja und einen Wohn- und Eßraum freibekommen konnte.

Und es war schlimm mit diesen Flüchtlingen. Sie hausten in übler Weise. Sie verrichteten zum Beispiel ihre Geschäfte nicht etwa in dem vermutlich stets überfüllten WC, sondern irgendwo im Garten. Sie holten sich ihr Essen aus Flüchtlingsküchen, aber dachten gar nicht daran, das Geschirr zu spülen, von dem sie aßen. Sie machten ihre Betten nicht. Sie holten sich frische Wäsche, ohne daran zu denken, daß die von ihnen gebrauchte gewaschen werden könnte. Versuche von H. H., an denen sich übrigens ihr Mann nicht beteiligte, diese »Gäste« zu ein bißchen Ordnung zu bewegen, wurden achselzuckend abgewiesen. Die Flüchtlinge waren begreiflicherweise nicht in bester Laune. Sie hatten alles verloren, ihre Wohnungen oder Häuser, und nun sollten sie sich für fremde Häuser interessieren und dort Ordnung halten?

Es war schlimm, und ohne Maja wäre es noch viel schlimmer gewesen.

Und eines Tages wurde Dr. Feldhütter von amerikanischen Soldaten abgeholt. Zuerst konnte H. H. gar nicht erfahren, wohin man ihn brachte. Schließlich gelang es ihr durch Beziehungen in München herauszufinden, daß er sich in einem sehr großen Lager befand, in das die Amerikaner alle diejenigen steckten, von denen man annehmen konnte, daß sie im Dritten Reich etwas verbrochen hatten. Das waren selbstverständlich alle in gehobenen Stellungen, wie zum Beispiel der eines Bürgermeisters oder eines Theaterdirektors. Und die gehobene Stellung im Rundfunk machte Feldhütter zum Objekt des automatic arrest – er wurde also ganz automatisch verhaftet.

H. H. drang bis zu einem amerikanischen Unteroffizier vor, um zu reklamieren: »Er hat doch nichts getan!«

Man antwortete ihr, er sei eben ganz automatisch arretiert worden. Übrigens, um es gleich hier zu sagen: In dem Jahr, das nun folgte und in dem Feldhütter in Gewahrsam blieb, ging es ihm, was Verpflegung anging, wesentlich besser als der freien Bevölkerung Münchens oder überhaupt Deutschlands. Er bekam nämlich amerikanische Rationen. Und die waren, im Vergleich mit dem, womit die »freien« Deutschen vorliebnehmen mußten, üppig.

In den Bemühungen, ihren Mann möglichst bald freizubekommen, befragte sie einige amerikanische Soldaten. Es waren diejenigen, die da Bescheid wußten und eventuell helfen oder zumindest raten konnten, und die waren fast alle in der sogenannten Intelligence, das heißt, sie waren darauf angesetzt, herauszubekommen, wer was im Dritten Reich verbrochen hatte. Und es war nur logisch, daß man damals zu dieser Aufgabe junge Leute holte, die ursprünglich einmal aus Deutschland gekommen waren. Eben Emigranten oder die Söhne von Emigranten. Und die waren vor allem Juden.

Und so geschah es wieder einmal, daß H. H. in dieser Zeit, in der in Deutschland so gut wie überhaupt keine Juden mehr lebten, sehr viel mit jungen, ehemals deutschen Juden zusammenkam. Das hatte noch einen Vorteil, den sie nicht verschmähen wollte. Diese jungen Burschen hatten natürlich mehr Lebensmittel, als sie unbedingt brauchten, und einige brachten dies oder das für die Kinder mit. Die Familie lebte also nicht gerade üppig, aber sie verhungerte auch nicht.

Einige der Amerikaner, darunter der gutaussehende und ungewöhnlich intelligente Albert G. Rosenberg, der erst 1938 in die Vereinigten Staaten gelangt war, waren dabei, als das KZ Buchenwald freigeschossen und die dort gefangengehaltenen Menschen befreit wurden. Unter diesen befand sich ein gewisser, damals in weiten Kreisen noch unbekannter Eugen Kogon, ein streitbarer Katholik, seit eh und je Gegner der Nazis, der von ihnen im März 1938 ins Konzentrationslager geschafft worden war. Da er geborener Münchner war – dem Paß nach Österreicher –, brachten ihn die jungen Amerikaner erst einmal nach München, requirierten für ihn eine kleine Wohnung. Und so lernte ihn H. H. fast automatisch kennen.

Er war fünfzehn Jahre älter als sie, aber die beiden wurden

sofort Freunde. Will sagen, H. H. war fasziniert von der Intelligenz Kogons und er von ihrer Wißbegierde und Fähigkeit, etwas sehr schnell zu erlernen. Er wurde sozusagen ihr politischer Mentor. Er erklärte ihr, wie alles gekommen war, wie es so kommen mußte. Bisher hatte sie, teils in Wien, weniger in München, aber dann doch wieder in stärkstem Maße in Berlin, die Auswirkungen dieses Mordsystems kennengelernt oder wenigstens einige von ihnen. Jetzt lernte sie die Infrastruktur des Systems selbst kennen. Es war die Zeit, als der völlig entkräftete Kogon auf Wunsch einer amerikanischen Stelle eine Abhandlung zu schreiben begann: »Das System der deutschen Konzentrationslager«, eine Arbeit, die er dann später in seinem wichtigsten Buch »Der SS-Staat«, das ein Welterfolg werden sollte, verarbeitete.

So erfuhr H. H. Fakten, von der die Welt zum Teil erst viel später Kenntnis nehmen konnte. Sie mußte erfahren, daß die Selbstbesinnung der Deutschen »schwer blockiert« sei, eine Erfahrung, die sie später oft selbst machen mußte. Kogon lehnte das Gerede von »Kollektivschuld« ab.

Aus den ersten Gesprächen entwickelten sich weitere, und bis kurz vor seinem Lebensende sollte H. H. Kogon immer wieder treffen, unzählige Briefe mit ihm wechseln und Telefongespräche mit ihm führen. Er wurde, wie sie mir einmal sagte: »Mein politisches Gewissen«.

Ich lernte Kogon übrigens auch kennen, etwas später, als er seine Frankfurter Hefte bereits herausgab. Ich hatte einen Auftrag der amerikanischen Militärregierung an ihn. Damals war mir der Name Hatheyer noch unbekannt, und ich ahnte schon gar nichts von den Beziehungen des bedeutenden Kogon zu H. H.

Zurück ins Jahr 1945. Es dämmerte H. H. allmählich, wie gering die Rolle war, die ihr Mann in den letzten Jahren in ihrem Leben gespielt hatte. Obgleich sie sich weiter bemühte, ihn zu »befreien« – er fehlte ihr nicht. Wohl aber schien er anderen Damen zu fehlen. Sie erhielt immer wieder den Besuch oder auch, als das Telefon wieder funktionierte, den Anruf der einen oder anderen. Die einen kannte sie flüchtig, von den anderen hatte sie nie gehört. Sie alle erkundigten sich aufs Lebhafteste nach Dr. Feldhütter. Was er denn verbrochen habe? Wann er denn wieder herauskomme? Sie ließen keinen Zweifel, daß sie mehr als nur freundschaftliches Interesse an ihm hatten. Es wurde H. H. allmählich klar, daß er, ähnlich wie vor der Ehe, ein lebhaftes Sexualleben auch während der Ehe geführt hatte. Sie war erstaunt, daß sie das nicht früher gemerkt hatte. Es schien, als hätten viele darum gewußt, nur eben sie nicht. Später über diese Erkenntnisse sprechend, gab sie zu, was sie jetzt erfahren mußte, habe sie zwar erstaunt, aber nicht besonders erschüttert. Woraus sie schloß, daß diese Bindung für sie zu Ende war, auch wenn die Ehe formal noch bestand.

Nun war sie in dieser Beziehung einigermaßen bürgerlich. Es wäre ihr in den Jahren ihrer Ehe nicht in den Sinn gekommen, ihren Mann zu betrügen, obwohl sich Gelegenheit genug dazu geboten hatte, sie war schon eine berühmte Schauspielerin, und sie war ja attraktiv, auch wenn sie sich selbst das niemals eingestehen wollte.

Jetzt fühlte sie sich frei. Und es kam so, wie es eigentlich schon seit einiger Zeit hätte kommen sollen. Sie begann eine Liebesgeschichte mit dem gutaussehenden, gescheiten Albert G. Rosenberg, der nur wenig jünger war als sie selbst.

Sie machte daraus kein Hehl. Später, auch mir gegenüber, nicht. Ich erfuhr immerhin, daß die kommende Zeit, obwohl sie weiß Gott ihre Sorgen hatte, zu den interessantesten Wochen und Monaten ihres Lebens gehörte. Ihr Freund mußte immer mit seinem Jeep herumfahren, um »Fälle« (also Nazis) zu untersuchen. Er nahm sie oft mit. Und sie lernte manches kennen, von deren Existenz sie bis dahin kaum eine Ahnung gehabt hatte.

Was sie selbst anging: Es war ohne Zweifel Liebe. Sie planten eine gemeinsame Zukunft. Sie erwogen tausend Möglichkeiten. Freilich, da gab es Bestimmungen und Gesetze, sowohl für sie, die ja sozusagen den Besatzungsverordnungen unterstand, als auch für ihn, Mitglied der Armed Forces. Aber ir-

gendwie, so hofften und glaubten sie, würde es sich schon ma-
chen lassen. Sie war für ihn wohl die erste große Frauenaffäre.
Er war für sie ein junger Mensch, wie sie ihn noch nie kennen-
gelernt hatte. Sohn jüdischer Emigranten, in den Vereinigten
Staaten während entscheidender Jahre aufgewachsen, voller
Ideen, die ihr völlig neu sein mußten. Denn sowohl dem Vor-
Hitler-Österreich wie dem Hitler-Deutschland waren liberale
Ideen nahezu unbekannt. Albert G. Rosenberg oder, wie sie ihn
bald nannte, Rosy, war für sie nicht nur ein liebender junger
Mann, sondern verkörperte eine ihr bis dahin unbekannte
Welt. Daß die Zukunft mehr als ungewiß war – er mußte ja
wohl wieder in die USA zurück und sie konnte ihm zumindest
vorläufig gar nicht folgen –, spielte im Augenblick keine Rolle.
Sie liebten einander und waren unter diesen unwahrscheinli-
chen Bedingungen sehr glücklich.

Es war vielleicht doch die erste große Liebe im Leben von
H. H., eine Liebe, die weit über das Bett hinausging. Sie sollte
auch ihr ganzes Leben lang Dauer haben, obwohl die beiden,
was sie damals noch nicht wissen konnten, sehr früh getrennt
werden würden. Briefe zwischen ihnen, die sich 1947 trennen
mußten, die bis in die achtziger Jahre gewechselt wurden, bezeugen das. Einige hat H. H. niemals vernichtet.

Ja, was war nun der tiefere Grund für dieses große Liebeser-
lebnis? Von seiner Seite braucht das gar nicht erklärt zu werden. H. H. war damals eine ungewöhnlich reizvolle Frau, er
selbst noch jung, und durch den Umstand, daß er die Jahre, in
denen er sich in eine andere hätte verlieben können, in der US-
Army verbracht hatte, war sie wirklich die erste Frau, mit der er
sich näher befassen konnte. Was sie zu ihm hinzog, war seine
Intelligenz, seine Fähigkeit, mit anderen Menschen – Deutschen, die vielleicht etwas auf dem Kerbholz hatten – mensch-
lich umzugehen, was sie ja auf den Fahrten mit ihm immer wieder feststellen konnte, ja, seine menschliche Wärme, vor allem
wohl aber, daß er der erste Mann in ihrem Leben war, der sich
um sie kümmerte. Was ihr Mann kaum getan hatte, dazu war er
wohl viel zu egozentrisch. Und dann: Rosy liebte ihre Kinder

und tat alles nur Denkbare für sie. Er versorgte sie dauernd mit Leckerbissen, viel zu viel, wie sie lächelnd feststellen mußte, natürlich mit Schokolade, die im deutschen Handel damals kaum aufzutreiben war, Bonbons, Gebäck. Die Mädchen mochten ihn sehr. Auch das spielte eine Rolle für H. H. Und ihren geheimen Entschluß, möglicherweise ihre Karriere seinetwillen aufzugeben. Obwohl, was sie sich wohl kaum klarmachte, was niemals in den nächsten Jahren realisierbar gewesen wäre. Und dann war es eben zu spät.

Wichtig für sie war damals nicht so sehr die Tatsache, daß sie noch verheiratet war, als vielmehr, daß sie für die Kinder zu sorgen hatte.

Das war schwer genug. Sie hatte nicht viel zu verkaufen, und das Wenige war längst auf dem schwarzen Markt verschwunden. Ihre Konten waren gesperrt, und die Inflation nahm ja solche Maßstäbe an, daß, als sie wieder über ihr Geld verfügen konnte, dieses Geld kaum noch Kaufwert besaß. Also?

Die Theater waren geschlossen, die Filmproduktionen eingestellt. Sie mußte froh sein, daß ein kleiner Agent an sie mit dem Vorschlag herantrat, für ihn zu tingeln. Das taten übrigens in kurzer Reihenfolge drei Agenten, aber sie schloß bei dem ab, der zuerst gekommen war.

Was ist tingeln? Das ist der burschikose Fachausdruck dafür, daß ein Künstler oder eine Künstlerin von Ort zu Ort reist und dort Vortragsabende gibt. Gedichte rezitiert, Lesungen abhält, Chansons singt. Das war nicht weiter schwierig für H. H. Sie konnte ja singen, sie hatte auch ein kleines Repertoire, sie hatte ein Riesenrepertoire von Lyrik aus ihren Gastspielen im Rundfunk. Daran lag es nicht. Die Schwierigkeit bestand darin, von Ort zu Ort zu gelangen, in dem jeweiligen Ort entweder Unterkunft zu finden oder in einem benachbarten Ort, in dem Vorstellungen – in Wirtshäusern, in der Aula einer Schule – stattgefunden hatten oder stattfinden würden. Der Agent besaß ein Auto, das schon sehr alt und gebrechlich war. Das schleppte sich von einem Ort zum anderen. Die Fahrten waren langwierig, denn es kam immer wieder zu Pannen, und manchmal waren sie gar nicht so schnell reparabel, und H. H. mußte froh sein, daß sie von einem der wenigen Autos, gelegentlich auch amerikanischen Armeewagen, an den Ort ihrer Bestimmung mitgenommen wurde, wo dann während der Vorstellung oder nach ihr der verstörte Agent in einem improvisiert reparierten Auto anlangte.

Dieses Tingeln war für sie, um es gelinde zu sagen, äußerst strapaziös. Es gab kaum einen Vortragsabend, vor dem sie sich hätte ein wenig ausruhen können. Dazu war keine Zeit und wenn nicht ein Zimmer in einem lokalen Hotel oder Gasthof zur Verfügung stand, auch gar keine Möglichkeit. Schlimmer noch war für sie, die ja immerhin einige Jahre als professionelle Schauspielerin hinter sich hatte, in denen ihr Leben einigermaßen geregelt verlief und bis zu einem gewissen Grad abgeschirmt – sie stand auf der Bühne, das Publikum saß im Zuschauerraum –: sie war jetzt sozusagen mitten in ihrem Publikum. Die Leute, die zu ihren Abenden kamen, wollten sie auch kennenlernen, wollten mit ihr reden, wollten von ihr hören, wie es anderswo aussah. Sie verstand den Wunsch der Kleinbürger oder Bauern, die ihr zugehört hatten, mit ihr zu plaudern, aber das oft bis tief in die Nacht. Für diese Menschen, die keine Zeitungen bekamen, keinen Rundfunk hören konnten – auch Post von ihren Angehörigen anderswo kam nur sehr unregelmäßig, wenn überhaupt – war sie die einzige Verbindung mit der übrigen Welt. Für H. H. bedeutete das eine zusätzliche Belastung, vielleicht die größte des betreffenden Abends. Aber sie war dem eben ausgeliefert und sie sah auch ein, daß es so sein mußte. Das hatte auch ganz triviale Vorteile. Sie wurde nämlich manchmal zum Essen eingeladen, und das war, namentlich in ländlichen Gegenden, viel reichhaltiger und auch quantitativ ganz anders als das in München mögliche. Und manchmal bekam sie sogar ein Freßpaket mit auf den Weg.

Dies alles änderte sich sozusagen schlagartig, als eine Botschaft von Karlheinz Stroux, ihrem Regisseur, eintraf, der mit Billigung der amerikanischen Besatzungsbehörde sehr bald nach Kriegsende und nach seiner überstürzten Abreise aus Berlin in Heidelbergs intaktem Theater inszenieren durfte. Dann wurde er, von den Amerikanern sanktioniert, Oberspielleiter in Darmstadt und schließlich, das alles noch im Jahr 1946, Schauspieldirektor des Theaters in Wiesbaden. Als solcher galt sein erster Wunsch, seine Lieblingsschauspielerin H. H. dort zu haben, um mit ihr zuerst einmal »Lysistrata« von Aristophanes in eigener Bearbeitung herauszubringen.

Die Botschaft erreichte H. H. im August 1946, und irgendwie schaffte sie die Reise von München nach Wiesbaden, damals für deutsche Staatsbürger ein Riesenunternehmen, schon wegen der ständigen Kontrollen.

Fröhliches Wiedersehen der beiden Freunde. Beginn der Proben. Alles lief bestens. Stroux dachte, mit 17 oder 18 Probentagen das aufwendige Stück herausbringen zu können. Er versprach sich einen Riesenerfolg. Es handelte sich ja um eine Antikriegskomödie, um den Aufstand griechischer Frauen gegen den Krieg, die sich ihren Männern im Bett verweigern, bis die den Krieg einstellen. Und das alles unter Leitung von Lysistrata, einer Rolle, die H. H. liegen mußte.

Und am neunten Tag kam, durch einen G.I. überbracht, eine Mitteilung der amerikanischen Militärregierung aus Frankfurt. H. H. war verboten, oder man kann auch sagen, auf der Schwarzen Liste. Jedenfalls durfte sie ab sofort nicht mehr auftreten. Dies war sehr, sehr schlimm für Stroux, der zu seinem unendlichen Bedauern die Wahl hatte, das Stück nicht zu spielen oder Ersatz zu suchen, der in Wiesbaden und Umgebung nicht so schnell zu finden war.

Eine absolute Katastrophe für H. H. Was um Gottes Willen sollte sie denn tun, wenn sie nicht mehr spielen durfte? Wie ihre Kinder, wie sich selbst ernähren? Beim abendlichen Telefongespräch mit Rosy stellte sie natürlich diese Frage. Er wollte wissen, ob sie eine Ahnung habe, warum man sie, wenn auch sicher nur vorübergehend, verboten habe? Sie hatte keine Ahnung. Sie war sich keiner Schuld bewußt, die ein solches Verbot gerechtfertigt hätte. Sie war nie Parteimitglied gewesen und hatte keinen Propagandafilm gemacht, auch keiner national-sozialistischen Organisation angehört, es sei denn der der Schauspieler, in die automatisch alle Schauspieler und Schauspielerinnen »eingetreten wurden«, was man ihnen weder damals noch später vorwarf. Also?

Am nächsten Morgen war Rosy zur Stelle. »Wir müssen vor allem einmal herausfinden, wer dafür verantwortlich ist.« Der amerikanische Offizier, der in Wiesbaden zuständig war, zuckte die Achseln. Man hatte ihm nicht einmal mitgeteilt, daß man die Hatheyer verbieten wollte. Sie vermutete, daß die Sache vielleicht aus München käme, wo sie ja lange genug seßhaft gewesen war. Aus Berlin konnte das Verbot nicht kommen, dort hätte die amerikanische Militärregierung sie allenfalls für den amerikanischen Sektor verbieten können.

Nein, ein Blitzgespräch von Rosy ergab, daß auch in München die Amerikaner von nichts wußten. Schließlich tippte er auf Frankfurt. Dort saß die US-Militärregierung, will sagen, saßen die wichtigsten Leute der Militärregierung, soweit sie nicht in Berlin unter General Clay stationiert waren.

Von Wiesbaden nach Frankfurt war es nicht weit, obwohl die Züge nicht nur wie früher und später eine Viertelstunde brauchten, sondern eine gute Stunde. Und dann saß H. H. einem amerikanischen Offizier gegenüber, der etwa zehn Jahre älter war als sie, also auch noch ziemlich jung, besonders für die prominente Stellung, die er offenbar innehatte. Jedenfalls entnahm H. H. daraus, mit welchem Respekt die zivilen deutschen Angestellten ihn behandelten und auch seinem geräumigen Büro in dem IG-Farben-Gebäude in Frankfurt. Sie konnte nicht wissen, daß dieser Amerikaner eine Ausnahme mit ihr machte, indem er sie persönlich befragte, was er noch nie getan hatte und in keinem anderen Falle tun würde. Sie war erstaunt, daß er sie auf Deutsch anredete, in einem fast makellosen Deutsch. Shepard Stone, als der er sich vorstellte, sah ihr Erstaunen und erklärte ihr, seine Vorfahren stammten zwar aus Litauen, aber er habe an deutschen Universitäten studiert und dort auch seinen Doktor gemacht über deutsch-polnischen Beziehungen. Und: »Ich bin Jude.«

Das erschreckte H. H. nicht weiter. Sie glaubte später sich erinnern zu können, daß sie so etwas sagte, wie, sie habe viele Juden zu Freunden, was Stone mit der Antwort quittierte, das sei ihm bekannt. Ihm sei überhaupt sehr vieles über sie bekannt.

Und was man ihr vorwerfe?

»Es würde Tage dauern, wenn ich Ihnen alles erzählen oder vorlesen würde, was gegen Sie vorliegt.«

»Gegen mich vorliegt?«

»Nun ja, Denunziationen, die haufenweise eingegangen sind ...«

In der Tat, die Zahl dieser Denunziationen und die Schwere der Anschuldigungen, die beispiellos sind, habe ihn, Shepard Stone, dazu bewogen, die Sache selbst in die Hand zu nehmen. Es sei im Grunde genommen pure Neugier.

Und dann sollte sie ihr Leben erzählen, damit er sich ein Bild machen könne.

Sie erzählte. Sie ging auch auf seinen Wunsch nach Einzelheiten ein, ihn interessierte natürlich ihre Wiener Zeit mit den jüdischen Emigrantenschauspielern, ihn interessierte auch ihre Freundschaft mit dem »verjudeten« Filmproduzenten in Berlin – ihn interessierte auch, was sie zu der Mitwirkung an dem Propagandafilm »Ich klage an« zu sagen hatte.

Da er sie sehr oft unterbrach, weil er immer neue Einzelheiten wissen wollte, dauerte das Gespräch weit über den Nachmittag hinaus, an dem es begonnen hatte. H. H. nächtigte dann in Frankfurt als Gast der Militärregierung, das hatte Shepard Stone arrangiert, und das Gespräch begann gegen neun Uhr vormittags wieder und dauerte, mit Mittagspause, die sie mit ihm im Offizierscasino machte, bis in den späten Nachmittag hinein.

Es wurde ihr bald klar und ihm natürlich auch, daß die meisten der Denunziationen von relativ erfolglosen Kollegen stammten oder von Kolleginnen oder von den Männern dieser Kolleginnen oder von den Frauen dieser Kollegen. Sie alle erhoben in immer anderer Weise und mit anderen angeblichen

Unterlagen die Behauptung, sie habe überhaupt nur durch die Nazis und mit Hilfe der Nazis Karriere gemacht. Shepard Stone warf ein, dies sei ja nicht so unwahrscheinlich, denn sie sei ja schließlich aus dem noch nicht von den Nazis beherrschten Österreich in das Dritte Reich übersiedelt.

H. H. entgegnete, dies sei ihre einzige Chance gewesen, und im übrigen hätten ihr gerade die jüdischen Emigrantenschauspieler in Wien dazu geraten.

(Das Gespräch kann hier so ausführlich geschildert werden, denn die entsprechenden Akten liegen heute noch in Washington und waren später, als meine Bindung an H. H. sozusagen vor der Tür stand, für mich einsehbar.)

Shepard Stone stellte, soweit sie sich später erinnerte, eigentlich nur eine wichtige Frage, nämlich nach ihrem Verhältnis zum Antisemitismus der Nazis. Ihre Antwort: »Mein erster Geliebter« – das Wort »Geliebter« ausgesprochen zu haben erinnerte sie sich noch zwanzig Jahre später – »Mein erster Geliebter war ein Jude. Als die Nazis nach Wien kamen, mußte er um sein Leben laufen. Er konnte sich retten. Das hat meine Einstellung zum Antisemitismus ein für allemal geprägt.«

Shepard Stone nickte immer wieder. Er schien alles zu wissen. Und trotzdem wollte er alles von ihr erklärt und bestätigt haben. Seine Begründung: man solle später nicht seine eventuelle Entscheidung in Frage stellen können.

Aus diesen Worten hätte H. H. eigentlich schon ahnen können, wie diese Entscheidung ausfallen würde, aber ihr war das damals nicht so klar. Jedenfalls fand Shepard Stone immer von neuem heraus, daß die Beschuldigungen gegen die Hatheyer auf purem Neid basierten, daß sie so schnell Karriere gemacht hatte, während sie, die Denunzianten, diese Karriere eben nicht gemacht hatten. Von einem Denunzianten aus München, der sich irgendwie in eine hohe Stellung bei den Amerikanern geschmuggelt hatte, weil er behauptete, jahrelang im KZ gesessen zu haben, war schon festgestellt worden, daß er nicht einen Tag dort gewesen war, daß überhaupt nichts dafür sprach, daß er je gegen Hitler gewesen war. Er verlor dann auch seine Position, kurz nach der Unterhaltung in Frankfurt. Was aber nichts mit dieser Unterhaltung zu tun hatte.

Dr. Feldhütter und seine Tätigkeiten wurden nur kurz gestreift. Auf die Bemerkung der Hatheyer, er sei wohl nur in die Partei eingetreten, um seine Stellung beim Rundfunk zu halten oder zu festigen, er habe sicher keine ernstliche Schuld auf sich geladen, lächelte Shepard Stone bitter. Er meinte, es scheine ihm, daß sie nicht alles wisse. Was er unter »alles« verstand, wagte sie nicht zu fragen. Sie sollte es auch später nie erfahren.

Auf den sogenannten Propagandafilm »Ich klage an« angesprochen, erzählte H. H., daß das ursprüngliche Drehbuch keineswegs ein Propagandafilm für die Tötung von nicht mehr Lebensberechtigten gewesen sei, sondern . . .

Auch das schien Shepard Stone bereits zu wissen. Er teilte ihr mit, daß der von Goebbels verbotene Film von den Alliierten wieder freigegeben sei. Was die Alliierten anginge, so könne er morgen in jedem Kino gezeigt werden, natürlich ohne den von Goebbels veranlaßten Prolog mit dem Jäger und dem verwundeten Reh.

Ich muß sagen, daß nicht einmal ich, der ja damals in den Armed Forces tätig war und mich viel mit Film und Theater zu beschäftigen hatte, das nicht gewußt hatte. Und ich erzählte es hier, weil ich weiß, daß die Bevölkerung, sowohl in Deutschland als auch in anderen Ländern, diesen absurden Stand der Dinge nie erfahren hatte. Die meisten glaubten damals und glauben wohl bis heute, daß dieser Propagandafilm erst nach dem Krieg durch die Alliierten verboten wurde. Groteskerweise war also das Gegenteil der Fall.

Als Shepard Stone genug gefragt und H. H. genug geantwortet hatte, verschwand er für eine halbe Stunde. Er kam schließlich zurück mit einem Dokument von zwei Schreibmaschinenseiten, das er in ihrer Gegenwart unterschrieb. Er überreichte ihr das Dokument und bemerkte, sie sei ab sofort nicht mehr verboten. Aber er gab ihr einen guten Rat.

»Die Aggression ihrer Kollegen und Kolleginnen ist so

stark, daß ich persönlich Ihnen raten würde, vorläufig nicht zu spielen. Doch wie gesagt, dies ist nur ein Rat.«

Womit die Sache für ihn beendet war. Er kehrte übrigens wenige Wochen später nach New York zurück, um stellvertretender Chefredakteur der »New York Times« zu werden, bei der er vorher tätig gewesen war. 1950 wurde er wieder nach Deutschland geschickt, als Stellvertreter des Hochkommissars für Internationale Angelegenheiten, wurde später ein wichtiger Mann in der Ford Foundation und spielte bis zu seinem Lebensende eine entscheidende Rolle im Kulturleben Deutschlands, wurde Ehrendoktor in Berlin und Basel, ehrenhalber durch den Berliner Senat zum Professor ernannt, erhielt die Berliner Ehrenbürgerschaft und starb erst im Mai 1990, wie der Zufall es wollte, wenige Tage vor H. H. Er sah sie noch einige Mal, meist nach Vorstellungen, in denen sie mitwirkte. Er sagte bei einer Gelegenheit, daran erinnerte sich H. H. später, er sei froh, damals die positive Entscheidung so schnell gefällt zu haben.

H. H. ging also wieder zurück nach Wiesbaden, aber das »Lysistrata«-Projekt bestand für sie nicht mehr. Stroux hatte, wegen der völligen Ungewißheit, wie lange die Hatheyer nicht spielen dürfen werde, die Rolle anders besetzen müssen. Nicht sehr glücklich, wie er später zugab.

Sie kehrte nach München zurück, in der Hoffnung, in den Kammerspielen Unterschlupf zu finden. Die standen nicht mehr unter der Direktion von Falckenberg, dem man – zu Unrecht – Sympathie mit den Nazis vorwarf und der wenig später einsam in seinem Haus in Starnberg starb.

Der neue Direktor war der Berliner Regisseur Erich Engel, von dem schon die Rede war und der H. H. sofort engagierte. Aber noch bevor es zu den ersten Proben kam, ließ er ihr mitteilen, er könne den Vertrag leider nicht einhalten. Sie versuchte, ihn zur Rede zu stellen, aber er ließ sich nicht sprechen. Durch seine Sekretärin, die übrigens die von Falckenberg gewesen war, erfuhr sie, es läge zuviel gegen sie vor. In der Tat lag nur vor, daß einige Schauspieler gegen sie protestiert hatten. Man hatte offenbar in München noch nicht erfahren oder zur Kenntnis nehmen wollen, daß H. H. nichts vorzuwerfen war.

Das staatliche Residenztheater nahm sie, es war wohl 1946, sofort. Freilich zu Bedingungen, die kaum das Lebensminimum der Familie decken konnten. Sie bekam 800 RM, und bei der damaligen Inflation war das sehr wenig. Dafür füllte sie monatelang das Haus. Man versprach ihr aber, sobald es zu einer Währungsreform kommen sollte, die ja dann 1948 kam, würde ihre Gage erhöht werden. Was sich als eine Lüge des damaligen Direktors herausstellen sollte. Er fühlte sich sicher, denn er war ein sehr wichtiger Mann im Münchner Kulturleben.

H. H. hatte genug davon, schon wieder betrogen zu werden. Sie kündigte. Sie hatte zwar keine Ahnung, wie ihre Zukunft sich gestalten würde, aber sie kündigte trotzdem.

Sie wollte auch fort von München. Ein weiterer Grund: Rosy mußte in die Vereinigten Staaten zurück. Er hoffte zwar, nach Austritt aus der Armee, der ja demnächst erfolgen konnte und auch erfolgte, wieder nach Deutschland zurückzukommen. Die beiden hofften, dann zu heiraten. Freilich, Rosy wollte studieren. Es gab da eine Verordnung, nach der jeder G.I. ein Studium auf Kosten der Armee durchführen konnte. Er wollte, wenn ich mich recht erinnere, Jura studieren.

Das hätte er an irgendeiner amerikanischen Universität tun können, das hätte er auch an Schweizer Universitäten tun können, auch in England, aber ein Studium an deutschen Universitäten war nicht von der US-Army vorgesehen. Das heißt, sie wäre nicht von ihr finanziert worden – und darauf war der mittellose Rosy angewiesen. Also wußte er, als er Abschied von H. H. und den Kindern nahm, daß er sie zwar gelegentlich sehen konnte – er studierte dann später einige Zeit in Lausanne –, aber für längere Zeit nach Deutschland zu kommen war für absehbare Zeit unmöglich. H. H. begriff das wohl auch.

Sie war also allein.

8

Ein ganz neues Leben

Sie war allein – das stimmte für H. H. in dieser Zeit nur im über-
tragenen Sinn. Denn ihr Mann war nach einem knappen Jahr
zurückgekommen und zog wieder in Obermenzing ein, als
käme er von einer kurzen Reise zurück. Freilich nicht, wie es in
der ersten Vierzimmerwohnung der Fall gewesen war, in ein gemeinsames Schlafzimmer: Als die Feldhütters nach Obermenzing gezogen waren, hatten sie bereits getrennte Schlafzimmer.
Im übrigen schien sich für ihn nichts geändert zu haben. Er
stand morgens auf, genau zu der Zeit, in der er früher aufge-
standen war, als er noch im Rundfunk arbeitete. Jetzt mußte er
nirgends mehr hin. Er nahm das von Maja für ihn vorbereitete
Frühstück zu sich, ohne je zu fragen, weder bei dieser ersten
noch bei den späteren Mahlzeiten, die reichhaltiger waren als
auf Marken erhältlich war, woher denn die Lebensmittel kämen.

Er setzte sich dann in das gemeinsame Wohnzimmer und
studierte weiter, den Philosophen Kierkegaard, aber auch anderes, vor allem Kunstgeschichte, wobei er sich verärgert zeigte,
daß die Prachtwerke, die er und seine Frau vor Kriegsende und
aus Angst vor Plünderungen mit anderen wertvollen Gegen-
ständen irgendwohin aufs Land verlagert hatten, spurlos verschwunden waren und es bleiben sollten. Der Ärger war verständlich, obwohl Feldhütter so tat, als sei er der einzige, der
durch die deutsche Niederlage etwas verloren hatte. Er bekam
auch weiterhin gut zu essen.

Andere Ansprüche stellte er, wenigstens vorläufig, nicht. Er
schien auch nicht zu bemerken oder es jedenfalls hinzuneh-
men, daß es kaum noch zu Gesprächen zwischen ihm und
H. H. kam. Nur mit Mühe gelang es ihr, einige Tage nach seiner
Rückkehr, zu erfahren, wie es ihm in dem amerikanischen La-

ger gegangen sei. Er konnte eigentlich nicht klagen und tat es auch nicht. Er hatte gut und reichlich zu essen bekommen, wie schon erwähnt, die vorzüglichen amerikanischen Rationen.

Zu einer ersten prinzipiellen Aussprache zwischen H. H. und ihrem Mann kam es, wenn sie sich später recht erinnerte, erst ungefähr zwei Wochen, nachdem er zurückgekehrt war. Er wollte keine Aussprache. Sie verlangte eine.

Übrigens hatte sie in dieser Zeit enorm viel zu tun. An den Abenden, an denen sie nicht im Residenztheater spielte, trat sie in der Kleinen Komödie auf. Die war vor kurzem eröffnet worden. Sie spezialisierte sich auf Boulevard. Zu etwas anderem hätte die winzige Bühne kaum genügt, geschweige denn die Schauspieler, die der Gründer, Direktor und Regisseur geholt hatte. Es gab damals gar nicht so viele Schauspieler in München. Die meisten, die es irgendwie hatten schaffen können, waren vor dem herannahenden »Feind« aufs Land geflohen und blieben erst einmal dort, wo zumindest ihre Ernährung gesichert war.

H. H. war also, wie man so schön zu sagen pflegt, »ausgelastet«. Am Tag Proben und abends Vorstellungen, manchmal auch in der Kleinen Komödie noch Nachtvorstellungen.

Dazu kam der Transport. Ganz abgesehen davon, daß die Feldhütters kein Auto besessen hatten: Als sie heirateten, wäre ein Auto für Privatleute unmöglich gewesen und nun fuhren auch kaum welche, die sie hätten mitnehmen können. Sie war also auf öffentliche Transportmittel, in diesem Fall die Straßenbahn, angewiesen. Die verkehrte sporadisch, man wußte nie, wann sie wo abfuhr, wann sie dort hielt, wohin H. H. mußte. Die Rückkehr nach Abendvorstellungen und gelegentlichen Treffen mit Kollegen in einem nahegelegenen Café oder gar Nachtvorstellungen mußte sie fast immer zu Fuß zurücklegen.

Nach ungefähr zwei Wochen stellte sie also an einem freien Sonntagvormittag ihren Mann und fragte ihn unverblümt, was er nun eigentlich zu tun gedenke? Sie erinnerte sich noch genau an dieses Gespräch, denn es sollte zumindest für die nächsten Jahre ihres Lebens entscheidend sein.

Dr. Feldhütter schien erstaunt. Er gedachte, sich erst einmal auszuruhen. Wovon er sich ausruhen wollte, ließ er offen, denn im Lager hatte er ja keinerlei Strapazen zu erdulden gehabt, was die Amerikaner anging, konnten die Häftlinge tun und lassen, was sie wollten, mit Ausnahme von Ausgängen. Keinerlei Zwangsarbeit, von physischen Schikanen gar nicht zu reden. »Übrigens«, fügte Dr. Feldhütter hinzu, »man hat mir nichts nachweisen können. Man hat mir das mitgeteilt und mich fortgeschickt.«

H. H. war nicht weiter erstaunt. Sie hatte nie verstanden, warum man ihren Mann inhaftierte. Auch das, was sie über ihn und seine Aktivitäten während der letzten Jahre durch den amerikanischen Offizier in Frankfurt andeutungsweise erfahren hatte, hätte wohl kaum zu einer Verhaftung genügt. Jetzt wollte sie wissen, was er nun zu tun gedenke?

Er hoffte, daß der Rundfunk ihn wieder anstellen würde. Schließlich hatte er ja gezeigt, daß er dort einiges zu leisten imstande war.

Dies hatte er in der Tat, er hatte auch nie im Amt Nazi-Propaganda betrieben, die Lyrik, die er immer wieder vortragen ließ oder die klassische Prosa oder die alten bayrischen Heimatspiele konnten wohl kaum als Nazi-Propaganda angeprangert werden. Und Dr. Feldhütter hoffte also, daß man ihn wieder holen würde.

Holen?

Ja. Er würde sich nicht bewerben, man würde ihn schon holen müssen.

Seine Frau bezweifelte das. Schließlich war der Rundfunk, zumindest vorläufig, in der Hand der amerikanischen Besatzungsmacht. Es waren sicher viele dort tätig, die ihren Mann von früher kannten und wohl auch schätzten, aber das Sagen hatten Männer, die ihn nicht einmal dem Namen nach gekannt haben dürften.

Sie verglich mit dieser eher geruhsamen Haltung ihres Mannes ihr gehetztes Leben, und sie sagte ihm auch, daß sie, damit die Familie nicht hungere oder gar verhungere, ständig unter-

135

wegs sein müsse. Er gab seinem Bedauern darüber Ausdruck, aber dabei blieb es. Nein, er würde nichts unternehmen, um Arbeit zu finden, jedenfalls vorläufig nicht. Er schien es für selbstverständlich zu halten, daß er von ihr ernährt wurde. Alles andere schien ihm Nebensache. Die Kinder interessierten ihn, jedenfalls damals, nur in geringem Maße. Die jüngere, Regine, die noch nicht schulpflichtig war, kam von einem der Besuche, zu denen die Mutter die Kinder immer mal wieder zum Vater schickte, mit hochrotem Gesicht vor Empörung zurück, mit dem überlieferten Ausspruch: »Wenn er keine Kinder mag, warum schafft er sich dann welche an?«

Damit gab sie eine Meinung kund, die andere teilten, ohne sie auszusprechen.

Und dann sagte H. H., sie wolle sich scheiden lassen.

Dies schien ihren Mann unangenehm zu berühren, mehr nicht. Die beiden hatten ja schon längst aufgehört, mehr als dem Namen nach verheiratet zu sein. Aber, wie es sich in der Folge herausstellen sollte, dachte er weniger an die nie wieder aufgenommenen ehelichen Beziehungen, als daran, wie sich sein zukünftiges Leben gestalten sollte. Wovon sollte er denn leben, wenn nicht von seiner Frau? Zumindest vorläufig. Aber wie lange dieses vorläufig dauern würde, wollte er niemals sagen.

Er versuchte in der kommenden Auseinandersetzung, die H. H. ja hatte vermeiden wollen, gleich die Oberhand zu gewinnen. Er meinte, sie wolle wohl die Scheidung wegen ihres amerikanischen Freundes. Also offenbar hatte er, obwohl noch im Lager, von der Affäre mit Rosy erfahren. Vielleicht glaubte er auch, daß andere, die immer wieder ins Haus kamen, nicht zuletzt um den Kindern etwas zu bringen, gelegentlich mit seiner Frau geschlafen hatten.

H. H. stritt nichts ab. Sie war nicht die Frau und sie sollte es auch nie sein, die es mit ihrer Würde vereinbar fand, solche Anschuldigungen abzustreiten, mochten sie stimmen oder nicht. Er aß ja auch, was die amerikanischen Freunde brachten, und dies ohne moralische Bedenken. Sie versagte es sich, mehr als anzudeuten, daß es in den letzten Jahren einige Damen gegeben hatte, mit denen er recht gut befreundet war. Sie meinte, er wäre wohl unter den obwaltenden Umständen mit einer Scheidung einverstanden, zumal sie nicht die geringsten Ansprüche stellte, weder für sich, noch für die Kinder.

Er war nicht einverstanden. Er dachte weder daran, auszuziehen, noch auf die guten Mahlzeiten, die er in dem Haus erhielt, zu verzichten. Er meinte, es würde so weitergehen wie bis jetzt.

Sie mußte sich schließlich einen Anwalt nehmen, der die Scheidung für sie forderte. Sie bekam den Anwalt durch Vermittlung eines Kollegen am Residenztheater. Es handelte sich um einen der prominentesten Anwälte Münchens, wenn nicht Deutschlands.

Sein Name war Martin Horn, bekannt geworden durch den Nürnberger Prozeß 1945–1946, in dessen Verlauf er einen der Angeklagten, Hitlers Außenminister von Ribbentrop, verteidigen mußte. Sie hatte bisher nichts von ihm gehört, er sie nur auf der Bühne und auf der Filmleinwand gesehen. Ein gutaussehender, schlanker Mann, mit außerordentlichen juristischen Kenntnissen. Nachdem er das Mandat angenommen und die ersten Schritte eingeleitet hatte, traf er seine Mandantin gelegentlich, und aus diesen gelegentlichen Zusammenkünften, anfangs zweckgebunden, wurde so etwas wie eine sachliche Freundschaft.

Wieder einmal lernte H. H. durch einen neuen Mann in ihrem Leben eine ihr bis dahin unbekannte Welt kennen. Sie erfuhr vieles, was der Anwalt aus den Hintergründen des Nürnberger Prozesses zu berichten wußte. So erfuhr sie, daß die meisten der führenden Nazis nicht nur grausam, verbrecherisch und dumm waren, ungewöhnlich dumm und beschränkt, sie lernte Details kennen, die, wenn sie nicht so schrecklich gewesen wären, zum Lachen gereizt hätten.

Aber darüber hinaus erfuhr sie vieles, von dem sie vorher nichts gewußt hatte, nämlich die Justiz an sich betreffend, auch die Vergehen und die Verbrechen und alles nur Denkbare über das Dritte Reich, aber auch über die Arbeit eines Rechtsanwaltes, in diesem Hitler-Deutschland, die Arbeit von Richtern und Staatsanwälten. Diese für sie völlig neue Welt faszinierte sie. Sie ging in ihrer freien Zeit zu Gerichtsverhandlungen, in denen er plädierte, aber nicht nur zu denen. Sie ließ sich von ihm alles nur Denkbare, was die Justiz anging, erklären. Sie borgte sich von ihm Fachbücher, um mehr und Genaueres zu erfahren.

Sie war so wißbegierig und so erfüllt von juristischen Problemen, daß er sie eines Tages fragte, warum sie eigentlich nicht Anwältin geworden sei? Sie antwortete in ungefähr, daß sie seinerzeit gar keine Wahl gehabt habe und ließ ihn Details aus ihrer Jugend erfahren.

Die beiden befreundeten sich über das übliche Verhältnis zwischen Anwalt und Klientin hinaus. Er dachte sogar, wenn die Scheidungsgeschichte erledigt sei, an Heirat. Sie wollte sich da nicht festlegen, jedenfalls vorerst nicht.

Aber er hatte wieder einmal in ihr die Frage nach ihrem Beruf wachgerufen, den sie ja nicht gewählt hatte und dessen Fragwürdigkeit ihr nun von neuem vor Augen stand. Was war eigentlich der Sinn ihres Berufes? Worin bestand der Sinn, andere Menschen darzustellen? Oder, wie in ihrem Falle, sich in andere Menschen zu verwandeln? Sie hatte bisher in ihrem Leben – sie war ja noch nicht einmal dreißig – sehr selten Befriedigung empfunden, wenn Menschen ihr zujubelten, sie war dazu nicht eitel genug, was ja die meisten Schauspieler waren.

Später erzählte sie mir, nicht einmal, sondern immer mal wieder, daß sie nur einige Male so etwas wie Befriedigung empfunden habe, nämlich als der Film »Geierwally« gezeigt wurde, sie vor dem Berliner Ufa-Palast, dem wohl repräsentativsten Kino Deutschlands, in überdimensionaler Leuchtschrift ihren Namen lesen konnte. Das blieb ihr unvergeßlich. Aber später, als sie ihr Können oder ihre Leistung bestätigt fand, machte es ihr wenig Eindruck, jedenfalls erinnerte sie sich kaum noch an diese »Triumphe«.

Damit hatte auch der Umstand zu tun, daß die Ausübung dieses ihres Berufes über das Erlernen einer Rolle, die Befolgung von Regieanweisungen hinaus, die Verwandlung in einen anderen Menschen sie viel kostete, nicht nur vor oder während der Proben. Die »Geburtsschmerzen« stellten sich jeden Abend ein.

Aber zum ersten Mal in ihrem Leben war sie sich völlig klar über die Fragwürdigkeit ihres Berufes, eben jetzt, da sie eine neue Welt von Schuld und Sühne kennenlernte.

Sie sagte ihrem Anwalt und Freund, er bewirke doch etwas, im Gegensatz zu ihr. Er stimmte ihr da nicht zu. Er meinte, sie unterschätze nicht so sehr ihre Wirkung auf die Menschen vor der Bühne oder vor der Leinwand, als das, was sie bewirkte oder bewirken konnte.

Diese neuen Einsichten, diese neue Selbsteinschätzung, diese Erweiterung ihres Horizontes durch die Bekanntschaft mit einer ihr völlig unbekannten Welt war schließlich das Entscheidende an der Freundschaft, die nur ein paar Jahre dauern sollte.

Die Scheidung verlief nicht so glatt, wie sie sich das vorgestellt hatte. Denn ihr Mann, respektive der Anwalt, den ihm seine Mutter besorgt hatte, machte alle nur denkbaren Schwierigkeiten. Nicht nur, daß Feldhütter nun nicht zugeben wollte, die Ehe des öfteren gebrochen zu haben, was notwendig gemacht hätte, daß H. H. den Beweis für diese Ehebrüche hätte erbringen müssen. Er war dagegen bereit zu beweisen, daß sie die Ehe gebrochen hatte.

Ihr Anwalt mußte ihr erklären, daß sich der Prozeß Jahre hinziehen könnte. Der Grund dafür war die Überlastung der Gerichte in den Nachkriegsjahren. Und was nun Dr. Feldhütter anging – und das war wohl der tiefere Grund für die ständigen Verzögerungen –, er wollte nicht Kost und Logis verlieren, zu welchen Leistungen er seine Frau verpflichtet sah.

Da sie daran interessiert war, daß die Scheidung schnell stattfand – sie wollte stets klare Verhältnisse –, war sie bereit, sich zur Alleinschuldigen erklären zu lassen.

Und so kam es zur Scheidung.

Was für ihren geschiedenen Mann durchaus nicht bedeutete,

daß er aus der Villa, deren Miete sie ja schließlich immer bezahlt hatte, auszuziehen oder auch nur auf die Mahlzeiten zu verzichten gedachte, die er bisher ganz automatisch erhalten hatte. Als sie ihm erklärte, damit sei es nun Schluß, er müsse aus dem Haus verschwinden und es würde nun auch nicht mehr für seine Kost gesorgt werden, erklärte er, dann würde er die Kinder mitnehmen.

Sie begriff später nie, daß sie diese Möglichkeit nicht vorhergesehen und daß ihr Anwalt sie nicht darauf aufmerksam gemacht hatte. Denn der Vater hatte sich nie für seine Kinder interessiert. Sie zu übernehmen, hätte ihn Mühe wie auch Geld gekostet.

Der Anwalt riet ihr, ihn ruhig die Kinder mitnehmen zu lassen. Er war überzeugt, daß Feldhütter sie in wenigen Tagen wieder zurückbringen würde. Es handele sich hier, so seine Ansicht, eher um eine leere Drohung.

Aber darauf konnte sie es nicht ankommen lassen. Der Gedanke, die noch sehr jungen Mädchen auch nur vorübergehend einem Mann zu überlassen, der zwar ihr Vater war, aber nicht das geringste für sie empfand, was sich übrigens auch in Zukunft immer wieder erweisen sollte, war ihr unerträglich. Stattdessen wollte sie auf alles eingehen, um die Kinder behalten zu können, die ihr nach Gerichtsurteil als an der Scheidung schuldige Partei nicht zustanden.

Und sie bekam die Kinder auch. Das kostete sie einiges.

Unwahrscheinlich? Die Unterlagen, die sie ein Leben lang aufbewahren sollte, beweisen es.

Um diese Zeit arbeitete sie noch am Residenztheater und in der Kleinen Komödie. Aber als sie ihren Vertrag mit dem Residenztheater löste, hatte sie kein regelmäßiges Einkommen mehr. Glücklicherweise, erstaunlicherweise, bekam sie ein Filmangebot. Es handelte sich um eine Produktion mit französischen Geldern, wer der eigentliche Produzent war, wußte sie nach ein paar Jahren nicht mehr zu sagen. Der Regisseur war Boleslav Barlog, der bald nach dem Krieg im amerikanischen Sektor von Berlin ein kleines Theater wieder eröffnet hatte, das

Schloßparktheater, mit Produktionen von erstaunlichem Niveau. Alle Berliner Schauspieler standen ihm ja zur Verfügung.

Der Film hieß »Wohin die Züge fahren«, er spielte im Nachkriegsdeutschland und zeigte, 1949, viel von den Trümmern der verwüsteten Städte.

Er wurde unter primitivsten Umständen hergestellt, ein Atelier stand nicht zur Verfügung. Meist wurde in einer Reithalle gedreht, auch in Eisenbahnwaggons und fast ohne gelernte Arbeiter für Dekorationen, Beleuchtung und Ton. H. H. spielte die Hauptrolle, Carl Raddatz, der bis dahin in der Provinz Theater gemacht hatte und später nach Berlin kommen sollte, war ihr Partner, auch Gunnar Möller wirkte mit.

Der Film hatte keinen eigentlichen Publikumserfolg, es gab ja auch noch kaum Kinos, die ihn hätten zeigen können, und die Kinos bevorzugten damals Filme aus einer besseren, »heileren« Zeit, das Publikum hatte von den Trümmern, in denen es noch leben mußte, genug. Aber die wenigen, die den Film sahen, darunter später der bekannte Schauspieler und Regisseur Fritz Kortner, hielten ihn für künstlerisch hochwertig.

Und dann geschah etwas, was das Leben von H. H. völlig verändern sollte. Es kam ein Ruf nach Berlin – das zweite Mal in ihrem Leben und so entscheidend wie der fünf Jahre zuvor von GG. Das war im Frühjahr 1948. Der Ruf kam aus dem US-Army-Quartier in Berlin, also indirekt von General Clay.

Zufällig bin ich in der Lage, die Vorgeschichte zu erzählen, denn ich war einer der »Mitwirkenden«, nicht ahnend, daß so die Hatheyer nach Berlin kommen würde, die ich damals nicht einmal dem Namen nach kannte.

Die Sache war die: Jeder Mensch in Berlin ahnte damals oder vermutete, daß die Sowjets demnächst eine Blockade über die Stadt verhängen würden. Und viele Berliner, die es sich leisten konnten, flüchteten aus der Stadt. Denn wenige zweifelten, daß die Sowjets nicht mit ihrer Blockade auch den Westen von Berlin zurückerobern wollten. General Clay war der Überzeugung, daß er das verhindern könne. Aber er brauchte natürlich eine, auch unter den zu erwartenden schwierigen Bedingungen, zufriedene und an ihn und die US-Army glaubende Bevölkerung.

Was mich angeht: der Krieg war für mich ja schon lange vorbei, und so war ich vor Weihnachten 1946 nach New York heimgekehrt, jetzt wurde ich von Clay zurückgerufen. Ich kannte ja die Bevölkerung Berlins, ich war immerhin dort aufgewachsen. Und ich konnte für ihn herausfinden, ob die Berliner an ihn glaubten und an die Sache des Westens.

Meine Recherchen fielen positiv aus. Aber ich bemerkte auch, daß unter denen, die sich aus Berlin entfernt hatten, viele der prominenten Schauspieler waren. Und ihr Fehlen würde die Stimmung der Berliner, zumindest eines großen Teils der Berliner, negativ beeinflussen. Ich sprach mit dem General, dazu war ich ja geholt worden, und der ließ durch Medien, die mir heute nicht mehr in Erinnerung sind, eine Einladung an Schauspieler im Westen gehen, nach Berlin zu kommen.

Diesem Appell der US-Militärregierung folgten nur wenige. Unter ihnen befand sich H. H. Das hätte ich damals erfahren können, vielleicht habe ich es auch erfahren, aber es schien mir nicht wichtig genug, um es im Gedächtnis zu behalten.

Nach Berlin zu kommen, war für H. H. gar nicht so einfach, wie man sich das im Military Government vorgestellt hatte. Sie war nach dem »Anschluß« Österreichs und auch durch ihre Heirat Deutsche geworden. Und Deutsche durften unter anderem keine amerikanischen Dollars besitzen. Aber um nach Berlin zu gelangen, das damals schon blockiert war, hätte sie fliegen müssen, und ihre Flugkarte konnte sie nur mit amerikanischen Dollars bezahlen.

Irgendeine amerikanische Stelle erledigte das für sie, und so erschien sie also in Berlin. Sie spielte unter Stroux die Uraufführung eines Stückes von Zuckmayer »Ulla Windblatt«. Zuckmayer hatte dieses Stück für Käthe Dorsch geschrieben. Aber die war wohl etwas zu alt für diese jugendliche Rolle geworden, und sie stand in Berlin auch gar nicht zur Verfügung, denn sie war um diese Zeit am Wiener Burgtheater tätig.

Zuckmayer hatte einmal die Dorsch sehr geliebt, aber er fand sich mit dem Ersatz ab. Und da H. H. dem Typ nach der Dorsch recht ähnlich war, wurde das Verhältnis zwischen den beiden später ein äußerst freundschaftliches.

Ich ging zur Premiere, doch, um ehrlich zu sein, mich fesselte weder das Stück noch die Hatheyer. Später habe ich mich oft gefragt, warum sie eigentlich gar keinen besonderen Eindruck auf mich gemacht hatte. Ich konnte die Frage nie beantworten. Vielleicht lag es auch am Stück, vielleicht ein bißchen an der Regie, aber die Sache schien mir so wenig interessant, daß ich in der großen Pause ging. Möglicherweise hing das auch mit der Enttäuschung von Käthe Dorsch zusammen, die mir damals sehr nahe stand. Sie war zwar nicht verfügbar, aber sie hatte gehofft, man würde auf sie warten. Sie hatte sich in dieser Rolle gesehen, und ich wohl auch ein wenig.

Jedenfalls war das meine erste Begegnung mit H. H., die man kaum als Begegnung bezeichnen kann. Die fand dann mehr als drei Jahre später statt.

Es war ein völlig unvorhergesehenes Treffen, und wenn das Wort Schicksal wirklich eine Bedeutung haben sollte, so war es unser Schicksal.

Also: Im Dezember 1951 befand ich mich zufällig in München. In meinem Hotelzimmer leistete mir der Schauspieler Curd Jürgens Gesellschaft, der damals noch keineswegs ein Star war, den ich aber sehr schätzte. Ein Bote kam herein und überbrachte mir zwei Karten für die Eröffnung der Kleinen Komödie in einem neuen Heim, nämlich auf dem sehr geräumigen Dachboden irgendeines Bürohauses. Die Kleine Komödie war damals eines der populärsten Nachkriegs-Cabarets von München.

Ich mußte am gleichen Abend, genau um Mitternacht, nach Rom und von dort nach Tel Aviv fliegen. Ich fragte Curd Jürgens, ob er Lust hätte, mit mir in die Vorstellung zu gehen, ich könne mir freilich nicht die ganze Vorstellung ansehen, ich müsse mich in der Pause verdrücken – eben wegen des Fluges nach Rom. Er war noch so froh, mitzukommen, er war eben damals noch nicht einer, um den man sich riß.

Ich besuchte also mit ihm zusammen die Vorstellung, und ich wollte nicht in der großen Pause sofort verschwinden, sondern, das war übrigens eine Gewohnheit von mir, warten, bis sie zu Ende ging, um zu verschwinden. Auf diese Weise würde ich keine Gefühle verletzen. Während wir so herumstanden, kam eine ungewöhnlich elegante und wie mir schien interessante Dame auf uns zu, wohl besser: auf Curd Jürgens, gefolgt von einem sehr attraktiven Mann. Curd stellte vor: Heidemarie Hatheyer – Dr. Horn – Curt Riess. Wir wechselten ein paar Worte, und ich muß gestehen, daß ich sofort fasziniert von ihr war. Und ich hielt mit diesem Gefühl auch gar nicht zurück. Und ich fragte sie rundheraus: »Kann man Sie wieder mal sehen?«

Und sie antwortete erstaunlicherweise nicht mit irgendwelchen allgemeinen Redensarten wie: »Sicher, man wird sich irgendwo mal wieder treffen«, sondern sie sagte: »Ich wohne allerdings nicht in München. Ich wohne in Kirchseeon.« Und sie gab mir ihre Adresse in diesem Dorf und auch die Telefonnummer. Und dann verschwand sie wieder, gefolgt von dem attraktiven Dr. Horn.

Und Curd Jürgens sagte zu mir, der sich die Angaben notiert hatte: »Das kannst du gleich wieder zerreißen! Sie ist in festen Händen!« Womit er den Herrn in ihrer Begleitung meinte, eben jenen Anwalt, mit dem sie befreundet war.

Und ich zerriß wirklich den Zettel mit ihren Angaben. Aber ich sah sie dann noch einmal. Nämlich, als ich in der Umgegend von Hamburg in einem Filmatelier den Schauspieler Gustav Fröhlich besuchte. Der machte dort einen Film, und in diesem Film wirkte auch H. H. mit. Und wieder fand ich sie außerordentlich. Aber, wie gesagt, da war ja der andere, und ich dachte nicht weiter an sie.

Zurück: Nachdem der Zuckmayer abgespielt war, verschwand H. H. wieder aus Berlin. Sie hatte einige Angebote erhalten, aber um diese Zeit konnte sie gar nicht auf ein halbes oder ein ganzes Jahr aus Kirchseeon fort. Da waren ja die Kinder. Freilich, die Zustände in Obermenzing wurden immer unerträglicher. Die Flüchtlinge zeigten sich nicht rücksichtsvoller als zu Anfang. Und, fast schlimmer, der geschiedene Feldhütter machte nicht die geringsten Anstalten, das Feld, will sagen sein Zimmer und die von Maja bereiteten Mahlzeiten aufzugeben. Allerdings: Um die zur Mutter zurückgekehrten Kinder kümmerte er sich nicht im geringsten, obwohl man im selben Haus wohnte.

Übrigens spielte H. H. wieder am Residenztheater, will sagen, am staatlichen Schauspielhaus, das jetzt auch gelegentlich im riesigen Prinzregententheater Vorstellungen veranstaltete. Es gab einen neuen Direktor, den exzellenten Film- und Theaterregisseur Paul Verhoeven, mit dem sie schon Filme gemacht hatte und der mit ihr als seine Eröffnungsvorstellung – im Prinzregententheater – den »Sommernachtstraum« herausbrachte. Endlich mal wieder mit Musik des »Juden« Mendelssohn.

H. H. war Puck. Ein ganz neues Rollenfach für sie – aber wieviel verschiedene Rollen hatte sie bereits gespielt, wen hatte sie nicht alles dargestellt, besser: wer alles war sie gewesen?

Und da sie wieder Filmangebote erhielt, bekam sie ein wenig Geld in die Hand und faßte einen kühnen Entschluß – ihr Leben war ja voll kühner Entschlüsse. Sie entschloß sich, die Villa in Obermenzing aufzugeben, sie suchte und fand ein kleines Bauernhaus nicht weit von Ebersberg, etwa 35 Kilometer von München entfernt, in dem Dorf Kirchseeon. Es war nicht geräumig, es war nicht gerade komfortabel möbliert, aber sie würde dort mit Maja und den Kindern allein sein. Ohne Flüchtlinge und vor allem ohne den geschiedenen Feldhütter.

Die Währungsreform hatte zwar stattgefunden, ihre Gagen waren wieder etwas wert, das neue Haus war zwar nicht teuer, aber es mußte einiges auf den Tisch gelegt werden. Der Umzug war auch eine Geldfrage. Und da war noch die Mutter, die ernährt werden mußte, freilich vorläufig noch in Wien. Sie erschien dann doch gelegentlich in Kirchseeon. Die in den ersten Nachkriegsjahren fast unüberschreitbare Grenze zwischen Österreich und der Bundesrepublik – aus welchem Grunde oder Gründen die Alliierten gerade diese Grenze gesperrt wissen wollten, ist nicht einmal mir, der ja einiges von Amts wegen wußte oder leicht in Erfahrung bringen konnte, klar geworden.

Die Mutter erschien also, aber sie blieb nie sehr lange. In diesen und den folgenden Jahren pflegte sie viel zu reisen. Das kostete natürlich Geld, auch wenn sie bei alten Freunden eingeladen wurde und sich dort einlud. Aber H. H. verdiente ja. Und da war kein Dr. Feldhütter mehr, der da ein Veto hätte einlegen können.

Hingegen bereitete die Existenz des befreundeten Anwalts der nun älteren Dame Kummer. Würden er und H. H. heiraten? Würde hier neuerdings ihr Einfluß und vor allem ihre ständige Geldquelle leiden müssen?

H. H. war so etwas längst gewöhnt und nahm es nicht mehr ernst. Es war überhaupt, wie schon gesagt, eine eher glückliche Zeit für sie, obwohl sie gewisse Geldsorgen hatte. Man bot ihr zwar immer wieder Filme an, und sie machte auch einige, aber die Filmgagen waren nicht annähernd mehr die, die sie bisher erhalten hatte. Sie beriet sich mit ihrer Agentin. Die sagte ihr: »Die wissen, daß du allein stehst, daß du das Geld brauchst und deshalb zahlen sie weniger.« So war es in der Tat.

Dann gab es Schwierigkeiten mit dem Dr. Horn. Dieser so überlegene kühle Mann war wohl geistig nicht gesund. Er litt unter einer Art Verfolgungswahn – das Wort ist vielleicht zu stark –, jedenfalls stellte er H. H. immer öfter zur Rede, für irgend etwas, das sie getan haben sollte, zum Beispiel war er schwer davon zu überzeugen, daß seine Freundin mit keinem der Schauspieler, mit denen sie auf der Bühne Liebesszenen spielte, persönlich etwas hatte. Und als es wirklich einmal zu einer kleinen Affäre mit einem jugendlichen »Helden« kam – sie dauerte allerhöchstens eine Woche und war von beiden Seiten schnell vergessen – erklärte er H. H., als sie ihm die Wahrheit sagte, es sei alles aus.

Das war schlimm für H. H. Und zum ersten Mal in ihrem Leben war ihr nach Flucht zumute. Sie wollte nicht in ihrem Häuschen bleiben, das nahe dem seinen lag, oder in München

Theater spielen oder filmen, wo sie immer wieder auf ihn stoßen konnte.

Übrigens bereute der Anwalt sehr bald den von ihm herbeigeführten Bruch. Aber H. H. meinte, wenn er so schnell eine große Freundschaft aufgebe und ohne tieferen Grund – denn die Episode während der Festspiele in Recklinghausen war in ihren Augen wirklich kein Grund für eine Trennung – wie würde die gemeinsame Zukunft mit ihm aussehen? Es war für sie schwer, über die Sache hinwegzukommen, aber sie wollte sich nicht weiteren Risiken aussetzen. Sie war inzwischen eine Frau geworden, die, wenn auch erst Anfang dreißig, wußte, was sie wollte und was sie nicht wollte.

Mit dem Anwalt nahm es übrigens ein schlimmes Ende. Er heiratete eine andere Frau, eine Adelige, mit der es, so H. H., »nicht gut gehen konnte«. Er erschien ein paar Jahre später noch einmal bei Heide, will sagen, in unserem Berliner Haus, und er gab sich durchaus freundschaftlich. Keinerlei Ressentiment. Ich lernte ihn bei dieser Gelegenheit erst kennen, und er gefiel mir recht gut. Ich ließ mich, wie H. H. später sagte, von Äußerlichkeiten täuschen. Als Anwalt hatte er die Kunst, sich zu beherrschen, ausgiebig gelernt. Aber sie ließ sich nicht mehr täuschen. Sie hatte kein gutes Gefühl bei diesem, wie sich herausstellte, letzten Zusammentreffen.

Denn wenig später erfuhren wir, daß er sich erschossen hatte. Des Nachts im Bett, unter der Bettdecke. Das, was später herauskam, war ebenso makaber. H. H. wollte es gar nicht mehr wissen.

Noch einmal zurück nach München. Der Bruch war vollzogen, und Heide wollte fort. Und da bekam gerade sie die Anfrage, ob sie wohl in der Berliner Volksbühne unter der Regie des renommierten Ludwig Berger »Das Wintermärchen« spielen würde. Sie sagte sofort zu. Es war ihr damals ziemlich gleichgültig, was sie wo spielen würde – nur fort aus München.

Die Vorgeschichte dieses Rufs nach Berlin: Ludwig Berger, der als Jude und bekannter Homosexueller trotz seiner großen Verdienste am Staatstheater Berlin und auch im deutschen

Film – berühmt wurde seine bezaubernde Verfilmung der »Walzertraum«, immerhin noch als Stummfilm, und auch der Märchenfilm »Aschenbrödel«, unter dem Titel »Der gläserne Pantoffel« – natürlich emigrieren mußte, war nach Berlin zurückgekommen und sollte an der Freien Volksbühne, damals noch am Kurfürstendamm, »Das Wintermärchen« von Shakespeare inszenieren. Für die entscheidende Rolle der Hermione hatte er die bekannte Wiener Schauspielerin Judith Holzmeister, damals noch mit Curd Jürgens verheiratet oder schon nicht mehr verheiratet, verpflichtet. Die sagte Berger im letzten Augenblick ab, nach den Vermutungen »Sachkundiger«, weil sie eine neue Affäre in Wien begonnen hatte und den Mann nicht so schnell aufgeben wollte.

Berger, den ich aus New York kannte, rief mich an und klagte mir sein Dilemma und fügte hinzu, man empfehle ihm die Hatheyer. Was ich dazu sage? Ich meinte, ich könnte nicht sehr viel dazu sagen, denn ich habe die Dame nur einmal gesehen, und sie scheine mir etwas zu herb für die doch eher zarte verletzliche Hermione.

Dann verließ ich Berlin.

Ich wollte in St. Moritz Ferien machen. Von St. Moritz fuhr ich in das nahe Zürich hinunter, weil die Frau meines besten Freundes, des schweizerischen Emigrantenverlegers Dr. Oprecht, mir mitgeteilt hatte, daß er sehr krank sei und nie wieder gesund werden würde. Und dann, nach einigen Wochen, kehrte ich wieder nach Berlin zurück.

Die Premiere vom »Wintermärchen« hatte inzwischen stattgefunden, und die Hatheyer hatte die Rolle gespielt, für die ich sie nicht gerade empfohlen hatte. Ich hörte von Bekannten, daß die Aufführung nicht gut gewesen sei.

Da kam ein Anruf von Berger, der mir mit aufgeregter Stimme mitteilte, ich hätte recht gehabt, ihn vor der Hatheyer zu warnen – ich hatte ihn zwar nie gewarnt –, und wörtlich: »Diese Nazi hat die Nazi-Presse gegen mich aufgehetzt.« Ich wußte nichts, jedenfalls damals noch nicht über die politische Vergangenheit von H. H., aber ich konnte mir nicht recht vorstellen, daß man eine schlimme Nazi sobald nach Beendigung des Dritten Reichs wieder auftreten lassen würde. Und ich wollte wissen, was der schon hysterische Berger unter der Nazi-Presse verstand. »Die Kritiker. Friedrich Luft und Walther Karsch!« Der erste war bei der amerikanischen »Neuen Zeitung«, Karsch beim von ihm gegründeten »Tagesspiegel«.

Ich sagte Berger, von den beiden wisse ich genau, daß sie nie eine Stunde der Partei nahegestanden hätten. Walther Karsch war ein bekannter Nazi-Gegner gewesen, auch Luft kam nicht in Frage. Berger schlug mir vor, die Aufführung anzusehen, dann würde ich schon merken, wie ungerecht die Verrisse der beiden und auch der übrigen Kritiker waren.

Ich besorgte mir die Kritiken und stellte fest, daß sie alle negativ waren und daß als einzige, wirklich als einzige, H. H. einigermaßen gut davonkam, während zum Beispiel Schauspieler wie Karl John in der Hauptrolle des eifersüchtigen Königs oder O. E. Hasse in einer berühmten Komikerrolle ziemlich negativ kritisiert wurden. Und ich beschloß, an einem der nächsten Abende in die Volksbühne zu gehen.

Ich sah also das »Wintermärchen«. Und meine schlimmsten Befürchtungen wurden gerechtfertigt. Es war eine miserable Aufführung, und alle, alle Schauspieler waren wesentlich schlechter, als sie hätten sein können, wie ich ja aus Erfahrung wußte. Das galt namentlich für O. E. Hasse, mit dem ich befreundet war. Einzig H. H. bildete da eine Ausnahme. Sie war eine vorzügliche Hermione, und, was mir sofort klar wurde, sie war ganz anders als in der Zuckmayer-Rolle, in der ich sie gesehen hatte. Sie war gar nicht mehr Ulla Windblatt, sie war Hermione. Zum ersten Mal hatte ich persönlich Gelegenheit, zu ahnen, daß sie eben nicht eine Rolle spielte, sondern ein Mensch war. Dies erstaunte mich einigermaßen, ich hatte so etwas wirklich noch nie in meinem langen Leben als Theater- und Filmkritiker erlebt, und es erhöhte mein Interesse an der Dame, die ich ja einmal hatte näher kennenlernen wollen.

In der Aufführung spielte die zweite Frauenrolle, die Vertraute der Königin Hermione, die Schauspielerin Maria Fein, die zwischen 1915 und bis zum Jahre 1933 in Berlin große Rollen gespielt hatte. Dann mußte sie verschwinden – weil Jüdin. Sie war nun aus der Emigration zurückgekommen, und da ich sie von früher einigermaßen gut kannte, dachte ich, es würde nett für uns beide sein, wenn ich sie in der Pause in ihrer Garderobe besuche.

Das tat ich auch. Und als ich in die Garderobe trat – saß da neben der Fein H. H. Erstaunlicherweise erkannte sie mich sofort wieder, wir hatten ja bis dahin kaum zwanzig Worte miteinander gewechselt. Ich war wiederum fasziniert von ihr, die eben auch privat eine Ausstrahlung besaß, die viele Schauspielerinnen allenfalls auf der Bühne haben.

Aber ich war vorgewarnt. Ich fragte: »Ist der Herr aus München auch hier?«

Und sie: »Den Herrn aus München gibt es nicht mehr.«

Und ich: »Dann könnten Sie ja mal mit mir zu Abend essen?«

Und sie: »Warum nicht?«

Und ich: »Wie wäre es mit morgen nach der Vorstellung?«

Und so begann es.

9

Eine Bindung – auf wie lange?

Am nächsten Abend holte ich sie vom Theater ab. Wir fuhren in ein kleines Lokal, weit im Westen von Berlin, in dem es nur fünfzehn oder zwanzig Tische gab, und wo vor allem, aber nicht nur, Amerikaner hinzukommen pflegten. Nachdem wir bestellt hatten – es fiel mir auf, daß H. H. ziemlich viel bestellte und nicht, wie die meisten Schauspielerinnen, mit denen ich je zu essen Gelegenheit hatte, auf ihre Linie bedacht war, sondern nur bemerkte: »Ich bin hungrig! Aber das bin ich übrigens immer!«, begann dann unsere Unterhaltung, die erste eigentlich, wenn man von den wenigen Worten in München absieht, und es wurde, von mir weiß Gott nicht beabsichtigt, ein Streitgespräch.

Ich erinnerte mich der bösen Worte des Regisseurs Berger über H. H., die ich allerdings nicht ganz ernst genommen hatte, schon weil ich wußte, daß die Kritiker, die er als Nazis bezeichnete, keine waren. Und doch sagte ich: »Was haben Sie eigentlich gegen Berger? Er ist gestraft genug. Er ist Jude, er ist Emigrant, und er ist schwul!«

Ja, das sagte ich, es gibt ja Worte, die man nach Jahren nicht vergißt.

Sie setzte das Glas mit dem Aperitif ab und erwiderte ziemlich heftig: »Jetzt fangen Sie auch damit an! Das höre ich nun schon immer wieder! Es stimmt nichts daran! Ich habe überhaupt nichts gegen Berger. Man hat mir erzählt, daß er in der Vor-Hitlerzeit ein außerordentlicher Regisseur gewesen sein soll. Nun, ich finde, daß er in unserem Fall keiner war. Ich will nicht auf Einzelheiten eingehen, aber noch zwei Wochen vor der Premiere waren wir in einem lamentablen Zustand. Und ich sagte ihm, daß wir einer Katastrophe entgegengehen. Das machte ihn wütend. Er meinte, was wir da machten, sei ausgezeichnet!«

Und dann trank sie einen Schluck ihres Aperitifs – das alles ist mir in Erinnerung, als sei es gestern geschehen – und fragte: »Finden Sie das auch?«

Ich schüttelte den Kopf. Worauf sie sagte: »Dann kam die Premiere. Nach einer Premiere gibt es immer Beifall. Jeder, der das Theaterpublikum kennt, weiß es. Ich habe mir sagen lassen, daß selbst bei totalen Durchfällen nach der Premiere geklatscht wird. Glücklicherweise habe ich noch bei keinem dieser Durchfälle mitgemacht. Bis eben jetzt.«

Der Berger sei überglücklich gewesen und habe zu ihr bei der Premierenfeier gesagt, sie sehe wohl jetzt, daß sie sich geirrt habe, und daß die Sache ein Erfolg werde. Sie hatte es sich und ihm erspart, zu widersprechen. Der alte Mann sei so glücklich gewesen! Aber dann, als die Kritiken erschienen, habe er sofort eine Konspiration gewittert. »Er hat allen Ernstes vermutet, daß die Presse negativ geschrieben habe, weil ich die Kritiker entsprechend beeinflußt hätte.«

Ich verstand jetzt. Ich hätte das eigentlich von Anfang an wissen müssen. Auf meine Bemerkung, sie selbst sei jedenfalls gut gewesen, schüttelte sie den Kopf und meinte, das sei nicht der Fall, sie hätte viel besser sein können. Aber ohne Partner und ohne Regie! Sie sagte auch, die Hermione sei nicht eigentlich ihre Rolle. Zu sanft . . . Ich fragte sie, ob es denn so etwas gebe, daß eine Schauspielerin eine Rolle nicht spielen kann, wobei ich mich erinnerte, daß ich selbst Berger ja vor einiger Zeit gesagt hatte, ich halte H. H. nicht für die richtige Besetzung.

H. H. sagte etwas, was ich, weit über die Gelegenheit hinaus, für wichtig halte, für alle, die sich mit der Darstellung von Menschen beschäftigen: »Eigentlich nein. Eine Schauspielerin muß alles spielen können. Natürlich nicht mit fünfzig Jahren ein Mädchen von zwanzig Jahren, natürlich nicht mit zwanzig Jahren eine Frau von sechzig Jahren. Aber sonst doch wohl alles. Nur, man muß wissen, wer man zu sein hat.«

Sie sagte nicht »wen man spielen muß«, sondern »wer man zu sein hat«. »Aber der Unterschied wurde mir nicht sofort klar«, fuhr sie fort. »Das hatte mit vielem zu tun, wie ich heute weiß. Damit, daß ich keine Regie hatte. Aber mehr noch damit, daß viele Kollegen sich damit begnügten, ihre Rollen zu spielen. Um ein Mensch zu sein, muß man in einer Welt leben. Auch auf der Bühne, gerade auf der Bühne.«

Dann redeten wir über dies und das. Ich war mir sehr schnell klar darüber, daß ich mich in sie verliebt hatte und daß ich sie öfter sehen wollte. Und sie hatte eigentlich nichts dagegen. Wir sahen uns also von nun ab fast täglich. Sie hatte eine kleine möblierte Wohnung in Grunewald gemietet und sie hatte einen Volkswagen. Ich besuchte sie oft, und wir gingen auch aus. Aber wir gingen in Lokale, in denen wir keine Bekannten treffen würden. Aus Gründen, die ich heute nicht mehr kenne, wollte sie unsere Bekanntschaft nicht bekanntwerden lassen. Ich will nicht behaupten, daß sie geheimgehalten werden sollte, aber sie blieb nahezu geheim. Auch als aus unserer Bekanntschaft Freundschaft wurde und dann nach einigen Wochen mehr als Freundschaft. Und wir spürten sofort, daß wir zueinander paßten.

An Gesprächsstoff mangelte es uns nie. Denn was wußten wir voneinander? Nichts, was ich in diesem Buch von ihr erzählt habe, war mir damals bekannt. Ich erfuhr es so nach und nach. Sie verschwieg nichts. Sie war nicht der Typ, sich gewisser Ereignisse zu schämen oder sie geheimhalten zu wollen.

Woraus ich hätte entnehmen können, daß sie eigentlich an eine längere Freundschaft mit mir dachte. Das erklärte auch ihre Neugier meine Vergangenheit betreffend. Sie wußte, natürlich, so gut wie nichts von mir. Sie hatte von mir gelegentlich gehört, da ich ja, aber erst nach dem Krieg, auch von Amts wegen, einiges mit Theater zu tun hatte. Sie hatte, auch gehört, daß ich einige Jahre der Freund der bekannten Käthe Dorsch war. Und sie schätzte diese Schauspielerin über alles. Sie hielt sie für die beste Schauspielerin, die sie je gesehen hatte, und die Tatsache, daß ich mit ihr gelebt hatte, mußte sie beeindrucken, gleichgültig, welche Wirkung ich auf sie sonst hatte.

Ich sagte soeben, ich wußte nichts aus ihrer Vergangenheit. Infolgedessen war es nur logisch, daß ich gelegentlich Bekannte fragte, ob ihnen der Name Hatheyer etwas sage. Der junge Will Tremper, den ich kennengelernt hatte, als er sich mir als Pressefotograf vorstellte und den ich dann als Rechercheur engagierte, er nannte mich später immer »meine Universität« und mir war übrigens von Anfang an klar, daß es sich um einen unverschämt talentierten Burschen handelte, Tremper also erinnerte sich später, daß ich auch ihn fragte, und er sagte: »Das ist doch die ›Geierwally‹!« Und ich soll entgegnet haben: »Das sagt mir jeder Mensch, den ich nach ihr frage!«

Als ich ihr das einmal sagte, wurde sie recht ärgerlich: »Ich kann dieses Wort nicht mehr hören!« Ich vermutete damals, daß es sich um einen Film handelte, dessen sie sich schämte, auch wenn sie durch den Film populär wurde. Ich ließ ihn mir vorführen, das war in meiner Stellung die einfachste Sache von der Welt, und ich war außerordentlich beeindruckt. Ich sagte ihr das auch. Es war wie schon erwähnt eben nicht der typische schmalzig-sentimentale Wald- und Wiesenfilm. Er war hart, böse. Und sie antwortete auf meine Beurteilung:

»Es war eine Rolle, eine von vielen. Aber es wird nahezu unerträglich, daß ich immer wieder auf diese eine Rolle festgenagelt werde.«

Das war es also. Darüber hinaus hätte es für mich klarstellen sollen, daß sie überhaupt keinen Wert auf Popularität oder gar Ruhm oder wie immer man das nennen will, legte. Sie war damit ein Einzelfall, denn die meisten Schauspieler leben geradezu davon, daß sie glauben, in den Augen ihres Publikums etwas ganz Besonderes zu sein.

Da wir diskret waren, ich weiß heute eigentlich nicht warum, denn keiner von uns hatte die geringsten Bindungen, wußten auch ihre Kollegen nichts von unserer Beziehung, und es fiel nicht weiter auf, daß ich Heide zu den Parties einlud, die ich so alle zwei Wochen gab. Es gehörte ja zu meinen »amtlichen« Pflichten, mit Schauspielern und allem, was mit der Bühne und dem Film zusammenhing, ein bißchen Kontakt zu halten, obwohl das im Jahr 1952 nicht mehr so dringend notwendig war, wenn es überhaupt je so dringend notwendig gewesen war.

154

Hinzu kam, daß ich wirklich Freunde unter denen von Bühne und Film hatte oder solche, die ich für Freunde hielt. So fiel es gar nicht auf, daß auch H. H. erschien.

Aber ihr fiel auf, daß nicht alle der von mir Geladenen sich wie Freunde oder zumindest anständige Leute verhielten. Sie hörte, daß sie nicht immer sehr nett von mir sprachen und manchmal geradezu bösartig. Nun ist ja durchaus verständlich, daß nicht alle Menchen mich lieben mußten oder konnten. Aber warum kamen sie dann zu meinen Parties? Wie H. H. feststellte, um gut zu essen und zu trinken. Und einige steckten sich auch Zigaretten ein, die überall herumstanden. Zigaretten waren damals noch immer begehrt, besonders amerikanische Zigaretten. Und ich hatte, da ich eben Kontakt mit Deutschen halten sollte, unbeschränkte Rationen.

Jedenfalls werden sich einige der früher Geladenen gewundert haben, daß sie späterhin nicht wieder geladen wurden. Der Grund war H. H., die mir von ihnen sagte, sie seien meine Freunde nicht. H. H. sagte mir eigentlich nie, was sie im einzelnen gehört hatte, und ich erfuhr es erst viel später von einem einzigen, von dem ich es nie erwartet hatte. Das war der mir außerordentlich sympathische und vorzügliche Schauspieler Hans Söhnker, der zu den ersten Schauspielern gehörte, die Barlog für sein Schloßparktheater engagiert hatte. Ich fand ihn nicht nur gut, ich mochte ihn wirklich, und da es ihm, wie fast allen Schauspielern in den ersten Nachkriegsjahren, nicht gut ging, konnte ich ihm immer mal wieder behilflich sein. Der also sagte zu H. H., sie solle sich vor mir in acht nehmen, ich wäre ein völlig unzuverlässiger Mensch, und was Frauen anginge, so würde ich jede Nacht mit einer anderen schlafen.

H. H. kannte mich um diese Zeit gut genug, um zu wissen, daß das nicht stimmte. Und sie war ärgerlich über die von mir geladenen Künstler, die hinter meinem Rücken so Übles über mich verbreiteten.

Übrigens: ich war schon nach kurzer Zeit bereit, sie zu heiraten, aber sie winkte ab. Da ich damals ihre Erfahrungen in der Ehe nicht kannte, noch nicht kannte, wollte ich wissen, warum.

Denn daß sie mich mochte, um das große Wort Liebe nicht auszusprechen, war mir klar. Ich vermutete, daß sie ihre Selbständigkeit nicht aufgeben wollte. Dies war mir aus anderen kleinen Erlebnissen bekannt. Zum Beispiel ließ sie sich nie mit meinem Auto – ich hatte ja einen Dienstwagen – irgendwo hinfahren, wo wir uns treffen wollten. Sie bestand darauf, in ihrem eigenen Auto zu kommen. Weil sie, wie sie mir einmal erklärte, »unabhängig« sein wollte. Das heißt, sie wollte nach Hause fahren oder wohin immer sie fahren wollte, wann es ihr paßte. Nicht, daß sie daran zweifelte, daß ich sie nach Hause gebracht hätte, wann immer sie wollte. Dieses Bedürfnis nach Unabhängigkeit war stärker als sie. Das hatte wohl auch damit zu tun, daß ihr Mann sie daran gehindert hatte, dies oder jenes zu tun, was sie hätte tun wollen. Es ging da um gar nichts Besonderes. Etwa zu einer Zeit, da die Ehe nur noch formell bestand und sie sich ein Auto, ein gebrauchtes Auto hätte kaufen können, verbot er das. Einmal, das war vorher, als sie ihm erzählte, sie habe sich in Berlin ein Kleid bestellt und er hörte, was es kosten sollte – das war noch im Krieg –, bestellte er es telefonisch ab, obwohl sie es ja bezahlt hätte. Einmal, und das war schon sehr spät, als sie kein Engagement hatte und sie im wesentlichen vom Tingeln lebte und davon, daß sie eben Wertgegenstände auf dem schwarzen Markt verkaufte, wie fast alle Deutschen damals, die etwas zu verkaufen hatten, sagte er hinter ihrem Rücken irgendein Engagement ab. »Und so mußte ich meine Pelzgarnitur verkaufen, die ich so gerne gerettet hätte!« berichtete sie. Die Sache mit der Pelzgarnitur, woraus immer sie bestanden haben mochte, schmerzte sie noch viele, viele Jahre, als sie sich längst eine solche Garnitur wieder hätte kaufen können und einen Nerzmantel trug.

Das gehörte zu dem wenigen, was ich über ihren Mann und seine Familie von ihr erfuhr. Es waren immer Kleinigkeiten, Nebensächlichkeiten, die ihr nicht aus dem Kopf gehen wollten. Wie etwa, als sie schon einige Zeit nach der Scheidung beim Residenztheater, an dem sie gerade spielte, für den kommenden Abend für zwei Karten »einreichte«, für die der Empfänger dann nur noch die Steuer zu bezahlen hat, die also fast Freikarten sind. Als sie das also einmal tat, mußte sie erfahren, daß für die betreffende Vorstellung bereits über die ihr zustehenden Karten verfügt sei. Von wem? Von ihrer Schwiegermutter, die ja nicht mehr ihre Schwiegermutter war.

Sie erfuhr dann, daß das fast regelmäßig geschah. Offenbar, nein, nicht offenbar, sondern wie man ihr als verläßlich mitteilte, erschien dann die alte Dame und holte die Karten an der Abendkasse ab. Aber, wie das interessierte Personal feststellen konnte, es kamen dann jeweils ganz andere Leute, um die Plätze einzunehmen. H. H. sorgte dafür, daß in Zukunft nur noch Karten ausgegeben wurden, die sie selbst gelegentlich anforderte. Und als sie das bald darauf erfuhr, bekam H. H. einen wütenden Brief, in dem sie »Schmierenschauspielerin« tituliert wurde, mit der die Familie nichts mehr zu tun haben wolle.

Ja, solche Unwichtigkeiten blieben ihr im Gedächtnis, und sie konnte sich noch nach Jahren über dergleichen ärgern.

Übrigens, sie hatte damals, als wir uns befreundeten, so gut wie kein Geld. Mit ihrer Gage mußte sie den Haushalt in Kirchseeon zahlen, Maja und die Kinder ernähren und natürlich auch sich selbst. Wenn ich sage, sie hatte kein Geld, so ist das fast wörtlich gemeint. Einmal, als wir in einem Restaurant saßen, fragte sie mich, ob ich ihr 100 DM leihen könne. Als sie den Schein einsteckte, sah ich, daß ihre Geldtasche völlig leer war. Ich machte mir damals keine besonderen Gedanken darüber, die kamen ja später, aber ich erinnere mich, ihr gesagt zu haben, sie könne mehr haben. Sie wollte nicht, sie sagte, morgen bekäme sie wieder Gage. Übrigens kam es in der nächsten Zeit immer mal wieder dazu, daß sie Geld brauchte. Daß sie sich dabei an mich wandte, hielt ich für selbstverständlich, und es wurde mir erst ganz allmählich, als ich sie näher kennenlernte, klar, was es sie, die ihre Unabhängigkeit über alles schätzte, gekostet haben mußte, mich um Geld zu bitten. Aber mir hätte auch klarwerden sollen, daß ich doch schon jemand war, den sie aus ihrem Leben nicht mehr fortdenken wollte oder konnte. Oder wie sie später in einem Interview sagte: »Ich hatte mich schließlich in ihn verliebt.«

Es sollte immerhin einige Zeit dauern, bis sie ihren Widerstand an eine eheliche Bindung aufgab. Ich erfuhr es auf eine absonderliche Weise. Ich hatte ja nie meine Hoffungen auf eine Ehe mit ihr aufgegeben. Und einmal, ich weiß wirklich nicht mehr, wann es war, aber es muß im Frühjahr 1952 gewesen sein, sagte ich zu ihr: »Ich frage mich immer wieder, wie ich meinen Freunden in Amerika und auch meiner Familie erklären soll, daß ich eine Frau mit einem so deutschen Namen wie Heidemarie heirate.« Für uns Juden klang der Name sicher fast zu deutsch.

Und sie antwortete: »Ihr könnt mich ja Heide nennen!«

Da wußte ich es.

Sie knüpfte nur eine Bedingung an eine Ehe. Ich mußte ihre Kinder akzeptieren. »Du mußt dir klar darüber sein, daß du auch meine Kinder heiratest!«

Das war mir von Anfang an klar gewesen, ich fuhr aber, um ihr einen Gefallen zu tun, nach München und rief Maja in Kirchseeon an, ob sie mir die Kinder schicken könne. Ich war bereit, sie am Ostbahnhof abzuholen. Aber Maja kam mit, denn die Kinder waren ja noch ziemlich klein, die Älteste zwölf Jahre, die Jüngere etwa zehn.

Ich führte sie in ein gutes Restaurant, in dem ich häufig meine Mahlzeiten einnahm. Maja wollte nicht mitkommen, aber die Kinder in zwei oder drei Stunden in meinem Hotel abholen.

Zwei bis drei Stunden . . . Ich kann auch heute noch sagen, daß ich selten in meinem Leben zwei bis drei so vergnügliche Stunden verbracht habe. Beide Mädchen waren ungewöhnlich hübsch, die Ältere brünett, die Jüngere goldblond. Beide waren aufs beste erzogen, und es gab nicht die geringsten Peinlichkeiten, von Schwierigkeiten gar nicht zu reden. Das einzige, woran ich mich stets erinnern sollte, war, daß die Jüngere einen geradezu unmenschlichen Appetit bewies. Ich kann mir kaum einen Erwachsenen vorstellen, der solche Mengen vertilgt hätte und immer noch nicht satt gewesen wäre. Die Ältere beaufsichtigte sie übrigens ein bißchen, aber da sie gegen den Konsum ihrer Schwester nichts einzuwenden hatte, nahm ich an, daß es sich da um etwas ganz Natürliches handelte. Beide waren von einer ungewöhnlichen Unbefangenheit, wenn man bedenkt, daß ich für sie ja ein völlig Fremder war in ihrer doch noch sehr kleinen Welt. Denn die Ältere ging noch auf die Dorfschule, die Jüngere hatte wohl gerade mit dieser Dorfschule begonnen. Beide kamen also kaum aus Kirchseeon heraus. Ihr Vater, der eine Wohnung in München gefunden hatte und wieder am Rundfunk tätig war, hatte zwar das Recht, sie in gewissen Abständen zu sehen, aber er machte von diesem Recht, wie ich später durch Maja erfuhr, so gut wie nie Gebrauch. Auch an ihre Geburtstage erinnerte er sich nicht, lediglich zu Weihnachten kam von ihm ein bescheidenes Päckchen mit irgendwelchen Süssigkeiten. Die Kinder schienen ihn nicht zu vermissen.

Nachdem ich meine Geschäfte – irgendwelche Besprechungen mit dem Chefredakteur der Zeitschrift »Quick«, an die ich damals vertraglich gebunden war – erledigt hatte, kehrte ich nach Berlin zurück. Ich teilte H. H. mit: »Ich heirate deine Kinder. Sie sind ja bezaubernd!« So oder so ähnlich. Ich erinnere mich, auch hinzugefügt zu haben, ich würde die Kinder sofort heiraten, selbst wenn sie, H. H., gar nicht da wäre. Sie schien sehr glücklich darüber zu sein.

Ihr Berliner Vertrag lief ab, aber sie teilte mir mit, im Herbst würde sie wiederkommen, um am Schloßparktheater ein Stück von Lorca zu spielen oder, wie sie sich ausdrückte, »mitzuspielen«. Und auch noch eine Rolle im »Tasso«. In der Zwischenzeit habe sie zu filmen, aber ich sei jederzeit in Kirchseeon willkommen.

Während sie fort war, sah ich ihren letzten Film, der 1951 gerade anlief. Es handelte sich um »Dr. Holl«, in dem sie, wie in so vielen anderen Filmen vorher und nachher, eine Krankenschwester oder eine Ärztin spielte.

Außer ihr wirkten Dieter Borsche mit, der damals beliebteste deutsche Filmschauspieler, der wenige Jahre später unheilbar erkrankte, und die blutjunge, weithin noch unbekannte Maria Schell, die ein todkrankes Mädchen darzustellen hatte, das eben von diesem Dr. Holl geheilt wird, der sich in sie verliebt und sie schließlich auch »bekommt«, zum Kummer seiner Verlobten, der Krankenschwester oder Ärztin, von H. H. dargestellt. Sehr viel mehr ist mir nicht in Erinnerung, außer meine Verwunderung über H. H.: Es war eine völlig andere als diejenige, die ich kannte. Da ich ja noch nicht wußte, nicht wissen konnte, daß eine solche totale Verwandlung eigentlich ihre Besonderheit war, ihre Einmaligkeit.

Da war noch etwas, und daran sollte ich mich lange erinnern: Im Vorspann erschienen die Namen der zehn wichtigsten Mitwirkenden nicht in zehn Aufnahmen, sondern in einer Aufnahme. Und an der Spitze stand H. H., dann kam Borsche und dann erst die Schell. Aber als der Film viele, viele Jahre später wieder einmal gezeigt wurde – vielleicht war es auch im Fernsehen, ich kann mich dessen nicht mehr genau erinnern –, lautete der Vorspann: »Maria Schell in . . .« und dann kamen erst die anderen.

Ich fand das einigermaßen erstaunlich, und ich sprach mit H. H. davon. Sie zuckte die Achseln und meinte, das sei doch gar nicht so wichtig. Propaganda war ihr eben überhaupt nicht wichtig, wie ich schon einmal mitteilte. Wenn Maria Schell glaubte, daß es ihr von Nutzen wäre, als erste Darstellerin genannt zu werden, obwohl sie nun wirklich nicht die Hauptrolle gespielt hatte, dann sollte man ihren Wünschen nachgeben. Dies nebenbei.

Ich sagte, ich hätte wenig von H. H. gesehen. Über das, was sie auf den verschiedenen Bühnen geleistet hatte, konnte ich natürlich nur noch Kritiken nachlesen. Aber ihre alten Filme konnte ich mir zeigen lassen und ließ sie mir zeigen. Und damals dämmerte mir zum ersten Mal, zu wie vielen Verwandlungen sie fähig war. Und, das wußte ich ja jetzt, ohne daß ihr das bewußt gewesen wäre.

Ich fuhr übrigens dann nach Kirchseeon. Die Kinder nahmen das als selbstverständlich hin und wohl auch Maja. Nicht aber Heides Mutter, die geplant hatte, zu genau dieser Zeit in Kirchseeon zu erscheinen. Heide teilte ihr mit, sie müsse in einem Münchner Hotel logieren, das H. H. natürlich bezahlen würde, wie sie alles für die Mutter bezahlte. Die nunmehr schon etwas alte Dame wollte das nicht einsehen. Ich könnte ja in dem Hotel wohnen. Sie wollte nicht begreifen, daß ihre Tochter mit mir zusammenleben wollte.

Sie hatte wohl wieder mal Angst, daß es zu einer Heirat kommen könnte, und das stimmte sie automatisch gegen mich, noch bevor sie mich überhaupt kennenlernte. Ich war bereit, sie als Schwiegermutter zu akzeptieren, wie ich die Kinder akzeptiert hatte. Vergeblich.

Nach ein paar Wochen – ich weiß nicht mehr, wievielen, fuhr ich wieder nach Berlin zurück. Ich war ja immer noch in Amt und Würden, wenn meine Tätigkeit für die amerikanische Militärregierung sich auch auf ein Minimum reduziert hatte. Und Heide fuhr kurz darauf nach Recklinghausen, um an den dortigen Festspielen teilzunehmen. Wieder ein paar Wochen später rief sie mich an, der damals nach Salzburg geflogen war, um für eine amerikansiche Zeitung und vor allem die »Welt«, die damals noch englische Besatzungszeitung war, die Festspiele dort zu kritisieren. Und eines Nachts erreicht mich also das Telefonat von Heide. Sie weinte. Sie sagte, etwas ihr Unfaßliches sei geschehen. Sie las mir den Brief ihrer älteren Tochter Veronika vor, der kurz war, aber beinhaltete – ich zitiere aus dem Gedächtnis, aber doch fast wörtlich: »Bitte heirate Herrn Riess nicht. Ich könnte nie zu ihm Papi sagen!«

Meine spontane Reaktion war: »Aber das hat sie doch nicht geschrieben! Da steckt was anderes dahinter!«

Erstaunlich, daß Heide nicht auf die gleiche Idee gekommen war wie ich.

Jedenfalls fuhr ich am nächsten Tag mit meinem Auto nach Kirchseeon. Das Häuschen lag kaum eine Autostunde von Salzburg entfernt, fast an der Straße von München, die Sache war also keine große Affäre.

Ich ging in Heides Haus, wo Maja mich empfing. Ich sagte ihr, es handele sich um den Brief Veronikas oder Vronis. Sie war im Bilde. Ich fragte, wie der Brief zustande gekommen sei.

Sie verstand sofort, daß ich nicht glauben konnte, ein so junges Mädchen, das überdies nicht das geringste gegen mich zu haben schien, habe ihn freiwillig geschrieben. Sie sagte, die alte Dame hätte ihn dem Kind diktiert. Ja, meine zukünftige Schwiegermutter war wieder einmal in Kirchseeon. Allerdings im Augenblick nicht im Hause, sondern bei einer Nachbarin. Ich machte mir nicht die Mühe, ihre Rückkehr abzuwarten.

Ich schrieb ihr dann aus Salzburg einen kurzen Brief, worin ich mein Erstaunen und meine Empörung über besagten Brief Ausdruck verlieh. Ich erinnere mich noch, die rhetorische Frage gestellt zu haben, ob sie sich nicht bewußt sei, daß in solchen Fällen Kinder, in einen inneren Zwiespalt getrieben, den sie nicht verkraften können, Selbstmord begangen hätten? Im übrigen teilte ich ihr mit, daß wir selbstverständlich heiraten würden und endete den Brief mit einem Zitat aus einem Theaterstück von Sudermann: »Ihren geehrten Segen erbitten wir schriftlich!«

Und Heide war beruhigt.

Aber so schnell und gewissermaßen geräuschlos, wie wir beabsichtigt hatten, konnten wir nicht heiraten. Ich erzähle dies alles nicht nur, weil es wirklich interessant und amüsant ist ... Als Angehöriger der US-Armed Forces mußte ich bei der Militärregierung, also einem der Nachfolger von General Clay, um formelle Erlaubnis bitten. Ich hielt diese Erlaubnis für selbstverständlich. Aber zu meiner Verblüffung und zu meinem Ärger erhielt ich nach zwei oder drei Tagen den schriftlichen Bescheid, der mir diese Heirat untersagte. Ich sprach mit dem Nachfolger Clays, ich erinnere mich nicht einmal mehr seines Namens. Er erklärte, daran sei nichts zu ändern. Ich sei schließlich Geheimnisträger. Jawohl, dieses Wort sollte in der nächsten Zeit in unserem Leben eine gewisse Rolle spielen. Und als Geheimnisträger dürfe ich keine Deutsche heiraten. Was also bedeutete, wenn es überhaupt einen Sinn haben konnte, daß ich gewisse Geheimnisse in meiner Tätigkeit als Mitglied der Intelligence erfahren hatte, die Deutsche nicht erfahren durften. Man bedenke, was ich dem Colonel zu bedenken gab: Ich hatte ja auch während des Krieges oder in den ersten Nachkriegsjahren keine Geheimnisse, auch wenn ich formal Geheimnisträger war, erfahren, die hätten geheim bleiben müssen. Ich hatte als meine einzige Aufgabe, immer wieder die Moral der Deutschen zu überprüfen. Während des Kriegs, ob Aussicht bestand, daß es zu einer Erhebung gegen Hitler kommen würde, vor der Blockade Berlins und während der Blockade, ob die Berliner bereit waren, sich hinter General Clay zu scharen. Damals und auch später, ob die Theater und die Filme nicht von Neonazis oder alten Nazis geleitet oder zumindest, was dort produziert wurde, von ihnen beeinflußt wurde. Ich hatte also nie etwas herausbekommen oder herausbekommen sollen, was nicht jeder wissen durfte.

Und jetzt schrieben wir 1952. Wen konnte jetzt noch interessieren, was damals vielleicht für die Alliierten von einem gewissen Interesse hätte sein können oder müssen?

Aber der Offizier, der übrigens keinen Tag des Krieges aktiv mitgemacht hatte und über mich und meine Tätigkeit ebensowenig Bescheid wußte, wie daß Heide in keiner Weise belastet war, blieb stur: »Sie sind Geheimnisträger!«

Es hätte mir freigestanden, meinen Abschied zu nehmen, in die Vereinigten Staaten zurückzukehren und Heide dort zu heiraten. Aber es wäre zweifelhaft gewesen, ob wir beide als ziviles Ehepaar nach Deutschland hätten zurückkommen können. Das war damals für amerikanische Zivilisten noch gar nicht so einfach. Und keiner von uns hatte die geringste Lust, solchen unsinnigen Verboten oder Forderungen Folge zu leisten.

Was konnte ich tun? Ich schickte ein ellenlanges Telegramm an General Clay. Er war ja mein Freund gewesen, war es eigentlich noch immer. Er gehörte nicht mehr der Army an, er hatte seinen Abschied genommen, er war Generaldirektor eines großen Industriekonzerns und saß in New York. Immerhin hatte er noch genug Verbindungen in Washington und zwar zu den höchsten Stellen. Präsident war damals Eisenhower, zu dem er im Krieg sozusagen in hautnahem Kontakt gestanden hatte. Clay depeschierte mir zurück, er werde tun, was er könne. Und nach ungefähr zehn Tagen, es können auch ein paar mehr gewesen sein, traf per Luftpost sein Bescheid ein. Er kam übrigens aus Washington, aber ich will nicht behaupten, daß Clay meinetwegen und dieser dummen Sache wegen extra nach Washington gefahren war. Er hatte wohl dort immer mal wieder zu tun.

Der Bescheid war, um es gelinde zu sagen, erstaunlich. Zum ersten müsse Heide, die geborene Österreicherin, aber durch Anschluß und Heirat Deutsche geworden, wieder Österreicherin werden. Zum zweiten müßten wir in der Schweiz heiraten. Zum dritten, Heide solle nicht mehr in Deutschland spielen. Sie könne doch, da sie ja eine bekannte Schauspielerin sei, ein Engagement in Bern finden.

Die erste Forderung war innerhalb von Stunden zu erfüllen. In Österreich erledigten die für Kultur zuständigen Stellen, der wichtigste Mann war mit mir bekannt, fast befreundet, das mit Blitzesschnelle. Die zweite Forderung war natürlich auch möglich, zumal ich durch meinen Verleger Emil Oprecht in der Schweiz alle nur denkbaren Beziehungen hatte.

Von Oprechts tödlicher Krankheit habe ich bereits berichtet.

Der Zufall wollte es, wirklich der Zufall, daß gerade ein Telefonat seiner Frau Emmie kam, in dem sie mir mitteilte, es ginge meinem Freund sehr, sehr schlecht. Ich wußte, wenn sie so etwas sagte, war es eher schlimmer. Sie hatte ihm erzählt, daß ich wieder heiraten wolle, und er habe den Wunsch geäußert, meine künftige Frau kennenzulernen.

Ich flog also mit Heide an einem der folgenden Tage nach Zürich, und wir fuhren direkt vom Flughafen in Oprechts Wohnung. Opi war in der Tat sehr krank. Wie krank, erkannte eigentlich Heide, die ihn vorher nie gesehen hatte, viel deutlicher als ich.

Wir blieben nicht lang, Opi war auch viel zu schwach, um längere Besuche ertragen zu können. Aber er sagte etwas, was unser künftiges Leben in stärkstem Maße beeinflussen sollte. »Curt, du mußt mir versprechen, daß deine Frau bei uns auftritt!« Ich versprach es. Heide verstand übrigens nicht, was Opi wollte. – Was hieß »bei uns«? – Es handelte sich um das Zürcher Schauspielhaus, das Theater, das während der Hitler-Zeit das einzige deutschsprachige Anti-Hitler-Theater gewesen war. Schon ab 1933 wurde aus dem damaligen Theaterchen, das bisher im wesentlichen Boulevard gespielt hatte, ein anspruchsvolles Haus, dessen Ensemble im wesentlichen aus emigrierten deutschen, später österreichischen Schauspielern und Schauspielerinnen bestand. 1938, als mit Krieg zu rechnen war und Hitlers Einmarsch in die Schweiz gar nicht undenkbar gewesen wäre, zog es der damalige Besitzer und Leiter vor, das Theater abzugeben und nach Amerika auszuwandern. Es wurde eine Schauspielhaus-GmbH – oder war es eine AG? – gegründet, auf Initiative des Anti-Hitler-Verlegers Oprecht, um die Schließung des Hauses, das ihm und nicht nur ihm im Kampf gegen Hitler notwendig erschien, zu verhindern. Das Geld dafür gab er selbst, gaben einige seiner Freunde und nur zu ganz geringem Teil die Stadt Zürich, die auch in den folgenden Jahren kaum Subventionen zahlte. Damals stand man auf dem Standpunkt, daß ein Theater sich selbst ernähren müsse, wenn es schon nicht, wie in der Überzahl der Fälle, sich als gutes Geschäft erwies. Opi wurde Präsident des Verwaltungsrates, also zwar nicht Leiter des Theaters, aber er hatte großen Einfluß dort. Entscheidenden Einfluß, und er betrachtete es immer als »sein« Theater oder zumindest als »unser« Theater. Seine Frau übrigens auch.

Ich versprach ihm also, daß H. H. in Zürich auftreten würde. Aber vorläufig sollte es nicht dazu kommen.

Bei dieser Gelegenheit meldete ich mich auch beim Standesamt in Zürich an und versuchte, einen Termin zu bekommen für meine Trauung mit Heide. Der Standesbeamte sah unsere Papiere durch und nahm zur Kenntnis, daß ich, ein Amerikaner, Heide, eine Deutsche, heiraten wolle. Ich verbesserte, sie sei keine Deutsche, sondern Österreicherin. Sie hatte zwar bereits wieder einen österreichischen Paß, dafür hatte ich gesorgt, sie war in solchen bürokratischen Dingen nicht gerade sehr verläßlich, aber der Standesbeamte schüttelte den Kopf. Alle Papiere, die sie mitgebracht hatte, deuteten darauf hin, daß sie in den letzten fünfzehn Jahren oder so, Deutsche gewesen war und in Deutschland gelebt hatte. Seine Haltung blieb unerschütterlich. Da ich wußte, daß Washington darauf bestand, daß ich eine Österreicherin heiraten würde, obwohl ich später zu zweifeln begann, daß das irgendwann von irgendwem hätte kontrolliert werden wollen oder sollen, rief ich den Nationalrat Oprecht in Bern an, den Bruder des Verlegers, der natürlich nur ein paar Telefongespräche führen mußte, um die Sache in Ordnung zu bringen.

Übrigens heirateten wir nicht »sofort« vor einem Zürcher Standesamt. Sofort, das heißt nach zwei Wochen, die wir hätten warten müssen, Heide mußte spielen oder filmen, und ich hatte eigentlich auch keine Lust, zwei Wochen in Zürich herumzusitzen, also gingen wir zurück. Ich kam nur wenige Wochen später noch einmal nach Zürich, um an Opis Begräbnis teilzunehmen. Heide sollte nach dem Lorca die »Rose Bernd« im Schillertheater in Berlin spielen. Regie: Stroux.

Das damals noch berühmte Drama Gerhart Hauptmanns, von dem Bauernmädchen, das ihr unerwünschtes Kind, die Folge einer Vergewaltigung, nach der Geburt ertränkt und darüber wahnsinnig wird, war schon immer die Lieblingsrolle von großen Schauspielerinnen. Ich hatte es einige Male gesehen und war jedesmal davon überzeugt, daß die jeweils letzte von mir gesehene Schauspielerin die beste war, was sicher nicht den Tatsachen entsprach, schon weil auch eine so große Schauspielerin wie zum Beispiel Käthe Dorsch, die »Rose Bernd« gegen Ende der zwanziger Jahre spielte, nicht die genügende Härte aufbrachte, die das Stück verlangt.

Heide hatte diese Härte. Sie war in jedem Augenblick das hart schuftende, sinnliche Bauernmädchen, niemand, der sie als liebreizende Ulla Windblatt gesehen hatte oder als majestätische Hermione oder in anderen Rollen früher, in der sie je-

166

weils, das kann nicht oft genug gesagt werden, nicht spielte, sondern war, konnte es fassen. Selbst die schwierigsten Kritiker überschlugen sich. Ich erinnre mich noch, daß Friedrich Luft in ungefähr schrieb, er habe das Gefühl gehabt, sie stehe nicht auf einem Bühnenboden, sondern auf einem Acker oder einem Rasen. Aus einer der zahlreichen Kritiken von 1952: »Die Rose Bernd, die wir durch Lucie Höflich und Käthe Dorsch noch immer in starker Erinnerung haben, wird jetzt von Heidemarie Hatheyer gespielt. Sie ist elementar in ihrem triebhaften Wesen; und dann, in die Enge getrieben, gibt sie ein ergreifendes Bild eines verwirrten, in seinen Grundfesten erschütterten Menschenkindes, das das tiefe Mitleid wirklich verdient. Eine großartige Leistung.«

Der Erfolg war durchschlagend. Und jeder der Abende, in denen sie auftrat, und das geschah drei- oder viermal die Woche, war sofort ausverkauft.

Wir waren damals, wie gesagt, noch nicht verheiratet, aber wir lebten schon zusammen, zumindest in ihrer Berliner Zeit.

Der Zufall wollte es, daß in dieser Zeit Käthe Dorsch nach Berlin kam, um ebenfalls im Schillertheater aufzutreten. Käthe Dorsch und ich waren wie schon erwähnt Jahre zuvor liiert gewesen, über Jahre hinweg, und wenn nicht unser gemeinsamer Freund Peter Suhrkamp sozusagen Einspruch erhoben hätte, wäre die um sechzehn Jahre ältere, aber immer noch ungewöhnlich jugendlich aussehende Schauspielerin meine Frau geworden. Es kam dann zum Bruch. Niemand, der die Dorsch nicht kannte, wird das Folgende verstehen können: Sie verhängte so eine Art Boykott über mich. Keiner von unseren gemeinsamen Freunden durfte, wenn er oder sie weiterhin mit der Dorsch befreundet sein wollte, mit mir verkehren. Ich erfuhr das durch Gustaf Gründgens und Werner Krauss, die in diese Gruppe fielen, und die solche Zumutung ablehnten. Ob andere ihr nachgekommen sind, weiß ich nicht.

Käthe Dorsch kam also angereist, durch einen Zufall traf sie Heide eines Vormittags, vermutlich während sie eine Probe hatte und Heide aus irgendwelchen Gründen im Schillertheater war, in den Korridoren hinter der Bühne. Die Dorsch war sichtlich erfreut. Sie habe Heide zwar noch nie auf der Bühne gesehen, wohl aber im Film und vor allem viel von ihr gehört, und sie würde sich freuen, wenn man sich öfter treffen würde. Heide war tief geehrt. Käthe Dorsch war für sie die größte Schauspielerin deutscher Zunge, eigentlich seitdem sie sie zum ersten Mal auf der Bühne gesehen hatte.

Sie erzählte mir von dieser Begegnung. Es sollte die einzige bleiben. Denn mittlerweile hatte die Dorsch, vermutlich durch Kollegen, erfahren, daß Heide und ich uns zusammengetan hatten, und von diesem Augenblick an war Heide für sie Luft. Sie mußten sich noch öfter im Schillertheater getroffen haben, aber, wie gesagt, es fiel kein Wort mehr zwischen ihnen. Und obwohl ich versuchte, Heide das zu erklären, begriff sie nie, daß nicht nur ich für die Dorsch gestorben war, sondern alle, die irgendwelche Beziehungen zu mir hatten und schon gar die Frau, die ich heiraten würde.

Was übrigens sehr bald darauf geschah. Obwohl Heide fast in jeder Woche im Schillertheater auftreten mußte, gab es dann durch die Erkrankung eines Partners eine kleine Pause, die absehbar war – vier oder fünf Tage, Zeit genug für uns, nach Zürich zu fliegen, auf dem Standesamt zu erscheinen. Trauzeugin war Emmie Oprecht, der zweite Trauzeuge, mein Freund Wilhelm Furtwängler mußte absagen, weil er an Grippe erkrankt war. Es gab dann noch eine kleine Gesellschaft, in der vor allem Schauspieler, die Heide kannten oder kennenlernen wollten, erschienen, vor allem aber Gustav Knuth und Frau, unsere Freunde, lange bevor Heide und ich uns kennenlernten. In der Nacht fuhren wir mit Heides Auto nach München zurück, am nächsten Morgen mußte sie wieder vor der Kamera stehen, ich flog nach Berlin weiter. Und sie kam einige Tage später, auch wieder, um »Rose Bernd« weiterhin zu spielen. Sie hätte es vermutlich, wäre es nach dem Erfolg gegangen, ein weiteres Jahr lang spielen können.

Damals geschah es zum ersten Mal, daß ich mich um das Berufliche meiner Frau kümmerte. Ich wollte wissen, was sie am Schillertheater verdiene: 3000 DM. Das erstaunte mich. Sie, die fast allabendlich das Theater füllte. Ich wußte, übrigens durch den Direktor Boleslav Barlog, daß Werner Krauss, der immer mal wieder bei ihm auftrat, 10 000 DM monatlich bekam, dieselbe Gage wie Käthe Dorsch. Ich meinte, dann hätte wohl die Hatheyer auch eine solche Gage verdient. Barlog verneinte. Sie sei zwar eine vorzügliche Schauspielerin, aber doch noch relativ jung, während die beiden anderen ja schließlich schon lange im Geschäft seien. Nein, er war nicht willens, Heides Gage zu erhöhen.

Ich konnte nichts tun, sie hatte schließlich einen Vertrag. Aber ich sah mir diesen Vertrag an. Sie hätte ihn schon aus moralischen Gründen anfechten können. Denn in diesem Vertrag stand zu lesen, daß Heide pro Abend 300 DM bekomme, was übrigens eine recht anständige Gage war, daß zehn Aufführungen pro Monat garantiert seien, daß aber jede weitere Aufführung nicht bezahlt würde. Und sie trat damals mindestens zwanzigmal pro Monat auf.

Wenn das nicht wider den guten Sitten war!

Aber Heide war nie die Person, vor Gericht zu ziehen. Sie haßte schon die Möglichkeit von Prozessen, wie sich später noch einmal herausstellen sollte.

Ich sah mir den Vertrag an. Er lief Ende des Jahres aus. Länger hätte auch Heide gar nicht spielen können, denn sie hatte andere Verpflichtungen – ich erinnere mich nicht, wo und welcher Art. Ich vermute, es war der Film »Dr. Sauerbruch«, in dem sie die weibliche Hauptrolle spielen sollte. Wie dem auch sei: Nach einem der letzten Dezembertage, an dem sie auftrat, ließ das Schillertheater die Notiz erscheinen, »Rose Bernd« müsse jetzt abgesetzt werden, da Frau Hatheyer andere Verpflichtungen habe, würde aber in der nächsten Saison wieder aufgenommen werden. Was selbstverständlich war, denn die »Rose Bernd«-Vorstellungen waren ja alle, wie gesagt, ausverkauft.

Ich rief Barlog an. Ich fragte ihn, wer denn im nächsten Jahr die Rose Bernd spiele? Er antwortete: »Was für eine Frage! Heide natürlich!«

Und ich: »Hast du sie denn noch unter Vertrag?«

Er begriff nicht recht. Aber zwei Stunden später rief er zurück. »Der neue Vertrag ist unterwegs!«

Ich war gespannt. Der neue Vertrag belief sich, wenn ich mich recht entsinne, zwar nicht auf 10 000 DM, aber auf 7500 DM.

Ich rief Barlog an: »Es tut Heide entsetzlich leid, aber sie ist in der nächsten Spielzeit ausgebucht.« Dies war das letzte Mal, daß Heide am Schillertheater auftrat. Sie wollte nicht mehr. Was Barlog nicht hinderte, später zu verkünden, daß er sehr stolz darauf sei, sie zu seinem Ensemble habe zählen zu dürfen. Das wäre auch logisch gewesen. Eine der größten Schauspielerinnen an dem bedeutendsten Theater Deutschlands. Aber es sollte nicht mehr sein.

10

Die Ehe, die etwas länger dauerte

Kurz bevor wir heirateten, ließ mich ein guter Freund wissen: »Die Hatheyer wird es keine drei Wochen mit dir aushalten!« Und wie ich von ihr erfuhr, vertraute eine ihrer besten Freundinnen ihr an, ich würde es keine drei Monate mit ihr aushalten.

Nun, die Ehe hat 38 Jahre gehalten, und uns beiden schien es während dieser Zeit immer, als hätten wir uns erst gestern zusammengetan, na, vorgestern.

Damals wurde überhaupt viel über uns geredet. Zum Beispiel, daß ich es gewesen sei, der Heides Karriere gemacht habe. Das ist natürlich, wie jeder weiß, der irgendetwas über die Hatheyer weiß, Blödsinn. Sie war bereits die große und gefeierte Schauspielerin, als ich sie kennenlernte.

Das einzige, was ich für sie tun konnte – nein, ich tat gar nichts, es war vielmehr so: Bis in die letzten Jahre, also die Nachkriegsjahre, war Heide unter Wert bezahlt worden, weil, wie ihre Agentin ihr sagte, die Filmbosse und, siehe Barlog, auch manche Theaterdirektoren davon ausgingen, daß sie Geld verdienen mußte, um ihre Familie zu ernähren und so gezwungen war, zu nehmen, was man ihr bot. An dem Tag, ich möchte fast sagen zu der Stunde, als die Herrschaften erfuhren, daß wir verheiratet waren, also daß schlimmstenfalls ich, dessen Bücher gut gingen, für sie aufkommen würde, stiegen ihre Gagen. Ich mußte gar nichts dazu tun, es sei denn, daß ich, siehe abermals Barlog, unsaubere Geschäfte auf ihrem Rücken beendigte.

Was immer ich damals und später für sie tat, entsprach ihren Wünschen. Etwa bei den letzten Proben eines Stückes anwesend zu sein. Das kostete mich ja viel Zeit, aber es half ihr manchmal, es gab ihr ganz einfach das Gefühl der zusätzlichen Sicherheit. Ich glaube nicht, daß meine Kritik ihrer Leistung, sie fiel auf ihren dringenden Wunsch eher hart aus, ihr viel genützt hat – Ausnahmefälle gab es natürlich. Da wir nun einmal verheiratet waren und es über einige Wochen hinaus blieben, war es selbstverständlich, daß ich zu Proben erschien. Ich erinnere mich sogar daran, daß ich in einem Fall so unter Zeitmangel litt, daß ich zu den Proben – vormittags, natürlich – eine Sekretärin mitnahm, um ihr in den Pausen, die ja immer entstanden, weil die Schauspieler sich umziehen, die Dekorationen gewechselt werden müssen, einiges zu diktieren. Das war sogar, wie ich mich jetzt entsinne, in Berlin mehrfach der Fall und auch in Wien am Volkstheater.

Aber zurück zum Jahr 1952. Heide mußte, wie ich schon erwähnte, am Tag nach der standesamtlichen Trauung in Zürich, in München wieder spielen, ich mußte an meine Arbeit in Berlin zurück. Aber sie kam in der nächsten Zeit oft nach Berlin, um mich zu besuchen, oder ich fuhr nach München. Sie drehte damals den Film »Das letzte Rezept«, in dem sie die Frau eines Apothekers spielte. Der Apotheker war O. W. Fischer – seine erste große Filmrolle. Ich glaube, dieser Film hat mehr als alles, was er bis dahin auf der Bühne oder in kleineren Filmrollen geleistet hatte, zu seiner steilen Filmkarriere beigetragen.

Als der Film beendet war, oder zumindest als ihre Szenen abgedreht waren, kam sie wieder nach Berlin. Ich war damals vorübergehend wohnungslos, ich hatte ja bei der Armee »gekündigt« und automatisch meine Dienstvilla verloren. Sie suchte eine Bleibe und fand eine wunderschöne Villa in der Masurenallee im Westend von Berlin.

Und dann kam der Umzug. Ich hatte ja keine Möbel, meine eigenen Möbel standen noch in New York, und die Möbel der Dienstvilla gehörten natürlich der Army. H. H. brachte also einige ihrer Möbel mit, und wir kauften weitere in Berlin.

Aber nicht nur die Möbel und natürlich die Kleider kamen aus Kirchseeon nach Berlin, sondern auch die kleine Regine. Das war für das Kind fast eine Tragödie. Sie hing nicht nur an Kirchseeon, sie hing vor allem an Maja, die ihr, wie die Dinge nun einmal lagen, fast näherstand als die Mutter, die ja ständig

172

irgendwo filmen oder gastieren mußte. Regine oder Gine, wie wir sie nannten, wollte nicht begreifen, daß Maja nicht nach Berlin mitkommen sollte oder wollte. Wir hätten sie noch so gerne gehabt, doch sie hatte einen Freund in München, und den wollte sie demnächst heiraten. Aber auch ihr fiel die Trennung schwer.

Was übrigens die ältere Tochter, Veronika, anging, die war damals bei den Englischen Fräulein, eine Art Internat, und wollte dort ihre Schulzeit beenden. Sie kam allerdings zu allen Ferien nach Berlin und auch später, als sie in Oberstdorf oder in der Nähe von Oberstdorf ein Internat besuchte. Sie hätten wir begreiflicherweise auch liebend gern in Berlin gehabt, aber sie wollte nicht. So komisch das heute klingen mag: Sie hatte ein in Bayern übliches Vorurteil gegen die »Saupreußen«, die sie ja gar nicht kannte.

Und dann kam noch jemand mit aus Kirchseeon, und das war Schlunze. Die Rauhhaardackelin war von hohem Geblüt und trug einen adligen Namen. Aber Heide, die sie gekauft hatte, als sie noch sehr jung war – sie bevorzugte Rauhhaardakkel ihr ganzes Leben lang –, erklärte, sie sei ein motorisierter Putzlumpen und verlieh ihr den Namen, der ihrem Äußeren besser entsprach als der adlige.

Über Schlunze könnte man Bücher schreiben. Es ist ja bekannt, daß Dackel, langhaarig oder kurzhaarig oder rauhhaarig, ihren eigenen Kopf haben. Das war bei Schlunze in viel stärkerem Maße der Fall als bei den anderen Dackeln, die wir je hatten. Schlunze, um nur ein Beispiel aufzuführen, wußte genau, wann Heide aus Kirchseeon mit dem Auto nach München fahren wollte. Sie schloß das daraus, was Heide anzog, wie sie ihre Tasche packte. Sie wußte auch, daß Heide sie eigentlich nicht gern nach München mitnahm, denn was sollte sie mit ihr anfangen in Hotelhallen oder Restaurants oder hinter den Bühnen oder wo immer sie hinwollte? Schlunze wußte ganz genau, daß sie in Kirchseeon bleiben sollte, aber sie wollte mit nach München. Und als sie begriffen hatte, daß Heide in Kürze nach München fahren würde, war sie plötzlich verschwunden. Was

Heide aus Erfahrung wußte, was ich aber erst später erfuhr: Schlunze hatte irgendwo unter dem Zaun, der das Grundstück in Kirchseeon umgab, eine Art Tunnel gebuddelt. Auf diese Weise gelangte sie auf die Straße. Und nun fuhr Heide los, und ungefähr einen Kilometer weiter saß Schlunze mit unschuldigster Miene am Straßenrand und erwartete sie. Schlunze wußte ganz genau, daß Heide es nicht übers Herz bringen würde, sie dort sitzen zu lassen. Und auf diese Weise kam sie in neun von zehn Fällen doch nach München oder nach Salzburg oder wo immer Heide hinwollte oder hin mußte.

Ich hatte übrigens Glück, was Schlunze anging. Sie mochte mich, und wann immer ich nach Kirchseeon kam oder später in Berlin, saß sie unter dem Tisch, an dem ich arbeitete oder jedenfalls in meiner Nähe. Das war unübersehbar und Heide meinte, ich könne stolz darauf sein, denn Schlunze war durchaus nicht bereit, jeden, der zu Heide kam, zu akzeptieren.

Da wir gerade bei Hunden sind, greife ich vor: Eines Tages, H. H. lebte schon in Berlin, fand sie, Schlunze müsse einen Kameraden haben, einen Hund oder vielleicht auch eine Hündin, darauf kam es gar nicht mehr an, aber natürlich einen Hund. Wir fuhren ins städtische Tierheim, wo Hunderte von Hunden sehnlichst darauf warteten, mitgenommen zu werden, Hunde, die von ihren Besitzern nicht mehr gewollt oder einfach ausgesetzt worden waren. Es war geradezu erschütternd zu sehen, wie begierig alle diese Hunde waren, die Aufmerksamkeit von Besuchern, in diesem Falle von uns, auf sich zu ziehen und vielleicht mitgenommen zu werden. Ja, es war wirklich erschütternd, an ihrem Benehmen, an ihren Sprüngen, an ihrem Bellen zu erkennen, wie sehr sie hofften, aus dem Zwinger herauszukommen. Ich erinnere mich noch an Heides Worte: »Am liebsten würde ich sie alle mitnehmen!«

Ich wollte einen Spaniel, einen bildschönen Hund. Heide winkte ab. So ein schöner Hund würde im Nu ein neues Herrchen finden. Die Wahl fiel auf einen vermutlich nicht ganz rassereinen Rauhhaardackel männlichen Geschlechts, er hieß Struppi, der wohl die Hoffnung längst aufgegeben hatte, aus

174

dem Zwinger geholt zu werden. Er bemühte sich erst gar nicht um unsere Aufmerksamkeit, er war nicht einer von den Hunden, die am Zaun herumsprangen. Er saß im Hintergrund des betreffenden Zwingers, er wirkte ganz traurig, sozusagen hoffnungslos. Den wollte Heide haben, der Hauptgrund war, daß ihn doch sonst niemand mitnehmen würde. Wir sollten diese ihre Wahl nicht bereuen. Übrigens: Heide war zwar allergisch gegen alle Geräusche, aber das Bellen von Hunden störte sie nicht, auch nicht das Kreischen kleiner Kinder.

Ende 1952 war sie ohne Engagement. Sie hatte zwar einen neuen Film abgeschlossen, den über das Leben des berühmten Arztes Sauerbruch, aber der Anfang des Filmes mußte verschoben werden, weil der Regisseur erkrankte.

In dieser Zeit trafen wir bei O. E. Hasse, dem bekannten Schauspieler, der eine Cocktailparty gab, Kurt Raeck. Der war damals Direktor und wohl auch Besitzer des Renaissance-Theaters im Westen, eines der schönsten Theater Berlins, geradezu ein Schmuckkasten, freilich mit begrenzter Zuschauerzahl – das Theater faßte wohl nur 700–800 Zuschauer. Raeck spielte vor allem Boulevard, aber er hatte für das eine oder andere Stück gute, ja prominente Schauspieler, wie eben O. E. Hasse oder auch Theo Lingen oder Grete Mosheim oder sogar Käthe Dorsch. Er erkundigte sich bei Heide, was sie in der nächsten Saison im Schillertheater spiele? Und sie antwortete, sie habe keinen Vertrag mehr mit dem Schillertheater und würde wohl nicht mehr in Berlin Theater spielen. »Jedenfalls vorläufig nicht!«

Und Raeck: »Wie wäre es mit meinem Theater?«

So begann eine Zusammenarbeit, die bis zum Tode Raecks dauern sollte. Es waren wohl über zwanzig Jahre. Das ist so zu verstehen: Raeck hatte kein festes Ensemble. Er engagierte jeweils neue Schauspieler für jede neue Produktion. Ein Stück spielte er etwa, weil O. E. Hasse für die Hauptrolle der richtige Mann war oder Theo Lingen.

So ein Stück lief gewöhnlich sechs Wochen oder wenn es sehr erfolgreich war, vielleicht auch acht oder neun. Und dann kam ein anderes Stück, sagen wir mit Heinz Rühmann oder Käthe Dorsch und mit einem ganz anderen Ensemble und in den meisten Fällen auch einem anderen Regisseur.

Raeck war also bereit, Heide zu engagieren. Das heißt, für eine Produktion pro Jahr. Wieviele Jahre sie wiederkommen würde, hing ganz von dem Erfolg ab. Sie hatte ja bis dahin mit wenigen Ausnahmen – Kleine Komödie in München – fast nur an sogenannten großen Theatern gespielt, und das bedeutete fast immer Klassiker.

»Ich bin mir völlig klar darüber«, sagte Raeck, »daß Berlin es mir nie verzeihen würde, wenn ich Heidemarie Hatheyer in einer Boulevard-Komödie herausbrächte.« Man würde es auch ihr übelnehmen. Nach »Rose Bernd« konnte sie in Berlin nicht eine Posse spielen, in der es darum ging, wer mit wem schlief. »Auf der anderen Seite . . .«

Raeck meinte, er könne seinem Publikum nicht Heidemarie Hatheyer in einem aufwendigen Klassiker präsentieren. Ganz abgesehen davon, daß seine relativ kleine Bühne, von den Verhältnissen hinter der Bühne gar nicht zu reden, aufwendige Stücke, das heißt solche mit vielen Mitwirkenden, gar nicht zuließ, die Leute erwarteten im Renaissance-Theater nicht allzu schwere Kost. Sie kamen vor allem, um sich zu amüsieren. Also war es gar nicht so einfach, mit einer Schauspielerin, die auf schwere Rollen geradezu festgelegt war, im Renaissance-Theater zu arbeiten.

Raeck schlug vor, daß Heide die »Candida« von Bernard Shaw spielen sollte. Das war das international bekannte Lustspiel von der Pfarrersfrau, in die sich ein blutjunger Bursche verliebt, der nach ihrer Ansicht einmal ein großer Dichter werden würde. Sie weiß genau, daß der anscheinend hilflose junge Mann viel stärker ist als ihr »gefestigter« Mann, der Pfarrer, der zwar glaubt, sie und die Umwelt sprich Gemeinde zu beherrschen, sich aber ohne sie kaum zurechtfinden würde. Als sie, schließlich vor die Wahl gestellt, erklärt, sie gebe sich dem Schwächeren, glaubt der Pfarrer zu wissen, daß sie sich für den jungen Marchbanks entschieden habe. Der versteht freilich sofort, daß sie sich für ihren Mann entscheidet, der sich so stark glaubt und in Wahrheit dem Leben hilflos ausgeliefert ist, wenn es um letzte Entscheidungen geht.

Die letzten Worte von Marchbanks an Candida sind unvergeßlich für alle, die die Berliner Aufführung gesehen haben:

»Pastor Jakob, ich gebe Ihnen mein Glück mit beiden Händen hin; ich liebe Sie, weil Sie das Herz der Frau ganz ausgefüllt haben, die ich liebte. Leben Sie wohl!« (Er geht zur Tür.)

Candida: »Ein letztes Wort . . . Wie alt sind Sie, Eugen?«

»Jetzt bin ich so alt wie die Welt. Heute morgen war ich achtzehn Jahre!«

»Achtzehn . . . Wollen Sie mir zuliebe ein kleines Gedicht aus zwei Zeilen machen, die ich Ihnen sagen will? Und wollen Sie mir versprechen, sich's immer vorzusagen, so oft Sie an mich denken?«

»Sagen Sie die beiden Zeilen.«

»Wenn ich dreißig sein werde, dann wird sie fünfundvierzig sein. Wenn ich sechzig sein werde, dann wird sie fünfundsiebzig sein . . .«

Und er: »In hundert Jahren werden wir gleich alt sein! Aber ich trage ein besseres Geheimnis als das in meinem Herzen. Lassen Sie mich jetzt gehen, die Nacht wächst draußen ungeduldig.«

»Leben Sie wohl!« (Sie küßt ihn auf die Stirn. Dann flieht er hinaus in die Nacht.)

Regie führte Willy Schmidt, vor Jahren am Staatstheater Bühnenbildner und Regisseur unter Gustaf Gründgens, der Heide natürlich kannte. Aber er war von der ersten Probe an fassungslos über sie und ihr Spiel. Sie war so ganz anders, als er sie bisher gesehen hatte. Er sprach – später – von ihr, sie habe alles gezeigt, »Vitalität und Sensibilität, Selbstbewußtsein und Verläßlichkeit, Eigenwilligkeit bis zum eigenen Sinn und das Verlangen nach Geborgenheit.« Oder ich zitiere Walther Karsch, den bereits erwähnten Besitzer und Theaterkritiker des »Tagesspiegel«, damals wohl der wichtigste Theaterkritiker Berlins:

»Wir haben das schon mit der Koketterie des Nur-Fraulichen gesehen, mit der Wärme des Nur-Mütterlichen, mit der Ironie des Weiblich-Überlegenen. Heidemarie Hatheyer hatte unser Herz bereits in dem Augenblick, als sie mit den Worten ins Zimmer tritt: ›Sag ja, Jakob!‹. Hier war die Kraft der in sich ruhenden Frau, hier war die Zärtlichkeit der Mutter, die auch dem Manne Mutter ist. Hier war die unbewußte Überlegenheit des aus dem Instinkt handelnden Weibes über die ach so verständigen oder so pathetischen oder so sentimentalen oder so leidenschaftlichen Männer. Auf dieser Linie blieb das Spiel den ganzen Abend. Frau Hatheyer hatte alle Wärme, allen Glanz, alle Klarheit, alle Tiefe, das Verworrene und das Verwirrende eines weiblichen Herzens, und sie gab ihrer von Anfang an feststehenden Entscheidung so viele Töne und Gesten der Verzauberung, des leisen Glücks, der leisen Trauer, daß sie manchen Zuhörern und nicht nur den weiblichen, manche Träne entlockte.«

Ich kann das bezeugen. Es geschah immer mal wieder, daß ich meine Frau vom Theater abholte. Und meist kam ich ein bißchen zu früh, will sagen, die letzte Szene lief gerade zu Ende. Und ich stand hinter der Bühne und hörte die mir doch längst bekannten Worte und jedesmal mußte ich weinen wie auch jetzt, da ich dies schreibe.

Der Erfolg nahm solche Dimensionen an, daß die Aufführungen in der nächsten Saison – 1954 zu 1955 – wiederaufgenommen wurden, was noch nie in der Geschichte des Renaissancetheaters vorgekommen war.

In dieser nächsten Spielzeit spielte die Hatheyer unter dem gleichen Regisseur Lessings »Minna von Barnhelm«.

Als Raeck diese Aufführung ankündigte, es war wohl im Herbst 1954, protestierte Barlog beim Berliner Kultursenat. Er stand auf dem seltsamen Standpunkt, daß Klassiker nicht die Angelegenheit von Privattheatern seien, sondern die von Staatstheatern, also seines Schillertheaters und möglicherweise seines Schloßparktheaters. Ich weiß nicht, was er sich vorstellte, aber er bekam natürlich den Bescheid, jedes Theater dürfe und könne Lessing spielen.

Das Ensemble wies diesmal einige große Namen auf. So spielte der Filmstar Gustav Fröhlich den Tellheim, den preußischen Offizier, der, in seiner Ehre gekränkt, auf Minna, die er liebt, verzichten will. Es spielte die blutjunge hochbegabte Ursula Lingen die Traumrolle der Zofe Franziska und ihr Vater, der berühmte Theo Lingen, die Rolle des Hochstaplers Riccaut de la Marlinière, die immer ein Erfolg ist, denn seine einzige Szene hat es, wie man sagen könnte, in sich.

Die Produktion war ein Wagnis. Nicht nur, daß im Renaissancetheater bis dahin, jedenfalls in der Zeit nach dem Zweiten Weltkrieg, kein Klassiker aufgeführt worden war, sondern auch, weil sich niemand vorstellen konnte, daß die Hatheyer diese Rolle glaubwürdig gestalten könne. Sie hatte zwar bisher viele verschiedenartige Rollen gespielt, aber war die Minna nicht eigentlich eine klassische Heroine?

Bei H. H. eben nicht.

Aus einer Kritik: »Alles ist auf Heidemarie Hatheyers Minna hin inszeniert. Nun bringt aber diese großartige Schauspielerin vom Typ her eigentlich sehr wenig für diese Rolle mit – um so erstaunlicher, wie sie es schafft. Sie spielt mit dem Fächer, kokettiert mit den Augen, wirft heimliche Luftküsse. Mit jeder Bewegung spielt sie gegen ihre bisherigen Rollen an. Mit Erfolg.«

Aus einer anderen Kritik: »Ihre Minna war zwar nicht eine kluge Jungfrau aus dem achtzehnten Jahrhundert, sondern mehr eine kluge Frau aus der zweiten Hälfte des zwanzigsten, doch wie sie sich dem dummen geliebten Mann anbietet und sich ihm gleich wieder entzieht, wie sie das Spielchen mit dem Ringlein einfädelt und durchführt, das hat Grazie, Humor, Fraulichkeit, Koketterie und Liebesverlorenheit.«

Der Kritiker, wie auch viele Zuschauer, die glaubten, ja zu wissen glaubten, daß die Minna eigentlich nicht die Rolle der Hatheyer sei, hatten nicht begriffen, daß es für sie eben keine Rollen gab, sondern daß sie jeweils das Mädchen oder die Frau war, die sie sein sollte.

Was die Hatheyer spielte, hatte es, soweit ich weiß, noch nie eine Schauspielerin vor ihr gespielt. Sie hatte da etwas entdeckt. Nämlich, um mit ihren eigenen Worten zu sprechen: »Das ist das Stück von einer jungen Adligen, die den Mut hat, durch ein verwüstetes Land zu reisen, wo sie jeden Tag, ja jede Stunde das Opfer von Banden von Deserteuren oder eben gefährlichen Rowdies werden kann. Nur von einer Zofe begleitet, die sie kaum hätte beschützen können. Das bedeutete Mut, den nur Liebe verleihen kann«. So oder so ungefähr sagte mir Heide später. Ich weiß nicht, ob irgendeinem Kritiker das besonders aufgefallen ist, aber es war im Grunde genommen die Erklärung dafür, daß diese Minna einem so »anging«.

Der außerordentliche Erfolg der Aufführung war durch alle prominenten Mitwirkenden eigentlich vorprogrammiert. Nur einer brachte nichts von dem, was Lessing sich unter »seiner« Figur vorgestellt hatte. Gustav Fröhlich, der schöne, blonde Filmstar, war kein Major von Tellheim. Während der Proben hatte er ein Sportjackett und Flanellhosen getragen. Als er zum ersten Mal sein Kostüm anzog, das aus Escapins bestand, also Hosen, die die bestrumpften Beine zeigten, fiel uns allen auf, daß etwas mit seiner Haltung nicht stimmte. So hielt sich kein Offizier der friderizianischen Zeit, so hielt sich – mit leichtgebeugten Knien – ein moderner »Liebhaber«. Ich erinnere mich, daß ich Fröhlich das sagte und er meinte: »Das hättest du mir vor sechs Wochen sagen müssen! Jetzt kann ich das nicht mehr ändern . . .« Er war auch nicht in der Lage, diesen gestochenen Text zu reproduzieren. Er blieb blaß und unglaubwürdig. Was ihm und seinem Publikum hätte klarmachen müssen, was Reinhardt schon viele Jahre vorher, Ende der zwanziger Jahre erkannt hatte, nämlich, als er mit Fröhlich den »Prinzen von Homburg« inszenierte und der zwar herrlich aussah, aber Kleist nicht sprechen konnte.

Heide hatte Österreich 1937 verlassen, um in den Münchner Kammerspielen ihr Engagement anzutreten. Sie kam 1940 zurück, um am Begräbnis des geliebten Großvaters teilzunehmen. Soweit mir bekannt wurde, kam sie später nicht mehr zurück, bis eben jetzt. Daß dem so war, kam daher, daß es niemanden in Österreich gab, der ihr sehr nahestand. Und es gab auch kein Theater, das sie rief. Gewiß, die »Geierwally« wurde in Tirol gedreht, das war Österreich, aber es war doch beileibe nicht das Österreich, in dem sie aufgewachsen war.

Nun hatte man sie gerufen. Man? Ein Jugendfreund, ein österreichischer Jude, Josef Glücksmann, der nach seiner Rückkehr aus der Emigration Vizedirektor am Deutschen Volkstheater geworden war, hatte sich ihrer erinnert. Es ist typisch, daß sich sonst niemand ihrer erinnerte. Gewiß, wie schon berichtet, sie hatte sich immer als Österreicherin empfunden oder vielleicht besser gesagt: sie hatte stets das Gefühl gehabt, daß sie nicht ihre österreichische Herkunft verleugnen sollte, obwohl das vielleicht für sie bequemer gewesen wäre. Bedeutete das auch, daß sie wieder in Österreich leben wollte?

Die Proben im Volkstheater verliefen, ohne daß man ihre Rückkehr besonders gefeiert hätte oder auch nur die Rückkehr als solche empfunden hätte. Gewiß, sie war der Star, aber man empfand sie eher als einen Star aus dem Ausland.

Glücksmann also bot ihr den amerikanischen Reißer »Die Erbin« an, nach einem Erfolgsroman »Washington Square«. Die Geschichte spielt in den neunziger Jahren des letzten Jahrhunderts in New York. Ein außerordentlich erfolgreicher und schwerreicher Arzt liebt, aber unterdrückt seine nicht gerade besonders anziehende Tochter. Er will nicht, daß sie heiratet, er will, daß sie bei ihm bleibt. Da er junge Männer von ihr fernhält, verkümmert sie gewissermaßen. Da tritt ein besonders gutaussehender junger Mann in ihr Leben, ein Schwindler, der darauf spekuliert, daß sie ja eine hohe Mitgift bekommen wird. Sie verliebt sich in ihn. Er macht ihr die Sache romantisch schmackhaft, er will eine Entführung inszenieren. Das würde auch den grausamen Vater vor vollendete Tatsachen stellen.

Der kommt ihm zuvor, indem er ihm mitteilt, seine Tochter würde überhaupt keine Mitgift bekommen, er müsse schon geduldig auf den Tod des Vaters warten, der kerngesund zu sein scheint. So wartet die junge Verliebte an dem abgemachten Abend vergebens auf ihren Entführer. Er kommt einfach nicht. Grausame Enttäuschung und Verzweiflung.

Als sie herausbekommt, daß der Vater an allem schuld ist, gibt es eine große Szene zwischen den beiden, die mit einem tödlichen Schlaganfall des Vaters endet. Nun ist die Tochter frei, sie verfügt über viel Geld, sie kann eine Rolle in der Gesellschaft spielen. Sie blüht auf. Sie kauft sich elegante Garderobe, sie ist sozusagen über Nacht eine höchst attraktive junge Dame geworden, um die sich viele bewerben.

Und der Mann, den sie einst liebte und der sich so feige zurückgezogen und als Spekulant auf ihr Geld erwiesen hat, kommt auch wieder. Er versucht seinen Rückzug von damals zu erklären. Er gibt vor, sie immer geliebt zu haben und auch jetzt noch zu lieben. Und er will ihre Hand.

Aber diesmal durchschaut sie ihn. Sie gibt angeblich nach, es wird wieder ein nächtliches Treffen vereinbart, der junge Mann will die geplante romantische Entführung von damals jetzt in Realität umsetzen.

Die letzten Minuten des Stückes: Das elegante Mädchen, das fast schön geworden ist, weil erfolgreich, wartet wie damals in dem Wohnzimmer auf ihren Freund. Und dann hört sie ihn an die Haustür pochen. Sie lächelt. Er versucht es immer wieder, ruft schließlich. Sie müßte ihn doch hören! Natürlich hört sie ihn, aber sie macht nicht auf. Sie dreht sich um und geht die Treppe hinauf. Einmal wird er ja begreifen, daß sie ihn durchschaut hat.

Eine Bombenrolle. Ich hatte das Stück am Broadway gesehen, und ich hatte mit derselben Darstellerin, Olivia de Havilland, den Film gesehen. Beide waren immense Erfolge. Ich riet Heide zu, nach Wien zu fahren.

Die Premiere war ein außerordentlicher Erfolg, wie ja fast alle Premieren der Hatheyer in den letzten Jahren. Nun spielte sie genau in dem Klima, das in der Zürcher Premiere geherrscht hatte. Man feierte sie keineswegs als eine österreichische Schauspielerin, sondern eher als einen Import.

Erstaunlich, wie wenig man von ihr in ihrer Heimatstadt wußte. Natürlich waren einige ihrer Filme in Wien und in Österreich überhaupt gelaufen. Aber sonst?

Die Wiener Kritiker waren überzeugt davon, daß sie eine große Schauspielerin war. Aber man wußte nicht, oder jedenfalls gab man vor, nicht zu wissen, daß sie außer den Filmen, in Deutschland großes Theater gemacht hatte. Wir lasen mit Verblüffung in einigen der Wiener Zeitungen, daß die betreffenden Kritiker wünschten, daß sie nicht mehr die Heimatfilme machen sollte, die man von ihr gesehen hatte, sondern klassische Theaterrollen spielen. Es war in der Tat so, daß diese Kritiker nicht viel oder vielleicht gar nichts von ihren Aktivitäten unter Falckenberg, unter Gründgens, unter Stroux zur Kenntnis genommen hatten. Die Schauspielerin, die damals zu den prominentesten der deutschen Bühnen zählte, wurde von ihnen als Filmschauspielerin gewürdigt, »die mehr konnte, als sie bisher gezeigt hatte«.

Sie war fassungslos. Das mußte eigentlich jeder sein, der auf diese Weise erfuhr, wie wenig die Wiener oder österreichischen Theaterkritiker von dem wußten, was auf der deutschen Theaterszene vor sich gegangen war und weiterhin vor sich ging.

Das betraf nicht nur die Kritiker. Ich erinnere mich, daß ich in einer der ersten Aufführungen der »Erbin« in einer Proszeniumsloge im ersten Rang die Wessely gesehen hatte, schon deshalb, weil sie, die nur einen Logen-Rücksitz erlangt hatte, die ganze Aufführung stehend mit ansah. Sie sagte nachher zu mir, von dem sie durch Zufall wußte, daß ich mit der Hatheyer verheiratet war, es sei ganz außerordentlich, was sie geleistet habe.

Ein anderer sehr prominenter Schauspieler, der in eine Vorstellung der »Erbin« ging, war Werner Krauss, der damals in seiner Wiener Wohnung lebte, weil er am Wiener Burgtheater spielte. Krauss ging sehr ungern ins Theater. Das hatte er mit den weitaus meisten Schauspielern gemeinsam. Die Annahme von Laien, Schauspieler müßten sich für andere Schauspieler und deren Vorstellungen schlechthin interessieren, weil es sich ja um ihren Beruf handele, ist irrig. Sie sehen ja genug Theater, wenn sie selbst spielen. Ich habe in meinem Leben viele Schauspieler und Schauspielerinnen kennengelernt, aber eigentlich keine, die gern ins Theater gingen. Heide machte da in ihrer Jugend eine Ausnahme. Da sie nie eine Schauspielschule besucht hatte, wollte sie nun wissen, wie die anderen es »machten«. Später ging sie gelegentlich mit mir ins Theater, weil ich, der ja auch Theaterkritiker war, in vielen Ländern und Städten übrigens, sie darum bat. Aber bald tat sie auch das nicht mehr, weil sie mit Recht befürchtete, daß, wenn ich über einen ihrer Kollegen eine negative Kritik schrieb, der oder die annehmen mußte, sie stände hinter dem Verriß. Übrigens war es auch mir lieber, denn ich glaube, daß es notwendig und es auch nur ehrlich war, wenn ich in meinen Kritiken meine Eindrücke wiedergäbe, daß aber Heide, auch wenn sie kein Wort sprach, schon durch ihre Anwesenheit mich beeinflußte.

Daß Werner Krauss sich die Vorstellung ansah, geschah nur mir zuliebe, denn wir waren seit vielen Jahren Freunde, und ich hatte ihn darum gebeten.

Er war, was ebenfalls selten geschah, aufs tiefste beeindruckt. Er sagte in etwa: »Deine Frau ist ja gar keine Schauspielerin!« Das war, wenn man ihn kannte, das höchste Lob, das er zu vergeben hatte.

Da war auch Ernst Lothar. Er war in den dreißiger Jahren, bevor die Nazis nach Österreich kamen, als Max Reinhardt noch das Theater in der Josefstadt leitete, dort Regisseur und nach Reinhardts Verschwinden der Vizedirektor dieses Theaters. Er flüchtete, als die Nazis kamen, mit seiner Frau, der Schauspielerin Adrienne Gessner, in die USA und kam, als der Spuk vorbei war, als amerikanischer Theateroffizier zurück. Er hatte dann wieder in der Josefstadt gearbeitet und vorübergehend, jedenfalls für ein paar Jahre, die Leitung der Salzburger Festspiele übernommen. Er erklärte nach der Generalprobe der »Erbin« sofort: »Das ist meine Buhlschaft.«

Die Buhlschaft, das war die weibliche Hauptrolle im »Jedermann«, der nach dem Krieg in Salzburg wieder aufgenommen wurde. Er wollte also unbedingt die Hatheyer als »Buhlschaft«

haben. Sie war auch bereit, die Rolle zu übernehmen. An den Salzburger Festspielen mitzuwirken, dazu noch in einer so prominenten Rolle, bedeutete damals, ins Scheinwerferlicht der internationalen Öffentlichkeit zu gelangen. Sie spielte die »Buhlschaft« einige Jahre und war damit ein internationaler Star geworden.

Das war also 1954.

In diesem Jahr ging unsere Berliner Zeit zu Ende. Sie war eine schöne Zeit. Wir sahen viele gemeinsame Freunde und machten neue. Wir waren auf vielen Parties. Meine Frau wunderte sich darüber, daß ich jeden Morgen um sieben Uhr aufstand, obwohl ich meistens erst lange nach Mitternacht ins Bett gekommen war. Das hatte sie schon erstaunt, als wir uns kennenlernten. Sie sagte damals: »Wenn ich so leben würde wie Sie, würde ich sehr bald sterben!«

Nun, sie hielt dieses Leben aus, und sie genoß es. Ich glaube, das war die vielleicht sorgloseste Zeit ihres bisherigen Lebens. Sicher, ihre Art, Theater zu spielen, war kein Spiel, war unheimlich schwer. Aber ihr Wissen darum, daß sie nicht unbedingt spielen mußte, machte es doch leichter, als es bisher gewesen war.

Übrigens war sie die erste Schauspielerin, die ich kannte, die niemals Lampenfieber hatte. Ich erinnere mich, daß ich einmal geschrieben hatte, ein Schauspieler sei einer, der den Ausnahmezustand verkündet, wenn er seinen Beruf ausübt.

Das war nun bei Heide ganz und gar nicht der Fall. Was ihr die Auftritte besonders leicht machte, war ihre Kurzsichtigkeit. Sie sah das Publikum nicht, selbst nicht einmal diejenigen, die in der ersten Reihe saßen. Einmal, das erzählte sie mir irgendwann, hatte sie eine Rolle spielen müssen, in der sie eine Brille trug. Und sie meinte, sie könne ja wohl ihre eigene Brille tragen, warum eine aus Fensterglas?

»Und dann trug ich meine Brille und sah die Leute, die in den ersten fünf Reihen saßen. Da war eine ältere Dame, die überhaupt nicht auf die Bühne sah, sondern das Programm studierte. Und eine andere, die ein Bonbon aus der Tasche holte und in ihren Mund steckte. Ein jüngerer Mann, der eingeschlafen war. Und . . . und . . . Und am nächsten Abend trug ich wieder die Bühnenbrille aus Fensterglas.« Sie wollte die Zuschauer nicht sehen, sie wollte in der Welt leben, die sie spielte.

Was wäre sonst noch von Heide in der Berliner Zeit zu berichten? Es wäre vielleicht besser zu sagen, von ihr privat, denn sie lebte in Berlin vermutlich nicht anders, als sie anderswo gelebt hatte oder gelebt hätte. Sie war denkbar unkompliziert. Und sie führte ein geradezu betont bürgerliches und ruhiges Leben – nicht ein Leben, wie man es bei einer Frau, die so komplizierte Wesen auf die Bühne stellte, geglaubt hätte.

Sie schlief gut und viel. Wenn sie filmte, mußte sie ja, wie alle Filmschauspieler, sehr früh aufstehen, da sie um neun Uhr drehfertig zu sein hatte, also nicht nur im keineswegs nahegelegenen Atelier, sondern auch geschminkt, frisiert und in dem betreffenden Kostüm. Sie morgens aus dem Bett, ja, auch nur wach zu bekommen, dazu bedurfte es nicht nur meiner Hilfe, sondern meist auch der des Dienstmädchens, die ihr ein paar Tropfen Kaffee einflößte.

Briefe machte sie prinzipiell nicht auf. Ihre Erklärung dafür: daß es sich doch nur um Autogramm-Post handele oder um Rechnungen oder um Briefe der Steuerbehörde. Sie konnte Stunden neben einem immer wieder läutenden Telefon sitzen, ohne den Hörer abzunehmen, im Gegensatz zu mir durchaus nicht neugierig, wer der Anrufer war oder um was es da ging. Dabei mußte sie als Schauspielerin doch gewärtig sein, daß es um etwas Dringendes ging, etwa die Umbesetzung der Rolle eines erkrankten Kollegen, was eine improvisierte Probe oder Proben nötig machte. Alles würde sich schon irgendwie erledigen, war ihre Devise. Und alles erledigte sich auch schließlich irgendwie.

Daß Heide prinzipiell keine Briefe von Steuerbehörden oder überhaupt Behörden öffnete, geschweige denn ein Stichwort zu ihrer Beantwortung gab, hatte immer mal wieder zur Folge, daß unser Steuerberater ihr schrieb. Aber diese Briefe machte sie auch nicht auf. Er mußte schließlich in persona kommen, damit etwas, das mit einem Telefongespräch von Minuten hätte erledigt werden können, erledigt wurde.

Aber manchmal erledigte es sich auf seltsame Weise. Ich erinnere mich eines Vormittags, da bei uns ein Gerichtsvollzieher erschien. Dies war mir in meinem Leben noch nie passiert. Er wollte irgendeine Summe, sie lag knapp unter hundert DM. Die Forderung kam von einer Münchner Klavierlehrerin, bei der die kleine Gine Stunden genommen hatte. Trotz zahlreicher Mahnungen hatte die Klavierlehrerin, die ja schließlich von ihrem Beruf leben mußte, ihr Geld nicht erhalten. Dabei war die Summe gemessen an Heides Gagen läppisch. Meine Vermutung: sie hatte keinen der Briefe der Klavierlehrerin aufgemacht. Sie war auch jetzt nicht besonders beeindruckt, als ich ihr einige leichte Vorwürfe machte.

Die Autogramm-Post, die uns erreichte, war beträchtlich. Da das meiste liegenblieb, machte ich mir manchmal die Mühe, die Schreiben durchzusehen. Sie stammten von sehr jungen Menschen, das merkte man an der Schrift, die ein Bild mit Autogramm für sich und ihre Freunde deren zwei oder drei erbaten.

Ich erinnere mich an eine Filmpremiere – damals gab es so etwas noch –, ich glaube, sie fand in Hannover statt, und wir kamen mit dem Produzenten und dem Regisseur aus Hamburg, wo Heide wieder einen neuen Film machte. Oder spielte sie dort? Ich war mitgekommen, eigentlich mehr aus Jux.

Als der Film zu Ende war, öffnete sich der Vorhang, auf der Bühne standen drei oder vier oder fünf kleine Tische, und an jedem saß einer der mitspielenden Schauspieler, ich erinnere mich noch an Heide und Maximilian Schell, der damals blutjung war. Ich ging zur Bühne und hörte gerade einen jungen Burschen, er mochte fünfzehn oder siebzehn Jahre alt sein, einer von denen, die von den Stars Autogramme wollten, einen anderen fragen, wer denn »die da« sei, und er deutete auf die Hatheyer. Der andere voll Entrüstung: »Das weißt du nicht? Das ist doch die Hatheyer!«

Und der Fragende, sein Unwissen erklärend: »Ich bin doch erst ganz neu in dem Geschäft!«

Das Geschäft war der Handel mit Autogrammen.

Manchmal fand ich doch Briefe unter den fan-letters, die mich irgendwie berührten, und dann pflegte ich Heide darum zu bitten, den betreffenden Brief mit einer signierten Photographie zu beantworten. Es kam aber auch vor, daß sie in einem Anfang von Fleiß sich plötzlich mit – unübertrieben – hundert Briefen hinsetzte und sie mit ungeheurer Schnelligkeit erledigte. Aber das kam selten vor.

Vielleicht interessiert, mich jedenfalls hat es interessiert, wie sie ihre Rollen erlernte. Verschiedene Schauspieler haben ja verschiedene Methoden. Werner Krauss zum Beispiel schrieb seine Rollen ab in ein ganz gewöhnliches Schulheft, und zwar hintereinander. Nach seinen letzten Worten im, sagen wir letzten Akt von Wallensteins Tod, kamen übergangslos die ersten Worte, die er im dritten von Richard III. zu sprechen hatte. In einem solchen Schulheft schrieb er nicht nur eine Rolle ab, sondern so viele Rollen, wie Platz war. Ich erinnere mich an eines dieser Hefte, in dem er unter anderem den sehr wortreichen König Lear niederschrieb, und da noch anderthalb oder zwei Seiten des Heftes leer blieben, mit einer anderen Rolle begann, deren Folge er dann im folgenden Heft zu Ende schrieb.

Käthe Dorsch ließ sich von ihrer Sekretärin die Rollen abfragen, und zwar jeden Morgen vor der Probe. Gustaf Gründgens, der sich sehr schwer mit dem Erlernen einer Rolle, nicht nur jeder neuen Rolle, tat, zog irgendwen, der zufällig zur Stelle war, heran, um sich abfragen zu lassen. Das geschah meist im Theater kurz vor der Vorstellung oder während der Vorstellung. Ich erinnere mich, sehr oft ein solches Opfer geworden zu sein. Ganz sicher war GG nie, selbst wenn er eine Rolle seit Jahren spielte, wie etwa den Hamlet oder den Mephisto.

Heide hatte ein photographisches Gedächtnis. Wenn sie das neue Stück per Boten oder Post bekam, las sie es zweimal hintereinander durch. Nicht einmal besonders langsam oder gründlich. Sie las das Stück, wie ein normaler Mensch etwa einen Roman liest. Und dann hatte sie eine Art Photographie der Sätze, die sie zu sagen hatte, im Kopf. Und dann wartete sie, bis die Proben begannen. Es war ihr Prinzip, von dem sie nie abging, erst nach der Stellprobe eine Rolle zu lernen. Will sagen, die Szenen, die jeweils am folgenden Vormittag probiert werden würden. Sie mußte wissen, wo sie stand, wo sie saß, durch welche Türe sie kam oder ging, wenn sie gewisse Sätze sprach. Sie erklärte mir das nie, obwohl ich sie in unserer ersten Zeit oft fragte.

»Das ist eben so!«

Ich glaube, daß während der Regisseur sie einwies, will sagen, ihr sagte, wo sie zu sitzen oder zu stehen hatte, ihre Verwandlung vor sich ging. Vielleicht war ihr das gar nicht bewußt. Jedenfalls hatte ich das Gefühl, es sei ihr nicht bewußt.

Eine große Rolle in unserem Leben spielte natürlich die kleine Regine. Wir hatten damals ein sehr offenes Haus, davon war schon die Rede, mit einem riesigen Garten, und, was in jenen Tagen in Berlin noch relativ selten war, mit einem Swimmingpool. Da Heide ein Filmstar war und ich ein nicht unbekannter Schriftsteller, nahm ich an, daß Gine die eine oder andere Mitschülerin einladen werde, schon um mit dem Haus, dem Swimmingpool und der berühmten Mutter zu protzen. Zu meinem Erstaunen kam nie eine Schulfreundin von Gine zu uns. Heide fiel das nicht auf, sie kannte die Berliner Kinder ja nicht so gut wie ich.

Nach ein paar Monaten ermunterte ich sie, einmal zur Schuldirektorin zu gehen, um sich nach ihrer Tochter zu erkundigen. Sie kam verstört zurück. Ja, mit Gine sei nicht alles in Ordnung, in der Schule sei sie völlig verschlossen, der Umstand, daß nie eine Freundin bei uns erschien, war dadurch zu erklären, daß sie keine hatte. Sie käme zwar relativ gut mit den anderen mit, blieb aber in den Pausen und nach dem Unterricht völlig für sich abgesondert. Die Direktorin meinte, sie sei vielleicht ein Fall für den Jugendpsychiater.

Wir zogen also zu einem Jugendpsychiater, der sich als Zahnarzt ausgab, Kinder im Alter von Gine hätten gar nicht verstanden, was ein Psychiater ist, und hätte man es ihnen erklärt, wären sie zutiefst erschreckt gewesen. Er bestätigte die Vermutung der Schuldirektorin. Er riet zu einem Internat, nicht zu nahe an Berlin oder München, sonst würde sie vielleicht durchbrennen.

Heide konnte sich nicht entschließen. Den Ausschlag gaben schließlich einige groteske Ereignisse. Das gravierendste: Regine hatte den Wunsch geäußert, wie zuvor in München, Ballettstunden zu erhalten. Heide hatte mit der Leiterin der prominentesten Ballettschule Berlins gesprochen, einer ehemaligen sehr bekannten Tänzerin namens Tatjana Gsowsky. Die nahm zwar so junge Schülerinnen sonst nicht auf, wollte aber Heide zuliebe eine Ausnahme machen. Und Gine fuhr nun zweimal die Woche zu einer bestimmten Zeit in die Tanzstunde und kam zu einer bestimmten Zeit zurück. Die ersten Male hatten entweder ich oder Heide sie mit dem Auto hingebracht und wieder abgeholt, aber dann, als Heide irgendwo filmte oder Theater spielte, und ich hatte ja auch nicht immer Zeit, bekam sie von unserem Mädchen das Geld für Hin- und Rückfahrt mit der Straßenbahn, die ungefähr zwei Ecken von unserem Haus hielt. Sie wurde zu einer bestimmten Zeit weggeschickt, um eine bestimmte Bahn zu erreichen und kam zu einer bestimmten Zeit zurück, etwa fünf Minuten nachdem sie aus der Straßenbahn ausgestiegen war. Dies ging Wochen so.

Und dann rief Frau Gsowsky an – wie gesagt, Heide war gar nicht in Berlin – und fragte mich, ob es Gine besser ginge. Ich war erstaunt, denn sie war ja nicht krank gewesen. Und mußte erfahren, daß das schlaue kleine Mädchen seit sechs Wochen nicht mehr zur Tanzstunde gekommen war. Sie war aber zweimal jede Woche mit der besagten Straßenbahn in die Stadt gefahren und mit einer anderen zurückgekommen. Jedenfalls ging sie zweimal wöchentlich zu einer genau fixierten Zeit aus dem Haus und kam zu der »richtigen« Zeit wieder zurück. Da sie nicht mehr zur Tanzstunde gegangen war – wo hatte sie sich herumgetrieben? Genau hätte sie das später nicht mehr sagen können, aber das eine bekam ich doch heraus, nämlich, daß sie sehr gern Vergnügungsparks besuchte, wo es Karussells und

Luftschaukeln gab. Freilich hatte sie das alles nur bestaunt, denn sie hatte nicht genug Geld zur Verfügung, um an diesen Vergnügungen teilzunehmen.

Mich überlief es kalt, als ich das hörte. Denn gerade um diese Zeit trieb ein Verbrecher sein Unwesen in Berlin, dessen Spezialität es war, Kinder zu entführen, und nachdem er alles Mögliche mit ihnen angestellt hatte, umzubringen. Er saß noch nicht hinter Schloß und Riegel. Was wäre geschehen, wenn Gine . . .? Natürlich durfte sie von dieser Stunde an nicht mehr allein das Haus verlassen. Und wir brachten sie dann in ein Internat, wo sie langsam Anschluß an andere Kinder fand. Und wenn wir sie zu den Ferien nach Hause holten, schien sie jedesmal vergnügter als vorher.

Das einzige, was Heides Berliner Aufenthalt etwas beschattete, war ihre Angst vor den Russen. Man mußte ja, wenn man mit dem Auto nach Berlin fuhr oder aus Berlin herauswollte, durch russische Kontrollen. Und die waren ihr nicht geheuer. Es kam ja auch immer wieder einmal vor, daß jemand zurückgehalten wurde oder gar verschwand. Sie brauchte übrigens einen neuen Paß. Einen auf ihren neuen Namen. Das war wohl Sache des österreichischen Konsulats in Berlin, aber aus irgendwelchen Gründen, deren ich mich heute nicht mehr erinnere, mußten wir auch aufs Westberliner Polizeipräsidium.

Kein Problem, besonders da ich mit dem Westberliner Polizeipräsidenten Stumm gut bekannt war. Der begrüßte Heide und wollte wissen, wozu sie denn einen Paß brauche? Es war nur eine freundliche Neugier. Sie sagte, sie wolle ja gelegentlich mit ihrem Auto nach Hamburg oder nach München fahren. Der Polizeipräsident sah sie ungläubig an. Heide versicherte, das habe sie früher sehr oft getan.

Und der Polizeipräsident: »Da hießen Sie auch nicht Riess!«

Ich war nämlich damals unter den in Berlin schreibenden Journalisten einer, der kein Blatt vor den Mund nahm, wenn es darum ging, gegen die Russen und vor allem gegen ihre Methoden zu schreiben. Mich als Amerikaner konnten sie nicht gut behelligen, obwohl, wie ich später erfuhr, sie einmal meine Entführung planten. Der damit beauftragte Ostberliner schrieb es mir mit allen Einzelheiten, als er sich selbst nach Wiesbaden abgesetzt hatte.

Heide, sonst nicht gerade furchtsam, erschrak doch. Sie fuhr auch nie wieder mit dem Auto oder dem Zug nach Berlin oder aus Berlin heraus. Die Zeit, in der das kein Problem gewesen wäre, nicht einmal für eine Frau mit dem Namen Riess, sollte sie nicht mehr erleben.

Wir wären wohl nie aus Berlin weggezogen, hätte sich nicht etwas ereignet, das ich nicht für möglich gehalten hätte.

An einem Abend, an dem Heide – vermutlich im Renaissance-Theater – spielte, fuhr ich zu einer sogenannten Party, die ein guter Freund von uns gab. Es war keine große Angelegenheit, wir tranken ein bißchen Wein und plauderten. Es gab wohl niemanden an diesem Abend dort, den ich nicht kannte, einige gut, einige weniger gut. Ich war am Nachmittag in dem damaligen Berliner Büro der »New York Times« gewesen und hatte dort unter anderem Nachrichten vom Ticker laufen sehen und sie überflogen, die mich einigermaßen erschütterten. Es handelte sich um Missetaten von Neonazis. Ich wußte natürlich – wer wußte nicht? –, daß es welche gab. Was mich damals so erschütterte, war, daß es in den letzten Stunden oder in der letzten Nacht gleich drei Neonazi-Banden waren, an ganz verschiedenen Orten im Westen, die jüdische Friedhöfe geschändet und Häuserwände mit antisemitischen Worten beschmiert hatten.

Ich erzählte davon auf der Party und fügte hinzu, es sei doch erstaunlich, daß in einem Land, das ja zu spüren bekommen hatte, wie unsinnig Hitlers Maximen waren, und so kurz nach Kriegsende, als noch nicht einmal alle Trümmer beseitigt waren, solche Dinge geschehen konnten.

Ich weiß noch genau die Worte, die ich sprach, denn die Szene sollte ich noch oft erzählen, weil ich ja immer wieder Gelegenheit hatte, auf Neonazis hinzuweisen. Ich sagte also: »Wenn das so weitergeht, und es wird so weitergehen, wenn nichts gegen diese Burschen geschieht . . .!«

Ich dachte, die anderen Gäste würden ebenso betroffen sein wie ich. Vielleicht waren sie es. Einer war es sicher nicht. Er sagte: »Wenn es dir bei uns nicht gefällt, kannst du ja wieder nach Amerika zurück!«

Ich dachte, nicht richtig gehört zu haben. Ich sah mich um. Meldete sich keiner meiner guten Bekannten oder Freunde zu Wort? Protestierte denn keiner, daß man einem Juden, der vermutlich nur lebte, weil er in die Emigration gegangen war, so etwas sagte?

Ich sah den Mann an, der diese Worte gesprochen hatte. Es war der Schauspieler Carl Raddatz, ein guter Schauspieler, wenn auch vielleicht nicht so gut, wie er selbst glaubte. Er hatte mit Heide gefilmt, und sie beide waren ein bißchen befreundet. Jedenfalls wollte Heide, daß ich ihn kennenlerne. Und er hatte mir gesagt, er sei ein Hitler-Gegner gewesen und ich glaubte ihm, denn er hatte ja damals, 1951 oder 1952, nicht den geringsten Grund, mir so etwas zu erzählen. Nein, er empfand es gar nicht als unmöglich, einem überlebenden Emigranten so etwas zu sagen. Ich wartete eine Weile, niemand sagte etwas, und dann sagte ich: »Dann ist wohl hier kein Platz für mich!«

Und ich ging. Der Gastgeber eilte mir nach und versuchte, mich zu beruhigen. Ich wunderte mich, daß er diesem Raddatz nichts entgegengehalten hatte. Ich sagte ihm nur in etwa, daß man mir so etwas nur einmal zu sagen hätte und sagen könne, und dann verließ ich das Haus und fuhr nach Hause.

11

Reisen

Heide, die erwartet hatte, daß ich sie vom Theater abhole, nahm sich ein Taxi und fuhr zu unserem Freund. Sie war erstaunt, daß ich nicht mehr dort war. Niemand verriet ihr den Grund. Erst als sie nach Hause kam, erfuhr sie ihn durch mich. Es war auch das erste Mal, daß wußte ich damals und habe es nie vergessen, daß ich mit ihr von meinen entfernten Verwandten sprach, die in Amerika geblieben waren und nicht verstehen konnten, daß ich nach Deutschland zurückgekehrt war. Eine mir etwa gleichaltrige entfernte Kusine schrieb damals, man könne ja nie wissen, ob man dort nicht einem Menschen die Hand reiche, der einen Juden oder vielleicht auch viele Juden umgebracht habe.

Heide sagte lange nichts. Dann:

»Das alles ist ja furchtbar . . .!« Sie wollte Raddatz nicht zur Rede stellen, schon deshalb nicht, weil sie ihn nicht wiedersehen wollte. Und dieses Versprechen, das ich keineswegs von ihr verlangte, hatte sie sich selbst gegeben und blieb dabei.

Daß diese Affäre der Grund für uns war, Berlin zu verlassen, ist wahrscheinlich, aber nicht sicher. Wir verließen Berlin auch nicht sozusagen auf immer. Wir behielten das Haus in der Masurenallee noch viele Jahre lang, wenn wir es auch gelegentlich unserem Freund Curd Jürgens vermieteten. Will sagen, daß wir immer mal wieder mit der Möglichkeit rechneten, nach Berlin zurückzugehen. Heide hatte ja immer eine gewisse Angst in Berlin und die war sicher nicht so unberechtigt, wie es mir damals vorkam, was aber wenige Jahre später der sowjetische Regierungschef Chruschtschow unter Beweis stellte.

Als ich im Sommer 1954 wieder mal nach Zürich flog, war das also keineswegs ein endgültiger Bruch mit Berlin. Nur einmal sondieren, mich umsehen, mich mit meinen Freunden in

Zürich beraten, dachte ich. Ich stieg also in einem Hotel am Zürichsee ab.

Der stellvertretende Direktor des damals schon legendären Schauspielhauses, der Dramaturg Kurt Hirschfeld, hatte gehört, daß ich in der Umgegend der Stadt sei und rief an. Wann denn Heide endlich komme? Er hatte von dem sterbenden Opi erfahren, daß sie in Zürich spielen würde und dachte, ich käme, um den Vertrag perfekt zu machen. Ich hatte unser gemeinsames Versprechen zwar nicht vergessen, aber ich wußte im Augenblick nicht, ob Heide in der nächsten Zeit überhaupt frei sein würde. Sie machte ja immer mal wieder einen Film.

Ich glaube, in jenen Tagen machte sie einen nach den »Ratten« von Gerhart Hauptmann. Sie spielte die Mutter John, bei Hauptmann die eigentliche Hauptrolle, die Frau, die unbedingt ein Kind haben will, und da sie keines bekommen kann, einem polnischen Dienstmädchen ihr unerwünschtes Kind abkauft. Dieses polnische Mädchen wurde von Maria Schell gespielt, um diese Zeit bereits Star Nummer Eins in Deutschland, und so wurde aus der interessanten Nebenrolle der Polin die eigentliche Hauptrolle in den arg veränderten »Ratten«. Der Film wurde trotzdem ein Riesenerfolg dank beider Damen, Gustav Knuth und Curd Jürgens.

Es stellte sich bei einem Telefonat heraus, daß Heide im Herbst 1955 und vermutlich auch in den kommenden Jahren jeweils ein paar Monate frei war, und Zürich wollte ihr einen Vertrag schicken. Man fragte mich, und ich fragte sie, was sie verlange. Sie wußte, Zürich konnte nicht das zahlen, was Berlin oder Wien zahlen konnten. Und damals kam man noch fast ohne Subvention in Zürich aus.

Heide meinte, sie müsse wohl nicht das bekommen, was sie anderswo verdiene, aber doch die lokale Höchstgage. Sie bekam vom Verwaltungsdirektor einen Vertrag, der weit unter dem lag, was sie bisher an Gagen verdient hatte. Ich rief Hirschfeld an und meinte, unter diesen Bedingungen könne Heide wohl nicht spielen. Er wollte seinen Verwaltungsdirektor nicht desavouieren, er sagte nur, ich solle für Heide nachdrücklich die Höchstgage verlangen.

Und postwendend kam ein neuer Vertrag mit einer Abendgage von Fr. 300. Das war nämlich die Höchstgage, der erste Vertrag war der Versuch gewesen, Heide billiger zu bekommen.

Dann stellte sich die Frage, was sie in ihrer ersten Saison spielen solle? Sie schlug »Candida« vor. Dem Theater war das recht. Ihr Partner? Bevor diese Frage geklärt war, meldete sich Gustav Fröhlich, der die Rolle in Berlin gespielt hatte. Er würde die Rolle gern auch in Zürich spielen, war aber nicht sicher, ob Frau Hatheyer damit einverstanden sei. Die Sache war nämlich, daß er ein Jahr zuvor, nach Beendigung der Berliner Vorstellungen von »Minna von Barnhelm«, mit Heide und diesem Stück auf eine Tournee gehen sollte, die aber in letzter Minute abgesagt werden mußte, weil Heide sich einen Bronchialkatarrh zugezogen hatte und die Ärzte meinten, sie müsse ein paar Wochen Höhenluft haben. Als Fröhlich, der immerhin das Berliner Engagement durch Heide erhalten hatte, das erfuhr, verlangte er von dem Theaterdirektor Raeck: »Das muß ich durch einen Amtsarzt bestätigt bekommen!« Und Raeck sagte ihm, er werde die Bestätigung erhalten, aber er müsse ihm schon jetzt mitteilen, daß ein Schauspieler, der sich so benehme, an seinem Theater nicht mehr auftreten würde. Was auch nie wieder geschah.

Fröhlich war also nicht gerade von Heide »geschieden«, aber die Stimmung war etwas gespannt. Darauf spielte er an, als er in Zürich darauf hinwies, Heide würde vielleicht nicht zustimmen.

Sie meinte, das alles sei vergangen, er solle in Gottes Namen die Rolle bekommen. Es war ja auch ein Vorteil für sie, es mit einem Partner zu tun zu haben, der bereits mit ihr gespielt hatte.

Und nun geschah etwas Unglaubliches. Fröhlich ging zu dem Züricher Theateragenten – es gab wirklich nur einen in Zürich –, der unter anderem die Rechte für die Stücke von Shaw hatte und sicherte sich die Züricher Aufführungsrechte für »Candida«. Das war leicht, denn das Schauspielhaus hatte sich niemals um Rechte eines Stückes gekümmert, das dort aufgeführt werden sollte, weil es wirklich das einzige seriöse Schauspielhaus in der Stadt war.

Im Besitz dieser Rechte mietete Fröhlich einen nicht bespielten Saal, in dem es eine Bühne gab. Und fragte mich, ob, da er nun nicht im Schauspielhaus, aber anderswo den Shaw aufführen würde, Heide bereit wäre, dort aufzutreten.

Meine Antwort: »Sie hat einen Vertrag mit dem Schauspielhaus.« Er holte dann eine andere gute Schauspielerin, aber seine »Candida« wurde kein Erfolg.

Die Frage war nun, mit welchem Stück sollte Heide in Zürich beginnen?

Hirschfeld schlug ein Stück vor, mit dem Heide nichts anfangen konnte. Er schickte sein zweites Stück, an das er selbst nicht glaubte. Insgesamt schickte er nach dem »Candida«-Mißgeschick fünf Stücke.

Ich erinnere mich noch, das letzte war »Requiem für eine Nonne« von William Faulkner, das er in Anlehnung an einen seiner Romane geschrieben hatte. Es wäre eine Uraufführung gewesen, es war noch nirgends gespielt worden, weder in den Vereinigten Staaten noch in Europa.

Es galt als unspielbar. Aber Hirschfeld, der viel von zeitgenössischer Literatur verstand, meinte, es handele sich um ein sehr schwieriges, aber doch interessantes Stück. Und die Möglichkeit, eine Uraufführung zu bringen, reizte ihn und natürlich das Theater.

Heide las das Stück und sagte zu mir – ich erinnere mich noch, als sei es gestern gewesen, wir saßen zusammen mit Maria Schell an einem Hotel-Swimmingpool, die Schell und Heide spielten damals im Rahmen der Salzburger Festspiele »Kabale und Liebe«, die Schell ohne jeden Erfolg, Heide mit einem Bombenerfolg – sie sagte also zu mir, sie habe das Stück aufmerksam gelesen und – »Ich habe kein Wort verstanden!«

Darauf nahm ich mir das Stück vor und las es. Ich sagte zu Heide: »Ich verstehe das Stück auch nicht. Aber du mußt dir klar darüber sein, wenn du das auch zurückschickst, sind sechs

Versuche des Schauspielhauses vergebens gewesen, und die in Zürich müssen annehmen, daß du gar nicht dort auftreten willst.«

Worauf sie ihr Einverständnis gab, das Stück, das sie wirklich nicht verstehen konnte, zu spielen.

Und nun geschah wieder mal ein Wunder. Leopold Lindtberg, der viel zu dem Ruhm des Züricher Schauspielhauses in der Hitler-Zeit beigetragen hatte, nahm sich das Stück vor. Er erklärte, er werde es mit Heide inszenieren.

Das jedenfalls sagte uns Hirschi in einem Telefonat Zürich-Berlin. Er sagte uns nicht die ganze Wahrheit, sie hätte vermutlich bewirkt, daß Heide vom Vertrag zurückgetreten wäre. Denn – und das ahnte nicht einmal ich – mit Ausnahme von Hirschi war das gesamte Zürcher Ensemble entschieden gegen das Engagement von Heidemarie Hatheyer.

Um das zu verstehen, muß man wissen, daß dieses Ensemble sich als Anti-Hitler-Ensemble verstand. Man hatte während der Hitler-Jahre zwar ganz normales Theater gemacht, aber allein die Tatsache, daß man es machte, daß zum Beispiel der Jude Lindtberg inszenierte, daß Leonard Steckel wie Kurt Horwitz spielten, der Jude Hirschfeld Vizedirektor und Dramaturg war, die keinesweges arische Maria Becker unvergeßliches Theater machte, der Anti-Hitler-Verleger par excellence Oprecht der Präsident des Verwaltungsrats wurde – das alles war, auch wenn man ein Stück von Schiller oder Ibsen spielte, Politik. Und so lange Hitler die Möglichkeit hatte, die Schweiz zu besetzen – und die hatte er eigentlich bis 1943 – lebensgefährlich.

Und für dieses Ensemble war Heidemarie Hatheyer inakzeptabel. Man hielt sie für eine »Nazisse«. Beweise dafür hatte niemand, aus dem einfachen Grund, weil es keine gab. Weil Heide eben politisch überhaupt nie irgend etwas unternommen, geschweige denn verbrochen hatte. Davon war ja hier die Rede. Aber allein, daß sie im Hitler-Deutschland gespielt hatte genügte den Zürcher Kollegen.

Erstaunlich, denn man hatte andere Schauspieler, die mit dem gleichen »Makel« behaftet waren, nach Zürich geholt.

Zum Beispiel, noch während des Krieges, Käthe Gold, die allerdings einen Schweizer Paß hatte. Und für die sich Therese Giehse einsetzte. Zum Beispiel Will Quadflieg, der in den letzten Hitler-Jahren in Berlin sehr aktiv gewesen war, freilich politisch auch nicht belastet. Und vor allem und sehr schnell nach dem Krieg Gustav Knuth, dem man schon 1947 die Hauptrolle in der Uraufführung von Zuckmayers »Des Teufels General« anvertraute. Knuths Antinazi-Einstellung war freilich weit über die deutschen Grenzen hinaus bekannt, er hätte das Dritte Reich wohl auch nicht ohne weiteres überstanden, wenn er nicht am Staatstheater von Gustaf Gründgens gewesen wäre, das ja in Grenzen auch als Antinazi-Theater galt. Aber das war ja die Hatheyer schließlich auch.

Darüber hinaus hätte die Tatsache eine Rolle spielen sollen, daß sie meine Frau war. Denn die vom Schauspielhaus kannten mich sehr gut. Sie wußten, daß ich Emigrant der ersten Stunde war, sie sahen mich ja bis zum Krieg immer wieder, wenn ich von Paris herüberkam, einige der Schauspieler des Ensembles waren meine Freunde, und sie durften sich eigentlich gesagt haben, daß ich keine Anhängerin des Nationalsozialismus geheiratet hätte.

Die einzige Erklärung der Ressentiments, die wir später zur Kenntnis nehmen mußten, war, daß einige Mitglieder aus persönlichen Gründen gegen die Hatheyer eingestellt waren. Später sollten wir auch erfahren, wer es war, damals ahnten wir nichts von diesen Vorbehalten in Zürich.

Um es gleich hier zu sagen: Es war Therese Giehse, die zwar nichts gegen die Hatheyer persönlich haben konnte und auch sicher nichts über ihre Vergangenheit wußte, aber daß sie politisch sehr links stand, war allgemein bekannt. Aber die Giehse hätte vermutlich überhaupt nichts gegen H. H. unternommen oder hätte doch wenig gegen sie einzuwenden gehabt, wenn ihre beste Freundin sie nicht angefeuert hätte. Das war Erika Mann. Sie war ehemals eine sehr gute Freundin von mir gewesen – niemals mehr. Sie löste diese Freundschaft, als sie nach Beendigung des Kriegs nach Deutschland kam und sich auf den Standpunkt stellte, daß eigentlich das ganze deutsche Volk hätte emigrieren müssen, um gegen Hitler zu protestieren. Den Auslöser ihrer Feindschaft gegen mich war mein Eintreten für Furtwängler, den sie in einem ihrer Artikel damals als einen besonders schlimmen Nationalsozialisten hinstellte.

Wir erfuhren viele Jahre später, als Lindtberg Direktor des Theaters geworden war, von diesen Angriffen der Giehse, und auch dann nicht, als Heide 1955 an das Theater gekommen war, sondern daß sie damals, also mindestens ein Dutzend Jahre später erklärte, die Hatheyer sei überhaupt nur nach Zürich durch Protektion gekommen. Was bedeuten sollte, daß, wäre sie nicht meine Frau gewesen, man sie nie genommen hätte.

Schwachsinnig. Aber ich fand, daß sie sich das nicht länger gefallen lassen müsse und verklagte die Giehse wegen Beleidigung. Das geschah übrigens gegen den Wunsch meiner Frau und den von Lindtberg, aber ich wollte das nicht so im Raum stehen lassen. Es kam nicht zu einer Gerichtsverhandlung, denn die Giehse nahm den absurden Vorwurf zurück. Nach meiner Ansicht hatte sie nie an ihn geglaubt.

Zurück zum »Requiem«: Lindtberg stellte Szenen um, strich Szenen, fügte einige Worte hinzu oder nahm andere Veränderungen vor. Jedenfalls arbeitete er zwei Wochen vor Probenbeginn Tag und Nacht mit Heide, die auch kräftig mitarbeitete. Ich wußte davon überhaupt nichts, ich war gar nicht in Zürich, Heide war diesmal allein gefahren.

Als ich etwas später von Berlin nach Zürich kam und sie traf, schien sie sehr befriedigt. »Das Stück wird jetzt spielbar!« kommentierte sie, und Lindtberg, von uns allen Lindi genannt, zu mir, dem alten Freund: »Deine Frau hat Seltenheitswert. Eine Schauspielerin, die Dramaturgin werden könnte.« Sie hatte wie gesagt bei seiner Bearbeitung des ursprünglichen Textes mitgearbeitet.

In der Tat, sie verstand etwas von Theater und von Texten. Ich erinnerte mich nachträglich, daß sie in den ersten Nachkriegsjahren, in denen wir uns noch nicht kannten, am Residenztheater das berühmte Stück »Wir sind noch einmal davongekommen« (The Skin of our Teeths) gespielt hatte. Als man ihr das Buch gab, die Übersetzung natürlich, erklärte sie nach seiner Lektüre, die Übersetzung könne nicht stimmen. Sie verlangte das Original, und in ihrer Freizeit stellte sie einige Stellen des Stückes, die falsch übersetzt worden waren, richtig – zur Verblüffung des damaligen Regisseurs, Paul Verhoeven.

Die Einladung an Heide durch Lindi und auch Hirschi, Dramaturgie-Dienste für das Schauspielhaus zu leisten, waren vielleicht nicht hundertprozentig ernst gemeint, aber sehr typisch für die Einschätzung Heides durch diese beiden. Ich habe sie damals gefragt, wie sie, die zwar einigermaßen Englisch sprach – das hatte sie in der Schule und auch durch ihre amerikanischen Freunde und englische und amerikanische Bücher, die sie las, gelernt –, so sicher sein konnte, daß diese oder jene Stelle falsch übersetzt sei.

»Das hing immer mit meiner Rolle zusammen. Der Mensch, der ich sein sollte – die Frau, die ich sein sollte – konnte ganz einfach nicht so sprechen. Da stimmte etwas nicht . . .«

Sie hatte sich also bereits bei der Lektüre in den darzustellenden Menschen »versetzt«!

Das »Requiem« war nicht nur ein außerordentlich kompliziertes, es war auch ein langes Stück. Trotz der Striche würde es annähernd drei Stunden dauern. Wir machten uns auf eine lange Probenzeit gefaßt. Mindestens vier Wochen. Für Berlin oder Wien nichts Ungewöhnliches. Fritz Kortner, in der Vor-Hitler-Zeit ein außerordentlich interessanter Schauspieler, hatte sich nach Rückkehr aus dem amerikanischen Exil zu einem Regisseur gewandelt, der eine Probenzeit von mindestens zwölf Wochen benötigte. Wie die Schauspielerin Marianne Hoppe, die das einmal mit ihm durchstand, sagte: »Er probiert nicht mit uns, er probiert uns aus!« Und die Wessely nach 10 Wochen Proben: »Ist da eine Aufführung des Stückes beabsichtigt?«

Bei dieser Gelegenheit: Kortner und ich waren aus bestimmten privaten Gründen nicht gut aufeinander zu sprechen. Er

201

pflegte mich seinen »Feind« zu nennen. Einmal bot er H. H. in einer kommenden Inszenierung eine Rolle an, und als sie ihn wissen ließ, sie sei nicht interessiert, erzählte er in einem Interview, sein »Feind« habe ihr verboten, mit ihm zu arbeiten. Worauf Heide ihm einen Brief schrieb, der übrigens auch in Teilen veröffentlicht wurde, ihr Mann versuche nie, sie bei solchen Entscheidungen zu beeinflussen. »Es ist vielmehr so, daß Sie, Herr Kortner, zwölf Wochen und länger probieren. Und das halte ich nicht durch!«

Erstaunlicherweise hätte »Requiem« bereits nach drei Wochen Proben herauskommen können – Heide hatte ihre Rolle in genau fünf Tagen gelernt –, was aber aus anderen Gründen nicht möglich war. Ich äußerte mich erstaunt Lindi gegenüber. Wie war das so schnell möglich? Er sagte trocken: »Frag deine Frau!«

In der Tat gab es in dem Stück kaum eine Szene, in der sie nicht auf der Bühne stand, und so hatte sie den weitaus meisten Text. Aber sie hatte ihn sozusagen über Nacht gelernt. Sie hatte sich eben nach der ersten Stellprobe in die junge Frau Temple Drake »versetzt«.

Der Text: Das Stück zerfiel in zwei, eigentlich in drei Teile. Es hatte einen nicht leicht verständlichen Inhalt, selbst in der redigierten Fassung von Lindi/H. H. Das »Requiem« war, laut Faulkner, die dramatische Gedenkfeier für eine »morphinistische Negerhure«.

Nancy Mannigoe, ein schwarzes Dienstmädchen in irgendeinem Südstaat ist die Nonne, im Süden auch die Bezeichnung für eine Dirne. Sie sieht, daß ihre Herrschaft, die Ehe von Temple Drake, jetzt verheiratete Stevens, im Begriff ist, auseinanderzubrechen und tötet das jüngste Kind der Familie, um Temple zu hindern, von ihrem Mann fortzulaufen. Die »Nonne« wird zum Tod verurteilt, was für sie eine Sühne bedeutet. Aber nicht nur für ihre Tat, sondern für mehr, sie sühnt, immer nach Faulkner, stellvertretend auch für die anderen, überhaupt für die Schuld anderer Menschen schlechthin.

Das begreift zwar niemand, außer Temple Drake-Stevens,

und sie versucht das Mädchen zu retten, indem sie die »Schuld« auf sich nimmt, in einem Geständnis ihrer, zwar nicht juristisch zu verfolgenden, aber ihr bewußten Schuld.

Das Todesurteil und die Reaktion der Familie, vor allem eines Onkels, der Temple Drake besonders nahesteht, ist der erste Teil des Stücks. Der Beschluß von Temple Drake, beim Gouverneur um Milde für die Verurteilte zu erbitten: das ist der zweite Teil.

Der dritte Teil nach diesem Schuldgeständnis, respektive der Fürbitte beim Gouverneur ist eine Rückblende in die Vergangenheit, die zeigt, daß Temple Drake als College-Girl, teils freiwillig, teils gegen ihren Willen vergewaltigt, ein ziemlich tolles »unmoralisches« Leben geführt hat. Und diese Rückblende, die diese sündige Vergangenheit zeigt, endet mit einem Besuch Temple Drakes im Gefängnis der Negerin, der man keine Gnade angedeihen hat lassen und die in wenigen Stunden sterben muß. Was tut es? Sie ist mit Gott versöhnt. Zurück bleibt voller Verzweiflung Temple Drake, die zwar bereit ist, zu ihrem Mann zurückzugehen, aber sich fragen muß, ob es überhaupt einen Gott gibt.

Nicht die »Nonne«, sondern Temple Drake ist also die große Rolle dieses Dramas. Sagte ich große Rolle? Man hatte bis in den zwanziger Jahren in Theaterkreisen angenommen, daß der König Lear die längste Rolle der Literatur ist. Sie hintereinander aufzusaugen, dauert 50 Minuten. »Des Teufels General«, 1947 in Zürich aus der Taufe gehoben, dauerte zeitmäßig 55 Minuten. Die Temple Drake 62 Minuten. Das alles ist nicht so wichtig, aber es rechtfertigt das Erstaunen aller, insbesondere Lindis, daß die Hatheyer diese Rolle, die eben wie alle anderen keine Rolle für sie war, sondern mehr, am fünften Tag nach Probenbeginn auswendig konnte.

Es gab da eine sogenannte große Szene, die Fürsprache der jungen Frau beim Gouverneur. Die dauerte auf der Bühne genau 45 Minuten. In dieser Szene waren drei Personen auf der Bühne. Der Gouverneur, der sich alles anhören mußte, der Onkel, der Temple Drake begleitete, und sie. Der Gouverneur und der Onkel hatten gelegentlich kurze Sätze, wie etwa: »Setzen Sie sich, Frau Stevens!« oder: »Möchten Sie eine Zigarette?« oder: »Wollen Sie etwas trinken?« Kaum mehr. Den Rest der sicher mehr als 40 Minuten hatte Temple Drake-Stevens zu sprechen. Wer irgend etwas von Theater weiß, weiß auch, was 40 Minuten auf der Bühne, insbesondere in einer Dekoration, die gar keine großen Gänge zuläßt – das Büro des Gouverneurs – bedeuten. Eine Ewigkeit.

Irgendwie hatte sich die ungewöhnliche Tatsache, daß die Hatheyer in dem Stück fast 45 Minuten sprach, vor der Uraufführung herumgesprochen. Was eine erstaunliche Folge hatte.

Die Probe vor der Generalprobe wollte sich Faulkner ansehen. Der war nämlich inoffiziell von Paris nach Zürich gekommen, weil er sein Stück einmal sehen wollte. Nur wenige wußten, daß er in der Stadt war, er wollte auch in seiner Anonymität verbleiben. Er hatte schließlich fünf Jahre zuvor den Nobelpreis erhalten, wäre also von der Presse überlaufen worden.

Er saß also in einer Loge, und Hirschfeld, der nicht viel Englisch konnte, bat mich, neben ihm Platz zu nehmen. Lindtberg, der recht gut Englisch sprach und verstand, wollte gar nicht wissen, was Faulkner zu der Bearbeitung des Stückes sagen würde, die nicht mehr so kurz vor der Premiere zu ändern war, ganz abgesehen davon, daß er jetzt bei sich selbst keine Zweifel mehr aufkommen lassen wollte.

Faulkner sagte lange gar nichts. Und dann sagte er, eben nach jener Szene beim Gouverneur, in etwa: »Sie wissen ja, daß ich wenig Deutsch verstehe, aber ich bin sehr beeindruckt, obwohl, das muß ich sagen, ich das Stück für eine ganz andere Art von Schauspielerin geschrieben habe. Sie hat es übrigens nie gespielt. Ich lernte sie in Hollywood kennen, als ich an einem Film mitarbeitete. Aber sie war wohl nicht arriviert genug, als daß man sie an den Broadway geholt hätte.« Und er sagte dann noch einmal, er sei doch sehr beeindruckt von dem, was er gesehen habe. Ob die Schauspielerin – er wußte wohl nicht, daß sie meine Frau war – Englisch sprechen könne? Sie müsse unbedingt – ich erinnere mich noch an das Wort »by all means« – an den Broadway. Nach Beendigung der Probe ging er fort. Ich glaube nicht, daß er der Premiere beigewohnt hat. Nein, ich bin dessen fast sicher. Und Heide wollte ihn auch nicht kennenlernen, aus den gleichen Gründen wie Lindi. In diesem Stadium vor der Premiere wäre auch die leiseste Kritik von irgend jemandem, der an der Aufführung nicht mitwirkte, und gar schon vom Autor, störend gewesen.

Ja, und dann kam es also zu der Premiere oder Uraufführung, oder wie man heute unsinnigerweise sagt »Welturaufführung« von 1955 – als ob es eine andere Uraufführung geben könnte. Ich saß auf einem Eckplatz in der fünften Reihe links, neben mir die Witwe von Wilhelm Furtwängler, die ich eingeladen hatte und die vom Genfer See angereist war.

Die Zuschauer machten sich fast nicht bemerkbar, nur selten ein Räuspern oder ein Hüsteln. Das deutete immer auf Spannung hin. Besonders gespannt war die Zuschauerschaft während der 45 Minuten beim Gouverneur. Viele sagten mir später, sie hatten das Gefühl, einem Krimi beizuwohnen. Aber das wußte ich damals nicht. Nach dieser Szene verlöschte das Licht langsam, während die Hatheyer die Treppe vom Gouverneur herunterkam in Richtung Zuschauerraum. Als sie bis zur Rampe gelangte, war es dunkel. Und dann wurde es hell. Die große Pause vor der Rückblende in die Vergangenheit – kaum Beifall. Frau Furtwängler sah mich an. Bedeutete das, daß das Stück nicht ankam?

Ich hatte immer während der Proben zu meiner Frau und auch zu Lindi gesagt, das Stück werde kein Publikumserfolg werden, es sei viel zu schwierig. Aber es sei ein Verdienst, es aufgeführt zu haben, auch wenn es nur sechs- oder siebenmal laufe.

Ich stand auf und ging sehr schnell auf die andere Seite des Hauses, also durch das Foyer, um in die Garderobe meiner Frau zu gelangen. Ich wurde aufgehalten durch einen Bekannten, der eine Frage an mich hatte: »Wann kommt eigentlich die Szene, in der die Hatheyer 45 Minuten zu sprechen hat?« Ich starrte ihn ungläubig an, und dann sagte ich in etwa: »Die haben Sie ja gerade gesehen!«

Ich eilte so schnell ich konnte zur Hatheyer und sagte ihr: »Du hast gesiegt!« Wenn einer nach 45 Minuten gar nicht gemerkt hat, daß 45 Minuten verflossen sind, dann bedeutete das einen unwahrscheinlichen Sieg der betreffenden Schauspielerin. Sie begriff.

Aber daß das ein Publikumserfolg werden würde, glaubten wir auch dann nicht. Auch nicht nach dem Schlußvorhang, der mit relativ zurückhaltendem Beifall bedacht wurde. Gewiß, als die Hatheyer allein erschien, verstärkte sich der Beifall etwas, aber von Rufen aus dem Publikum, wie das später in allen Theatern der Fall sein sollte, wenn etwas besonders gefallen hatte, war keine Rede.

Bei der Party, die von der Witwe Emil Oprechts nach der Vorstellung gegeben wurde, war die Stimmung unentschlossen. Auf dieser Party fanden sich die von mir eingeladenen Mitwirkenden, auch der Bühnenbildner Teo Otto, auch die Münchner Filmagentin der Hatheyer und Frau Furtwängler, und einige andere prominente Persönlichkeiten des Theaters und der Literatur. Sie waren alle tief beeindruckt. Aber wie das mit dem Erfolg würde? Über eins waren sich allerdings alle einig: über die 45 Minuten Hatheyer.

Lindtberg der Regisseur, der neben mir saß, sah mich an und sagte in etwa: »Hast du was gemerkt? Das stammt von ihr! Das ist nicht meine Regie-Idee!«

Ich wußte zwar, daß etwas in der bewußten Szene anders war, aber was und wie wußte ich nicht.

Und dann öffnete Heide den Mund und sagte: »Man muß den Mut zum Pathos haben!« Ein Schlüsselwort zu ihrem gesamten Schaffen.

Man bedenke, sie hatte in dieser Szene eigentlich eine Beichte über eine sehr schmutzige, sehr häßliche, man darf wohl sagen unsittliche Vergangenheit nebst schrecklicher Details abzustatten. Es lag auf der Hand, daß wer immer diese Szene spielen würde, sie eben wie die Beichte eines Haufens großer Sünden wiedergeben würde. Und sie? Pathos!

Ja, Lindtberg mußte mir erklären, und dann verstand ich.

Heide hatte herausgefunden, daß diese an sich, was die Fakten anging, widerlichen Enthüllungen für die junge Dame, die da oben stand, der entscheidende Teil ihres Lebens war. Hier war also Pathos angebracht – von ihr aus gesehen, immer von ihr aus gesehen. Aber sie spielte ja nicht diese Figur, sie war sie, was nicht oft genug gesagt werden kann.

Sonst haßte Heide Pathos. Sie fand es überflüssig, wie das viele Spielen über die Worte hinaus. Ihre »Maria Stuart« war ganz unpathetisch, sie war eine eiskalte Politikerin, die auf eine geschicktere, oder sagen wir erfolgreichere Politikerin gestoßen war. Ihre »Luise« war kein »tragisches Lieschen« aus dem Volk, sie war ein Mädchen aus dem Volk, kein Pathos, sondern nur die Darstellung einer Situation, die bei dem Mädchen natürlich Gefühle auslösen mußte und die ja auch auslöste, die andere mit Pathos dargestellt hätten und immer noch darstellen. Heide konnte mit dem sogenannten aufgesetzten Pathos nichts anfangen, und daher war ihr einziger Mißerfolg auf der Bühne eigentlich die »Phädra« von Racine, des französischen Klassikers. Die Stücke von Racine und auch die von Corneille sind ja bewußt pathetisch, sozusagen eine Etage höher angesiedelt als die Realität. Das war der Stil der französischen Klassiker. Und diese stilisierten Figuren mit ihren stilisierten Gefühlen hat sie nie spielen können oder wollen, das war sie eben nicht – der Akzent liegt auf »war«.

Ich erinnere mich noch, daß der damalige Präsident des Verwaltungsrats, Richard Schweizer, ein einheimischer Literat, Nachfolger Oprechts, der viele Drehbücher für Lindi geschrieben hatte, Hirschfeld entsetzliche Vorwürfe machte, daß er ein solches Stück habe spielen lassen, das doch die Menschen aus dem Theater verjage! Er wurde so laut und ausfällig, daß wir in den anstoßenden Räumen das alles mitanhören mußten.

Und dann kamen die Kritiken. Sie waren keine Kritiken, sie waren Hymnen. Zur Ehre der Zürcher Kritiker sei es gesagt, daß sie durchaus die hohe Qualität des Stückes begriffen und natürlich auch die außerordentlichen Leistungen der Mitwirkenden. Was sie Hatheyer anging, die sie ja bisher nur in Filmen gesehen haben konnten, so gerieten sie ganz außer sich. Die sonst eher konservative »Neue Zürcher Zeitung« schrieb über sie in einer Kritik, die ungefähr dreimal so lang war, wie die üblichen Kritiken: »Sie meistert diese ebenso großartige, wie unerhört anspruchsvolle Rolle – über eine Stunde dauert der zweite Akt, in dem Temple Drake ihre Selbstanklage vor dem Gouverneur zumeist als Monolog erhebt – mit staunenswerter Überlegenheit, im nuancenreichen Einsatz ihrer reifen darstellerischen und sprechkünstlerischen Mittel. Eine leidenschaftlich harte, rauhe, eigentlich abstoßende Figur ist Faulkners Temple. Heidemarie Hatheyer bleibt ihr diese Züge zwar keineswegs schuldig, aber gibt ihr auch das fraulich-rassige und viele Töne einer gequälten Seele, die ans Herz greifen.«

Dergleichen hatte man in der »NZZ« in vielen Jahren nicht gelesen.

Der »Tages-Anzeiger«, die auflagenstärkste Tageszeitung der Schweiz: »Überwältigend und unvergeßlich Heidemarie Hatheyer als Temple Drake. Worte reichen nicht aus, die Gestaltung dieser Frau, welche das Schauspiel fast allein trägt, angemessen zu würdigen. Wie sie zunächst versucht, ihr wahres Gesicht hinter der dünnen Fairneß bürgerlicher und snobistischer Überlegenheit zu verbergen, wie allmählich ihre seelische Pein zum Durchbruch kommt; wie sie dann in der fast unerträglichen Szene vor dem Gouverneur ihre Vergangenheit immer neue Ansätze bis zum Grund hinab bloßlegt; und wie sie schließlich in der letzten Szene mit der Mörderin die Kraft zum Verzeihen und zum Weiterleben findet, das ist schlechthin großartig und umso großartiger, als die Künstlerin einzig die Intensität ihrer Persönlichkeit einsetzt und höchst diszipliniert auf hysterische Mätzchen völlig verzichtet. Dergleichen hat man auf der Pfauenbühne lang nicht mehr erlebt!«

Diese und ähnliche Kritiken war man, wie gesagt, in Zürich oder in der Schweiz von den eher zurückhaltenden Kritikern nicht gewohnt. Übrigens, das Stück, das H. H. unter derselben Regie in Düsseldorf und auf Tournee spielte, hatte mit anderen Schauspielerinnen in Berlin, Wien und Stuttgart keinen Erfolg.

Das Ausland, vor allem Deutschland, wurde aufmerksam. Es kamen von überallher Kritiker, die dann in Berliner Zeitungen schrieben, in Hamburger, in Münchner. Es erschienen dann sogar Kritiker aus London und New York und später zwei Produzenten aus Hollywood – wohl nachdem sie über die Aufführung von Faulkner selbst gehört hatten oder von Leuten, die darüber durch Faulkner informiert worden waren.

Das Stück, dem selbst wir eine Laufzeit von allenfalls sechs bis acht Vorstellungen vorausgesagt hatten, lief über 80 Mal in zwei Spielzeiten, konnte also nur einige Aufführungen weniger erzielen als »Des Teufels General«, der acht Jahre vorher alle Rekorde gebrochen hatte.

Heidemarie Hatheyer, die nach der Lektüre der Kritiken sehr erfreut war – sie gehörte ja zu den wenigen Schauspielerinnen, die zugaben, daß sie Kritiken lasen –, war auch sehr glücklich über die Komplimente anderer Schauspieler und Direktoren, wie zum Beispiel Gustaf Gründgens – der hatte uns gesagt, als er zu der etwa zehnten Aufführung nach Zürich kam, er könne nicht das ganze Stück ansehen, er habe nicht die Zeit dazu. Nach dem Ende der Vorstellung stand er vor der Garderobe von Heide und, als ich ihm einen fragenden Blick zuwarf, ich hatte ihn ja nicht mehr erwartet, rief er mir gewissermaßen empört zu: »Aus einer solchen Aufführung kann man doch nicht fortgehen!«

Ja, alle diese Bestätigungen von berufener Seite und die außerordentliche Reaktion des Publikums konnten Heide nicht davon überzeugen, daß eine neue Epoche in ihrem Leben begonnen hatte. Der Salzburger internationale Star war über Nacht eine weltberühmte Schauspielerin geworden.

12

Die Frage der Heimat

Etwa eine Woche nach der Uraufführung des »Requiem« hatte
ich ein Gespräch mit Heide, das mich über einiges aufklärte,
was ich bisher nicht wußte, ganz einfach, weil ich nie danach
gefragt hatte. Nämlich: wie sie sich ihre oder unsere Zukunft
vorstellte?

Als sie sich nicht sehr glücklich über das Reihenhaus in Küsnacht äußerte, das ich gemietet hatte, dachte ich, sie wünsche
eine andere Bleibe in Zürich oder in der Nähe von Zürich.

Daß dem nicht unbedingt so war, erfuhr ich eben um diese
Zeit durch Hirschfeld. Der sprach mich darauf an, daß Heide ja
nur sechs Monate am Schauspielhaus arbeiten wolle. Er wollte
wissen, wie es in den folgenden Jahren aussehen würde. Er war
sehr dafür gewesen, daß Heide in Zürich spielte, es war zweifellos ihm zu verdanken, daß die Voreingenommenheit ihr gegenüber schließlich schwand. Nach den Kritiken, nachdem der
Welterfolg – Max Lehmann, der spätere Verwaltungsdirektor
des Schauspielhauses, damals noch nicht in der Schauspiel AG
angestellte, sagte: »Das war wohl das bedeutendste künstlerische Ereignis der Nachkriegszeit!« – nicht nur für sie, sondern
für das Schauspielhaus evident wurde, gab es eine solche Voreingenommenheit natürlich nicht mehr. In der Zwischenzeit
hatte sie, hatten wir, auch einige Freundschaften in Zürich geschlossen – darauf komme ich später zurück.

Hirschfeld fragte also, wie es später aussehen würde und
fügte hinzu, Heide wäre in diesem Punkt nicht ansprechbar.
Für mich wohl doch. Sie sagte, sie habe sich nicht festlegen wollen. Sie war ja fast sicher, daß wir mit dem Stück durchfallen
würden. »Aber jetzt ist es vielleicht ganz anders!«

Und sie begann, nach einem anderen Haus zu suchen. Sie
wollte unter gar keinen Umständen in einem Reihenhaus in

einem Städtchen wie Küsnacht wohnen – »dann können wir ja auch gleich eine Wohnung in Zürich nehmen!« –, sie wollte »irgendwo« auf dem Lande leben, wie in Kirchseeon, natürlich nicht allzuweit entfernt vom Theater. War es ihr Entschluß, daß sie in Zukunft bei Zürich oder überhaupt in der Schweiz leben wollte?

Keineswegs. Um diese Zeit, sie war ja erst Mitte Dreißig, hatte sie schon in zahlreichen Theatern gespielt, das heißt auch in zahlreichen Städten und Ländern gelebt, angefangen bei Wien über München, Berlin, von den vielen Städten und Städtchen, in denen sie im Rahmen ihrer Tourneen aufgetreten war, gar nicht zu reden. Tourneen spielten damals eine große Rolle im Kulturleben Europas, ganz besonders Deutschlands, der Schweiz, Österreichs, also des deutschsprachigen Europa. Der Bedarf an gastierenden Truppen in Deutschland und Österreich war dadurch entstanden, daß viele Städte, die früher ein Stadttheater besessen hatten, jetzt über keines mehr verfügten, sei es, weil die Theater zerbombt waren, sei es, weil sie sich ein festes Ensemble nicht mehr leisten konnten. Auch hatten die Theaterliebhaber in vielen Städten sich an die künstlerisch relativ hochrangigen Tourneen mit ersten Schauspielern und Schauspielerinnen gewöhnt, sie wollten keine »Provinz« mehr.

Heide hatte in den Nachkriegsjahren, nachdem sie nicht mehr zu tingeln brauchte, in zahllosen Tourneen mitgewirkt, die immer auf sie gestellt waren.

Zwar war da immer noch der Traum ihrer Jugend, irgendwo zuhause zu sein. Aber daß dieses Zuhause die Schweiz sein könne oder müsse, hatte sie bisher nicht in Betracht gezogen. Es änderte sich auch nicht, als nach einem Abendessen, zu dem uns der damalige Stadtpräsident Landolt geladen hatte, der darauf hinwies, daß man in unserem Fall vielleicht eine Ausnahme machen könne, was bedeutete, daß wir nicht hätten zwölf Jahre warten müssen, um eingebürgert zu werden – ich entsinne mich nicht mehr, wie er die Ausnahmemöglichkeit begründete. Sie schwankte nicht.

Selbst nicht, als ich wenig später aus Washington einen Antrag erhielt, wieder in der Berliner US-Militärregierung zu wirken und ich ihr mitteilte, welche Folgen das für sie haben würde. Als Österreicherin müßte sie, um Amerikanerin zu werden, selbst als Frau eines Amerikaners, fünf Jahre warten. Aber wenn ihr amerikanischer Mann in den Vereinigten Staaten tätig sei, und meine Rückkehr in die Army hätte rein juristisch bedeutet, daß ich wieder »in« Amerika arbeitete, wäre alles viel schneller gegangen: selbst das beeindruckte sie nicht. Sie teilte zwar in allen diesen Jahren die Ansicht vieler, daß die Russen eine ständige Gefahr für Deutschland bildeten, aber sie wollte unter gar keinen Umständen Amerikanerin werden.

Was ich hier darzustellen versuche, ist untrennbar und unlöslich mit der Kunst von H. H. verbunden, die darin bestand, daß sie ihre Rollen nicht spielte, sondern die betreffende Person war, die ihre Kolleginnen spielten, sich, davon war ja ausführlich die Rede, völlig in sie versetzte. Nun hatte sie, seitdem sie Schauspielerin war, Rollen gespielt, die in allen denkbaren Ländern angesiedelt waren. Ihre erste größere Rolle war eine amerikanische Negerin in einem Musical (»Axel«), ihre zweite große Rolle war ein tschechisches Bauernmädchen (»Gigant«), ihre dritte ein Bürgermädchen in einer Residenzstadt irgendwo in Deutschland (»Kabale und Liebe«), in »Rose Bernd« war sie in einem schlesischen Dorf angesiedelt, in dem Stück von Faulkner war sie eine Amerikanerin, eine typische snobistische Dame der Gesellschaft in einem Südstaat. Sie hatte, soweit nötig, die Rollen im Dialekt der betreffenden Landschaft gespielt oder zumindest in der für die betreffende Landschaft typischen Sprachmelodie. (Für ihre Rose Bernd hatte sie bei einem schlesischen Kollegen Stunden genommen.)

Aber sie hatte nie einen Augenblick daran gedacht – das sagte sie mir, als ich sie fragte –, daß diese Gestalten, die sie »war«, Amerikanerinnen oder Deutsche oder Tschechinnen oder Engländerinnen waren. Sie spielte, sie war jeweils eine Frau mit gewissen Problemen, aber eigentlich ohne Nationalität. Sie hatte auf die Frage der Nationalität dieser Gestalten keine Sekunde verschwendet. Sie war noch sehr jung, als sie durch Hitlers Einmarsch in Österreich ihre österreichische Nationalität verlor, ganz einfach weil es damals keine mehr gab. Und sie noch einmal verloren hätte, wenn das überhaupt möglich gewesen wäre, als sie einen Deutschen heiratete. Das alles war ihr damals weder bewußt gewesen, noch hatte es irgend etwas für sie bedeutet. Sie hatte auch keinen Widerspruch gezeigt, als man in Washington verlangte, daß sie wieder Österreicherin werden müsse, um mich heiraten zu dürfen.

Aber in der Zwischenzeit hatte sie über all das nachgedacht, um, auch dies war typisch für sie, mit mir darüber zu sprechen. Und war zu der Überzeugung gelangt, und das sagte sie mir jetzt, Tage oder vielleicht auch Wochen nach dem Triumph in Zürich, daß sie Österreicherin bleiben wolle. Es war nicht, weil sie auf eine irreale Weise auf Österreich stolz war, die irreale Begründung vieler Patrioten, die stolz darauf sind, Deutsche zu sein oder Österreicher oder Franzosen oder Amerikaner, obwohl sie gar nicht an den Taten, die einige ihrer Landsleute vollbracht hatten, beteiligt waren, mochten sie kultureller oder anderer Art sein, etwa Mozart oder Kant oder Marconi, der die drahtlose Telegrafie erfunden hatte, oder der Amerikaner Bell, der das Telefon erfunden hatte, die also stolz auf etwas waren, das andere, die zufällig in derselben Stadt oder im selben Land geboren worden waren wie sie, erbracht hatten.

Nein, diese Art von Hurra-Patriotismus lag Heide fern. Im Gegenteil. Sie hatte, obwohl sie auf österreichischen Schulen erzogen worden war, seitdem sie denken konnte, lebhafte Vorbehalte gegen vieles, was in Österreich geschah oder geschehen war. Sie glaubte und wohl zu Recht, daß in den Augen vieler Menschen in anderen Ländern Österreich, nicht unbedingt alle Österreicher, aber eben Österreich, in den Hitler-Jahren schuldig geworden war, genaugenommen schon bevor Hitler seine Truppen nach Österreich hatte schicken können. Und so hatten, nach ihrer Ansicht, österreichische Staatsbürger nicht das Recht, sich hinter einer anderen Staatsangehörigkeit zu »verkriechen« – das Wort stammt von ihr. Sie war zu der Überzeugung gelangt, daß sie unabhängig von der Frage, ob sie selbst schuldig geworden war oder nicht, die Verpflichtung hatte, sich zu einem, zumindest während ihrer Jugend, »schuldigen Land« zu bekennen, wenn sie nun einmal dort geboren war. Wohlgemerkt, dies war ihre Ansicht und blieb es bis zuletzt. Und sie war auch nicht davon zu überzeugen, daß sie sich nichts vorzuwerfen hatte, sich auch nicht verantwortlich fühlen mußte.

Nein, sie fühlte sich nicht verantwortlich, aber wenn irgendjemand irgendwo glaubte, alle Österreicher seien verantwortlich, dann wollte sie sich selbst nicht ausschließen. Sie war eben mit sich ebenso hart wie mit ihrer Kunst. Nur eine Frau, die auf einer unbequemen, möglicherweise falschen Realität beharrte, die sich also in gewissem Sinne selbst verleugnete, indem sie sich selbst treu blieb, konnte die Stärke aufbringen, eine andere zu werden. Sie blieb Österreicherin bis zu ihrem Lebensende.

Heide begab sich also auf die Häusersuche kurz nach dem »Requiem«. Und kam jeden Nachmittag ein wenig enttäuschter in das Haus zurück, das wir in Küsnacht bewohnten. Sie hätte sich gewünscht, am Zürichsee zu leben. Aber dies war, wie sie sehr schnell herausfand, unmöglich. Die Grundstücke dort waren entweder gar nicht käuflich oder sie kosteten Summen, die wir nicht hätten aufbringen können. Sie suchte nun anderswo, und irgendwie kam sie in die Umgegend von Forch und Egg auf Grundstücke, die nicht direkt am Zürichsee lagen, aber oberhalb eines anderen großen Sees, des Greifensees, der durch die historischen Romane von Conrad Ferdinand Meyer in die Literatur eingegangen war. Diese Gegend war noch nicht in Mode, dort gab es noch Bauerndörfer und Bauernhöfe.

Und eines Tages kam Heide strahlend zurück. Sie glaubte, das Richtige gefunden zu haben. Ein noch nicht ganz fertiges Haus, es würde wohl noch ein Vierteljahr dauern, bis wir einziehen könnten. Aber vor allem in einer idealen Lage mit unverbaubarem Blick auf den Greifensee und 4000 m² Garten und Wiesen.

Ich steckte gerade in einer größeren Arbeit, und ich sagte, ich würde das Haus mit ihr morgen besichtigen. Sie schüttelte den

214

Kopf. Das wäre zu spät! »Um fünf Uhr heute nachmittag kommt ein anderer, der sich für das Haus interessiert!«

Also setzten wir uns in das Auto, und Heide fuhr mich in das Dorf Scheuren. Das dauerte etwa zehn bis zwölf Minuten. Sie erzählte mir: Ein Zürcher Arzt habe das Haus bauen lassen, aber bevor es fertig gewesen sei, habe er sich umgebracht. Die Handwerker vermuteten, es sei eine Frauengeschichte gewesen. Aber das Entscheidende war, daß sie nicht bezahlt worden waren. Keinen müden Franken! Sie hatten sich zusammengetan zu einer Art Interessengemeinschaft, und der Handwerker, mit dem Heide gesprochen hatte, hatte ihr den Preis genannt, den die Handwerker forderten, und der war gar nicht so außerordentlich hoch (nicht einmal zehn Prozent von dem, wie er bei Heides Tod 1990 geschätzt werden würde). Aber wie gesagt, wir müßten uns sofort entscheiden.

Als wir vor dem Haus angekommen waren, hatte ich in der Tat allen Grund, den Ausblick zu bewundern, der noch nicht ganz fertiggestellte Bau schien unseren Ansprüchen zu genügen, es gab da ein Speisezimmer, ein äußerst geräumiges Wohnzimmer und im ersten Stock ein Zimmer, in dem ich arbeiten konnte, ein Schlafzimmer, ein Zimmer, in dem meine Frau sich anziehen konnte, und zwei Schlafzimmer für die Töchter.

Ich fragte Heide: »Willst du das Haus?« Sie nickte. Ich fragte den Handwerker: »Wie hoch soll die Anzahlung sein?« »Fr. 10 000,– würden für das erste genügen.« Ich schrieb einen Scheck aus. Und wenige Wochen später holte Heide einige Möbel aus Kirchseeon, andere kauften wir in Zürich oder München. Wir hatten wieder ein Heim. Wir wußten damals noch nicht, daß dieses Heim unser einziges bleiben sollte. Ich glaube auch nicht, daß Heide es zu hoffen wagte. Aber so sollte es kommen.

Wir, es war natürlich Heide, brachten nicht nur Möbel ins Haus, sondern auch unser Dienstmädchen, das Heide für das Küsnachter Haus engagiert hatte, nachdem das schon sehr alte Dienstmädchen, das wir von dem verstorbenen Besitzer des

Hauses geerbt hatten, wegen Alter sich zurückziehen mußte. Das neuengagierte Mädchen hieß Else Netzer, sie war, was man in der Schweiz eine Serviertochter nennt, also eine Kellnerin, und kam ursprünglich aus Tirol. Sie wollte nicht mehr Kellnerin sein und meldete sich auf eine Annonce, die wir aufgegeben hatten – oder war es bei einer Stellenvermittlung? – ich kann mich nicht mehr entsinnen. Jedenfalls hielt Heide die hübsche und sehr tüchtige Person nach den ersten fünf Minuten Unterhaltung für die Richtige für uns, und das war sie auch vom ersten Tage an. Und sollte es fünfzehn Jahre lang bleiben. Sie ging dann, aber das ist eine andere Geschichte, weil sie ein Kind bekommen hatte, nein, eigentlich nicht deswegen, mit dem Kind lebte sie die letzten zwei oder drei der fünfzehn Jahre bei uns, aber dann ging sie, weil der Vater des Kindes sie heiraten konnte und wollte. Else war auch insofern für uns wichtig, als sie sich ausgezeichnet mit den Kindern Heides verstand, die immer mal wieder im Haus erschienen, sei es zu den Ferien, sei es auch sonst.

Heide konnte schon deswegen nicht länger als sechs Monate in Zürich spielen, weil dann der alljährliche Vertrag auf eine Aufführung mit dem Berliner Renaissance-Theater in Kraft trat. Ich will hier nicht über alle Stücke sprechen, die sie in den nächsten rund zwanzig Jahren im Renaissance-Theater spielte, nur über einige, die aus diesem oder jenem Grund vor allem wegen der künstlerischen Leistungen von H. H. bemerkenswert wurden.

Das Vorspiel zu einer Uraufführung, die Heide in Berlin spielen sollte, fand 1956 statt, als Heide in der zweiten Saison in Zürich noch einmal im »Requiem« auftrat – einer der seltenen Fälle, in denen das Schauspielhaus Zürich eine Aufführung aus dem Vorjahr übernahm.

An einem Abend fuhr ich vom Küsnachter Haus – das war noch bevor wir auf die Forch zogen – nach Zürich, um Heide vom Theater abzuholen. Ich war etwas verfrüht und ging in eine Bar. Und der Zufall wollte es, jedenfalls für mich war es ein Zufall, daß ich dort einen alten Bekannten, ich möchte fast sagen, einen alten Freund traf, den man fast immer nur in Bars traf. Er hieß Erich Maria Remarque.

Der Name war einmal ein Begriff. Aber als wir uns kennengelernt hatten, das Jahr war 1928, war Remarque als Sportredakteur bei einem ziemlich rechtsgerichteten Berliner Zeitungsverlag angestellt. Auch Heide und ich nannten Remarque später wie alle seine Freunde Boni – nach einem sehr unanständigen Witz, dessen Hauptperson ein gewisser Bonifazius Kiesewetter war, und den er immer wieder erzählte, auch wenn man ihm mitteilte, daß man ihn bereits durch ihn kenne.

Ich traf Boni zum ersten Mal persönlich um drei Uhr morgens auf der Pressetribüne des Berliner Sportpalastes, während eines Sechstage-Rennens. Um diese Zeit war natürlich nicht viel los, aber die Zeitungsleute, zu denen ja auch ich damals gehörte, mußten bis sechs Uhr ausharren, denn in der Theorie konnte noch etwas passieren. Boni kannte mich dem Namen nach, er glaubte, was damals gar nicht der Fall war, daß ich mich in Buchverlagen auskenne und sagte, er habe ein Buch geschrieben, er habe es bereits einem Dutzend Verlage angeboten, bekomme es aber immer wieder zurück. Was solle er denn nun tun?

Ich bat ihn, mir den Inhalt zu erzählen. Er begann mit den Worten: »Die Sache spielt im Weltkrieg . . .« Ich glaube, sehr viel weiter kam er gar nicht, denn ich sagte ihm, in unserer Zeit interessiere sich kein Mensch mehr für den Weltkrieg, was auch der Fall war.

Und ich riet ihm, sein Manuskript zu zerreißen. So oder so ähnlich. Das mit dem Zerreißen stimmt!

Das Buch kam ein Jahr später heraus und wurde der Weltbestseller der ersten Hälfte unseres Jahrhunderts. Der Titel: »Im Westen nichts Neues«.

Ich traf Remarque dann immer mal wieder, nachdem er in der Nacht nach Hitlers Machtantritt Deutschland verlassen hatte, in Hollywood, wohin ihn Marlene Dietrich, die einige Jahre mit ihm zusammenlebte, geholt hatte. Dann, natürlich, auch in New York.

217

Diesmal sagte er mir, er habe ein Stück geschrieben, und er wolle, daß Käthe Dorsch es spiele. Er wußte, daß ich einige Zeit mit der Dorsch gelebt hatte. Ich forderte ihn auf, mir den Inhalt des Stücks zu erzählen – wie ich es damals in den zwanziger Jahren getan hatte. Es handelte sich also um eine junge Frau in Berlin, die am letzten Tag vor Kriegsende, also im April oder Anfang Mai 1945, in ihrer Wohnung einen aus dem KZ entflohenen Mann verbirgt. Am Tag danach kommt der SS-Mann, der ihn vergebens gesucht hatte, zu der Frau, und will nun seinerseits von ihr verborgen werden – vor den Russen, natürlich. Aber sie, die den Antinazi verborgen hatte – Liebe auf den ersten Blick –, lehnt die Hilfe für den SS-Mann ab.

Ich hörte mir das alles an, und meine Antwort war: »Käthe Dorsch ist sechzig gewesen!«

Das war ein Schock für Boni. Er hatte die Dorsch, natürlich, das letzte Mal vor 1933 gesehen, da war sie also erst Anfang vierzig, vielleicht sogar etwas jünger, aber wirkte noch unheimlich jung. Das tat sie noch über sechzig, aber natürlich nicht jung genug, um, wie in Bonis Stück notwendig, Männer zu becircen. Jedenfalls kam die Dorsch nicht mehr in Frage.

Entgeistert fragte Boni mich, ob ich jemanden wüßte, der die Rolle spielen könne? Ich sagte ihm, er solle am kommenden Abend ins Schauspielhaus gehen und sich diese Schauspielerin ansehen. Am nächsten Abend wurde wieder einmal das »Requiem« gespielt. Ich holte wie gewöhnlich meine Frau ab. Boni stand vor der Bühnentür. Er sah mich an, er konnte ja nicht wissen, daß er meine Frau gesehen hatte und sagte nur: »Die ist genau die Richtige!«

Als Heide aus der Bühnentür trat, umarmte er sie stürmisch. »Natürlich spielen Sie die Rolle!«

Sie hatte keine Ahnung, wovon er redete. Er verschleppte uns dann – auch dies war typisch für ihn – in ein Lokal, das nicht weit vom Theater lag, aber den meisten Leuten unbekannt, besser gesagt, nur wenigen bekannt war. Es war einer der unzähligen Geheimtips, über die Boni im Vor-Hitler-Berlin, in Paris, in New York, in Hollywood und eben auch in Zürich verfügte. Er lud uns zu einem außerordentlichen Essen mit Champagner ein und erzählte Heide das Stück.

Am Nebentisch saß eine Gruppe von leicht angetrunkenen Kölnern oder Düsseldorfern, und einer kam herüber und begrüßte, was nicht weiter erstaunlich war, die Hatheyer, aber auch Remarque und mich, den er, weil ich damals einen Bart trug, mit Veit Harlan, dem Nazi-Regisseur verwechselte. Er wollte mit uns Champagner trinken, was Boni entschieden ablehnte.

Die Uraufführung fand Anfang Februar 1958, also rund anderthalb Jahre nach der Begegnung Bonis mit Heide, statt – im Renaissance-Theater, natürlich. Ein Zufall wollte es, daß der Direktor des Theaters, Dr. Kurt Raeck, etwa ein Jahr zuvor Remarque getroffen hatte und daß er die Rechte an diesem Stück, dem ersten Remarques, erwarb. Boni hatte übrigens seit »Im Westen nichts Neues« noch einige Bestseller geschrieben, erzählte mir später, er habe auch noch andere Stücke geschrieben, aber keines wurde mehr aufgeführt.

Der Titel dieses Stückes: »Die letzte Station«. Raeck fragte Heide, ob sie Lust hätte, dieses Stück zu spielen, was diese ihm sofort telefonisch zusagte. Dabei hatte Raeck sich nicht einmal die Mühe genommen, das Stück zu lesen. Er setzte auf den Namen Remarque. Auch wir setzten auf den Namen Remarque. Wir nahmen als selbstverständlich an, daß der weltberühmte Name des Autors den Erfolg garantierten würde. Da täuschten wir uns sehr.

Kurz nach ihrer Begegnung mit Boni erhielt Heide von einem Berliner Theaterverlag das Manuskript. Sie las es noch in der gleichen Stunde. Ihre Miene wurde besorgt. »Das ist kein gutes Stück«, stellte sie bekümmert fest. Ich las das Stück auch und kam zu demselben Urteil.

Heide meinte, das Schlimmste könne man ja herausstreichen. Aber wie würde Herr Remarque darauf reagieren? War er nicht ein Erfolgsautor, der auf seine früheren Erfolge hinweisen könnte und sich jeden Strich verbieten würde? Sicher würde er sich als schwierig erweisen!

Erstaunlicherweise stellte sich bereits bei den ersten Proben heraus, daß er alles andere als schwierig war. Wie mir Heide jeden Tag telefonisch von Berlin in die Schweiz berichtete: »Er nimmt alles hin. Er sagt zu jedem Vorschlag, dies oder jenes zu streichen, die Regie oder ich hätten mehr Erfahrung, müßten es besser wissen als er. Wenn wir meinten, dies oder das müsse geändert, gestrichen oder erweitert werden, hätten wir sicher recht. Boni war nie beleidigt. Er widersprach uns nie. Erstaunlich und erfreulich. Das Klima bei den Proben könnte nicht besser sein.«

Der Regisseur war Paul Verhoeven, die Mitspielenden: Heides Lieblingsschauspieler Kurt Meisel spielte den Flüchtling aus dem Konzentrationslager, den Anna Wolter nicht nur verbergen und retten kann, sondern in den sie sich auch verliebt, den SS-Mann Harry Meyen, beide der Elite der Berliner Schauspieler angehörend. Beide außerordentlich.

Die Rolle eines jüdischen KZ-Häftlings, der sich auch, wohl schon zu Beginn des Stückes, zu der jungen Frau geflüchtet hat, aber entdeckt wird, eben durch den bewußen SS-Mann, und sich darauf aus dem Fenster stürzt, wurde von Manfred Inger gespielt. Das war eine Idee, wenn nicht geradezu eine Forderung von Heide. In Berlin kannte niemand diesen Inger mehr. Heide kannte ihn aus ihren Anfängen. Er war ein jüdischer Wiener Schauspieler, der mit ihr im Cabaret aufgetreten war, aber als Hitler kam, emigrieren oder gar fliehen mußte und nach seiner Rückkehr, das waren nun immerhin fast acht oder neun Jahre her, kaum Rollen in Wien fand. Heide wollte unbedingt etwas für ihn tun. Dies nebenbei. Er war übrigens vorzüglich und kam bei allen Kritikern sehr gut weg. Das kann man auch von den anderen sagen, mit gewissen Ausnahmen. So zum Beispiel hielt der erste deutsche Theaterkritiker, Friedrich Luft, Heide wohl nicht für die richtige Besetzung. Das schrieb er zwar nicht, aber er schrieb auch nichts sehr Positives über sie. Dabei war er einer ihrer Fans, wenn man das von einem Kritiker überhaupt sagen darf.

Die anderen Kritiker waren begeistert von ihr wie von der

Remarque-Aufführung. Der damals wichtigste Münchner Kritiker Karl Schumann schrieb nach der »Letzten Station« über sie: »Heidemarie Hatheyer zeigte anhand einer der von Remarque so geschätzten Frauen mit ›Stich‹, daß sie nach dem Tode der Dorsch, die deutsche Schauspielerin mit der stärksten und reifsten fraulichen Substanz ist.«

Wußte er, daß Remarque ursprünglich an die Dorsch gedacht hatte? Es war unwahrscheinlich. Es war eher anzunehmen, daß er einfach spürte und sagen mußte, was er von H. H. hielt.

Die Uraufführung in Berlin war also ein riesiger Erfolg. Das Stück lief, ungewöhnlich für das Renaissance-Theater, an die hundert Mal. Dann ging das Ensemble auf Tournee nach Hamburg, nach München, nach Düsseldorf, sogar nach Zürich und Bern. Überall Begeisterung, auch bei der Kritik. Mit einer Ausnahme: Remarque fiel durch. Wir alle, vor allem natürlich Heide und ihr Regisseur, wußten, daß das Stück Mängel hatte und daß einige Striche, Umstellungen und sogar ein paar neue Worte hier und dort, manchmal, aber keineswegs immer von Remarque geliefert, das Stück nicht viel besser werden ließen. Es war schlicht ein Stück der Zufälle, es war einfach nicht glaubhaft, und Remarque konnte es auch nicht glaubhaft machen, was da alles zufällig in zwei Stunden, man kann auch sagen an zwei Tagen in einem Zimmer geschah.

Das wußten wir also. Aber wir dachten, der Name Remarque würde die Kritik beeindrucken. Da waren wir also im Irrtum. Die warf ihm vor, daß er über etwas schrieb, was er nicht erlebt hatte. Sie warf ihm also vor, bei Kriegsende nicht in Berlin gewesen und alles persönlich miterlebt zu haben. Als ob dies ein Argument wäre! Das hätte ja alle historischen oder pseudohistorischen Theaterstücke disqualifiziert. Shakespeare schrieb seine Königsdramen aus vergangenen Jahrhunderten. Schiller schrieb seinen »Wallenstein« und seine »Jungfrau«, die Jahrhunderte zuvor gelebt hatten.

Also?

Remarque hatte sich zwar in den tausend Jahren so benommen, wie es so viele Deutsche nach dem Krieg für sich beanspruchten und möglicherweise einige auch zu Recht. Nämlich, daß sie nie für Hitler waren. Nur Remarque hatte es beweisen können. Durch seine Emigration. Dabei darf man nicht vergessen, daß er zu den Emigranten zählte, die Deutschland nicht unbedingt, als Hitler kam, hätten verlassen müssen. Er war total »arisch«. Er gehörte keiner politischen Partei an. Er hatte niemals ein Wort gegen Hitler geschrieben. Gewiß, die Nazis hatten nach Verfilmung seines Erstlings »Im Westen nichts Neues« gegen dieses Buch und damit natürlich auch gegen die pazifistische Grundhaltung Remarques geschrieben und demonstriert. Aber es wäre sicher für Remarque möglich gewesen, sich mit den Nazis zu arrangieren. So dumm war Goebbels nicht, als daß er nicht gewußt hätte, daß ein im Lande gebliebener Remarque den Nazis prestigemäßig sehr hätte nutzen können, wie ja auch ein im Lande gebliebener Furtwängler oder Richard Strauss gegen ihren Willen den Nazis zu Prestige verhalfen.

Aber er wollte nicht. Er nahm die Emigration auf sich, die bestimmt nicht leicht für ihn war, auch wenn er genug Geld in anderen Ländern verdienen konnte, um nicht eine Stunde lang hungern oder frieren zu müssen. Natürlich konnte er sich in Ländern, in denen nicht Deutsch die Landessprache war, nicht so wohl fühlen wie in Deutschland und insbesondere in Berlin, das er immer als seine eigentliche Heimat betrachtete. Die Emigration machte es ihm natürlich unmöglich, das Ende des Dritten Reiches im Dritten Reich mitzuerleben. Aber das mußte man nicht, um über das Dritte Reich zu schreiben. Niemand wußte das besser als seine deutschen Kritiker, die ja kürzlich miterlebt hatten, daß Zuckmayers »Des Teufels General«, in Deutschland ein Riesenerfolg wurde, obwohl der emigrierte Zuckmayer auch zu denen gehörte, die aus eigener Erfahrung nicht wissen konnten, wie es bei den Nazis zugegangen war.

Nein, es handelte sich nicht um sachliche Einwände. Es handelte sich auch nicht darum, daß das Stück kein Niveau hatte. Kein Geringerer als Friedrich Luft stellte fest, daß es ein gutgemachter Reißer war. Es handele sich schlicht um Ressentiments gegen einen »guten« Deutschen, auf den die deutsche Öffentlichkeit stolz hätte sein können.

Übrigens: das Stück, in Berlin ein großer Erfolg, mit derselben Schauspielerin auf Tournee ebenfalls, wurde fast nie wieder gespielt.

Bleiben wir bei Gustaf Gründgens, der zur Uraufführung nach Berlin gekommen war, weil er das Stück spielen wollte, und der entschied: »Das kann man nur spielen, wenn man die Hatheyer hat.« Andere Theaterdirektoren verschanzten sich ebenfalls hinter der Unmöglichkeit, mit ihren Schauspielern das Stück »richtig« herauszubringen.

Es kam dann schließlich am Broadway heraus, Remarque war ja in den Vereinigten Staaten weitaus populärer als in seiner Heimat. H. H. sollte ihre Rolle auch dort spielen. Das hatte die Frau Remarques, Paulette Goddard, arrangiert, aber die Termine, die Heide zur Verfügung standen, waren drüben nicht realisierbar und umgekehrt. Das Stück war am Broadway kein Erfolg.

Ein Jahr später spielte Heide im Renaissancetheater das amerikanische Stück »Einzelgänger«, vom dem jungen Studenten, dem seine Kameraden einreden wollen, er sei schwul. Auch sein Professor am College, der selbst in diese Richtung tendiert, bestätigt ihm das. Er versagt bei einer Prostituierten, wo er sich erproben will, aber die schöne Frau des Lehrers, die Mitleid mit ihm empfindet, vielleicht auch Liebe für ihn, will ihm beweisen, daß er ganz normal ist, und während sie sich entkleidet, geht das Stück zu Ende, mit ihren Worten: »Wenn du später darüber sprichst, und du wirst darüber sprechen, sprich nett über mich . . .«

Der junge Student war Michael Verhoevens Beginn als Schauspieler. Sein Vater führte wieder Regie. Die Frau war die Hatheyer, das Stück unter dem Titel »Tea and Sympathy«, das schon in New York mit Deborah Kerr und dem blutjungen Perkins ein Bombenerfolg war, wurde es auch in Berlin.

Es folgten andere, nicht so wichtige Stücke, H. H. spielte

auch das »Glas Wasser«, mit dem aus der Emigration zurückgekehrten Anton Wohlbrück, dem ehemaligen Ufa-Star und weil als solcher nicht ersetzbar, lange von den Nazis geduldet wurde. Obwohl er keineswegs Arier war. Er hatte dann freilich in London, sowohl im Film als auch auf der Bühne, einen für einen Emigranten erstaunlichen Erfolg.

Zwei Jahre später trat er wieder mit der Hatheyer auf in Molnárs »Leibgardist«.

Aber besonders interessant im Spielplan von H. H. war das Stück »Zimmerschlacht« von Martin Walser, das im Februar 1968 herauskam.

Die Vorgeschichte der Aufführung ist einmalig.

Walser hatte dieses Stück als Einakter mit zwei Personen geschrieben. Die Münchner Kammerspiele wollten es herausbringen, aber der vorgesehene Regisseur fand, ein einaktiges Stück werde keinen Erfolg haben. Er verlangte von Walser einen zweiten Akt. Nun enthält die »Zimmerschlacht« genau das, was der Titel aussagt. Den Streit eines Ehepaars, das zu einer Party aufbrechen will. Aber bis es soweit ist, werfen die beiden sich allerhand vor – ihr ganzes Leben, und sie sind ja nicht mehr ganz so jung.

Der erste und einzige Akt endet damit, daß sie sich versöhnen, und man darf annehmen, als sie gemeinsam der Party beiwohnen, daß die Versöhnung nicht lange währen wird.

Wie konnte da noch ein zweiter Akt entstehen? Sollte der zweite Akt auf der Party spielen, so daß das Zweipersonenstück ein Vielpersonenstück werden würde? Walser konnte sich, mit Recht, nicht dazu entschließen. Er schrieb schließlich einen zweiten Akt, der viele Jahre später spielt, als die beiden schon ziemlich alt sind und auf ihre verschiedenen Zwistigkeiten zurückblicken.

Das Stück wurde von dem damals sehr gefeierten Fritz Kortner inszeniert, und die Schauspieler, die von den Kammerspielen zur Verfügung gestellt wurden, waren hochkarätig.

Aber das Stück fiel durch. Es fiel so gnadenlos durch, daß in den nächsten Wochen fast alle Theater, die eine Option auf das

Stück genommen hatten, es dem Verlag zurückschickten. Es war sozusagen erledigt.

Der Zufall wollte es, es war wirklich ein Zufall, daß Heide eine deutsche Kritik las, wir waren damals schon in der Schweiz, und dann zu mir sagte: »Das Stück würde ich gerne lesen!« Ich rief den Bühnenverlag an, und wenige Tage später hatte Heide das Manuskript. Sie las es sofort und erklärte dann: »Der erste Akt ist großartig. Ich werde ihn spielen! Freilich, der zweite Akt ist unmöglich. Er mußte durchfallen.«

Sie wollte das Stück spielen. Sie ließ das Kurt Raeck im Renaissancetheater wissen. Der glaubte, nicht recht gehört zu haben. Das Stück sei doch mit Pauken und Trompeten durchgefallen. Es wäre herausgeworfene Zeit und herausgeworfenes Geld, es nach dem Durchfall zu spielen. Niemand würde es sich ansehen wollen!

Heide beharrte auf ihrem Wunsch.

Der Theaterdirektor gab nach. Wie er mir nachher sagte: »Deine Frau hat mir so viele Erfolge gebracht, dann werden wir eben einmal einen Durchfall haben. Das nächste Mal wird sie wieder Kasse machen!« Er glaubte nicht einen Augenblick an die Möglichkeit eines Erfolges mit der »Zimmerschlacht«.

Eigentlich glaubte niemand daran, mit Ausnahme von Heide. Auch nicht ihr Partner Arno Assmann, der gerade die Intendantur der Städtischen Kölner Bühnen niedergelegt hatte, ein vorzüglicher, sehr gutaussehender Schauspieler. Eher schon Leonard Steckel, der bis Kriegsende in Zürich gespielt hatte, jetzt wieder in Berlin wohnte und um diese Zeit eine kleine, aber wichtige Rolle in einem Boulevard-Stück am Kurfürstendamm spielte. Er war nicht mehr ganz gesund, und da er jeden Abend auftreten mußte, hatte er nur drei Stunden pro Tag, um mit seinen beiden Schauspielern zu probieren. Und das auch nur an zwölf Tagen. Man bedenke: in einer Zeit, in der den meisten deutschen Regisseuren mindestens zehn Wochen für ihre Proben zur Verfügung standen – zwölf Tage!

Und viel Zeit verging mit Streitigkeiten des Regisseurs mit seinem Darsteller Assmann. Der war zwar die ideale Besetzung, aber irgendwie brachte er nicht, was Steckel wollte, und Steckel hatte recht. In diesen zwölf Tagen legte Assmann mindestens dreimal die Rolle nieder und verließ das Theater. Und Heide mußte die Zwistigkeiten wieder schlichten. Raeck war auch noch der Überzeugung, das Stück sei viel zu kurz – eine Stunde und zwanzig Minuten, um die Theaterbesucher zufriedenzustellen. Heide müsse noch etwas anderes spielen. Vielleicht ein Monolog? Die Frage, besser die Antwort zog sich bis in die letzten Tage vor der Premiere hin, aber niemandem fiel ein, was Heide hätte bringen können, und sie hatte auch nicht die geringste Lust, noch etwas dazu zu lernen. Und so ging man in die Premiere, der Steckel nicht einmal beiwohnen konnte. Er kam mit einem Taxi gerade zurecht, um sich nach dem Schlußvorhang zu verbeugen.

Und das Wunder geschah! Der kurze Einakter wurde ein außerordentlicher Premierenerfolg. Die Zuschauer wollten sich totlachen. Die Aufführung wurde immer wieder durch Lachkrämpfe der Zuschauer, respektive Klatschsalven unterbrochen. Am Schluß nicht enden wollender Beifall für alle. Das Stück, dem niemand mit Ausnahme der Hatheyer die geringste Chance gegeben hatte, wurde zu einem der größten Erfolge in der Geschichte des Renaissancetheaters. Es lief mehr als hundert Mal und wurde erst abgesetzt, weil das nächste Stück aus vertraglichen Gründen herauskommen mußte.

Die Berliner Produktion wurde sofort vom Düsseldorfer Schauspielhaus übernommen. Auch dort lief es in derselben Besetzung und unter derselben Regie weit über fünfzig Mal.

Um diese Zeit hatte unter einem neuen Direktor des Deutschen Schauspielhauses in Hamburg dessen erste Premiere stattgefunden: »Die Räuber«, mit Claus Jacobi und Gerd Heinz in den Hauptrollen. Die Aufführung fiel in einem Maße durch, daß die Existenz des Theaters bedroht war. Der glücklose Direktor, der auch Regie geführt hatte, rief Düsseldorf an, und man schickte ihm die »Zimmerschlacht«. Die war zwar nicht sehr geeignet für diesen größten Theaterraum innerhalb Deutschlands, es handelte sich ja um ein Kammerspiel, aber

das Publikum war glücklich, Theater zu sehen, nicht moderne
»Räuber«, das heißt, solche, die in heutigen Anzügen auftraten,
mit Brillen und so leise sprachen, daß niemand sie verstehen
konnte. Jacobi sah man zwar in der 3. Reihe sprechen, aber
hörte ihn nicht.

Und als das Stück auch in Hamburg über dreißig Mal gespielt worden war, kam noch eine ellenlange Tournee dazu. Es
war wohl alles in allem in den Jahren 1968 und 1969 das weitaus erfolgreichste Stück auf deutschen Bühnen. Der Vorwurf
einiger Kritiker, Walser habe sich von Edward Albee und
Strindberg beeinflussen lassen, wirkte sich keineswegs nachtei-
lig aus.

Dies alles geschah mit einem Stück, das ohne die Insistenz
von H. H. nach der Uraufführung in der Schublade verschwunden wäre. Überflüssig zu sagen, daß alle Theater, die eine Option auf das Stück erworben und sie dann zurückgegeben hatten, das Stück dann doch noch spielten. Walser muß ein
Vermögen verdient haben.

In all diesen Jahren, von denen hier die Rede war, lebten
Heide und ich im wesentlichen in unserem Haus auf der Forch,
von dem man den Greifensee überblickte. Es war eine wunder-
volle Zeit, wenn auch oft turbulent, eben weil die Hatheyer in
so vielen Städten spielen mußte – oder wollte?

Ich habe ja schon erzählt, wie schwer sich Heide die Gestaltung einer Rolle machte, daß sie nie etwas der Routine überlassen wollte. Und so waren solche Serienerfolge wie die der
»Zimmerschlacht« für sie viel anstrengender als etwa für ihren
Partner Assmann. Hinzu kam, daß sie es haßte, in Hotelzim-
mern zu leben. Dies war zwar in Berlin oder in Düsseldorf nicht
nötig, da bezogen wir Wohnungen, aber während einer Tournee waren Hotels nicht zu umgehen. Und dann die langen Au-
tofahrten von einer Stadt zur anderen, die oft sehr früh begannen, wenn es sich um lange Strecken handelte, die mit der Bahn
gar nicht zu schaffen waren – nicht rechtzeitig, um die Abend-
vorstellung in einer anderen kleinen Stadt zu spielen, die nicht
mit einem direkten Zug zu erreichen war.

Am liebsten spielte sie in Zürich. Sie fühlte, das war ihr Heimattheater. Und der spätere Verwaltungsdirektor Max Lehmann sagte immer: »Wir waren froh, wenn sie im Haus war. Sie beteiligte sich nie an Intrigen. Man wußte, auf sie war Verlaß.« Freilich, wie bereits erwähnt, war es nicht immer leicht, sie für eine Rolle zu gewinnen. Aber wenn man sie dann soweit hatte, gab es kaum noch Schwierigkeiten – das war die Meinung der Direktion und vor allem die Hirschfelds und Lindtbergs.

Gelegentlich sagte Heide, sie sei müde. Einmal, ich glaube, das war im Herbst 1960 oder 1961, erklärte sie mir während eines Spazierganges am Greifensee, sie wolle für die nächste Saison alles absagen. Ich telefonierte mit den Direktionen, die sich betroffen zeigten. Sie waren erstaunt und ein wenig verärgert, aber sie gaben nach. Es war ihnen wichtiger, Heide in den kommenden Jahren zu haben, als daß sie unbedingt in der nächsten Saison spielen mußte.

Sie spielte dann doch. Die Saison war nur halb vorüber, da erklärte sie mir, wieder auf einem Spaziergang am Greifensee, sie halte es ohne Theater nicht aus. Wieder Telefonate. Man war nur zu froh, sie zurückzuhaben. Keine ernsthaften Schwierigkeiten.

13

Privatleben

»Heide fand viele Freunde in der Schweiz, die Nachbarn Gustav Knuth und seine Frau, den Generalmusikdirektor der Oper, Ferdinand Leitner und seine Frau Gisela, Kurt Hirschfeld, die junge Schauspielerin Christiane Hörbiger, Emmie Oprecht, den Anwalt Henrik Kaestlin, den Bankier Baer, die Kunsthändlerin Marianne Feilchenfeldt, den Schauspielhausdirektor Wälterlin, den Schauspieler Helmuth Lohner, der bekannte Anwalt Franz Reichenbach und seine Frau und im besonderen Maße die Frau Lindtbergs, Valeska, die anfangs, als Heide nach Zürich kam, zu denen zählte, die gewisse Vorbehalte gegen sie gehabt hatten. Sie wußte auch nichts von ihr oder, um sie selbst zu zitieren: »Ich wußte nur, daß sie eine bekannte Schauspielerin war – sonst nichts.«

Und nun, da ihr Mann so intensiv mit H. H. gearbeitet hatte und da sie sicher war, daß H. H. nichts mit den Nazis im Sinne gehabt hatte, interessierte sie sich für die junge Frau und stellte unter anderem fest, daß sie außerordentlich musikalisch war und daß, hätte sie Zeit und Geld gehabt, ihre Stimme ausbilden zu lassen, sie es auf der Opernbühne sicher zu etwas gebracht hätte.

Aber sie mußte auch erfahren, daß ihre neue Freundin Sorgen hatte. Die Hauptsorge war die Mutter. Frau Lindtberg erfuhr, was zum Beispiel ich viel später und in viel geringerem Ausmaß erfahren sollte, nämlich, daß Heides Mutter ihr eigentlich nie Ruhe gab, will sagen, daß sie immer neue Forderungen an ihre berühmte Tochter stellte.

Heide sagte einmal wörtlich zu ihr: »Wenn ich mir einen Kamelhaarmantel kaufe, hält meine Mutter es für selbstverständlich, daß ich ihr auch einen kaufe! Ein Beispiel für viele . . .«

Was sie mir niemals verraten hatte. Überhaupt sprachen wir

selten über ihre Mutter. Ich erfuhr überhaupt nur am Rande, daß sie, die ja immer etwas Geld besaß und auch eine Rente bezog, sich in den Jahren, als Heide wieder viel Geld verdiente, als sehr kostspielig erwies.

Das Kostspieligste waren die Reisen. Die alte Dame war eigentlich ununterbrochen auf Reisen. Ich weiß zum Beispiel von einer Reise nach München. Was sage ich von einer Reise? Es waren deren unzählige, weil sie dort eben Bekannte hatte. Sie fuhr auch nach Hamburg oder in die Nähe von Hamburg, irgendwohin ins Rheinland, irgendwohin in Tirol. Ich hörte davon nur indirekt, eben wenn Heide eine Postkarte erhielt aus einem der unzähligen Kurorte, die sie frequentierte. Auf den Postkarten war meist der Wunsch zu lesen, Heide möge doch »etwas« Geld schicken, sie sei von dann bis dann dort.

Das alles waren Einzelheiten, wenn man will Kleinigkeiten, aber sie bedrückten Heide. Wenn ich hier darüber schreibe, dann, weil es einen gewissen Einfluß auf die Stimmungen Heides hatte. Und ihr Lebensgefühl, wenn man dieses Wort brauchen darf, spielte bei der Gestaltung ihrer Rollen eine gewisse Rolle. Ohne daß es ihr vielleicht immer bewußt wurde, da sie ja nie eine Rolle spielte, sondern immer eine andere »war«, und so durfte ich solche Einflüsse von außen nicht unterschätzen.

Ich erinnere mich auch, daß Heide mich einmal um die Weihnachtszeit fragte, ob ich etwas gegen den Besuch ihrer Mutter hätte. Sie sei sonst zu Weihnachten ganz allein. Ich sagte ihr, natürlich hätte ich nichts dagegen. Ich sah keinen Grund, gegen den Besuch meiner Schwiegermutter zu sein, während Heide sehr wohl Gründe hatte, gerade das anzunehmen. Aber ich erinnere mich noch daran, daß sie unser Haus mit den für uns alle erstaunlichen Worten betrat: »Also, Herr Riess, wollen wir wieder Freunde sein!«

Ich hatte, wie gesagt, anfangs gar nicht gewußt, daß sie mir keineswegs freundschaftlich gesinnt war, ganz zu schweigen von der Intensität, mit der sie gegen mich auftrat. Das alles blieb nie ohne Eindruck auf Heide oder besser: Sie wurde dadurch immer wieder verletzt, und das spielte, wie gesagt, oft mit, wenn sie in eine neue Figur schlüpfte.

Erhebliche, wirkliche Rollen spielten in unserem Leben natürlich die Kinder. Sie kamen, das wurde schon gesagt, zu allen Ferien und auch sonst. Lange Zeit hatte keine von beiden eine Ahnung, was sie später machen wollten. Heide machte sich natürlich darüber Gedanken. Sie versuchte ja mit der ihr eigenen Intensität, eine gute Mutter zu sein, und jeder, der sie in einer ihrer Bühnenstücke oder Filme gesehen hatte, wußte, daß sie das Zeug dazu hatte.

Ich erinnere mich noch, daß, als die Ältere sitzenblieb, das heißt, daß sie die Klasse, in die sie gegangen war, noch einmal hätte absolvieren müssen, sie das Internat verließ. Es kam in unserem Haus zu einer Unterhaltung, bei der sich herausstellte, daß sie unter keinen Umständen auf der betreffenden Schule bleiben wollte. Das wäre nicht einmal unbedingt notwendig gewesen, es gab Möglichkeiten, sie privat unterrichten zu lassen, bis sie ohne Zeitverlust wieder in eine Schule eintreten könnte und zu dem ursprünglichen Termin ihr Abitur hätte machen können. Intelligent war sie ohne Zweifel, daß sie sitzengeblieben war, hatte sie wohl eher ihrer Faulheit zu verdanken. Aber dieses Sitzenbleiben war für sie eine Art Schock, man kann auch sagen, eine Demütigung, die sie nicht auf sich nehmen wollte.

Nein, sie war nicht dazu zu bewegen, noch einmal etwas zu lernen. Ich erinnere mich noch genau an die Worte Heides: »Bitte mache mir später keine Vorwürfe, daß du kein Abitur hast!«

Sie wußte, was mir nicht so geläufig war, daß im neuen Deutschland das Abitur eine wichtige Rolle spielte, nach meiner Überzeugung eine viel zu große Rolle. Warum man zum Beispiel das Abitur haben muß, um im Fernsehen Karriere zu machen, wie es die Tochter später wollte, habe ich nie begriffen.

Heide hatte zwar ihr Abitur gemacht, aber es hatte sich erwiesen, daß das für ihre weitere Karriere von keiner Bedeutung war, es sei denn, daß sie für eine Schauspielerin ungewöhnlich gebildet war und ihr ganzes Leben lang einen gewissen Hunger hatte, sich weiterzubilden und zu informieren, durch Zeitungen, durch Radio, später durch Fernsehen, und vor allem durch Bücher. Davon später.

Vroni hatte also keine Ahnung, was sie werden wollte. Sie fand, das zu bestimmen sei die Aufgabe ihrer Mutter und die meine. In uns beide setzte sie starkes Vertrauen, einen Beruf für sie zu wählen. Ich erinnere mich unserer Spaziergänge am Greifensee, wo Heide sich den Kopf zerbrach. Sie hatte einmal die Idee, Vroni könne vielleicht das Hotelfach erlernen. Ich widersprach. Um diese Zeit und noch lange danach war Vroni eher menschenscheu und kontaktarm. Sie hatte nicht die Eigenschaften, die man im Hotelgewerbe haben muß. Das sah Heide ein. Ihr zweiter Vorschlag, besser: ihre Idee war das Fernsehen. Vroni könne ja Cutterin werden und von da aus vielleicht weitere Positionen innerhalb des Fernsehens, das um diese Zeit noch in starker Entwicklung stand, erklimmen.

Ich schrieb einen Brief an den Vater und bat Dr. Feldhütter um seine Meinung. Der Brief wurde nicht einmal beantwortet. Er blieb sich treu. Er hatte nicht das geringste Interesse für seine Töchter.

Also erlernte Vroni das Handwerk einer Cutterin. Und erwies sich bald darauf als eine sehr gute. Das dürfte sich wohl beim Bayrischen Fernsehen oder beim Zweiten Deutschen Fernsehen, jedenfalls in München abgespielt haben, wo sie ihren ersten Mann kennenlernte, der im Fernsehen bereits eine wichtige Rolle spielte. Es war auch dort, wo sie später erfahren mußte, daß ihrer Karriere, da sie kein Abitur hatte, gewisse Grenzen gesetzt waren. Das war völlig unsinnig, aber so war es nun einmal.

Was die jüngere, Regine, von uns allen Gine genannt, betraf, so wußte sie sehr wohl, was sie werden wollte. Ich erinnere mich gar nicht mehr, wie viele Berufe sie ins Auge faßte und uns als ihren endgültigen Entschluß mitteilte. Jedenfalls war auch sie nicht zu bewegen, ihr Abitur zu machen. Schließlich meinte sie, sie müsse Schauspielerin werden.

Heide war nicht gerade entzückt, aber auch nicht unbedingt dagegen. Sie versuchte nur, ihrer Tochter klarzumachen, wie schwierig dieser Beruf sei, wenn man nicht ein besonderes Talent besitze und viel, viel Glück habe. Gine meinte, da die Mutter es geschafft habe, ganz nach oben zu kommen, dürfte es ihr auch gelingen.

Mich überzeugte sie übrigens stärker als ihre Mutter. Ich konnte mir gut vorstellen, daß dieses außergewöhnlich schöne, blonde Mädchen auf der Bühne einen gewissen Eindruck machen würde. Aber ganz überzeugte sie mich erst in einer Unterhaltung, übrigens in einem Wiener Theater.

Ich fragte sie, warum sie nun eigentlich unbedingt Schauspielerin werden wollte? Und sie antwortete nicht, was sicher neun von zehn jungen Mädchen getan hätten, mit Phrasen, wie etwa, sie fühle sich der Kunst verpflichtet. Sie sagte schlicht: »Ich möchte dort oben stehen und wissen, daß die Leute mir zuschauen und zuhören!« Dies war frappierend ehrlich. Und jedenfalls für mich entscheidend.

Daran, daß sie keine Blitzkarriere machen konnte, war ein entscheidender Zug ihres Charakters schuld. Sie wußte alles, alles besser. Ich erinnere mich noch, daß sie es auf keiner Theaterschule lange aushielt. Schließlich fand Gustav Knuth, der große Schauspieler, unser Nachbar und Freund in der Schweiz – sein Haus auf dem Lande war nur einige Kilometer von unserem entfernt, und mit dem Auto konnten wir uns gegenseitig in Minuten erreichen –, sich bereit, Gine zu unterrichten. Auch das dauerte nicht lange. Gustav gab schließlich auf. Seine Begründung: »Sie läßt sich ja nichts sagen!« Ja, die Tatsache, daß Gustav damals zu den prominentesten deutschen Schauspielern gehörte, machte ihr, die Schauspielerin werden wollte, nicht den geringsten Eindruck.

Ich erinnere mich auch noch, daß sie damals an die Max-Reinhardt-Schule in Wien wollte, wozu man eine Aufnahmeprüfung bestehen mußte. Gustav riet ihr beim Abschied, kurz in ihren Darbietungen vor dem Prüfungskomitee zu sein. Die Damen und Herren dürften ja schon etwas ermüdet durch die vor ihr Vorsprechenden sein.

Heide, die damals in Wien spielte, sprach auch in diesem Sinn und war bereit, mit ihrer Tochter diese oder jene Rolle oder Rollenstelle, die sie vorzutragen wünschte, durchzuarbeiten. Die Tochter meinte, dies sei nicht nötig.

Und dann stand sie auf der Bühne eines Wiener Theaters und deklamierte vor der Prüfungskommission einen ellenlangen Monolog, es handelte sich um einen Klassiker, mit dem ihre Mutter im Vorjahr einen starken Erfolg in Wien erzielt hatte. Nicht allein, daß die Länge dem Prüfungskomitee auf die Nerven fiel, auch war Gine der Vergleich mit ihrer Mutter, der sich den Zuhörern ja aufdrängen mußte, nicht günstig. Sie fiel bei der Prüfung durch. Das machte nicht den geringsten Eindruck auf sie.

Damals trat der Direktor des Burgtheaters auf Heide zu und bot ihr an, Gine trotz Ablehnung durch die Prüfungskommission in die Max-Reinhardt-Schule zu lancieren. Er hatte natürlich die notwendigen Beziehungen. Heide lehnte ab. Sie war eben nicht für Beziehungen.

Übrigens hatte die Sache ein seltsames Nachspiel. In irgendeiner Wiener Boulevardzeitung erschien der Artikel irgendeines Schmieranten, der sich Theaterkritiker nannte, unter dem Titel: »Riess hat es nicht geschafft«. In dem bewußten Artikel stand zu lesen, ich, ausgerechnet ich, hätte mich so bemüht, Gine in der Max-Reinhardt-Schule unterzubringen, aber ich wäre mit allen diesbezüglichen Intrigen gescheitert. Dabei hatte ich nicht einmal von Gines Versuch gewußt. Ich war damals auch gar nicht in Wien. Ich würde sagen, dieser Artikel bewies nichts als die journalistische Qualität des Verfassers, denn was er da sich zusammengebastelt hatte, war reine Erfindung.

Aber, wie ich später erfahren sollte, das war eben typisch Wien. Man liebt dort den Klatsch, auch wenn er aus lauter Unwahrheiten besteht.

Gine schrieb daraufhin einen Brief an eines der bedeutendsten Theater in Deutschland, das in Düsseldorf, in dem ihre Mutter viel Erfolg hatte, wann immer sie dorthin kam, und dessen Direktor Karlheinz Stroux ja einer unserer Freunde war. Und der, in der Annahme, er täte Heide einen Gefallen, aber auch im Glauben, daß die Tochter einer so geschätzten Schauspielerin Talent haben müsse, holte sie in der Tat.

Heide sah das nicht gern und das, was sie fürchtete, bewahrheitete sich. Die wirklich noch unfertige Tochter machte keine sehr gute Figur in einem Ensemble, das aus lauter Prominenten bestand. Mit Mühe und Not gelang es H. H. dann, sie aus Düsseldorf loszueisen und durch einen Agenten ein Engagement in Graz zu finden. Und dort bekam sie natürlich alle Rollen, die ein junges schönes Mädchen sich wünschen kann, eben weil sie die einzige in ihrem Fach war und gar keine andere Besetzung möglich gewesen wäre.

Und dann begann eine Laufbahn, die sie zwar nie an die Spitze gebracht hätte, wie ihre Mutter sie erklimmen konnte, aber, um Heide zu zitieren: »Sie ist zwar keine erste Kraft, aber sie kann in jedem Ensemble mitspielen!« Freilich führte sie ein Privatleben, das uns Sorgen machen mußte.

Das hatte schon angefangen, als sie eine Zeitlang auf eine private Schauspielschule in Berlin ging. Vor dieser Schule lungerte der ehemalige Boxer Bubi Scholz, von dem man sich erzählte, daß er junge Mädchen »vernaschte«. Das war gar nicht so schwer für ihn, denn er sah gut aus, war recht gewandt und hatte auch genug Geld, das eine oder andere Mädchen auszuführen und dann zu verführen.

Seine Wahl war auf Gine gefallen, und es kam, wie es kommen sollte. Heide war bestürzt, aber ich beruhigte sie. So was müßte ja früher oder später einmal geschehen. Und ich fand, daß ein Sportler der erste war, nicht weiter schlimm, eher von Vorteil. Meine Begründung: »Ein Sportler badet regelmäßig!«

Aber sie wurde schwanger. Vorher hatte Bubi ihr übrigens zugesagt, er werde sich scheiden lassen, was er vermutlich schon vielen Mädchen versprochen hatte und auch, daß er sie heiraten wolle.

Damals kam ich zufällig mal wieder nach Berlin und ließ ihn in mein Hotel kommen. Ich fragte ihn, ob es ernst gemeint sei. Ich persönlich glaubte nicht daran, und seine Ausreden waren auch wenig überzeugend. Er meinte, er würde Gine gern heiraten, aber er sei nicht sicher, ob sie ihn »genügend« liebe. Dabei hätte sie ihn doch so gern geheiratet!

Sie war also schwanger. Wir in der Schweiz hörten erst davon, als sie in eine Klinik gebracht wurde und sie am Telefon sagte, es ginge ihr nicht sehr gut. Darauf alarmierte ich unseren langjährigen Berliner Arzt und Freund, Dr. Hubertus Hötzl. Der eilte in die Klinik und telefonierte sofort, an Gine sei übel herumgepfuscht worden, aber mit einigem Glück werde sie wieder gesund werden.

Ich nahm das nächste Flugzeug, bevor Heide überhaupt etwas von dieser Lage der Dinge erfahren konnte. Ich fuhr sofort ins Krankenhaus. Gine war froh, mich zu sehen, und teilte mir als erstes mit, daß bis vor wenigen Minuten ihr Freund – er war immer noch »ihr Freund« – an ihrem Bett gesessen habe, aber auf die Kunde, ich sei auf dem Weg zu ihrem Zimmer, sich schnell entfernt habe.

Als ich später Heide von der Geschichte erzählte, geriet sie außer sich. Sie hätte ein uneheliches Kind ihrer Tochter durchaus hingenommen, sie hatte Verständnis dafür. Heide war ja selbst unehelich. Aber nicht dafür, daß der »Freund« sie einer Kurpfuscherin überlassen hatte. Jedenfalls sollte sich später zeigen, daß Bubi Scholz, einst so populär und ein Publikumsliebling, ein ganz mieser Bursche war, als er nämlich seine eigene Frau erschoß – zufällig, wie das Gericht meinte, nicht so zufällig, wie wir, die ihn kannten, vermuteten.

Es sollte dann doch zu einem unehelichen Kind Gines kommen, und zwar durch einen drittklassigen Regisseur, eben in Düsseldorf. Als sie in die österreichische Provinz ging, hatte sie bereits ein süßes kleines Mädchen.

Dies alles wird hier erzählt, weil es Heide nicht nur beschäftigte, sondern weil es sie aufregte und manchmal fast zur Verzweiflung trieb. Sie fragte sich auch immer wieder, ob sie schuldig war an der seltsamen Entwicklung der Älteren und an den schlimmen Episoden im Leben der Jüngeren. Unsere langjährige Hausgehilfin Else Netzer, mit der sie sich immer wieder über die Töchter unterhielt, meinte, wir hätten die Töchter nicht richtig erzogen. Sie hatte besonderen Anstoß genommen, schon sehr früh, daß ich sie zwar, als sie noch Kinder waren, reichlich mit Taschengeld versorgte, aber immer zu wissen verlangte, wofür sie es ausgaben. Vielleicht war das wirklich nicht richtig, aber Heide fand das ganz in Ordnung, denn sie hatte als Kind ja nie Taschengeld gehabt, und ich hatte genug von dem Berliner Abenteuer Gines, die wochenlang in der Stadt herumgestreunt war. Wohlgemerkt, die Kinder hatten immer mit ihrem Geld tun können, was sie wollten, aber wir wollten wissen, wofür. Das hatten sie, zumindest in Gesprächen mit Else, immer beklagt.

Das Schlimmste für Heide war, daß sie sich nicht annähernd genug um ihre Kinder kümmern konnte, jedenfalls nicht annähernd so, wie sie es erhofft hatte. Der eigentlich Schuldige am Stand der Dinge war nicht zuletzt der Vater der Kinder, der es schon durch seine Weigerung, für die Kinder oder den Haushalt zu zahlen, für seine Frau notwendig gemacht hatte, ihren Beruf dauernd auszuüben. Das wäre nach der Heirat mit mir ja nicht mehr notwendig gewesen, aber da war Heide schon so in den Beruf verstrickt, daß es kaum möglich gewesen wäre, ihn für längere Zeit aufzugeben.

Ich habe erzählt, daß sie das einmal versuchte. Viel später fragte ich mich nach den eigentlichen Gründen dafür und machte mir zum Vorwurf, daß ich damals nicht nachgefragt hatte, warum Heide das Theater zumindest für eine Zeitlang aufgeben wollte. Ich dachte, sie sei einfach übermüdet. Das war sie sicher auch. Aber es steckte noch etwas anderes dahinter. Nämlich: beginnende Zweifel an dem Sinn der Schauspielerei. Spät, zu spät sollte mir das klarwerden.

Aber damals, als wir auf dem Lande bei Zürich lebten, war ihr Leben alles in allem ein zufriedenes und glückliches. Und wir dachten, das würde immer so weitergehen. Es kam mir oft in den Sinn, daß ich ja schon ziemlich alt war und irgendwann einmal sterben und sie allein lassen würde. Nun, sie hatte sich ja vor mir durchgeschlagen, war jetzt in stärkerer Position, sowohl künstlerisch als auch finanziell, sie hatte es vor mir geschafft, und sie würde es nachher schaffen. Wie wir uns irrten!

Eine der seltsamen Eigenschaften von Heide war ihre Eifersucht. Und zwar eine ganz sinnlose Eifersucht – auf meine Vergangenheit. Sie nahm mir die Frauen übel, die eine Rolle in meinem Leben gespielt hatten. Es gab da eine Ausnahme, das war Käthe Dorsch, die sie anbetete, auch nach dem merkwürdigen Erlebnis in Berlin, und von der sie bis zuletzt glaubte, sie sei meine große Liebe gewesen. Was nun einfach nicht ganz stimmte, denn sie, Heide, war die große Liebe meines Lebens, wenn man überhaupt Vergleiche dieser Art anstellen kann.

Aber sie nahm mir fast alle anderen übel. Manchmal sagte sie es, manchmal bewiesen es ihre Handlungen. Ich erinnere mich, daß Josephine Baker einmal nach Zürich kam, um in einem gemischten Programm einige Chansons zu singen. In der Pause ging ich hinter die Bühne, und wir beide freuten uns sehr, uns nach so langer Zeit – mehr als dreißig Jahren – wiederzusehen. Josy schlug vor, ich solle doch mit meiner Frau nach Beendigung der Show in das Nachtlokal nebenan kommen, wo sie sich mit ihrem Produzenten oder weiß Gott mit wem sonst treffen müsse, aber sie würde sich sehr freuen, meine Frau kennenzulernen.

Ich hielt das für ganz selbstverständlich, aber Heide sagte, sie würde auf gar keinen Fall mitkommen, sie würde sofort nach Hause fahren. Zürcher Freunde, die sich darauf gefreut hatten, die Baker kennenzulernen, waren erstaunt und verärgert. Das machte nicht den geringsten Eindruck auf Heide, obwohl sie längst wußte, daß ich mit Josy lange Zeit, bevor ich Heide überhaupt kennenlernte, gelebt hatte. Sie war, wie gesagt, auf meine Vergangenheit eifersüchtig.

Eine andere Eigenschaft, die ich an ihr entdeckte, war eher klinischer Art. Sie war eine Nachtwandlerin. Ich fand es durch einen Zufall heraus, nämlich dadurch, daß ich, was bei mir damals selten vorkam, mitten in der Nacht aufwachte und entdeckte, daß das Bett neben dem meinen leer war. Ich fand sie im Nachthemd durch das Haus geistern. Ich war aufs tiefste erschrocken und rief am nächsten Morgen unseren Arzt an, der mich beruhigte. Das käme immer mal wieder vor und sei nicht weiter gefährlich. Schlafwandler hätten einen sechsten Sinn für ihre eigene Sicherheit. Aber diese Auskunft beruhigte mich nicht vollständig. In den nächsten Wochen, vielleicht auch Monaten, wachte ich oft mitten in der Nacht auf, in Sorge um meine nachtwandelnde Frau. Aber seltsamerweise entdeckte ich sie nur noch ein- oder zweimal auf ihren nächtlichen Wanderungen, bei denen ich sie auf Rat des Arztes nicht störte. Sie kehrte mit absoluter Selbstverständlichkeit immer wieder ins Bett zurück. Ich natürlich aufatmend auch.

Später legte sie diese nächtliche Gewohnheit ab, wie es der Arzt als möglich, ja sogar wahrscheinlich angesehen hatte.

Es kam jedenfalls nie zu einem Unglücksfall. Sie war wohl auch nie in der Nähe eines Unglücksfalls, soweit ich das beurteilen kann, denn in diesen Jahren war ich ja nicht jede Nacht an ihrer Seite, wenn sie diese Wanderungen antrat. Der Sturz aus dem Fenster ihres Schlafzimmers, der viel später erfolgen sollte, hatte nichts mit ihrem Nachtwandeln zu tun.

Was mir damals auffiel und auffallen mußte, übrigens nicht nur mir, war ihr Lesehunger, man kann schon von einer Lesewut sprechen. Die Zeitungen, die wir bekamen, die ich aus Berufsgründen bekommen mußte, die Züricher, die Berliner, Münchner, die »New York Times« und einige Zeitschriften, interessierten sie nur mit Maßen. Sie wollte zwar wissen, was auf der Welt vor sich ging, aber meist genügte ihr, was sie im Fernsehen sah und hörte – es war ihr Wunsch, einen Fernseher zu haben, und so schenkte sie mir einen, der zumindest in den ersten Züricher Jahren für mich noch nicht so wichtig war.

Viel mehr interessierten sie, da wir gerade vom Fernsehen sprechen, die Krimis – ich möchte mich nicht auf Daten festlegen, aber sie war ein leidenschaftlicher Fan der Kriminalserie »Der Kommissar« mit dem Schauspieler Eric Ode, der ein

Stück mit ihr inszeniert hatte. Auch »Derrick« und »Der Alte« ließ sie sich selten entgehen. Viele dieser Abendsendungen entgingen ihr ja schon dadurch, daß sie zu der betreffenden Zeit spielen mußte.

Aber viel wichtiger als das Fernsehen oder gar die Zeitungen waren für sie Bücher. Sie las sehr schnell und doch sehr gründlich. Sie las vor allem zeitgenössische Literatur oder auch Belletristik. Für ein Buch von etwa 300 Seiten brauchte sie allenfalls zwei Tage, besser: zwei Nächte. Es gab Wochen, in denen sie fünf oder gar sechs Bücher verschlang.

Man kann nicht von bestimmten Autoren sprechen, die sie bevorzugte. Vielleicht Thomas Mann, den sie etwa ein Jahr vor seinem Tod – das genaue Datum ist mir entfallen – kennenlernte. Ich weiß nicht einmal mehr wo, ich weiß nur, daß ich ihn, den ich aus unseren Emigrationsjahren sehr gut kannte, ihr vorstellte und daß sie ihn »charmant« fand. Das konnte er wirklich sein, wenn er wollte. Und er sagte ihr auch, daß er sie auf der Bühne bewundert habe. Sicher nicht in Zürich, wo sie erst nach seinem Tod antrat, es muß also auf irgendeiner Tournee gewesen sein oder vielleicht in Berlin oder München. Wenn ich mich recht erinnere, handelte es sich um »Minna von Barnhelm«. Thomas Mann war ja ein fleißiger Theaterbesucher. Ich erinnere mich nur noch ungenau an dieses erste und einzige Treffen. Er meinte, wir würden uns sicher einmal wiedersehen. Er wußte zwar nicht, daß wir bald darauf nach Zürich ziehen würden, aber er wußte, daß ich immer mal wieder dorthin kam, wo er ja nach Rückkehr aus den Vereinigten Staaten Wohnsitz genommen hatte. Aber es kam nicht mehr dazu. Zu einem Geburtstagsfest, das dort mit großem Pomp abgehalten wurde und zu dem wir eingeladen waren, wurden wir kurzfristig ausgeladen. Erika Mann, die mit mir, wie schon erwähnt, »verfeindet« war, hatte das wohl so gewollt.

Thomas Mann sah uns, respektive wir ihn, nur noch einmal, als er, wohl auch anläßlich seines Geburtstages, eine Matinee im Schauspielhaus gab. Er sah uns erstaunlicherweise, wir saßen allerdings in der zweiten oder dritten Reihe, und es war gar nicht zu übersehen, daß er Heide zuwinkte.

Heide las zwar enorm viel, war aber wählerisch. Von Thomas Mann liebte sie den »Tod in Venedig« und wohl auch die Jugendwerke, aber gar nicht den »Zauberberg«, um nur ein mir erinnerliches Beispiel zu nennen. Kafka liebte sie, nach Lektüre von »Prozeß« sagte sie sogar: »Ich könnte seine Schwester sein!« – ein Ausspruch, den sie nie genauer erklärte. Und doch wollte sie keine anderen Bücher dieses »Bruders« lesen.

Proust interessierte sie überhaupt nicht, während sie zum Beispiel Ludwig Thoma sehr mochte, obwohl sie sich natürlich klar darüber war, daß der nicht gerade Literatur war. Als ich ihr einmal sagte, Ludwig Thoma war in den ersten Jahren der nationalsozialistischen Partei, die damals noch anders hieß, einer der ersten Mitglieder und ein wilder Antisemit, war sie geradezu erschüttert. Wer hätte das auch von einem Autor gedacht, der in seiner Jugend, eigentlich bis zum Ersten Weltkrieg, sehr »links« gestanden hatte und bis zu seinem Tod mit einer Jüdin oder Halbjüdin liiert war?

Stärker noch als Thomas Mann interessierte, ja faszinierte sie Lion Feuchtwanger. Von den jüngeren vor allem Uwe Johnson, Kempowski und Ephraim Kishon. Von letzterem las sie jede Zeile.

Aber es gab auch Autoren, die sie nie lesen wollte. Etwa – trotz meiner Vorreklame – Anatole France, den großen französischen Romancier, oder Maupassant. Und eine besondere Abneigung hatte sie für die großen Russen. Sie mochte weder Tolstoi, noch gar Dostojewski noch Tschechow. Ich empfahl alle diese Autoren – aber es war völlig fruchtlos. Ihre Abneigung gegen die Russen ging so weit, daß sie es ablehnte, eines ihrer Stücke oder gar etwas von Tschechow zu spielen. Ich kann mich noch gut entsinnen, daß Lindtberg den »Kirschgarten« mit ihr machen wollte und auch die »Möwe«. Er meinte, die entscheidenden Frauenrollen Tschechows seien ihr geradezu auf den Leib geschrieben. Sie hatte schon vorher diese Autoren mir gegenüber abgelehnt. Sie fand oder behauptete jedenfalls, sie könne sich die langen russischen Namen, die da immer wieder vorkommen, einfach nicht merken. Und das mache ihr die Lektüre der großen russischen Romane zur Qual. Was nun Tschechow anging, so sagte sie zu mir, in diesen Stücken gehe doch nichts vor. Sie wußte natürlich, sie mußte wissen, daß dies, nämlich daß »nichts vorging«, eben das war, was in den Tschechow-Stücken vorging. Sie behauptete einfach steif und fest, daß Tschechow keine guten Theaterstücke geschrieben habe. Als Lindtberg, den sie ja wohl als Autorität gelten lassen mußte, ihr sagte, das sei nun ganz und gar nicht der Fall, sondern eher das Gegenteil, da schüttelte sie nur den Kopf. Sie hat also nie, trotz mehrerer Angebote, nicht nur von Lindtberg, eines der Tschechow-Stücke gespielt. Sie hat meines Wissens überhaupt nie etwas Russisches gespielt.

Ihre Weigerung, gewisse Meisterwerke der Weltliteratur auch nur zu lesen, obwohl ich sie immer wieder empfahl – ich erinnere mich noch, daß ich ihr zuletzt, wirklich zuletzt, in die Klinik, in der sie sterben sollte, einiges von Anatole France brachte, aber sie nicht dazu bewegen konnte, einen Blick in das betreffende Buch zu werfen. Der Grund blieb mir unklar und unverständlich.

Bis ich heute, nach ihrem Tod und mit großem Abstand, glaube, sie zu verstehen. Sie las gewisse Bücher nicht, sie wollte sich nicht für gewisse Autoren interessieren, nicht, obwohl ich sie ihr empfohlen hatte, sondern weil ich sie ihr empfohlen hatte. Ich glaube heute, so lange nach ihrem Tod, als diese Zeilen entstehen, daß sie in dieser Beziehung von mir nicht beeinflußt werden wollte. Vielleicht hat das irgendwie mit ihrer etwas unverständlichen Eifersucht auf meine Vergangenheit zu tun. Es ist die einzige mögliche Deutung des oben Gesagten.

Ihre Lesewut als solche ist zu erklären, und darin stimmen mir viele zu, die sie gut kannten, daß sie sich vom »Leben« zurückziehen wollte. Vielleicht ist das ein bißchen zu entschieden formuliert, zumindest für die ersten Züricher Jahre. Dieser Wunsch einer Frau, die ständig in der Öffentlichkeit stand, also ständig mit Menschen zusammen war, sein mußte, ihnen ausgesetzt war, ist nicht unverständlich, obwohl sie doch ziemlich allein war, wenn ihr Wunsch es war, allein zu sein oder jedenfalls nicht mit Menschen zusammen zu sein. Das ist natürlich eine Meinungssache. Niemand kann wissen, wie es in Menschen, die alt werden oder zumindest nicht mehr jung sind und irgendeine Rolle in der Öffentlichkeit spielen, nun wirklich aussieht. Es bleibt mehr oder weniger ihr Geheimnis.

Ja, das wäre wohl alles, was über Heides Lesewut zu sagen wäre.

Was meine Wenigkeit anging, will sagen, meine Produktionen als Schriftsteller, so ist nur zu melden, daß sie genau wissen wollte, woran ich gerade arbeitete, und ich sie oft dabei ertappte, wenn ich in mein Arbeitszimmer trat, wie sie auf meinen Schreibtisch starrte, um zu erfahren, woran ich gerade arbeitete.

Jedes meiner Bücher, das sie ja, zumindest seitdem wir zusammen waren, schon als Manuskript gelesen hatte, riß sie mir aus der Hand, wenn ich die ersten Autorenexemplare bekam, und immer mit den gleichen Worten: »Also wieder ein neues Kind! Dein Kind!« Und las in dem Buch, als hätte sie nie eine Zeile vorher gekannt.

Was mich anging, so blieb sie, die ich ja schließlich kennen mußte, immer einiges rätselhaft. Eben, daß sie sich so übergangslos, so plötzlich verwandeln konnte. Und daß es dazu manchmal nur des geringsten Anstoßes brauchte – eben, wenn die Rolle es erforderte, manchmal ein Jahr voller neuer Rollen.

Ich erinnere mich noch, um nur ein Beispiel zu nennen, daß sie unter ihrem Lieblingsregisseur Karlheinz Stroux in »Maria Stuart« die Titelrolle spielte, ihre große Kollegin Maria Wimmer die Elisabeth. Ich war während der Proben nicht zugegen, auch nicht während der letzten, bei der sie mich gern sah, respektive als Selbstverständlichkeit ansah, daß ich da sein würde. Ich kam gar nicht auf die Idee, daß bei dieser Regie und Besetzung der Hauptrollen, der junge Martin Benrath spielte den Mortimer, den Leicester spielte Klausjürgen Wussow, irgend etwas »passieren« könne.

Ich fuhr in ein Sanatorium, um ein paar Pfunde herunterzu-

hungern. Dann, kurz vor der Premiere, rief mich Stroux an. Er
sei nicht glücklich mit Heide, die ja seine absolute Lieblingsschauspielerin war. Etwas sei nicht in Ordnung. So oder so ähnlich sagte er es am Telefon. Und ob ich zu den letzten Proben
kommen könne.

Ich konnte eigentlich nicht, der Kurplan lag so, daß ich allenfalls zur Premiere hätte kommen können. Aber ich versprach,
zur Generalprobe zu kommen. Irgendein Mißverständnis
brachte mich nicht rechtzeitig nach Düsseldorf, wo das Ganze
stattfand. Erst am Morgen nach der Generalprobe, also am
Morgen der Premiere.

Nachdem ich dem Schlafwagen entstiegen und zu Heide gefahren war, hörte ich das, und rief Stroux an.

Ich sagte ihm, ich könne bei dieser Lage der Dinge leider
keine guten Ratschläge mehr erteilen. Stroux antwortete:
»Dann werden wir eben das Stück noch einmal geben, damit
du es vor der Premiere sehen kannst.« Man bedenke: am Morgen der Premiere! Nachdem sämtliche Schauspieler zu Hause
waren, vermutlich noch in ihren Betten, und nicht daran dachten, daß sie vor der Premiere noch irgendwelche Verpflichtungen zu erfüllen hätten. Und nun sollten sie ins Theater, sollten
sich kostümieren und schminken. Ich kann mich nicht erinnern, daß so etwas je zuvor passiert war, jedenfalls nicht, seitdem es Sitte geworden war, daß die Schauspieler am Tag der
Premiere nichts anderes zu tun haben, als sich auszuruhen und
auf den Abend zu warten.

Um eventuelle Mißverständnisse auszuschließen: Stroux
ordnete das an, nicht um mir einen Gefallen zu tun, denn das
war wirklich nicht der Fall, sondern weil er der festen Überzeugung war, daß Heide unter ihrem Niveau spielte – schließlich
war es in einer Aufführung von »Maria Stuart« ja nicht unwichtig, daß die Hauptrolle überzeugte.

Ich fuhr also mit Heide ins Theater, und eine halbe Stunde
später hob sich der Vorhang und der erste Akt begann. Für diejenigen, die es nicht mehr wissen: Das Stück beginnt mit einer
Szene, in der sich die Begleiterin der gefangenen Maria Stuart –

Gerda Maurus – darüber empört, daß einer ihrer Wächter, ein hoher Herr, Auftrag gegeben hat, einen Schrank zu öffnen, in dem, wie sie sagt, »die Geheimnisse der Lady« liegen. Erst dann, allerdings nur wenige Minuten später, hat Maria Stuart aufzutreten.

Heide kam also und sie sprach, sowohl mit dem Engländer als auch mit ihrer Begleiterin. Und dann geht der Engländer, und sie spricht eine Weile nur mit ihrer Begleiterin.

Es mögen zehn Minuten gewesen sein, die so vergingen, und dann sagte ich zu Stroux: »Du kannst den Vorhang fallen lassen, ich habe genug gesehen!«

Er war etwas verwundert, der Vorhang fiel also, sicher zur Befriedigung der Darsteller, die in Kostüm und Maske hinter der Szene auf ihre Stichworte warteten und nun nach Hause gehen konnten.

Ich ging in Heides Garderobe und sagte, das werde ich nie vergessen: »Heide, du spielst doch eine Königin!« Was soviel hieß, als daß sie eben nicht eine Königin gespielt habe.

Sie sah mich an, wie es mir noch in Erinnerung ist, etwas erstaunt, aber sie hatte mich verstanden und nickte schweigend.

Es ist wichtig, festzustellen, daß ich ihr nichts weiter sagte, nicht etwa wie sie hätte spielen sollen. Ich hätte es auch gar nicht gekonnt. Ich konnte in meinem ganzen Leben als Kritiker, ob ich nun als solcher in Zeitungen fungierte oder den mir befreundeten Schauspielern gegenüber, etwas über ihre Wirkung auf mich sagen. Nicht aber sie, was ihr eigenes Handwerk anging, belehren.

Am Abend saß ich dann in der Direktionsloge mit der Frau des Regisseurs Stroux. Der Vorhang ging auf. Wenige Minuten später stand die Königin von Schottland vor uns. Ich weiß nicht, ich habe nie erfahren, schon gar nicht von Heide, was sie gemacht hat. Aber sie war in die Rolle der Königin geschlüpft, sie war eine Königin geworden, und Stroux hatte verstanden, jedenfalls sagte er zu mir in etwa, er sei froh, daß ich doch noch gekommen sei.

Dies ein Beispiel für viele, mit welcher Schnelligkeit sich

H. H. verwandeln konnte und eben in einer Totalität – wenn man das Wort gebrauchen darf – die völlig überzeugte und niemanden auf den Gedanken gebracht hätte, daß sie sich verwandelt hatte.

Ich habe mich später immer gewundert, daß Gustaf Gründgens, Heide war ja eine seiner Lieblingsschauspielerinnen, sie nach dem Krieg nicht geholt hatte. In einer Zeit, in der sie es bitter nötig gehabt hätte.

GG war kurz nach Kriegsende von den Berlin besetzenden russischen Truppen, respektive von ihnen im Auftrage eines Kulturoffiziers verhaftet worden.

Ein Grund oder, wie er später sagte, der entscheidende Grund war, daß als Beruf in seinem Paß oder Ausweisen das Wort »General Int.« stand. Das nahm man auf der sowjetischen Seite als eine Abkürzung der Worte General der Intelligence. Und das war in ihren Augen ein selbstverständlicher Anlaß zu seiner Verhaftung und Verbringung in ein Lager.

Es war gar nicht so leicht, ihn da wieder herauszuholen, und er mußte dann eine Zeitlang im Deutschen Theater, das im sowjetischen Sektor Berlins lag, spielen, gewissermaßen als Dankeschön dafür, daß die Russen ihn freigelassen hatten. Da die Russen es nie zugegeben hätten, daß er damals im Westen Berlins aufgetreten wäre, nahm er einen Ruf nach Düsseldorf an, die dort zum Teil zerstörten Theater zu leiten oder wiederaufzubauen, was auch in Sälen und Schulen stattzufinden hatte, denn das einzig noch intakte Haus war das Opernhaus. Und das war, zumindest im Jahr 1947, noch das Theater für die englischen Besatzungs-Truppen.

Aber er machte unter diesen höchst ungünstigen Bedingungen Theater – zu einer Zeit, als weder die Bevölkerung der Stadt noch die Schauspieler, die ihm zur Verfügung standen, genug zu essen hatten und überhaupt unter fast unmenschlichen Bedingungen leben und spielen mußten.

Es war in einem der folgenden Jahre, als Heide in Wiesbaden oder bei Wiesbaden filmte und im Hotel zufällig Gründgens traf. Sie fragte ihn, ob er nicht Verwendung für sie habe?

Sie hatte ja damals kein Theaterengagement. Und er hatte ihr ja oft genug zu verstehen gegeben, wie hoch er sie einschätzte. Um so erstaunter war sie, als er ziemlich brüsk ablehnte.

Mir gegenüber, der um diese Zeit schon befreundet mit ihm war, gab er später die Erklärung ab, er habe ihr einfach nicht genug Gage bieten können.

Wie dem auch sei, als ihm eines Tages die bewährte Gustl Mayer riet, Heide nach Düsseldorf zu holen, tat er es. Das war allerdings schon nach unserer Heirat und nach der Aufführung der »Erbin« in Wien, von der ich erzählt habe. Wenn ich mich recht erinnere, kam der Rat der Mayer aus Wien. Also, er holte Heide 1951 nach Düsseldorf, und zwar in der Rolle, in der sie in Wien aufgetreten war. Vielleicht hatte das etwas mit unserer Beziehung zu tun. Aber wie ich Gründgens damals kannte und später kennenlernte, dürfte das keine große Rolle gespielt haben. Er war ein viel zu integrer Theaterdirektor, als daß er persönliche Beziehungen bei Engagements hätte mitsprechen lassen.

Seine ersten Worte an Heide waren, wie sie mir sofort berichtete, denn ich war gar nicht mitgekommen, sondern saß in unserem Haus an meinem Schreibtisch, in etwa: »Ich kann Ihnen nur die Höchstgage bieten, und die ist nicht sehr hoch.« Sie war auch nicht sehr hoch, denn Gründgens war zeit seines Lebens gegen unnötige Ausgaben, und er war in Düsseldorf bekannt dafür, daß er nach jeder Saison einen Teil der Subventionen, die gar nicht so üppig waren, an den Kämmerer der Stadt zurücksandte, der dadurch in Verlegenheit geriet, denn wie sollte er das Geld zurückbuchen?

Gründgens weiterhin: »Aber ich werde, wenn Sie auftreten, die Preise um je eine Mark erhöhen. Und das bedeutet, daß ich Ihnen noch etwas mehr zahlen kann!« Ich habe natürlich längst die Summen vergessen. Er erhöhte die Preise wirklich, jedenfalls die der teureren Plätze, und Heide erhielt einen Zuschuß. Übrigens spielte sie ihre Gage ein.

Sonst hätte Gründgens ihr nie mehr gezahlt als anderen. In diesen Dingen war er eisern. Er sah sich, was das Finanzielle angeht, nicht als ein Verfüger über maßlose Subventionen an, sondern eher als Verwalter.

Seit einigen Jahren, also etwa in den achtziger Jahren und seither ist es Mode geworden, Gründgens als »Nazi« abzutun und ihn, was seine künstlerische Bedeutung angeht, herunterzuspielen. Als irgendeine Vereinigung unter seinem Namen gegründet werden sollte, erhoben einige der »bedeutenden« Regisseure Einspruch – unter ihnen Peymann, Direktor des Burgtheaters, der es fertiggebracht hat, in kürzester Zeit die Präsenz des Theaterpublikums in Wien um fünfzehn Prozent zu mindern. Nur wenige erhoben sich zur Verteidigung von Gründgens. Heide war darunter. Sie erinnerte an das große Theater, das er gemacht hatte, und fühlte, daß er durch die Mitwirkung, die er ihr gestattete, ihr eine Ehre erwies.

Die leitenden Männer des Theaters im deutschsprachigen Raum haben längst vergessen, oder vielleicht nie zur Kenntnis genommen, daß Theater für das Publikum da ist und nicht für Regisseure, die sich austoben wollen. Er sah in vollen Häusern nicht den Beweis dafür, daß er unkünstlerisch arbeitete, sondern daß die Menschen ihn verstanden.

Die folgende Anekdote wäre noch interessant, sicher amüsant.

Wenn GG verreist war, durfte Heide seine Privatgarderobe benützen, die den Vorteil hatte, im Parterre zu liegen, so daß sie den Autogrammjägern, die ihr an der Bühnentür auflauerten, mit einem Sprung durch das Fenster entgehen konnte.

Eines Abends, kurz vor Beginn der Vorstellung, rief die Hauptpost an – die Privatgarderobe von GG hatte ja ein Privattelefon. Ob man mit Frau Hatheyer spreche? Ob sie Herrn Gründgens kenne? Sie gab zu, Heidemarie Hatheyer zu sein und Gustaf Gründgens zu kennen. Wäre es möglich, daß GG ihr ein Telegramm schicke? Ja, das wäre möglich. Ob sie wisse, wo er sich im Augenblick befinde? Ja, das wisse sie. In ihrem Haus auf der Forch über dem Greifensee in der Schweiz . . .

»Dann stimmt es also doch«, murmelte der Mann von der Hauptpost.

H. H. fragte, ob er ihr das Telegramm nicht vorlesen könne? Nein, das könne er nicht. Ob er es zusenden könne? Das könne er auch nicht. Er werde es ihr persönlich in der großen Pause bringen.

Er kam in der großen Pause, sichtlich verlegen. Er vermutete, wie er ihr sagte, »ein schlechter Scherz! Daß Herr Gründgens ein solches Telegramm schicken könnte . . .!«

»Nun geben Sie mir doch endlich das Telegramm!«

Sie erhielt es und begriff sofort, warum der Mann so lange gezögert hatte, es ihr auszuhändigen. Natürlich wußte man in Düsseldorf vom homosexuellen Leben des großen Theatermannes. Und nun dieses Telegramm!

Es lautete: »Ach, wären Sie doch da mit mir in Ihrem schönen Bett.«

Als die Hatheyer von dem Telegramm aufsah, war der verlegene Postbeamte verschwunden. Sie konnte sehr wohl verstehen, daß er bis zuletzt an der Authentizität des Telegramms gezweifelt hatte.

Die Stücke, die sie in den nächsten Jahren in Düsseldorf spielte, es waren wohl nur zwei oder drei, wurden hübsche Erfolge. Sie war wohl wirklich eine gute Schauspielerin, die das Publikum ins Theater zog. Das spürte, nein, wußte Gründgens.

14

Der Star

1949 war Gustaf Gründgens – wie schon berichtet – nach Düsseldorf gekommen, und 1954 erhielt er den Besuch des Kultursenators von Hamburg, der die Stellung des Intendanten des räumlich größten deutschen Schauspielhauses dort zu vergeben hatte. Er erkundigte sich beim »Sachverständigen« Gründgens, ob er ihm jemanden empfehlen könne, und Gründgens meinte, ziemlich unverblümt:

»Haben Sie einmal an mich gedacht?«

Dem Hamburger Kultursenator fiel es wie Schuppen von den Augen. Nein, er hatte wirklich nicht an Gründgens gedacht, aber der wäre natürlich der ideale Mann für die Leitung dieses Theaters, das ja unter ihm vielleicht auch das bedeutendste in der Bundesrepublik werden könnte.

Ein Vertrag kam zustande, den aber Gründgens vorläufig geheimhielt. Ich gehörte übrigens zu den wenigen, denen er davon erzählte, nachdem ich ihm zehn heilige Eide geschworen hatte, die Sache für mich zu behalten. In Düsseldorf wußte, soweit ich mich entsinne, niemand von der Sache. Die einzigen, die etwas hätten vermuten können, waren die ihm wichtigsten Schauspieler, denen er für die kommende Saison 1956–1957 keine Verträge gegeben hatte, obwohl alle anderen Verträge erhielten. Da sie wußten, daß er mit ihnen arbeiten wollte und sie wohl auch brauchte, warteten sie. Und in der Tat bekamen sie einige Wochen später Verträge, bessere, das heißt lukrativere Verträge, natürlich – für Hamburg.

Und dann erhielt Heide einen Brief, der sie einlud, in der ersten Saison bei Gründgens in Hamburg tätig zu sein. Ich erinnere mich noch des Satzes: »Ich kann mir einfach mein Theater in Hamburg nicht ohne die größte deutsche Darstellerin vorstellen!« Das war vielleicht eine Übertreibung, aber

33–34 »Die Erbin«
von Ruth und Augu-
stus Götz spielte H. H.
1955 am Düsseldorfer
Schauspielhaus. Wei-
tere Rollen waren mit
Paul Hartmann,
Gerda Maurus und
Martin Benrath
besetzt.

Samstag, 7. Mai 1955

Zum 1. Male

DIE ERBIN
(THE HEIRESS)

Schauspiel von Ruth und Augustus Götz
Nach dem Roman „Washington Square" von Henry James
Deutsch von Hans Feist

Regie: Joseph Glücksmann   Bühnenbild: Willy Bahner

Dr. Austin Sloper . . . . Paul Hartmann
Catherine Sloper . . . . Heidemarie Hatheyer
Lavinia Penniman . . . . Gerda Maurus
Elizabeth Almond . . . . Hilde Hellberg
Marian Almond . . . . Elisabeth Wiedemann
Arthur Townsend . . . . Dietrich Kerky
Morris Townsend . . . . Martin Benrath
Maria . . . . Anneliese Wehner
Frau Montgomery . . . . Adelheid Seeck

Die ganze Handlung des Stückes spielt sich in dem großen Wohnzimmer
von Dr. Slopers Haus in Washington Square ab.

Das Jahr 1850

7 Bilder — Pause nach dem 3. Bild

Kostüme: Maxi Tschunko

ANFANG 20 UHR   ENDE 22.45 UHR

35   *H. H. 1956 in Hauptmanns »Rose Bernd« im Deutschen
Schauspielhaus Hamburg. Ulrich Erfurth inszenierte frei nach der
Berliner Aufführung von Karlheinz Stroux die einmalige Schicksals-
tragödie einer Kindesmörderin. Die Aufführungen in Berlin, Hamburg, Zürich und Paris waren Sensationen.*

*36   H. H. mit Ulrich Haupt in Hauptmanns »Rose Bernd« im
Deutschen Schauspielhaus Hamburg 1956.*

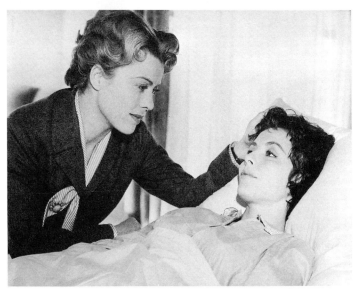

37   »Liebe
ohne Illusio-
nen«, ein Film
mit Sonja Zie-
mann und Curd
Jürgens, 1956.

38–39 »Requiem für eine Nonne« von William Faulkner wurde bei
der Uraufführung in Zürich ein großer Erfolg für H. H. unter der
Regie von Leopold Lindtberg.
1957 in Düsseldorf waren Gisela Mattishent (oben) und Mathias
Wiemann (links) ihre Partner.

40   Ganz Königin. H. H. als »Maria Stuart« 1957 unter der Regie
von Karlheinz Stroux am Düsseldorfer Schauspielhaus.

41–42 »Die Rat-
ten« von Gerhart
Hauptmann im
Wiener Burgthea-
ter 1961/62, H. H.
spielte die Tragö-
die der Frau John,
obwohl sie sich vier
Tage vorher eine
schlimme Fußver-
letzung zugezogen
hatte.
Sie rettete dadurch
die Wiener Festwo-
chen. Das Publi-
kum, das durch die
Presse »alles«
wußte, wagte kaum
zu atmen.

43 »Die Ratten«,
sehr frei nach dem
Roman von Ger-
hart Hauptmann,
wurde 1955 mit
Gustav Knuth ver-
filmt.

44   *H. H. im Akademie-Theater in Wien 1962 in Scribes »Ein Glas Wasser« mit Viktor de Kowa, der seine Rolle nie beherrschte.*

45 H. H. mit Loni von Friedl in »Das weite Land« von Arthur Schnitzler im Thalia Theater 1964.

46 Schnitzlers berühmtes Stück »Das weite Land« 1964 im Hamburger Thalia-Theater. H. H. zusammen mit Anton Wohlbrück.

47   *H. H. mit Karl Maria Schley 1965 in Werner Düggelins Inszenierung von »Wer hat Angst vor Virginia Woolf?« von Edward Albee
im Düsseldorfer Schauspielhaus.*

48 H. H. in Grillpar-
zers »Medea« 1966 im
Thalia Theater in
Hamburg. Die fünf-
stündige Fassung
»Medea im Goldenen
Vlies« war ihre
Antrittsrolle im Wie-
ner Burgtheater.
Später in Zürich
wurde nur der 3. Teil
gespielt.

49 »Wir sind
noch einmal
davongekom-
men« von
Thornton Wil-
der 1966 im
Hamburger
Thalia Theater.
H. H. spielte
nicht die für sie
vorgesehene
Rolle des
Vamp, sondern
die der Mutter,
die sie zwar
schauspielerisch
nicht für so
ergiebig hielt,
aber die für sie
dramaturgisch
der Mittelpunkt
war. In Ham-
burg spielte
O. E. Hasse
den Antropus.

50   Harry Buckwitz inszenierte 1968 im Düsseldorfer Schauspielhaus »Mutter Courage und ihre Kinder« von Bertolt Brecht mit
H. H. in der Titelrolle.

51   H. H. mit Arno Ass-
mann 1968 im Düsseldor-
fer Schauspielhaus in
Martin Walsers »Zim-
merschlacht«. Das Stück
war bei der Münchner
Uraufführung durchge-
fallen, wurde dann aber
mit H. H. in Berlin, Düs-
seldorf und Hamburg zu
großen Erfolgen.

Gastspiel des Renaissance-Theaters Berlin

Die Zimmerschlacht
Schauspiel von Martin Walser
mit Heidemarie Hatheyer und Arno Assmann   Inszenierung: Leonard Steckel

52   Der Erfolg der
»Zimmerschlacht«
überraschte fast
alle, mit Ausnahme
der Hatheyer, die
ihn für selbstver-
ständlich hielt.

53 »Der Biberpelz« von Gerhart Hauptmann wurde 1970 im Düsseldorfer Schauspielhaus von Karlheinz Stroux inszeniert. H. H.
spielte alle wichtigen Hauptmann-Stücke (»Die Ratten«, »Rose
Bernd«).

54 »Langusten«, ein Ein-Personen-Stück, das H. H. Mitte der
80er Jahre viele Spielzeiten lang spielte.

55   Die letzte große Rolle als »Martha Jellnek« 1988.

56   Eine Fernsehrolle in »Die Drombuschs« sollte die letzte Rolle der Hatheyer sein.

8127 Scheuren-Forch, den 11. Mai 1990
Berghaldenstrasse 6

In tiefer Trauer melde ich, auch im Namen ihrer kleinen Familie, den
plötzlichen, überraschenden, aber auch schmerzfreien Tod von meiner
Frau,

Heidemarie Hatheyer

in den frühen Morgenstunden des 11. Mai 1990, dem grossen Menschen
und der grossen Menschendarstellerin.

Ihr Leben war Arbeit - für andere. Sie wollte und konnte vielen helfen
durch ihre Menschlichkeit und ihre Kunst - nur nicht sich selbst. Das war
der Sinn ihres Lebens. Jedem, dem das Glück zuteil wurde, sie persönlich
zu kennen, aber auch anderen - Hunderttausenden in zahlreichen Ländern
- wird sie unvergesslich bleiben. Und sie werden mit uns trauern.

Ihr Gefährte über fast ein halbes Jahrhundert,

Curt Riess, Scheuren

Die Beerdigung findet am Mittwoch, dem 16. Mai, um 13.45 Uhr,
im Friedhof Enzenbühl in der Stadt Zürich statt,
anschliessend Abdankung in der Friedhofkapelle Enzenbühl.

Allfällige Blumenspenden bitten wir im Friedhof Enzenbühl abzugeben.

57–58 Abschied von der Frau mit den hundert Gesichtern.

Übertreibungen waren für Gustaf Gründgens nichts Ungewöhnliches.

Eine der anderen Schauspielerinnen, die da in Frage gekommen wären, Käthe Gold, war fest am Burgtheater in Wien. Mit Marianne Hoppe, mit der er immerhin bis vor kurzem verheiratet gewesen war und der er nicht zuletzt seine Befreiung aus dem sowjetischen KZ verdankte, war er im Augenblick nicht »on speaking terms«. Die von ihm außerordentlich geschätzte Flickenschildt hatte er natürlich aus Düsseldorf mitgenommen, aber er wußte sehr genau, daß ihr Rollenfach begrenzt war.

Er bot Heide die Hauptrolle in der deutschen Erstaufführung des amerikanischen Stücks »Der Regenmacher« an.

Heide las das Stück. Es sagte ihr nicht zu. Aber sie erfuhr aus den Zeitungen, daß Gründgens in seiner ersten Saison »Rose Bernd« herausbringen wollte. Was sie nicht wußte, war, daß er das Stück schon in Düsseldorf hatte spielen lassen, und zwar mit einer jungen Wiener Schauspielerin, die übrigens via Käthe Dorsch und mich zu ihm gelangt war und inzwischen verheiratet mit seinem ersten Heldendarsteller Max Eckardt.

Heide schrieb oder telefonierte Gründgens also, sie sähe nicht recht ein, warum sie nicht die »Rose Bernd« spielen solle, als die sie schon sehr erfolgreich in Berlin war? Gründgens sah das sofort ein und besetzte diese Rolle mit ihr.

Heide hatte keine Ahnung, daß sie da in ein Wespennest stach. Denn Max Eckardt, der die männliche Hauptrolle spielen sollte, war für seine Frau tief gekränkt, er konnte oder wollte nicht einsehen, daß die Hatheyer natürlich die stärkere Besetzung war. Und Ulrich Haupt, der den Böscwicht spielen sollte, war für seinen Freund Eckardt gekränkt, und das hatte Folgen.

Ulrich Haupt war schon immer, was seinen Charakter anging und sein Leben, eine problematische Figur. Er hatte als gebürtiger Amerikaner den Krieg in Berlin und innerhalb des Gründgens-Ensembles verbracht, ja, war der Partner von Heide in dem Grillparzer-Stück gewesen. Was niemand wußte, war, daß er für das Propagandaministerium Nazi-Propagandasendungen auf englisch für die Vereinigten Staaten gesprochen haben soll.

Als der Krieg zu Ende war, wurde ihm der Boden in Berlin zu heiß und er schlug sich irgendwie in die Vereinigten Staaten durch. Gründgens hatte ihn wieder zurückgeholt, als er ein neu erbautes Theater in Düsseldorf mit den »Räubern« eröffnete. Ulrich Haupt sollte Karl sein, er selbst war Franz. Haupt hatte Erfolg und blieb auch weiterhin in Düsseldorf, und er gehörte zu den Schauspielern, die Gründgens nach Hamburg mitnahm.

Max Eckardt spielte also den Gutsherrn Christoph Flamm, einen Mann in den besten Jahren, dessen Frau seit Jahren gelähmt im Rollstuhl sitzt, der also in der Ehe keine Befriedigung finden kann und mit dem drallen und temperamentüberschäumenden Bauernmädel Rose Bernd ein Verhältnis anfängt. Er mag sie, sie liebt ihn. Das Verhältnis, das natürlich ein Geheimnis im Dorf bleiben muß, wird von dem dort ansässigen Lokomotiv-Maschinisten Arthur Streckmann entdeckt, der nun dafür, daß er den Mund hält, mit Rose schlafen will.

Die wehrt sich, aber muß schließlich nachgeben. Und wird schwanger. Sie ist in tausend Nöten. Was wird der bigotte Vater sagen, was ihr schwächlich gutmütiger Bräutigam August Keil, was das Dorf? Sie wird halb wahnsinnig vor Angst, nein, sie wird wahnsinnig. Und als sie das Kind allein zur Welt bringt, ertränkt sie es im nahen Fluß. Und bricht ob dieser Schuld zusammen. Nicht nur ob dieser Schuld. Sie bricht zusammen, weil sie sich in ihren schwersten Stunden alleingelassen fühlt. Ganz zuletzt, als sie schon gestanden hat, als der Gendarm gekommen ist, um sie zu holen, und entsetzt fragt: »Sie sind wohl besessen? Was fehlt Ihnen denn?«, die Antwort: »Ich bin ganz klar, ich bin nie besessen. Ich bin ganz klar, bin ich uffgewacht! Kalt, Wind, grausam – fest: 's sullde nie labe! I wullte s' nie! Sullde nie meine Marter derleida! Es sullde doch bleiben, wo's hiegeheert.« Und auf die Mahnung des sanften Verlobten, sie mache ja alle miteinander »ungliicklich«, der Aufschrei: »Ihr wißt eben nischt! Ihr seht eben nischt! Ihr habt nischt gesehn mit offenen Augen.«

Dieses Zitat führt vor Augen: Das Stück ist gar nicht auf deutsch geschrieben, sondern auf schlesisch, wie schon gelegentlich der Berliner Uraufführung festgestellt wurde. H. H. hat das längst drauf. Das übrige Ensemble tut sich schwer mit der Sprache. Aber es sind ja gute Schauspieler, zum Teil hervorragende, und irgendwie schaffen sie es.

Die Regie hat – nicht Stroux und doch Stroux. Da sich Gründgens mit Recht auf den Standpunkt stellt, daß nach der erfolgreichen Berliner Aufführung 1952 die Hatheyer die Rose so spielen wird wie in Berlin, verzichtet er auf Regie und übergibt sie einem seiner Regisseure. Der verläßt sich natürlich auf seine Protagonistin, und die sagt ihm, wie Stroux es gemacht hat. Und so wird die Hamburger Aufführung mehr oder weniger genau das, was Stroux in Berlin gemacht hat.

Es dauert einige Zeit, bis die Hatheyer merkt, daß zumindest die beiden Männer, Flamm und Streckmann, will sagen Eckardt und Haupt, ihr feindlich gesinnt sind. Eckardt ist diszipliniert genug, um das in der Rolle nicht durchschimmern zu lassen. Haupt, um diese Zeit bereits ein Alkoholiker, zeigt immer wieder, daß er etwas gegen die Hatheyer hat, obwohl er selbst ja gar nichts gegen sie haben könnte. Später kommt heraus, daß er wohl wirklich die Wünsche hat, die sein Streckmann äußert.

Die Hatheyer ahnte das vorderhand nicht. Aber sie merkte bald, daß er in der großen Szene im ersten Akt, in der er ihr sagt, daß er sie haben will, tätlich wird. Stroux inszenierte diese Szene so, daß Streckmann sie hart anfaßt, als wolle er sie schon jetzt und hier auf freiem Felde, wo jeden Augenblick jemand hinzu kommen kann, vergewaltigen. Natürlich kann man Gewalt auf der Bühne markieren. Der Schauspieler Haupt geht aber bald über das Markieren hinaus. Da die Hatheyer sehr kräftig ist und nicht so leicht verletzbar, bekommt sie die gewollten Brutalitäten Haupts erst gar nicht mit. Die steigern sich aber ständig. Und die Bühnenarbeiter merken sehr bald, was sich da auf der Bühne abspielt. Die Hatheyer merkt es schließlich auch und wehrt sich. Das Publikum ist entzückt, weil es glauben muß, daß hier der Kampf der Geschlechter hervorragend »gespielt« wird.

Die Bühnenarbeiter sind keineswegs entzückt. Wie wir – Heide und ich – erst nach der letzten Vorstellung von einem der Bühnenarbeiter erfahren: »Zwei oder drei von uns standen jeden Abend an dieser Stelle des Stücks hinter der Bühne, um einzuschreiten, wenn Frau Hatheyer in ernsthafte Gefahr geraten wäre. Wir hielten das gar nicht für so unwahrscheinlich. Wir waren zutiefst empört!«

Und dann kam, was kommen mußte. Haupt erschien jeden Abend betrunkener zur Vorstellung, und zu der absolut letzten Vorstellung kam er überhaupt nicht. Gründgens schickte jemanden in seine Wohnung und fand ihn sinnlos besoffen. Unmöglich, ihn in der kurzen Frist, die zur Verfügung stand, wachzubekommen. Die letzte Vorstellung mußte abgesagt werden.

Nach dieser »letzten« Vorstellung, die also nicht stattfand, gab es wie üblich eine Feier. Nur fand sie nicht in einem Restaurant statt, sondern in der Wohnung des Ehepaars Eckardt. Alle Schauspieler, der Regisseur, der Bühnenmaler waren geladen, nur eine nicht, Heide.

Gründgens, der immer alles wußte und immer um fünf Ekken herum dachte und plante, hatte von diesem Affront erfahren. Und veranstaltete kurzfristig eine Abschiedsfeier für Heide im nahegelegenen Hotel Atlantic. Und lud alles ein, was in Hamburg Rang und Namen hatte. Um Heide zu feiern, erschienen nicht nur der Bürgermeister – oder war es der Oberbürgermeister? – und der Kultursenator, es erschienen mindestens zwei oder drei Dutzend der prominentesten Hamburger. Und eben Heide und meine Wenigkeit.

Eigentlich hätte Gründgens Haupt fristlos entlassen müssen, eigentlich hätte er für sämtliche deutschen Bühnen gesperrt werden müssen. Aber Gründgens brachte das nicht übers Herz. Es gab einen Ausweg, nämlich, daß Ärzte Haupt für unzurechnungsfähig erklärten. Und man schickte ihn in eine Entziehungsanstalt.

Da war noch etwas: Das Stück hatte bei ausverkauften Häusern abgesetzt werden müssen, nicht nur weil Haupt ausfiel, da gab es eine zweite Besetzung. Eher schon weil Heides Vertrag auslief. Gründgens erschien am Morgen nach der letzten Aufführung, die keine gewesen war, in Heides, in unserer Hamburger Wohnung. Ein seltener Besuch für ihn, er unterhielt sich mit seinen Schauspielern allenfalls im Theater.

Aber er glaubte, Heide etwas schuldig zu sein. Er bat sie, die jetzt für einige Vorstellungen nach Zürich mußte, noch einmal nach Hamburg zurückzukommen, um die »letzte« Vorstellung nachzuholen. Er meinte überhaupt, man könne das Stück noch mindestens zehn- oder fünfzehnmal spielen. Heide lehnte ab. Gründgens erklärte, ihre Gage verdoppeln zu wollen. Zumindest für diese eine Aufführung, die ausgefallen war. Heide lehnte ab. Auch Depeschen, die Gründgens später an sie nach Zürich sandte, änderten ihren Entschluß nicht. Sie fand, sie sei beleidigt worden, und das fand sie wohl zu Recht.

Später, ich würde sagen, ein Vierteljahr später, als Heide wieder einmal in Hamburg filmte, kam es zu einer letzten Aussprache zwischen ihr und Gründgens. Gründgens bot ihr einen langjährigen Vertrag an. Da sie sich für mehrere Monate und Jahre an Zürich gebunden hatte, war er mit jeweils drei oder vier Monaten zufrieden. Sie war bereit, zurückzukommen, aber unter einer Bedingung: Sie wolle nie wieder etwas mit Eckardt oder mit Haupt zu tun haben.

Gründgens erwiderte, er zahle Heide ein sehr hohes Gastspielhonorar. Er könne nicht noch zwei weitere prominente Gäste zu ihren Aufführungen verpflichten. Daran scheiterte die weitere Zusammenarbeit zwischen Gründgens und der Frau, die er für die größte deutsche Schauspielerin hielt.

Ich spielte übrigens auch eine Rolle in dieser Angelegenheit. Gründgens, der mich mit Recht für seinen Freund hielt, hatte mich gebeten, bei Heide zu intervenieren. Das war noch vor seinem letzten Angebot. Ich sagte, ich sei gegen eine feste Bindung von Heide an ihn. Ja, gelegentlich solle sie wohl in Hamburg spielen, aber nicht auf die Dauer. Grund für meine Entscheidung: Es war mir klar, daß es zwischen den beiden Schwierigkeiten geben würde. Und dann hatte ich die Wahl, mich auf die Seite meiner Frau oder die Seite meines Freundes zu stellen.

Das hätte mich bei meiner Frau oder meinem Freund in Schwierigkeiten gebracht – je nachdem. Es war meine ganz kühle Überlegung, und sie war vermutlich richtig.

Übrigens: Gründgens blieb weiterhin ein Bewunderer der Hatheyer. Er kam sehr oft zu ihren Aufführungen nach Berlin oder nach Zürich. Und er ließ es sich nie nehmen, nach der Vorstellung mit ihr zusammen zu sein. Diese Treffen endeten immer mit dem Wort von Gründgens: »Schade . . . schade . . . !«

Sie fand es wohl auch schade, daß es nie wieder zu mehr kommen sollte.

Die Frage ist nicht unberechtigt, ob es überhaupt zu mehr hätte kommen können, doch wohl nur, wenn H. H. andere Verpflichtungen abgesagt hätte. Sie war ja nun jedes Jahr einen Teil der Spielzeit in Zürich, für mindestens zwei Rollen – davon wird später zu sprechen sein.

Machen wir einen kleinen Sprung – es wurde am Anfang dieses Buches gesagt, daß es nicht chronologisch werden würde –, einen Sprung bis zum Anfang der sechziger Jahre.

Damals war ein nicht sehr erfolgreicher und auch künstlerisch kaum qualitativer Direktor des berühmten Burgtheaters in Pension geschickt worden, und man hatte Ernst Haeusserman geholt. Der emigrierte Österreicher Haeusserman war von der amerikanischen Regierung nach Kriegsende als Filmoffizier nach Wien entsandt worden, dann Theateroffizier geworden und schließlich Direktor des Theaters in der Josefstadt.

Er begann sofort, mit einer Tradition des Burgtheaters aufzuräumen, die er für unsinnig hielt. Nämlich, daß Protagonisten nicht nur lebenslänglich angestellt waren, sondern daß sie lebenslänglich ihre Rollen behielten. Ja, es handelte sich um »ihre« Rollen. Also kam es etwa vor, daß eine Schauspielerin, die mit fünfundzwanzig Jahren das Gretchen oder das Klärchen zu spielen begonnen hatte, diese Rollen noch mit fünfzig oder gar sechzig spielte. Wie zutiefst verankert diese Tradition war, geht aus einem Brauch hervor: Wenn ein Schauspieler oder eine Schauspielerin »ihre« Rolle endlich abgaben, setzten sie sich in einen Fiaker, später in ein Taxi und fuhren zu dem

Schauspieler oder der Schauspielerin, die besagte Rolle nun übernehmen sollten. Und übergaben ihnen die Rolle persönlich.

Haeusserman konnte zwar nicht mit allen solchen überlebten Traditionen aufräumen, zum Beispiel setzten die älteren Mitglieder des Ensembles durch, daß auch weiterhin nach Beendigung einer Aufführung der Vorhang sich nicht wieder heben und die Schauspieler sich für den Beifall bedanken durften, weil irgendein Kaiser irgendwann einmal erklärt hatte, »seine« Schauspieler bräuchten sich nicht vor dem Publikum zu verbeugen, das hätten sie nicht nötig. Haeusserman sorgte wenigstens dafür, daß frisches Blut an die Burg kam. Er holte junge Schauspieler, aber vor allem auch solche, die anderswo längst berühmt geworden waren, die aber von den Burgtheaterdirektoren irgendwie nicht würdig befunden worden waren, nach Wien zu kommen.

Vor seiner ersten Spielzeit – im Winter 1958/1959 – erreichte mich sein Anruf aus Wien. Ich weiß nicht, wo Heide damals steckte, jedenfalls war sie nicht auf der Forch. Haeusserman sagte, er fahre mit seiner Frau, der reizenden Schauspielerin Susi Nicoletti, für zwei Wochen nach Badgastein, und er lade mich hiermit für eine Woche ein. Wir standen zwar recht gut miteinander, aber ich wußte nicht recht, wie ich zu dieser Ehre kam. Jedenfalls fuhr ich erst einmal hin.

Am ersten Abend, beim Nachtessen im Hotel, fragte er mich ohne weiteres Vorspiel: »Wann kommt deine Frau?«

Ich verstand ihn nicht. Hatte er geglaubt, Heide würde mit mir nach Badgastein kommen? Er hatte ja keine Silbe davon verlauten lassen! Übrigens hätte sie auch gar nicht gekonnt. Aber die Sache klärte sich sofort auf. Er fragte, wann Heide ans Burgtheater käme? Das zu klären, war nämlich der Grund dafür, daß er mich eingeladen hatte.

Ich sagte, ich wisse gar nicht, wann Heide frei sei. Was ich nicht sagte, war, daß ich nicht einmal wußte, ob sie überhaupt an die Burg wollte. Diesen letzten Zweifel hätte ich mir ersparen können. Es hat wohl noch nie eine österreichische Schauspielerin gegeben, die nicht gern an der Burg gespielt hätte.

Was nun die erste Frage anging, so wußte Haeusserman mehr als ich. Sie sei zwar nicht in seiner ersten Spielzeit frei, aber in seiner zweiten habe sie zumindest bis zum Januar nichts zu tun. Nun ja, es kam also ein Vertrag zustande, und Heide erschien zu Beginn der nächsten Saison in Wien. Sie sollte im Großen Haus, im eigentlichen Burgtheater, eröffnen, aber aus irgendwelchen Gründen spielte sie erstmals – also Ende September 1960 – im Kleinen Haus, im Akademie-Theater, den »Mond für die Beladenen« von Eugene O'Neill. Ein Kammerspiel, das sie bereits in Zürich mit großem Erfolg gespielt hatte. Günther Rennert führte Regie. Er hatte in den letzten Jahren fast nur und mit enormem Erfolg Opernregie geführt, auf der ganzen Welt, und sehr selten ein Schauspiel inszeniert. Aber er war ein Fan der Hatheyer, und als er hörte, daß sie spielen würde, war er sofort bereit, die Sache zu machen. Es wurde eine herrliche Aufführung mit dem Charakter-Spieler Ewald Balser und dem gebrochenen Helden Walther Reyer und eben der Hatheyer.

Aus einer der enthusiastischen Kritiken: »Ihre Josie ist ein Mädchen geformt aus sauberer, kräftiger Erde, Jungfrau und Mutter in einem, der Schmutz, der von ihren Lippen kommt, wenn sie den anderen etwas vorlügen will, berührt nicht einen Zipfel ihrer Seele. Sie ist die leidende weibliche Kreatur in persona, die O'Neill zeit seines Lebens anbetete und verherrlichte ... In Heidemarie Hatheyers Antlitz scheint der Mond, der die Beladenen wirklich tröstet.«

Der Premierenerfolg war außerordentlich. Rennert, der sonst immer nach der Generalprobe abzureisen pflegte, denn er war um diese Zeit nicht fest an irgendeinem Theater, sondern inszenierte bald in Hamburg, bald in München und eben jetzt in Wien, ließ sich überreden, zu bleiben. Zur Hatheyer sagte er: »Das tue ich nur für Sie!«

Als wir sehr spät in der Nacht oder besser: sehr früh am Morgen, nach Hause kamen, erwartete Heide ein Telegramm. Es lautete: »Ich danke dir. Du machst es mir leicht.« Es war gezeichnet von Hans Weigel, um diese Zeit bereits der prominenteste Theaterkritiker Wiens.

Fast unmittelbar nach der Premiere des O'Neill begannen die Proben für das Burgtheater. Vorgesehen war »Das Goldene Vlies«, dessen Premiere dann Anfang Dezember 1960 stattfinden sollte. Das ist eine Trilogie, die das grausame Schicksal der Medea behandelt. Der Königstochter, die mit Jason, dem griechischen Fremdling, den sie liebt, in ein anderes Land zieht, dort erleben muß, daß er eine andere zur Frau nehmen will – »die Heirat mit der Wilden« ist ja in Griechenland nicht gültig – und die ihre beiden Kinder opfert, um ihn zu bestrafen.

Diese Trilogie wird selten in Gänze gespielt. Grillparzer meinte, man solle sie an zwei Abenden spielen. Der Regisseur Lindtberg, der ja seit Kriegsende immer mal wieder am Burgtheater inszenierte, hatte die Trilogie so gestrichen, daß sie an einem Abend aufgeführt werden konnte. Was freilich die Liebhaber Grillparzers empörte, aber für die anderen gewöhnlichen Sterblichen eher angenehm war. Denn die Geschichte war sehr, sehr wortreich.

Immerhin dauerte sie noch mit Pausen fast fünf Stunden. Während dieser fünf Stunden stand die Hatheyer als Medea fast unterbrechungslos auf der Bühne. Es war, vielleicht von dem Faulkner abgesehen, die bedeutendste Leistung der Hatheyer. Sie spielte das junge Mädchen, das dem Fremdling verfällt, sie spielte die liebende Frau, sie spielte die Verstoßene, Verachtete, die dieses Schicksal nicht hinnimmt. Sie war außerordentlich, und das Premierenpublikum feierte sie, wie in den letzten Jahren keine Schauspielerin in Wien gefeiert worden war. Die Kritiken, überflüssig zu sagen, waren Hymnen. »Es ist eine so vielschichtige, so vollendete Gestaltung, unsentimental und groß wie das dramatische Vorbild, daß sie das Stück und die Bühne bis zur Explosion füllt.«

Oder: »Im geistig erfüllten Raum stand, sprach, lebte und litt eine Tragödin von Weltmaßstäben namens Hatheyer.«

Oder: »Großartig wie eh und je Heidemarie Hatheyers ›Medea‹. Wie sie zur Tragik von Medeas Geschick das Mystische und Bedrohliche der Herkunft aus barbarischem Geschlecht fügt, ist fesselnd, packend, aufwühlend . . .«

259

Sie selbst sagte immer nur nach der Premiere: »Das ist vor allem Lindis Erfolg, nicht nur meiner.«

Das Entscheidende, was zwar alle Zuschauer sehen konnten und alle Kritiker hätten begreifen müssen, war – wieder einmal – die außerordentliche Fähigkeit der Hatheyer, sich in einen anderen Menschen hineinzuversetzen. Bei anderen Stücken hatte sie sich wohl immer nur in einen Menschen hineinzuversetzen. Diesmal gleich in drei. In das erfahrungslose Mädchen, in die liebende Frau, in die Gedemütigte und Rächerin.

Das Außerordentliche ihrer Leistung war, daß sie innerhalb von Stunden diese Verwandlungen zustande brachte. Lindtberg, der diese ihre einmalige Fähigkeit ja schon kannte, war immer wieder fasziniert. Sie sagte, sie verdanke ihm den Erfolg. Er sagte, der Erfolg wäre gar nicht möglich gewesen mit einer anderen Schauspielerin.

1961 erhielt sie die Josef-Kainz-Medaille. Das ist eine Auszeichnung, die nur sehr selten in Österreich verliehen wird und meist nach zwanzig oder dreißig Jahren, die ein Künstler am Burgtheater, eines der wenigen seriösen Theater, verbracht hat. Im Falle Hatheyer war das also keine Routineauszeichnung, sondern eine besondere. Der Bürgermeister von Wien gratulierte ihr, und der Präsident des Landes fragte, ob sie irgendeinen Wunsch habe.

Ja, sie hatte einen. Sie war die Hotels satt, sie wollte auch nicht mehr in Untermiete wohnen, sie wollte eine eigene Wohnung in Wien. Eine kleine, aber eine eigene. Und sie bekam sie innerhalb von wenigen Tagen. Sie richtete sie ein, und in den kommenden Jahren, wann immer sie in Wien war, und das war selten mehr als während vier oder fünf Monaten, wohnte sie dort.

Wie gesagt, es war sehr wenig typisch für Wien oder Österreich, daß sie die Auszeichnung so früh erhielt. Aber was einige Jahre später geschah, war sehr typisch für Österreich und Wien. Sie bekam nämlich die Mitteilung der Wiener Steuerbehörde, sie habe in Wien Steuern zu zahlen, und auch ich hätte es. Die Begründung: Sie sei Österreicherin und in Wien ansässig, und ich sei ihr Mann.

Unser Züricher Anwalt antwortete der Steuerbehörde, ich sei Amerikaner und in der Schweiz ansässig und zahle daher meine Steuern in der Schweiz. Was die Hatheyer anging, so zahle sie ebenfalls, und zwar seit 1955, Steuern in der Schweiz – via ihren Mann.

Aber die in Wien ließen nicht locker. Ich mußte einen Anwalt dort nehmen, der sagte zwar, er würde obsiegen, aber die Sache würde dauern. Sie dauerte dann nicht so lange, denn nur einige Wochen später sollte Heide wieder nach Österreich zurück, als Medea bei den Forchtenheimer Festspielen. Ungefähr zwei Wochen, bevor sie hätte zu den Proben abreisen müssen, teilte ich unserem Wiener Anwalt mit, sie werde österreichischen Boden nicht betreten, bevor die Sache mit der Steuer aus der Welt sei. Dies war sicher eine Art Erpressung. Aber sie wirkte. Die betreffenden Festspiele wären ohne die Hatheyer geplatzt, und das hätte Österreich weitaus mehr Geld gekostet, als ihre Steuern betrugen. Die Sache wurde nicht wieder erwähnt.

Übrigens erhielt die Hatheyer dann, viele Jahre nach ihrer »Medea«, 1967 den Grillparzer-Ring, auch eine hohe Auszeichnung.

Diese fast fünfstündige Aufführung damals war für sie und Walther Reyer, den Jason, so anstrengend, daß die beiden nach zehn Aufführungen, die fast en suite erfolgten, was wirklich keine gute Disposition verriet, so heiser, daß das Burgtheater sie in die Berge schicken mußte, wo sie ihre Stimmen wiedererlangten.

Damals in Wien, und zwar nach ihrem ersten Auftreten am Burgtheater, traf sie eine junge Journalistin, die eine Freundin fürs Leben werden sollte. Wie fast alle erfolgreichen Schauspieler war Heide immer etwas menschenscheu. Sie hatte ja genug Menschen bei der Arbeit um sich. Und sie hatte auch gar nicht so viel Zeit für andere Menschen. Aber die junge Journalistin Duglore Pizzini, die sie nach der Premiere vom »Mond« interviewen wollte, wurde dann doch ihre Freundin. Wann immer sie in Wien war, traf sie die Pizzini. Auch in Salzburg. Und sonst telefonierte man.

Die Pizzini hielt die Hatheyer für eine große Schauspielerin. Einmal sagte sie zu mir: »Andere Schauspielerinnen treten immer auf, auch im Privatleben, wenn sie ins Zimmer kommen oder sagen wir in ein Café. H. H. trat auch auf der Bühne niemals auf, sondern das Klima änderte sich eben, wenn sie gekommen war, ohne aufzutreten.«

Was sie an ihr am meisten schätzte, war, daß sie für alle Sorgen ihrer Freundin Pizzini oder auch von anderen ein Ohr hatte und daß sie nie etwas vergaß. »Man konnte mit ihr über irgend etwas reden, sagen wir, über eine private Unannehmlichkeit, und Jahre später kam sie darauf zurück. Sie vergaß nichts!« Was ich nun wirklich unterstreichen kann.

»Man konnte mit ihr über alles reden!« Nämlich nicht nur über das Theater. Sie mochte es gar nicht, wenn man mit ihr über Theater reden wollte.

»Man«, das waren natürlich nicht alle. Das waren nur einige wenige.

Übrigens: H. H. spielte nur ein paar Jahre an der Burg.

Es sei erinnert an »Macbeth«, wieder unter dem Regisseur Rennert. Den Macbeth spielte als erste und letzte Rolle in seinem Burgtheater-Engagement Will Quadflieg. Eine interessante, nicht unbedingt auf der Hand liegende Besetzung. Aber erstaunlicherweise erwies er sich – und darin waren alle Kritiker sich einig – als völlig unzureichend. Er war ein biederer Krieger, hatte überhaupt nichts von Dämonie. Die Hatheyer indessen war eine außerordentliche Lady Macbeth. »Das Weib, das Macht will, was die letzte Steigerung von Potenz bedeutet, gerät in den Leerlauf des Irrsinns ... Eine große, überwältigende Leistung.«

Oder da war ihre Klytemnestra in der »Elektra« von Sophokles, in der Nachdichtung durch Hofmannsthal. Die Regie hatte Gustav Sellner, damals einer der bedeutendsten deutschen Regisseure, den man eigens für diese Aufgabe an die Burg geholt hatte. Er äußerte keine Besetzungswünsche, mit Ausnahme dieses einen: Die Klytemnestra sollte die Hatheyer spielen. Haeusserman bedauerte, die Hatheyer sei jetzt, im Februar, nicht in Wien, sie komme erst im Oktober wieder. Darauf erklärte Sellner dem verblüfften Theaterdirektor, dann werde er die »Elektra« im Oktober inszenieren. Vergebens bot ihm Haeusserman andere, gar nicht so uninteressante Schauspielerinnen an. Sellner erklärte, er mache das Stück mit der Hatheyer oder gar nicht. Die Premiere wurde verschoben.

Einer ihrer letzten Auftritte im Burgtheater war, während irgendwelcher Festwochen, die Frau John in den »Ratten« von Gerhart Hauptmann. Regie hatte Willy Schmidt aus Berlin – es handelte sich ja um ein Stück, das in Berlin spielt. Willy Schmidt konnte sich vor Begeisterung über die Hatheyer gar nicht genug tun, in die sich immer Verwunderung über sie mischte. Nach ihrem Tod schrieb er mir über seine Arbeiten mit ihr: »Die drei Hauptrollen, die es zu interpretieren galt, waren ›Candida‹ von George Bernard Shaw, das Fräulein von Barnhelm in Lessings Lustspiel und Frau John in Gerhart Hauptmanns Berliner Tragikomödie ›Die Ratten‹. Man muß sich vergegenwärtigen, wie verschieden die Charaktere dieser drei Frauen gezeichnet sind und wie gegensätzlich die stilistischen Mittel, deren sich die Dramatiker zu dieser Zeichnung bedienen, um zu erkennen, über welche besonderen Gaben eine Darstellerin verfügen muß, damit sie dem zärtlichen Spott Shaws, dem hellen, aufklärerischen Verstand Lessings auf die gleiche gültige Weise gerecht werde wie dem kritischen Realismus Hauptmanns. Geradezu exemplarisch ließ Heidemarie Hatheyer in diesen Rollen Spielarten des Weiblichen in Erscheinung treten. Vitalität und Sensibilität, Selbstbewußtsein und Verletzlichkeit, Eigenwilligkeit bis zum Eigensinn und das Verlangen nach Geborgenheit ... Ich will nicht analysieren, welche Fähigkeiten Heidemarie Hatheyer dazu vermochten. Mit intellektueller Spitzfindigkeit hatte ihre Klugheit nichts im Sinn. Daher rührte wohl eine gewisse Skepsis gegenüber dem ›akademischen‹ Regisseur, den sie möglicherweise, wenn nicht zu Unrecht, in mir vermutete. Ich schließe das aus ihrer Bemerkung und einem Probendiskurs: ›Jetzt hat er schon wieder recht!‹ – vorgebracht nicht ohne Selbstironie, aber doch auch

die momentane Unterlegenheit bedauernd, ja sich selbst beinahe übelnehmend.«

Zwei Tage vor der Premiere der »Ratten« in Wien gab es ein
Unglück. Heide verpackte irgend etwas, und dabei stieß sie sich
eine Schraube tief in den Fuß. Sie rief Haeusserman an, der sie
sofort zu einem Notarzt brachte. Der hielt es für ausgeschlos-
sen, daß sie in zwei Tagen auftreten könne. Sie meinte, wenn sie
sich jetzt hinlege und bis zur Premiere liegenbleibe – also keine
Generalprobe für sie –, könne sie es schon schaffen.

Ich war damals gar nicht in Wien, wurde auch erst benachrichtigt, als alles vorbei war.

Heide legte sich also ins Bett, die Zeitungen berichteten über
den Unfall, das Premierenpublikum glaubte bis zum letzten
Augenblick nicht, daß sie auftreten könne, aber sie konnte. Sie
war, und das verwunderte diejenigen, die über die Schwere der
Verwundung wußten, ganz Star. Sie schien diese Verwundung,
die sie noch schmerzen mußte, denn vor der Premiere wollte sie
kein schmerzstillendes Mittel haben – das wollte sie eigentlich
nie, wenn sie spielte, weil sie fürchtete, dann ihre Kraft, wenn
auch nur vorübergehend, zu verlieren –, nicht zu spüren. Und
irgendwie ging es. Das Publikum war erregter als sie. Wann immer sie zu straucheln schien, schienen die über tausend Besucher des Burgtheaters den Atem anzuhalten.

Sie spielte, wenn ich nicht irre, dieses Stück nur innerhalb
jener Festwochen. Und das war auch nur möglich, weil sie jeden Tag zweimal zum Arzt fuhr oder der Arzt jeden Abend ins
Burgtheater kam.

Später sollte sie die Rolle, die sie ja schon im Film dargestellt
hatte, noch oft spielen.

Sie trat übrigens auch wieder im Akademie-Theater auf, im
»Glas Wasser«, der Komödie, die sie schon in Berlin gespielt
hatte, und in »Wir sind noch einmal davongekommen« und
anderen Stücken.

Die Direktion schätzte sie ebenso wie das Publikum. Haeusserman schrieb: »Sie ist eine Persönlichkeit, wie sie das Burgtheater lange nicht gehabt hat.«

Und warum ließ er sie dann gehen? Einmal schrieb er, daß er es nicht in Ordnung finde, daß die Hatheyer dem Burgtheater immer nur ein paar Monate pro Saison zur Verfügung stünde. Sie müßte für ganz da sein. Um so mehr, als fast alle die Stücke, in denen sie spielte und die sie trug, bei ausverkauften Häusern abgesetzt werden mußten – weil die Hatheyer eben in Zürich und auch woanders spielen mußte. In seinem rührenden Abschiedsbrief an sie, in dem er die Hoffnung ausdrückte, daß sie wieder kommen würde, schrieb er: »Die Burg braucht Sie!«

Aber Stroux brauchte sie auch.

Jawohl, jetzt spielte wieder der Regisseur Karlheinz Stroux eine Rolle in ihrem Leben. Die Sache war die: Als Gründgens 1955 Düsseldorf aufgab, um nach Hamburg zu ziehen, suchte Düsseldorf einen neuen Intendanten. Zur Wahl standen zuletzt Willy Schmidt und Karlheinz Stroux. Letzterer wurde berufen. Und sein erster Weg führte ihn nach Zürich. Verständlich, daß er seine Lieblingsschauspielerin nach Düsseldorf holen wollte. Das ging nun gar nicht so einfach, weil sie bei Zürich wohnte, also vor allem dort spielen wollte und dort auch mit großem Erfolg spielte. Schließlich kam doch ein Vertrag mit Stroux zustande, der sie alljährlich oder doch fast alljährlich für mindestens eine Rolle nach Düsseldorf brachte.

Sie begann mit dem »Requiem«, wieder unter Lindtbergs Regie, in allerdings anderer Besetzung – die männliche Hauptrolle spielte Matthias Wiemann, mit dem sie ja schon gefilmt hatte.

Noch 1956 brachte dann Stroux die bereits erwähnte »Maria Stuart« heraus.

H. H. spielte in Düsseldorf auch das Drama von Edward Albee »Wer hat Angst vor Virginia Wolff«. Regie der junge hochbegabte Werner Düggelin.

Dieses amerikanische Stück hatte dem Schauspielhaus Zürich vorgelegen. Der Bühnenverlag oder der Autor wollte die deutschsprachige Erstaufführung gerne in Zürich haben, mit der Hatheyer in der tragenden Frauenrolle. Kurt Hirschfeld, damals schon Direktor, glaubte nicht recht an einen Erfolg in

Deutschland oder überhaupt in Europa, da ja Voraussetzung für die Handlung das verworrene Sexualleben eben dieser Frau war, das nur auf einem amerikanischen College möglich war. Hirschfeld meinte, das würde in Europa niemand so recht verstehen. Er wollte das also nicht spielen, auch später nicht, als es evident wurde, daß die Europäer sehr wohl verstanden, worum es da ging. Die deutschsprachige Erstaufführung ging an das Berliner Schloßparktheater. Boleslav Barlog inszenierte, Maria Becker spielte die Hauptrolle – ein theatralisches Ereignis. Da Zürich nicht an das Stück heranwollte, erwarb es Stroux für Düsseldorf, und die Hatheyer spielte dort die Rolle, die man ihr in Zürich nicht gegeben hatte. Sie war ganz anders als die Becker. Die machte eine große Show. H. H. war viel stiller.

Wer die Berliner Erstaufführung und die Düsseldorfer Aufführung gesehen hatte, konnte gar nicht glauben, daß es sich um dasselbe Stück handelte. Es ist vielleicht wichtig, dies festzustellen, denn es war in jenen Tagen üblich, die beiden Schauspielerinnen miteinander zu vergleichen, die gar nicht vergleichbar waren, schon weil die Becker immer spielen wollte und auch spielte, und die Hatheyer immer sein wollte und auch war.

Auch im folgenden Jahr kam eine Anfrage aus Düsseldorf. Stroux hatte Ernst Deutsch engagiert, der als junger, bildschöner, prononciert jüdischer Schauspieler, nach erfolgreichen Jahren bei Reinhardt, in die Emigration hatte ziehen müssen und jetzt zurückgekommen war. Er wollte unbedingt den Shylock im »Kaufmann von Venedig« spielen, und er hatte sich als Portia die Hatheyer gewünscht. Nichts wäre Stroux lieber gewesen. Heide, die eine ideale Portia hätte sein können, telegraphierte ab. »Man kann nach Auschwitz den ›Kaufmann von Venedig‹ nicht spielen.« Dieses Shakespeare-Stück, dessen Hauptfigur ja der stark antisemitisch gezeichnete Shylock ist.

Später meinte Stroux, dieses Telegramm sei wohl unter meinem Einfluß entstanden. Das stimmte nicht. Ich wußte nicht einmal von dieser Absage. Ich erfuhr erst von ihr, als das Stück mit einer anderen Schauspielerin herauskam und nach Düsseldorf auf eine sehr erfolgreiche Tournee ging.

A propos Tourneen: Immer wieder machte Heide gelegentlich Tourneen mit den verschiedensten Tourneetheatern. Aber immer nur zwischen ihren Auftritten in Zürich, an der Burg und in Düsseldorf. Was nun Düsseldorf anging, so war es genau wie Zürich kein en suite-Theater. Man spielte zwei, drei Stücke pro Woche. Das bedeutete nicht, daß die Schauspieler nur zwei- oder dreimal pro Woche auftraten, denn Stroux bespielte nicht nur Düsseldorf, sondern auch die umliegenden Städte, die manchmal sogar ziemlich weit entfernt lagen, so daß lange Reisen nötig waren, um hin und wieder zurück zu kommen. Es war also durchaus keine Seltenheit, daß Heide, und natürlich auch andere Schauspieler, zwei- oder dreimal wöchentlich in Düsseldorf auftraten und viermal in anderen Städten wie etwa Duisburg – ich habe die Namen der Städte längst vergessen. Das bedeutete sehr viel Verdienst, aber viel Anstrengung. Hinzu kam, daß am Vormittag auch noch Proben stattfanden, und die waren, wenn es Proben unter Stroux waren, ziemlich anstrengend.

Die entscheidende Bedeutung von Stroux, was Heide betrifft, war, daß er sie zu der Gerhart-Hauptmann-Schauspielerin par excellence machte. Gerhart Hauptmann war ja bis spät in die zwanziger Jahre noch der meistgespielte moderne deutsche Dramatiker. Aber dann war er fast vergessen worden. Und nun hatten Stroux und die Hatheyer mit »Rose Bernd« bewiesen, daß er noch sehr aktuell sein konnte. Die nächste Hauptmann-Inszenierung von Stroux, eine seiner letzten in Düsseldorf: »Der Biberpelz«. Auch das wurde ein rasanter Erfolg.

Und dann inszenierte er noch »Die Ratten« mit der Hatheyer, allerdings für ein Tourneetheater. Aber die »Ratten« hatte die Hatheyer ja schon in Wien gespielt und sollte sie später wieder in Zürich spielen, unter der Regie von Lindtberg, der damit seine Direktion eröffnete.

Um die Mitte der fünfziger Jahre, also seitdem H. H. nach Zürich gekommen war und auch in Salzburg spielte, hatte sie nur selten Fernsehen gemacht und überhaupt keine Filme mehr. Fünfundzwanzig Jahre lang machte sie keine Filme. Später hieß es oft, der deutsche Film habe die Hatheyer vergessen, obwohl er ihr doch viel verdankte.

Das war nicht ganz gerecht. Sie bekam immer mal wieder Angebote von Filmern. Aber die ihr angebotenen Drehbücher waren indiskutabel; jedenfalls für sie.

Sie waren wohl im wesentlichen schlechter als das, was sie vorher gefilmt hatte. Hinzu kam, daß sie in jenen Jahren viele Klassiker, auch moderne Klassiker auf der Bühne spielte, und da kam ihr der Unterschied an Niveau eben besonders stark zum Bewußtsein. Der einzige Grund, der sie vielleicht früher bewogen hätte, diesen Schund mit zusammengebissenen Zähnen zu spielen, fiel weg. Ihre Gagen waren gestiegen. Sie brauchte nicht unbedingt zu filmen, um sich selbst und die Kinder zu ernähren.

Abschließend kann man sagen: Nicht der deutsche Film hatte die Hatheyer abgeschrieben, die Hatheyer hatte – fast – den deutschen Film abgeschrieben.

Zürich. Nachdem wir unser Haus auf der Forch, nur wenige Kilometer von Zürichs Stadtgrenze und 12 bis 14 Autominuten vom Schauspielhaus entfernt, bezogen, betrachtete Heide dieses Schauspielhaus als ihre theatralische Heimat. Nach dem Sensationserfolg des »Requiem« betrachtete sie sich selbst als ein Mitglied des Ensembles und, was vielleicht wichtiger ist, das Ensemble, das anfangs gewisse Bedenken ihr gegenüber hatte, betrachtete sie als eine der ihren. Die leitenden Männer wurden ihre guten Freunde.

Käthe Dorsch sagte mir einmal: »Erfolg hat man nicht, wenn das Publikum klatscht, sondern wenn die Garderobieren zufrieden sind!« Heide wurde der Liebling der Garderobieren, überhaupt des technischen Personals, einschließlich der älteren Damen, die die Billette der Zuschauer kontrollierten und Mäntel verwahrten.

Ich habe in diesem Buch immer wieder über Aufführungen gesprochen, in denen Heide mitwirkte oder meist die Hauptrollen spielte. Denn das Thema dieses Buches ist ja, das Phänomen der spontanen Verwandlung einer Schauspielerin aufzuzeigen, nicht, daß sie »spielen« konnte, was ja die meisten, die es zu etwas gebracht haben, natürlich auch können.

Es sei daher erlaubt, über die theatralischen Ereignisse in Zürich nur kurz zu berichten.

Nach dem »Requiem« spielte Heide in Zürich Thornton Wilders »Heiratsvermittlerin«. 1957, das heißt, ein gutes Jahr später, wollte die Hatheyer eigentlich gar nicht in Zürich spielen. Aber die Direktion des Schauspielhauses bat sie dringend um die »Rose Bernd«. Das war wohl nach dem Hamburger Erfolg. Sie willigte ein, fünfundzwanzigmal zu spielen. Wie mir Kurt Hirschfeld später erzählte, waren die fünfundzwanzig Vorstellungen wenige Tage, nachdem die Presse die entsprechende Mitteilung gebracht hatte, ausverkauft. Es war das erste Mal in der Geschichte des Schauspielhauses, daß der Ansturm des Publikums so stark war, daß die Direktion sich entschloß, nicht wie sonst üblich den Kartenverkauf auf die laufende Woche zu beschränken, sondern auf die gesamte Dauer der »Rose Bernd«-Aufführungen auszudehnen.

Für Heide war das eine schwere Zeit, denn die Proben zum »Requiem« in Düsseldorf hatten zwei oder drei Tage nach dem Anlauf der »Rose Bernd« in Zürich begonnen, und so mußte sie fast vier Wochen lang täglich mit einer Frühmaschine aus Zürich nach Düsseldorf fliegen und mit einer Nachmittagsmaschine von Düsseldorf zurück. Keine sehr weite Strecke, aber wenn man am Vormittag probieren muß – obwohl es sich um ein Stück handelte, das sie unter demselben Regisseur Lindtberg schon einstudiert hatte – und ein weiteres Stück spielen muß, das sie bereits in Berlin und in Hamburg gespielt hatte – was sie ja nicht aus der Routine heraus konnte oder wollte, und da sie – dies nebenbei – nie sehr gerne flog, waren die Anstrengungen dieser Wochen fast übermenschlich. Nur vergleichbar denen, als sie ein paar Jahre später in Zürich die »Mutter Courage« probierte und – allabendlich – in München den »Biberpelz« spielte.

Natürlich war die »Rose Bernd« ein enormer Erfolg in Zürich, wie nach Berlin und Hamburg nicht anders zu erwarten gewesen war.

Einer der wichtigsten Kritiker der Stadt, übrigens eine Dame namens Brock-Sulzer, faßte zusammen: »Diese ›Rose Bernd‹ ist ein Ereignis.«

Die Regie von Kurt Hirschfeld, seine erste in Zürich, soviel ich weiß, mußte sich darauf beschränken, das Stück so zu inszenieren, wie die Hatheyer es »auf dem Kasten« hatte. Das war, natürlich, vorher so ausgemacht.

Manuel Gasser, der für Kunst und Theater in der »Weltwoche«, damals bereits ein Weltblatt, zuständig war, sprach in seiner Kritik: »So hinreißend die Hatheyer ihre Rolle auch gestaltet, sie gestaltet sie nicht als Star-Rolle.« Das war ihr aus dem Herzen gesprochen, denn sie wollte kein Star sein, schon gar nicht in Zürich. Aber, dies nebenbei, wer ein Star ist, bestimmt nie der Theaterdirektor, bestimmt immer das Publikum.

Unmöglich, alle Rollen aufzuzählen, die von der Hatheyer in Zürich gespielt wurden, wohin sie nun jede Saison kam. Hier wurde auch – vor Wien – der »Mond für die Beladenen« gestartet, die Tragödie eines liebenden Mädchens von Eugene O'Neill, Regie wiederum Hirschfeld. Ein so starker Erfolg, daß die Produktion nach der Wiener Aufführung in der Züricher Originalbesetzung auf Tournee ging.

Weiter: Im Herbst 1963 inszenierte Lindtberg in Zürich die »Medea« von Grillparzer. Nicht die Trilogie vom »Goldenen Vlies«, die er mit ihr in Wien gemacht hatte, sondern »nur« den letzten Teil, eben »Medea«. Die Kritik fand die Aufführung außerordentlich – natürlich vor allem wegen der Darstellung der Titelfigur. Ihr Partner, Jason, war auch, man darf wohl sagen außerordentlich. Der vor kurzem erst ans Schauspielhaus geholte Peter Arens hatte diese Rolle erhalten. Er war viel stärker als der Jason in Wien. Er zeigte hier, was er in den folgenden Jahren im Schauspielhaus nur selten zeigen durfte, nämlich, daß er der geborene Schauspieler für Klassiker war.

Der Direktor, unter dem das Schauspielhaus seine große Zeit gehabt hatte, Oskar Wälterlin, war plötzlich gestorben, während einer Gastregie in Hamburg, wohin ihn Gründgens geholt hatte. Sein Nachfolger wurde, fast automatisch, Hirschfeld, aber der starb schon wenige Jahre nachdem er die Direktion angetreten hatte. Sein Nachfolger, ebenso selbstverständlich, war Lindtberg. Und das erste, was er tat, war, daß er nach Berlin fuhr, wo die Hatheyer gerade spielte, und mit ihr verabredete, daß er seine erste Spielzeit als Direktor mit den »Ratten« eröffnen wolle. Erstaunlicherweise hatte er ihre »Mutter John« in Wien nicht gesehen, wohl aber den Film, der einige Jahre zuvor mit ihr und der Schell entstanden war.

Die Züricher Aufführung war in jeder Beziehung außerordentlich. Schon die Tatsache, daß Lindtberg die zweite Hauptrolle, den ehemaligen Theaterdirektor Hassenreuther, der immer von großen, schweren Charakterdarstellern besetzt wird, mit einem alternden, eher zierlichen Operettendarsteller von der Oper, die damals noch Stadttheater hieß, namens Fritz Schulz besetzte, erlaubte ihm, ganz neue Pointen heraus zu holen.

Weiter: Im September 1967 – ich lasse einige Jahre aus – ein selten gespieltes Stück von Tennessee Williams: »Orpheus steigt herab«.

H. H. spielte darin unter Werner Düggelins Regie eine nicht mehr junge Frau, die mit einem alten ungeliebten Mann verheiratet ist, aber einem vorüberziehenden jungen Musikanten verfällt. Beide müssen es mit ihrem Leben büßen. Der Musikant: Helmuth Lohner, der erst vor kurzem an das Schauspielhaus gekommen war. Er schlug sofort ein.

Mit Lohner spielte sie auch im Juni 1971 »Trauer muß Elektra tragen«. Kurz zuvor hatte Lindtberg die Direktion des Schauspielhauses niedergelegt. Vorzeitig und nicht nur freiwillig, trotz inständiger Bitten des damaligen Verwaltungsrats, doch auf seinem Posten zu bleiben. Er hatte begriffen, daß Regie sein einziger Beruf war. Er war ja immer Regisseur gewesen. Der Verwaltungskram, den ein Direktor laufend zu erledigen hat, lag ihm nicht. Er hätte auch seine vielen auswärtigen Verpflichtungen, vor allem die am Burgtheater, aufgeben müssen, wenn er weiterhin Direktor in Zürich geblieben wäre.

Nach ihm war Peter Löffler gekommen. Peter Löffler, außerordentlich intelligent, war im Theater groß geworden, als Assistent von Kurt Hirschfeld. Wir alle nahmen an, er würde das Theater im Sinne von Hirschfeld weiterführen. Nur wenige erinnerten sich daran, daß Hirschfeld gelegentlich gesagt hatte, Löffler sei ein erster zweiter Mann, aber kein erster Mann.

Nun hatte man ihn zum ersten Mann gemacht und mußte entdecken, daß in den letzten Jahren, nach Hirschfelds Tod, also während der Regentschaft von Lindtberg, in Berlin aus ihm ein anderer geworden war. Politisch und künstlerisch. Wenn ich mich recht erinnere, hatte er in Berlin einen Posten bei der Akademie der Künste gehabt. Jedenfalls war er dort an keinem Theater tätig gewesen. Aber er wollte kein Theater à la Hirschfeld machen. Er war politisch sehr stark nach links gerückt, und er wollte auch »linkes« Theater machen, was immer man darunter verstehen mag.

Mit Befremden, das bald in Entsetzen überging, sahen wir seine ersten Produktionen. Nach sechs Wochen kündigte ihm der Verwaltungsrat, ließ ihn aber noch einige Zeit schalten und walten – es war ja niemand da, der das Theater hätte leiten können, der mußte erst gesucht werden. Es ist hier weder der Platz noch der richtige Ort, auf Löfflers Aktivitäten einzugehen. Das einzig Positive, das man ihm anrechnen kann, war, daß er vorübergehend Peter Stein und die Schauspieler, die dieser blutjunge, hochtalentierte Regisseur in Bremen unter sich gehabt hatte, nach Zürich brachte. Die Inszenierungen Steins in Zürich waren zwar auch problematisch, wie etwa sein »Tasso«, den er schon in Bremen inszeniert hatte, dessen Originalität darin bestand, daß er die Szenen nicht in der Reihenfolge beließ, in die Goethe sie gestellt hatte, sondern daß er mit einer Szene aus dem zweiten oder dritten Akt anfing, dann auf eine frühere Szene zurückging, dann eine spätere Szene spielte, dann ... kurz, das alles mochte sehr originell sein, aber es stimmte natürlich nicht.

Was Löffler freilich fertigbrachte, war, daß die guten Kräfte des Ensembles unter ihm pausierten. Die Hatheyer zum Beispiel war unter gar keinen Umständen zu bewegen, unter ihm in Zürich zu spielen. Ich erinnere mich noch eines Briefes des Chefs des Verwaltungsrates, der sehr erschrocken war und ihr schrieb, man könne doch hoffentlich in der kommenden Saison wieder mit ihr rechnen. Nämlich unter einem anderen Direktor.

Aber wer sollte dieser Direktor sein? Alle Welt wurde gefragt, auch ich. Ich riet zu Haeusserman, der damals nicht mehr Burgtheaterdirektor war, dafür Direktor des Theaters in der Josefstadt und diesen Posten vielleicht aufgegeben hätte, um nach Zürich zu kommen.

Dann gab es einen Dramaturgen im Hamburg, der vielleicht der ideale Direktor für Zürich gewesen wäre, der sich aber aus privaten Gründen das Leben nahm, bevor man überhaupt an ihn herantreten konnte.

Mein dritter Tip war Harry Buckwitz, jahrelang Verwaltungsdirektor der Münchner Kammerspiele, dann, wenn ich nicht irre, siebzehn Jahre lang Generalintendant in Frankfurt, wo er sowohl für die Oper als auch für das Schauspiel Jahr für Jahr je drei Inszenierungen geliefert hatte. Er war dann zurückgetreten, sehr zum Bedauern der Frankfurter, weil er glaubte, mit dem Geld, das man ihm bewilligte und das, verglichen mit dem, was in den achtziger Jahren anderswo gezahlt wurde, läppisch war, nicht auskommen zu können. Er hatte seither Gastregien geführt, unter anderem auch in Düsseldorf, wo er mit der Hatheyer ihre erste »Mutter Courage« produzierte.

Er holte nun für »Trauer muß Elektra tragen« von Tennessee Williams Stroux als Regisseur nach Zürich. Der künstlerische Erfolg war eindeutig, der Kassenerfolg war nicht der, den man sich versprochen hatte. Grund, wenn man der erfahrenen Dame an der Theaterkasse glauben durfte: Das Stück war zur falschen Zeit herausgekommen, will sagen zur falschen Jahreszeit.

Dann wäre noch, 1972, zu vermerken die Uraufführung der »Hebamme« von Rolf Hochhuth. Der hatte von Anfang an verlangt, daß die Hatheyer die Titelrolle spielen sollte, und sie war auch sozusagen die Idealbesetzung. Zwar gab es während

273

der Proben immer wieder Streitigkeiten, weil Hochhuth alltäglich mit irgendeinem Ausschnitt aus einer aktuellen Zeitung erschien und die Probenden fragte, ob man das oder das – es handelte sich um irgendein Ereignis, meist lokalpolitischer Natur – nicht noch »irgendwie« in das Stück einfügen könne. Bis die Hatheyer sich im Namen aller diese unsinnigen Zumutungen verbat. Er schien auch einzusehen, daß man in ein fertiges Stück, das schon so, wie er es geliefert hatte, viel zu lang war, nicht noch irgend etwas einfügen konnte. Aber er war gekränkt und zog sich zurück. Freilich, als dieses Stück später von einer Tourneegesellschaft erworben wurde, machte er zur Bedingung, daß die Hatheyer die Titelrolle spielte.

Vielleicht wäre noch zu erwähnen, daß im Juni 1977, »Der Besuch der alten Dame«, im Corso-Theater gespielt werden mußte, mit H. H. natürlich, weil das Schauspielhaus umgebaut wurde.

Natürlich lag der Vergleich mit der Giehse nahe, die vor vielen, vielen Jahren die Uraufführung in Zürich gespielt hatte. Die Hatheyer hatte sie natürlich damals nicht gesehen, was viele Kritiker nicht zur Kenntnis nahmen oder nehmen wollten. Sie spielte die Figur weniger bösartig, sicher weniger hart, aber sie spielte die alte Dame, die einmal ein schönes, junges Mädchen gewesen war. Und jetzt durch eine etwas übertriebene und »verrutschte« Eleganz, inklusive blondiertem Haar, daran zu erinnern versucht. Therese Giehse hatte nie eine gealterte Schönheit gespielt. Das hängt wohl damit zusammen, daß sie auch in ihrer Jugend nicht gerade eine Schönheit gewesen war.

Erwähnenswert wäre noch im März 1980 »Ende des Spiels«, eine nicht gerade sehr gelungene englische Gesellschaftskomödie oder -tragödie oder vielleicht auch Familientragödie, deren Hauptmerkmal ist, daß die Hauptfigur, um die sich alles dreht, zwar während des ganzen Stückes auf der Bühne sitzt, aber kein Wort redet, nicht ein einziges. Die Rolle seiner Frau spielte die Hatheyer. Sie hält die Familie zusammen, aber ihre Tage sind gezählt. Gehirntumor. Jedenfalls fand die Kritik: »Sie als einzige ist von Tragik und Schicksal umweht.« Das Stück wurde übrigens von dem neuen Direktor Gerhard Klingenberg, dem Nachfolger von Buckwitz, der einige Jahre lang das Schauspielhaus vorzüglich geleitet hatte, inszeniert.

Dann wären noch »Gespenster« von Ibsen zu erwähnen, die im April 1982 herauskamen. Lindtberg hatte wieder einmal Regie, die Hatheyer spielte die große Rolle der Frau Alving. Die Kritik meinte, die beiden hätten die »Familientragödie umgedeutet zur Tragödie der Mutter«. In der Tat, die Tragödie des Sohnes, der durch vom Vater ererbte Syphilis zum Wahnsinn und Tod verdammt ist, war nicht wie bei anderen Aufführungen das Entscheidende.

Übrigens hatte die Hatheyer das Stück schon in Berlin gespielt. Sie war es nun langsam müde, Stücke immer wieder zu spielen oder, wie im Falle der »Alten Dame« oder auch der »Mutter Courage«, anderen Schauspielerinnen nachzuspielen. Wenn sie später, was selten genug vorkam, von ihren Erfolgen sprach, dann war immer nur die Rede von Stücken, in deren Uraufführung oder deutschsprachiger Erstaufführung sie gespielt hatte. Da konnte niemand behaupten, sie sei besser oder schwächer gewesen als die Schauspielerin, die das vor ihr gemacht hatte.

Was weder Lindtberg noch sie wissen konnten: Es war Lindtbergs letzte Inszenierung im Schauspielhaus Zürich und das letzte Auftreten von Heidemarie Hatheyer dort. Aber das ist eine andere und traurige Geschichte.

15

Vorhang

Heidemarie Hatheyer starb zehn Jahre.

Dies ist eine schreckliche Feststellung, aber so war es. Ich muß es wissen, ich war fast unterbrechungslos dabei.

Am Anfang glaubte niemand so ernsthaft an ihre Erkrankung. Es war auch keine Krankheit im üblichen Sinn. Sie hatte keine bestimmten, das heißt lokalisierbaren Schmerzen oder Fieber. Kein Arzt hätte sagen können, sie habe das oder jenes, ausgenommen vielleicht gewisse Rückenschmerzen.

Die waren nach Ansicht vieler Ärzte – sie war jeweils bei anderen Ärzten, weil sie ja in den verschiedensten Städten Theater spielte – die Folge von Überanstrengungen. In Brechts »Mutter Courage« hatte sie im letzten Bild einen schwerbeladenen Wagen zu ziehen. Er war natürlich nicht so schwer beladen, wie es dem Publikum erscheinen sollte, aber doch schwer genug. Jedenfalls nach Ansicht der Ärzte zu schwer für sie. Aber diese Diagnose wurde erst gestellt, als der Schaden sich bereits eingestellt hatte. Chiropraktiker wurden tätig, sie halfen auch.

Sonst? H. H. war bei Kollegen bekannt dafür, daß sie sich immer irgendwie verletzte. Das waren meist überflüssige Verletzungen, die Folgen ihres schier grenzenlosen Mutes. Sie kam offenbar nie auf die Idee, daß, wenn die Rolle irgend etwas vorschrieb oder der Regisseur, wie zum Beispiel in einer Posse von Nestroy am Ende eines Tanzes den Spagat, sie vielleicht hätte sagen können, dazu sei sie nicht mehr jung genug. Folge: ein Riß am Oberschenkel.

Jede ihrer Verletzungen war für sich nicht ernst zu nehmen. Sie waren auch der Gegenstand dauernder Belustigung in dem betreffenden Ensemble. Ich glaube auch nicht, daß die Häufung dieser Unfälle eine entscheidende Wirkung auf H. H. hatte. Sie nahm sie hin, und nicht besonders ernst.

Später sagte ein Psychiater, sie seien doch wohl Symptome einer sich steigernden inneren Unsicherheit gewesen.

Ernster schon war ihre Tablettensucht, die Anfang bis Mitte der sechziger Jahre oft dahin führte, daß sie halbe Tage verschlief. Übrigens nie eine Filmaufnahme oder eine Theatervorstellung oder auch nur eine Probe.

Dann begann sie zu trinken. Das hatte sie früher nie getan, will sagen, nie über das absolut übliche Maß hinaus. Aber auch das ist bemerkenswert: Sie war nie betrunken. Ich kann das beurteilen, denn wir schliefen noch in einem Raum, aber das sollte sich ändern. Sie, die zumindest zu Beginn unserer Ehe nicht allein schlafen wollte, nahm, wenn ich nicht anwesend war – ich reiste ja auch gelegentlich oder ich begleitete sie nicht immer auf ihren Reisen –, einen Hund mit in ihr Schlafzimmer, sogar in ihr Bett. Sie brauchte, wie sie sagte, »ein atmendes Wesen«.

Das Erstaunlichste war vielleicht, daß es immer nur sporadisch zu diesen »Exzessen« kam, die meiste Zeit schien sie völlig ausgeglichen, heiter, und es war eine Freude, mit ihr zu leben oder auch nur mit ihr zusammenzusein, wie zahlreiche Freunde in verschiedenen Städten bekunden konnten.

Während der Tablettenexzesse und unter Einnahme von reichlich Alkohol – vor allem Whisky – war sie für die meisten ihrer Freunde unsichtbar und mir gegenüber nur schwer erträglich. Ich war an allem, allem schuld, was ihr nicht paßte. Dabei stellte sich sehr oft heraus, daß das, worüber sie sich ärgerte, überhaupt nicht existierte.

Im Jahre 1975, wir waren also immerhin mehr als zwanzig Jahre verheiratet, geschah dann etwas Dramatisches. Sie sprang aus dem Fenster ihres Schlafzimmers im ersten Stock. Der Boden, auf den sie fiel, war aus Beton. Es hätte ein Sturz in den Tod sein können. Sie verstauchte sich aber nur eine Zehe. Was den Psychiater, der sie später behandelte, auf die Idee brachte, daß es gar kein Selbstmordversuch war, sondern der Unfall einer Schlafwandlerin.

Jedenfalls erfuhr ich von der ganzen Sache, obwohl ich im

Nebenzimmer schlief, erst am nächsten Morgen. Es wurde natürlich ein Arzt geholt, durch eine Bekannte, die zufällig bei uns eine Zeitlang wohnte. Heide war keineswegs verstört und humpelte schon wieder herum.

Später kam es dann eindeutig zu einem Selbstmordversuch. Ob er ganz ernstgemeint war, konnte mit Sicherheit nicht gesagt werden. Das war 1976. Heide rief eine Nachbarin, die öfter in unser Haus kam, an, es war schon spät am Abend, und sagte ihr, das Futter für die Katze und die Hunde sei im Eisschrank, ein bestimmter Ring sollte ihrer Enkelin übergeben werden und hängte dann auf.

Die Nachbarin fand das reichlich seltsam und kam in unser Haus – ich war verreist, zur Kur am Bodensee, Heide schlief also allein im Haus.

Die Tür zu ihrem Schlafzimmer war verschlossen. Der Nachbarin schwante nichts Gutes, sie rief einen nahewohnenden Arzt, der auch sogleich kam, und zusammen brachen sie die Tür ein. Sie fanden Heide bewußtlos. Der Arzt konstatierte: Vergiftung durch eine Überdosis von Schlafmitteln. Er pumpte ihr sofort den Magen aus und überführte sie in ein nahegelegenes Krankenhaus. Am nächsten Morgen erhielt ich den Anruf der Nachbarin, die mir kurz und bündig mitteilte, meine Frau habe einen Selbstmordversuch begangen, sei aber gerettet worden. Ich nahm sofort ein Taxi und war zwei Stunden später zu Hause, rief natürlich sofort das betreffende Krankenhaus an, bekam aber nur den behandelnden Arzt, der mir mitteilte, meine Frau habe große Angst, daß ich mich über den Vorfall ärgern und mit ihr böse sein würde. Man bedenke! Ein Selbstmordversuch ist mißglückt, und die einzige Sorge der Patientin ist, daß ihr Mann sich darüber ärgern würde! Als ich sie eine halbe Stunde später besuchte, lächelte sie, freute sich, war ganz sie selbst.

In jener Zeit nahm sie wieder das Nachtwandeln auf. Ihr Ziel war jetzt fast immer die Küche, und dann begann sie zu kochen. Sie warf Sachen, die gar nicht zueinander paßten, in einen Topf und kochte sie. Nach einer Weile stellte sie die Elektrizität ab, ließ aber den Topf mit der unsagbaren Mixtur auf dem Herd, ging ins Schlafzimmer zurück und wußte am nächsten Morgen von nichts mehr.

Auch später, und dieses »später« gilt bis zu den Wochen und Monaten nach ihrem Tod, ist mir immer rätselhaft geblieben, daß wir, vor allem daß ich, nach so vielen seltsamen Zwischenfällen, wenn man sie so nennen darf, nicht längst einen Psychiater zu Rate gezogen hatte. Die einzige Erklärung, wenn es eine gibt, ist, daß ich gar nicht auf die Idee kam, dies alles seien verschiedene Symptome einer einzigen Krankheit. Ich ließ mir von Heide einreden, die Selbstmordversuche seien aus einer plötzlichen Verzweiflung heraus entstanden.

Denn sie war nun oft verzweifelt. Wozu lebte sie? Hatte der Beruf, den sie, wir wissen ja warum, ergreifen mußte und der sie ergriffen hatte, überhaupt einen Sinn?

Diese Zweifel ließen sie oft über Wochen hinaus nicht los.

Aus einem Gutachten später: »Es quält die Patientin die Idee, sie sei nur als Erpressungsmittel existierend, nämlich, um den Vater zur Ehe zu zwingen.« Mir erzählte sie nie darüber.

Was mir auffiel, auffallen mußte, aber was ich nicht zu ernst nahm, war das, was ich ihren »Schubladenkomplex« nannte. Der Raum, in dem sie zumindest einen Teil des Tages verbrachte und natürlich die Nacht, konnte ihr nicht eng genug sein. Als wir getrennte Schlafzimmer beschlossen, stand das große, bisher gemeinsame Schlafzimmer zur Verfügung und ein kleines Boudoir, in dem sie sich angekleidet hatte. Es war logisch, daß sie das große Zimmer nahm, denn sie verbrachte ja, einen Teil auch des Tages in ihrem Schlafzimmer. Mir hingegen hätte das kleine Zimmer genügt, denn wenn ich am Morgen aufwachte, verließ ich das Bett und, nachdem ich gebadet und mich rasiert hatte, ging in mein Arbeitszimmer.

Aber nein, sie wollte unbedingt das kleine Zimmer haben. Nur dort fühlte sie sich wohl.

Oder: Als wir zusammen, was in jener Zeit fast jedes Jahr geschah, an den Bodensee fuhren, standen uns ein großes Zimmer mit Bad und ein kleines daneben zur Verfügung. Sie wollte unbedingt das kleine, obwohl sie jeden Morgen in dem Badezimmer erschien, also auch in meinem Zimmer.

Dieser Wunsch nach Enge hatte, wie ich später von ärztlicher Seite erfahren sollte, etwas damit zu tun, daß sie sich von der Welt zurückzuziehen versuchte. Dies war wohl auch der Grund dafür, daß sie so viele Tabletten nahm und trank. Sie trank also nicht, weil sie Alkohol liebte. Sie trank übrigens auch in großen Mengen – bis zu zwei, ja drei Litern Lindenblütentee oder andere Gesundheitsteesorten. Wie das in das allgemeine Bild paßte, ist mir nie klargeworden.

Noch etwas: Sie machte sich ständig finanzielle Sorgen. Wo sie an allen Theatern Höchstgagen erhielt, obwohl meine Bücher in den Vereinigten Staaten, aber auch in Deutschland und der Schweiz und in vielen anderen Ländern gut bis sehr gut gingen, fürchtete sie immer den plötzlichen Ruin. Ich erinnere mich, daß sie von einer Reise nach Berlin oder Hamburg, wo sie eine Zeitlang gespielt hatte, zurückkehrte und auf ihrem Bankkonto annähernd DM 200 000 – oder waren es Franken? – deponierte. In den nächsten Tagen schrieb sie einige Schecks aus, wie sich später herausstellte, für etwa 7000 Franken. Dann kam eine telefonische Nachricht der Bank, sie habe ihr Konto überzogen.

Das schien mir unerklärlich. Dabei war die Erklärung sehr einfach: Heide hatte bei zwei Banken Konten, und sie hatte die Schecks nicht auf das Konto der Bank ausgeschrieben, auf dem der Erlös ihrer Arbeit der letzten Monate deponiert war. So einfach war das.

Alles war einfach, wenn man es genauer betrachtete. Aber auch unerklärlich. So konnte es vorkommen – es ist vorgekommen –, daß Heide sich furchtbar aufregte über die Höhe der Metzgerrechnung für die letzte Woche, die übrigens nicht sie, sondern ich bezahlte. Eine Stunde später fuhr sie nach Zürich und kaufte dort ein Abendkleid, das 2000 Franken kostete. Was sie nicht daran hinderte, wieder eine Stunde später Sorgen zu äußern, ob wir nicht demnächst in finanzielle Schwierigkeiten geraten würden.

Da wir von Banken sprachen: Es gab Zeiten, in denen sie sich immer wieder beklagte, daß sie ein Leben lang gearbeitet habe und nur etwa 200 000 Franken besitze. Ich stellte durch ein Telefongespräch fest, daß ihr Kontostand auf einer der Banken sich auf das Vielfache dieser Summe belief, jedenfalls auf mehr als eine Million. Hinzu kam unser Grundstück, unser Haus, ihr Haus in Kirchseeon und der Teil eines Geschäftshauses in Wien, das ihre Mutter geerbt und an sie verkauft hatte.

Aber ihr das zu sagen, bedeutete nicht, daß am nächsten Tag oder in der nächsten Woche die fabulösen 200 000 Franken wieder im Gespräch auftauchten. Bis mir die Geduld riß, ich sie in mein Auto packte und zu einer der Banken fuhr. Dort hörte sie aus dem Munde des leitenden Mannes, wie es um ihr Konto stand. Sie schien befriedigt. Aber zwei oder drei Tage später tauchten abermals die 200 000 Franken auf.

Wie gesagt, ich unternahm eigentlich nichts, was ihr vom rein Medizinischen aus hätte helfen können. Rückblickend ist mir klargeworden, daß sie sich auch gegen eine Behandlung – es wäre wohl nur eine psychiatrische in Frage gekommen – gewehrt hätte und daß ich ihr nicht weh tun wollte.

Aber dann geschah es. Zu Weihnachten 1977 fuhren wir in ihr Haus in Kirchseeon, wo die ältere Tochter mit ihrem Mann, Helmut Rost, der eine bedeutende Stellung im Zweiten Deutschen Fernsehen einnahm, lebte. Wir blieben zwei oder drei Tage, und während dieser Zeit war Heide kaum aus ihrem Zimmer zu bekommen und sie trank unmäßig. Die Tochter und der Schwiegersohn waren bestürzt.

Die beiden kamen dann auch einige Wochen später zu uns in die Schweiz. Und an einem Abend, an dem Heide wieder sinnlos betrunken war – ja, jetzt war sie es immer mal wieder –, packten sie sie in ihr Auto und fuhren sie in die Psychiatrische Universitätsklinik Zürich.

Ich konnte mich nicht entschließen, mitzufahren, ich war wie gelähmt. Ich konnte mir auch vorstellen, wie entsetzt Heide gewesen sein muß, als sie in der Frühe aufwachte und sich in einem geräumigen Schlafzimmer mit sechs oder acht anderen Patienten fand. Sie, die mir immer mal wieder das Versprechen abgenommen hatte, daß ich, wenn es zum Sterben käme, ein Einzelzimmer für sie in einer Klinik besorgen würde.

Ihre Qual dauerte nicht lange. Der bedeutende, ich möchte sagen weltberühmte Psychiater Prof. Dr. Jules Angst erkannte sie bei seiner Morgenvisite sofort und verlegte sie in ein Einzelzimmer.

Er schien ihren Fall nicht allzu tragisch zu nehmen. Sie mußte zwar etwa drei Wochen in der Klinik bleiben, aber dieser Klinikaufenthalt gestaltete sich etwa so: Frühmorgens bekam sie Frühstück, dann erschien der behandelnde Arzt, und sie hatte eine Aussprache mit ihm, wie das wohl in solchen Fällen üblich ist. Dann zog sie sich an und machte einen Spaziergang. Zum Mittagessen auf ihrem Zimmer kam sie zurück, aber sofort nachher setzte sie sich in ihr Auto und fuhr nach Hause. Und blieb bei mir, bis es Zeit war, sich zum Abendessen in der Klinik zurückzumelden. Also keine Rede von geschlossener Anstalt oder vergitterten Fenstern.

Damit kein falscher Eindruck entsteht: Heide war zwar medizinisch gesehen bereits eine kranke Frau, aber das trat nach außen hin nicht oft in Erscheinung. Für die meisten Menschen, die sie kannten, war sie ein durchaus gesunder und eher fröhlicher Mensch, und nicht einmal ich und ihre Töchter kamen darauf, daß diese einzelnen Ereignisse einen inneren Zusammenhang hatten. Auch die Tatsache, daß Prof. Angst sie für einige Wochen in seiner Klinik behielt, ließ uns nicht auf den Gedanken einer ernsthaften und dauerhaften Erkrankung kommen. Ziemlich lange nicht.

Dann geschah etwas Furchtbares. Etwas, das viele, die uns nicht näher kannten, dafür verantwortlich machten, daß Heide depressiv wurde.

Die jüngste Tochter Regine, schon mehrfach erwähnt, war aus der Provinz nach Wien ans Volkstheater gekommen und spielte dort hübsche Rollen. Sie hatte geheiratet, und ihr Mann war der kleinen Tochter Verena ein guter Vater. Aber die Ehe hatte keine allzulange Dauer, und das gleiche galt für ihre Arbeit am Volkstheater. Die war zwar recht zufriedenstellend.

Und dann war da noch etwas: Es scheint, daß der damalige Direktor des Theaters sehr gern etwas mit der jungen Schauspielerin angefangen hätte. Das soll immer mal wieder vorkommen. Aber Gine war offenbar nicht klug genug, darüber hinwegzugehen. Sie erzählte dem ganzen Theater, daß der Direktor gern mit ihr schlafen wolle. Das hört kein Direktor gern. So wurde sie gekündigt.

Und saß nun ohne Mann und ohne Anstellung, nur mit ihrer kleinen Tochter, in ihrer kleinen Wohnung.

Man sieht, alles wiederholt sich. Heides Mutter hatte verlangt und verlangte noch immer, so zu leben wie Heide. Nun verlangte es auch die Tochter. Daß Heide diesen Forderungen nachkommen konnte, weil sie ein Leben lang gearbeitet hatte, wußte zwar die Mutter, aber Gine zog das nicht einmal in Betracht. Sie war verbittert. Ohne zu bedenken, daß auch sie selbst schuld an den Schwierigkeiten hatte, die sie erleben mußte. Sie gab die Schuld an allem ihrer Mutter – mit welcher Begründung, haben wir nie erfahren.

Sie gab auch ein Interview – in einem nicht sehr seriösen Boulevardblättchen –, in dem es hieß, ihre Mutter habe immer verhindert, daß sie eine bekannte Schauspielerin werde. Welches Interesse Heidemarie Hatheyer daran haben konnte, daß ihre Tochter keine große Schauspielerin werden würde, hätte niemand sagen können. Es war unsinnig, aber es wurde gedruckt.

Dann, eines Tages, das Jahr war wohl 1979, ließ uns Regine wissen, sie habe Schmerzen im Leib. Sie ging zu einem Arzt, und der riet zu einer Operation. Diese Operation wurde gemacht. Heide konnte nicht nach Wien fahren, um dabei zu sein, sie spielte fast allabendlich in Zürich, und ich sah keinen Sinn darin, daß ich nach Wien fuhr. Heide telefonierte noch am Nachmittag nach der Operation mit dem Chirurgen, der ihr sagte – die Worte sind mir noch im Ohr: »Wir haben nichts gefunden. Jedenfalls leidet die Patientin weder an Krebs noch an

Tuberkulose.« Mir sind die Worte so unvergeßlich, weil wir bis dahin gar nicht wußten, daß es so etwas wie Tuberkulose im Leib gibt.

Obwohl man nichts gefunden hatte, schien es Gine besserzugehen. Aber nur ein, zwei Monate lang. Was wohl auch die Früchte eines Erholungsurlaubs waren, auf den Heide sie geschickt hatte.

Aber eines Tages rief Gine uns an, um uns mitzuteilen, sie habe wieder Schmerzen. Die gleichen Schmerzen. Der Arzt, den sie aufgesucht habe, riet zu einer weiteren Operation. Heide war empört.»Gines Körper ist doch kein Reißverschluß, den man nach Bedarf öffnet und schließt!«

Wir beschlossen, Regine zu uns nach Zürich zu holen, ihre kleine Tochter wurde von der Mutter ihres Ex-Gatten, die sich als eine unendlich hilfreiche und gutmütige Frau erwies, versorgt.

Gine kam, wir lieferten sie in das für uns zuständige Krankenhaus im Ort Zollikerberg ab. Der Chirurg dort, ein erster Mann, nahm am folgenden Morgen die Operation vor. Und schloß die Wunde sofort wieder. Der Leib unserer Gine war voller Metastasen. Nach seiner Ansicht litt Gine schon seit längerer Zeit an Krebs, und der Arzt in Wien hätte das eigentlich erkennen müssen. Aber . . .

Als Heide, die natürlich von der Operation wußte, ins Krankenhaus kam, wollte der Arzt sie sprechen. Er teilte ihr das Schreckliche mit. Daraufhin hatte sie nicht mehr die Kraft, in das Krankenzimmer ihrer Tochter zu gehen. Sie fuhr in unser Haus zurück und sagte mir, was sie erfahren hatte. Einzelheiten wußte sie nicht, sie hatte nicht die Kraft zu weiteren Fragen gehabt.

Ich fuhr mit ihr in die Klinik zurück. Die Fahrt betrug zwischen fünf und zehn Minuten. Wir gingen zu dem Arzt und erfuhren, daß er nicht viel Hoffnung für die Gesundung der Patientin habe. Und wir erfuhren auch – zu unserem Entsetzen –, daß sie, aus der Narkose erwacht, den Arzt gefragt habe, woran sie leide. Und der Arzt, der aus Prinzip seinen Patienten die

Wahrheit sagte, hatte ihr die Wahrheit gesagt. Sie wußte also, daß sie vermutlich unheilbar erkrankt war.

Ich muß sagen, daß sie sich mit einer Tapferkeit hielt, die ihr niemand zugetraut hätte. Ihre einzige Sorge galt ihrer Tochter, die zwölf oder dreizehn Jahre alt war und die eine Mutter brauchte. Die nächsten zwei Wochen vergingen damit, daß entweder Heide oder ich am Krankenbett von Gine saßen. Unser Plan war, Gine die Überzeugung auszureden, daß sie demnächst sterben müsse. Das sei durchaus noch nicht sicher, der Arzt hatte das übrigens auch gar nicht so gesagt, wir meinten, es gebe auch Fälle von Krebs, die mit Gesundung endeten. Ganz sicher sei, daß sie nicht sehr bald sterben werde, so daß sie die Erziehung der kleinen Tochter Verena durchführen könne.

Gine war nur zu glücklich, das zu glauben, obwohl es ihr gar nicht gutging.

Dann standen Heide und ich vor einer wichtigen Entscheidung. Heide hätte ein Gastspiel in Berlin antreten müssen. Mit Proben hätte das Gastspiel ungefähr drei Monate gedauert. Mit einem freien Abend pro Woche. Heide hielt es für selbstverständlich, das Gastspiel abzusagen. Der Direktor des Theaters – es war nicht mehr der uns befreundete Kurt Raeck – würde zwar Schwierigkeiten machen, aber letztlich doch einen Ersatz für Heide finden.

Ich sprach mich gegen diese Absage aus. Gine war lange genug Schauspielerin gewesen, um zu wissen, daß solche Absagen nur in äußersten Notfällen möglich oder nötig sind. Wenn Heide in Zürich geblieben wäre, hätte das für Gine bedeutet, daß sie in der nächsten Zeit sterben müsse. Hingegen mußte die Abreise Heides sie halbwegs davon überzeugen, daß sie, zumindest in der nächsten Zeit, nichts zu befürchten habe.

Und so flog Heide schweren Herzens nach Berlin, und ich übernahm es, fast jeden Tag, aber ganz sicher drei- oder viermal die Woche die Krankenwache zu übernehmen.

Einige Male kam die ältere Schwester Vroni, um Gine zu besuchen. Sie war ziemlich entsetzt vom Aussehen ihrer Schwester. Mir fielen ja die Veränderungen nicht so auf, das geschieht nie, wenn man einen Menschen pausenlos zu Gesicht bekommt. Einmal erschien auch ihr leiblicher Vater, der sich fast nie um sie gekümmert hatte. Er blieb nur wenige Stunden, um am selben Tag noch nach München zurückzukehren. Dr. Feldhütter war selbstverständlich erschüttert. Aber er hätte sich wohl mit Rücksicht auf seine Tochter etwas zusammennehmen sollen. Statt dessen brach er in lautes Weinen aus, so daß die todkranke Gine ihn noch trösten mußte. Und dieser Besuch warf sie rein stimmungsmäßig um Wochen zurück.

Wie seit vielen Jahren fuhr ich zu den letzten Proben von Heides Stück im Renaissancetheater, »Gespenster«, nach Berlin. Allerdings nur zu den beiden letzten Proben, nicht wie sonst zur letzten Probenwoche. Wäre ich nicht nach Berlin geflogen, hätte Gine Verdacht geschöpft.

In den letzten Minuten der »Gespenster« erfährt Frau Alving, daß ihr Sohn Oswald an einer – damals – unheilbaren Krankheit, nämlich Syphilis, erkrankt ist und möglicherweise den Verstand verlieren wird, bevor er stirbt. Verschiedene große Schauspielerinnen haben diese Szene auf verschiedene Art gespielt. Einige versuchten, bei dieser furchtbaren Mitteilung die Ruhe zu bewahren, wenn auch, natürlich, mit höchster Anstrengung. Manche verloren die Fassung. Heide weinte hemmungslos.

Die Frau eines Berliner Schauspielers, die neben mir in der Probe saß, war verwundert. Und gleichzeitig voller Bewunderung. »Wie bringt sie das nur fertig, so spontan zu weinen?«

Nachher saßen wir in einem Restaurant, nur wenige Schritte vom Theater entfernt. Ich kam etwas später, da ich noch in unserem Hotel nach Post fragen wollte.

Heide erkundigte sich, ob ich Neues aus Zürich gehört habe? Ich erwiderte in etwa, es ginge nicht sehr gut.

Worauf die oben erwähnte Dame ausrief: »Ja, ich habe von Ihrer Tochter gehört. Jetzt verstehe ich, daß es Ihnen leicht wird, zu weinen.«

Heide sah sehr erstaunt auf. Schließlich sagte sie: »Ich habe gar nicht geweint. Frau Alving hat geweint!«

Das war typisch für ihre Fähigkeit, sich in andere Menschen zu versetzen. Die Mutter Gines befand sich zwar in derselben grausamen Situation wie Frau Alving bei Ibsen. Aber auf der Bühne hatte sie nicht als H. H. geweint, sie hatte als Frau Alving geweint.

Am Abend ihrer letzten Berliner Vorstellung kam Heide mit dem Privatjet meines Verlegers Axel Springer nach Zürich zurück. Sie fuhr sofort ins Krankenhaus, aber man riet ihr, die Patientin nicht zu stören.

Wir fuhren dann am nächsten Morgen zu Gine. Ich sah, daß es Heide den letzten Rest an Beherrschung kostete, ruhig zu bleiben, ja, ein Gespräch mit ihrer Tochter zu führen, als sei Gine gar nicht so krank. Sie erzählte von Berlin, von der Aufführung, von allen möglichen Dingen, nur von Gines Krankheit war nicht die Rede.

Als wir wieder draußen waren, flüsterte Heide: »Sie sieht aus wie die Judenkinder, die aus den Konzentrationslagern kamen.« Und dann weinte sie stundenlang.

Um diese Zeit wurde Gine schon bestrahlt, was in einem anderen Krankenhaus stattfand. Ich konnte sie nicht dorthin fahren, ich hatte nach einer Augenoperation meinen Führerschein zurückgegeben. Aber da ich nicht wollte, daß sie in einem Taxi zur Bestrahlung gebracht wurde, fragte ich einige gute Bekannte. Und alle waren bereit, auszuhelfen. So fuhr Gine jeden Tag mit einer anderen Freundin Heides zur Bestrahlung und wieder zurück. Das übernahm jetzt Heide selbst.

Weihnachten näherte sich. Gine äußerte den Wunsch, das Fest mit ihrer Tochter zu verbringen. Der Arzt sah keinen Grund, die Flugreise nach Wien zu verbieten. Er war wohl überzeugt, daß nichts mehr zu machen war. Und wir brachten Gine zum Flugzeug nach Wien. Wir waren der festen Überzeugung, sie nicht lebend wiederzusehen. Als sie in einem Rollstuhl in das Flugzeug gebracht wurde, wandte sie sich noch einmal um, umarmte mich und sagte: »Danke!«

Sie sollte doch noch einmal nach Zürich kommen, zu Nachuntersuchungen. Wir alle glaubten, dies sei nur der Form halber gefordert worden, sie würde vielleicht nach vier Wochen gar nicht mehr am Leben sein.

Aber siehe da: Ende Januar erschien sie wieder und – verwandelt. Sie sah gar nicht mehr so krank aus, eigentlich überhaupt nicht mehr krank, nur sehr, sehr schlank. Sie fühlte sich vortrefflich, sie hatte keinerlei Schmerzen. Der Chirurg im Krankenhaus, die Krankenschwestern, die sie alle sehr gern gehabt hatten und von denen jede einzelne vor Weihnachten gekommen war, um sich von ihr zu verabschieden – für immer, wie sie glaubten –, und auch die bestrahlende Ärztin waren verblüfft. Diese plötzliche Wendung hatte niemand erwartet. Die Untersuchungen ergaben gar nichts, jedenfalls erfuhren wir nicht viel über sie.

Sie kehrte dann nach einer knappen Woche nach Wien zurück.

Ein paar Wochen schien alles gutzugehen. Dann wurde sie wieder krank. Das erfuhren wir durch die rührende Ex-Schwiegermutter, die sie betreute. Nicht lange, und dann mußte sie ins Krankenhaus. Wir wußten nicht recht, was wir aus diesen eher kärglichen Mitteilungen entnehmen sollten.

Da Heide Abend für Abend in Zürich spielte und ich in Überlingen zur Kur weilte, übernahm es ihre Schwester Veronika, nach Wien zu fahren. Sie rief mich dann von dort an, sagte, es ginge sehr, sehr schlecht. Ich machte mich bereit, nach Zürich zurückzufahren und von dort nach Wien zu fliegen.

Der Zufall wollte es, daß ich mit meinem Verleger Axel Springer telefonieren mußte. Dem erzählte ich, daß ich jetzt nach Wien fliegen werde. Und er sagte: »Nimm doch meinen Jet! Er steht in Friedrichshafen und ist zu deiner Verfügung!« Friedrichshafen war nur eine halbe Autostunde entfernt. Und so geschah es, daß ich zwei Stunden später in Wien landete. Es war später Nachmittag, es regnete ein bißchen, der Regen ging vorübergehend in Schnee über. Dann stand ich vor dem Bett Gines, in einem Raum mit sechs oder acht anderen Kranken. Die zuständige Schwester erklärte, es sei sonst kein Platz für Gine gewesen, die ja sehr überraschend eingeliefert worden war.

Aber als ich am nächsten Morgen wiederkam, um mit dem Arzt zu sprechen, lag sie in einem der Zimmer, in die man Patienten legt, die demnächst sterben müssen. Der Arzt bestätigte mir, daß keine Hoffnung mehr sei.

Gine war völlig verändert. Ihr Kopf schien mir viel kleiner zu sein, unendlich zerbrechlich und das Gesicht ganz gelb. Sie versuchte zu lächeln. Ich versuchte gar nicht, etwas zu sagen, es hätte auch keinen Sinn gehabt. Ich küßte sie und wußte, es war zum letzten Mal. Ich fuhr in mein Hotel zurück und rief Heide in Zürich an. Ich sagte ihr: »Wenn du deine Tochter noch einmal sehen willst, dann mußt du sofort nach Wien kommen . . .«

Sie fuhr ins Theater. Der verständnisvolle Verwaltungsdirektor Max Lehmann – wir haben es ihm nie vergessen – disponierte alles um, so daß Heide an den nächsten zwei Abenden spielfrei war. Sie nahm das Abendflugzeug nach Wien und fuhr sofort ins Krankenhaus. Gine erkannte sie nicht mehr. Die Schwester sagte, Heide solle am nächsten Morgen wiederkommen, dann sei die Patientin wenigstens vorübergehend besser dran, ja, könne vielleicht ein paar Worte mit ihr reden.

Es kam nicht mehr dazu. Mitten in der Nacht läutete in Heides Hotelzimmer das Telefon. Gine war gestorben. Heide sagte, sie würde gleich kommen.

Die Schwester: »Kommen Sie nicht! Behalten Sie Ihre Tochter im Gedächtnis, wie sie einmal war!«

Kein Zweifel, daß dieser tragische Tod das Leben von Heide entscheidend veränderte. Elisabeth Furtwängler, die Witwe meines großen Freundes: »Curt schrieb mir, daß du dein Kind verloren hast. Es gibt da keinen Trost, höchstens im Augenblick die Dankbarkeit, daß Regine von ihren Schmerzen erlöst ist . . .«

Nein, es gab keinen Trost. Und es besteht kein Zweifel, daß diese Tragödie das Leben von Heide verändert hat. Irgendwann hatte sie einmal gehört, daß Krebs auch entstehen kann dadurch, daß ein Mensch Sorgen hat und sich unglücklich fühlt.

Das hatte zur Folge, daß Heide sich fragte und auch mich

immer wieder, ob sie Gine nicht »vernachlässigt«, sich nicht genug um sie gekümmert habe? Sie sprach darüber mit Elisabeth Furtwängler und auch mit Valeska Lindtberg. Sie sprach immer wieder darüber.

Warum ich an dieser Stelle so ausführlich über die Tragödie Gines, die auch die Tragödie Heides war und bleiben sollte, berichte? Weil sie weit über das Biographische hinaus die Entwicklung der Schauspielerin erklärt. Denn von nun an ging eine Veränderung in der Schauspielerin H. H. vor sich. Die Menschen, die sie verkörperte, nein, in die sie hineinwuchs, wenn man so sagen darf, hatten mehr Hintergrund, sie wurden tiefer. Es war immer etwas an ihnen vom Wissen um den Tod. Und sie sollte nicht über den Tod Gines hinwegkommen und nicht über den Tod an sich.

Es war der erste Mann von Veronika, der die Hinterlassenschaft von Gine ordnete, die Wohnung auflöste, die Papiere uns zustellte. Er fand auch die Zeitung mit dem Interview von Gine, die ihre Mutter beschuldigte, gegen sie als Schauspielerin gewesen zu sein – das wurde ja erwähnt.

Er und ich kamen überein, dieses Interview zu vernichten. Wir sprachen nie mit Heide darüber. Erst nach ihrem Tod sollte ich erfahren, daß irgendein lieber Mensch sie damals über diesen Artikel ins Bild gesetzt hatte. Es ist typisch für Heide, daß sie, wie meine Quelle mir mitteilte, sehr bestürzt gewesen sei. Aber das Bild Gines in ihrem Herzen änderte sich nicht. Man kann fast sagen, daß es mit den Jahren immer – wie soll man es nennen? – leuchtender wurde. Als sie später von ihrer älteren Tochter so oft enttäuscht werden sollte, sagte sie immer wieder zu mir: »Das hätte mir Gine nie angetan!«

Die Enttäuschungen mit Veronika begannen bald. Sie hatte ihrer Schwester auf dem Totenbett versprochen, die junge Tochter Verena zu sich zu nehmen. Das war, zumindest technisch, kein Problem. Sie hatte selbst keine Kinder. Also war in jedem Sinne Platz genug.

Gewiß, Verena, die mit geradezu abgöttischer Liebe an ihrer Mutter gehangen hatte, war in keiner Beziehung einfach. Heide hegte anfangs sogar die Befürchtung, sie würde in ihrer Verzweiflung aus dem Fenster springen, um ihrer Mutter zu folgen. Aber nun hatte sie ein neues Heim. Hatte sie es? Die Sache ging nicht lange gut, wenn überhaupt. Obwohl der Mann ihrer Tante weit mehr als seine Pflicht tat, was die Erziehung Verenas anging, seine Frau begriff wohl nie die menschliche Verpflichtung, die sie hatte, ganz zu schweigen von dem Versprechen am Sterbebett. Sie ertrug die junge Verena einfach nicht. Sie steckte sie in ein nahegelegenes Internat.

Nun war ja auch Regine in ihrer Jugend vorübergehend in einem Internat gewesen, und sie hatte ihrer Tochter immer wieder gesagt, als sie ihren Tod nahen fühlte: »Laß dich nie in ein Internat stecken!«

Heide war ganz außer sich, als sie von der Entwicklung der Dinge hörte. Wiederum befürchtete sie, daß die Enkelin vielleicht Schluß machen würde. Aber die erwies sich stärker im Nehmen, als irgend jemand erwarten konnte. Sie nahm das Internat auf sich, obwohl damit für sie natürlich die Möglichkeit eines Zuhauses sozusagen für immer verschwunden war.

Heide hatte vorübergehend sogar erwogen, Verena zu uns in die Schweiz zu nehmen. Aber wir waren doch wohl zu alt, als daß wir die richtige Umgebung für ein so junges Geschöpf hätten schaffen können. Ich ging auf die achtzig zu, und Heide war sechzig.

Sechzig Jahre. Kein Alter für eine Schauspielerin oder doch eines. Hier scheiden sich die Geister. Man sagt zu Recht, daß die meisten Schauspielerinnen sich jünger machen als sie sind. Das geht manchmal ins Groteske. Ich erinnere mich daran, daß die große Schauspielerin Hermine Körner gelegentlich eines Interviews behauptete, sie sei 83 Jahre alt. Dabei war sie 85. Ich erinnere mich, daß, später, in den achtziger Jahren zwei Schauspielerinnen, die nahe an den Siebzig waren, die Rollen der Maria und der Elisabeth in »Maria Stuart« spielten, für die Schiller selbst Schauspielerinnen von 25, höchstens 30 Jahren verlangte. Und das, obwohl Liebe zu diesen Frauen oder zumindest zu einer oder die Behauptung, die eine oder die andere zu lieben, ein zentrales Motiv für die zwei Männer des Dramas ist.

Dazu wäre zweierlei zu sagen: einmal, daß der Begriff jung oder alt in verschiedenen Jahrhunderten verschiedene Bedeutungen hatte. Eine Maria Stuart, die sich Schiller als Fünfundzwanzigjährige vorgestellt hatte, ist durchaus von einer Fünfunddreißigjährigen zu spielen, nicht nur, weil sie sich auf jünger schminken kann, mehr noch, weil das, was Schiller sich unter einer Fünfundzwanzigjährigen vorstellte, für die Menschen Mitte/Ende des zwanzigsten Jahrhunderts fast jede Dreißigjährige mitbringt. Und daß sich die Begriffe des jeweiligen Alters oder besser, das, was man sich unter einer Frau eines bestimmten Alters vorstellt, stark verschoben haben.

Ein typisches Beispiel ist der »Rosenkavalier«. Hofmannsthal schuf 1910 die berühmte »Marschallin«. Die spricht davon, daß sie schon eine alternde Frau ist, die demnächst auf ihr Liebesleben verzichten müsse. Hofmannsthal schrieb immerhin 1910, daß diese Marschallin 34 Jahre alt ist. Welche Dame von 34 Jahren würde 1950 oder 1970 von sich behauptet haben, daß sie zu alt für die Liebe sei?

Aber etwas anderes kommt hinzu, besonders für Schauspielerinnen: Wer, der sich in dem vorgeschriebenen Alter befindet, kann denn die betreffende Rolle auch spielen? Man denke nur an Julia. Bei Shakespeare soll sie fünfzehn Jahre alt sein. Gibt es auf der ganzen Welt eine fünfzehnjährige Schauspielerin, die imstande wäre, die Julia zu bewältigen? Es gab eine, und die hieß Duse. Eleonora Duse spielte die Julia in der Tat mit fünfzehn Jahren. Das war überhaupt nur möglich, weil sie die Tochter des Direktors eines Wandertheaters war. In einem normalen Theater hätte keine Fünfzehnjährige die Gelegenheit erhalten, eine der großen Figuren der Weltliteratur zu verkörpern, ganz zu schweigen davon, ob sie das überhaupt fertiggebracht hätte.

Fast alle Schauspielerinnen wollen sich jünger machen, nicht so sehr, weil sie die Rollen spielen wollen, die sie nicht mehr spielen sollten, sondern aus purer Eitelkeit. Eine Frau, die von Hunderten oder Tausenden allabendlich beachtet wird, muß den Wunsch haben, attraktiv zu sein. Und Jugend ist nun einmal attraktiver als Alter, ganz besonders bei Frauen.

Heide tat das Altwerden mit den Worten ab: »Dann spielen wir eben alte Damen!«

Heide gehörte zu den Schauspielerinnen, die durchaus nicht das Bedürfnis fühlten, sich jünger zu machen. Ich kenne übrigens keine zweite. Sie wollte so alt sein, wie sie war. Auch das ging bis ins Groteske. Beispiel: Sie wurde unter sehr verwirrenden Umständen, von denen die Rede war, vermutlich 1918 in Villach geboren. Die meisten amtlichen Papiere, zumindest seit ihrer Adoption, geben das Jahr 1919 an. Sie hat bis ganz zuletzt bei Interviews immer wieder darauf hingewiesen, daß sie 1918 und nicht 1919 geboren sei und zum Beispiel bei der großen Feier zu ihrem siebzigsten Geburtstag in einer Rede gesagt, sie sei eigentlich schon einundsiebzig. Als Direktor Buckwitz ihr im Züricher Schauspielhaus die Maria Stuart anbot, lehnte sie mit der Begründung ab, sie sei zu alt für die Rolle. Sie war damals fünfzig.

Nicht, daß sie auf ihre Weise nicht eitel gewesen wäre oder sein konnte. Dieses Beharren darauf, nicht auf jung zu spielen, hatte eben damit zu tun, daß sie niemals spielte, sondern war.

Sie wußte, daß eine Frau von fünfundzwanzig anders fühlt und denkt als eine Fünfzigjährige. Sie war viel zu intelligent, um das nicht zu wissen. Aber sie konnte mit den Erfahrungen einer Fünfzigjährigen oder später, etwa nach Gines Tod, einer Sechzigjährigen, einfach nicht mehr eine Fünfundzwanzigjährige sein.

Es wurde ja dargetan, daß es für sie nicht leicht war, sich zu verwandeln. Es gab da Grenzen. Ich habe immer mal wieder von ihr den Satz gehört: »Ja, wenn ich damals diese oder jene Frau hätte spielen sollen . . .« Sie sprach das immer in dem klaren Bewußtsein, daß sie das in der Stunde, in der sie es sprach, nicht mehr konnte.

Dieses Nicht-mehr-Können, aber dafür etwas anderes können im Falle der Schauspielerin H. H. ist einer der Gründe, warum ich die Tragödie ihrer Tochter so ausführlich erzählte.

Sie veränderte eben nicht nur den Menschen H. H., sondern vielleicht in stärkerem Maße die Schauspielerin.

Aus einem Interview aus jenen Tagen: »Von uns Schauspielern sagt man, wir würden auch noch halbtot auf die Bühne gehen, um unseren Part zu spielen. Dies stimmt. Doch leider stimmt auch, daß wir oft noch auf die Bühne müssen, wenn andere schon längst pensioniert sind. Und so spielen wir weiter, weil es doch immer mal wieder die Rolle der alten Dame oder des alten Herrn zu spielen gibt.«

Buckwitz war in Pension gegangen, an seine Stelle trat der verhältnismäßig junge Österreicher Gerhard Klingenberg, der zuvor der etwas umstrittene Direktor des Burgtheaters war. Er war auch zu Anfang in Zürich eher umstritten, aber mauserte sich dann zu einem recht guten Theaterleiter und Regisseur. Er hatte der Hatheyer einen Fünfjahresvertrag gegeben – so lange währte auch sein eigener Vertrag – und war betroffen von der Präsenz der Alternden, die auch eine Nebenrolle – wie etwa die Daja im »Nathan« – in den Mittelpunkt rücken konnte. Seine Worte: »Ich habe nie vorher oder nachher wieder eine solche Daja gesehen.«

Dabei war nicht zu übersehen, daß H. H. manchmal eine Vorstellung unterbrechen mußte, nicht, weil sie, wie die Zeitungen schrieben, einen Kreislaufkollaps erlitten hatte, dann wäre sie ja nicht nach einigen Minuten wieder spielbereit gewesen, sondern eben, weil sie einen vorübergehenden Schwächeanfall hatte. Schlimm genug für eine Schauspielerin!

Die Zeitungen machten mehr daraus.

Sie selbst wollte immer wieder ganz aufhören. Sie fand, sie sei alt genug dazu. Es gab keinen zwingenden Grund für sie, sich noch auf der Bühne sehen zu lassen. Sie hatte schon mehr oder weniger aufs Filmen verzichtet – davon war ja die Rede –, warum nicht auch aufs Theater?

Ihre Mutter war tot. Die in den letzten Jahren unterstützte Gine war tot, die einzige Verpflichtung, die sie hatte, war die Enkelin, und deren Ausbildung kostete kein Vermögen. Sie besaß genug Geld und alle nur denkbaren Versicherungen und

Renten, darin war sie geradezu unüberbietbar, um in Ruhe und in einem gewissen Luxus ihr Leben zu beenden.

Sie erzählte allen näheren Bekannten und Freunden, aber auch gelegentlich Reporterinnen und Reportern, die sie interviewen wollten, ich, ihr Mann, dränge sie dazu, ihren Beruf weiter auszuüben, obwohl sie es satt habe. Ja, das stimmte. Ich drängte sie, weil sämtliche Ärzte, die sie in jenen Zeiten konsultierte, mir immer wieder sagten, es sei notwendig. Sie sei der Typ Frau, die einen Beruf braucht oder auch nur Arbeit. Und die Realität gab ihnen recht. Wenn sie an Theatern arbeitete, war sie verhältnismäßig gutgelaunt und nahm die Strapazen als etwas Selbstverständliches hin, wie sie es ihr ganzes Leben getan hatte. Wenn sie nichts zu tun hatte, nützte sie diese Freizeit nicht etwa dazu, sich die Welt anzusehen oder auch nur in andere Gegenden zu reisen, oder bei uns auf der Forch spazierenzugehen. Das einzige, was sie tat, war lesen, wenn man das eine Aktivität nennen kann.

Und dann begannen die Presseangriffe auf sie. Sie hatte sich zeit ihres Lebens nie über die seriöse Presse mit ihren seriösen Kritikern zu beklagen gehabt. Nicht, daß der eine oder andere gelegentlich über die eine oder andere ihrer Leistungen nicht negativ-kritisch geschrieben hätte. Das kam natürlich vor. Aber es gab auch eine unseriöse Presse, die sogenannte Boulevardpresse, mit ihren Reportern, die Sensationen brauchten, um gelesen zu werden. Und wenn sie keine fanden, fabrizierten sie sie.

Ihre gelegentlichen Erkrankungen wurden ungemein aufgebauscht. Wenn sie einmal wegen Krankheit oder Schwäche eine Vorstellung unterbrechen mußte, wurde das unter Überschriften gebracht, die vermuten ließen, sie sei schon tot.

Um nur ein Beispiel zu geben: Als ihre Mutter in Wien im Sterben lag, machte es ihr der verständnisvolle Verwaltungsdirektor Max Lehmann möglich, nach Wien zu fliegen. Der Öffentlichkeit wurde der Einfachheit halber mitgeteilt, sie sei erkrankt. Da man mir nicht von dieser zu entschuldigenden Notlüge Bescheid gab, antwortete ich den Zeitungen, die sich nach dem Gesundheitszustand meiner Frau erkundigten, sie sei völlig gesund. Daraufhin großes Geschrei in der Presse, die völlig gesunde Hatheyer sage Vorstellungen ab, so werde mit dem Geld der Steuerzahler umgegangen!

A propos Gelder der Steuerzahler: In einem Jahr begann der Vertrag der Hatheyer am 1. Januar. Aber ihre Arbeit im Haus nahm erst im Februar ihren Anfang, was nicht ihre Schuld war. Natürlich erhielt sie für den Januar ihre Gage. Aber da sie nicht gearbeitet hatte, schickte sie diese Gage zurück, sicher ein Unikum in der Geschichte der Theater, nämlich, daß eine Gage, die bezahlt werden muß, aus rein moralischen Gründen refüsiert wird.

Manche Angriffe kamen auch aus dem Schauspielhaus selbst, freilich auf indirektem Weg. So wurde eine junge Reporterin von einem Dramaturgen des Theaters mit völlig unsinnigen Nachrichten über, besser gegen die Hatheyer gefüttert.

Da war zum Beispiel ein Schaupieler, der ihren Partner in der »Alten Dame« zu spielen hatte. Er wurde in der letzten Minute engagiert, da der ursprünglich besetzte Schauspieler während einer Probe infolge eines Blutsturzes zusammenbrach. Der neu engagierte Schauspieler stand nur bis zu einem gewissen Datum zur Verfügung, danach hatte er einen Vertrag mit den Festspielen in Bad Hersfeld. H. H. hatte ihn natürlich gar nicht engagiert, und der Verantwortliche hatte sich nicht die Mühe gemacht, sich zu erkundigen, wie lange er zur Verfügung stehen würde. Sonst hätte er vermutlich einen anderen zu verpflichten versucht. In dem Angriff auf die Hatheyer hieß es dann, sie habe auf diesem Schauspieler bestanden. Er müsse zwar jeden Abend im Schauspielhaus auftreten, aber am nächsten Morgen zur Probe in Bad Hersfeld sein, eine Überbeanspruchung auf Kosten der Kräfte des betreffenden Schauspielers, also letzten Endes auf Kosten der Zuschauer. Aber weder der Fabrikant dieser »Nachricht« noch die junge Reporterin hatten sich die Mühe gemacht, festzustellen, ob eine solche Überbeschäftigung zeitlich überhaupt möglich gewesen wäre. Sie war nicht möglich. Es gab nach Beendigung der Vorstellung keinen Zug aus Zürich, der den Schauspieler rechtzeitig zur Probe nach Bad Hersfeld gebracht oder umgekehrt keinen Zug, der ihn nach der Probe rechtzeitig zur Vorstellung nach Zürich expediert hätte. Es gab auch keine Flugzeuge, die rechtzeitig in der Nähe von Bad Hersfeld landeten, respektive auf dem Züricher Flughafen. Auch das schnellste Auto hätte die Termine nicht geschafft, nur mit einem Privatjet wären diese Eskapaden möglich gewesen. Das wäre natürlich viel zu teuer gekommen. Kurz, der Schwindel war sehr schnell zu entlarven. Die betreffende Zeitung mußte auch eine Berichtigung bringen. Nicht, ohne weitere Angriffe gegen H. H. zu landen.

Sie, ein Leben lang der Glücksfall einer vorzüglichen Schauspielerin, die das Theater bei jedem ihrer Auftritte bis zum letzten Platz füllte, mußte erleben, daß sie als Belastung für das Schauspielhaus Zürich angesehen wurde. Natürlich nicht von den Leuten, die etwas von Theater verstanden oder wußten.

Aber es sollte schlimmer kommen.

Klingenberg hatte, was er später vermutlich bedauerte, von seinem Kündigungsrecht nach dem fünften Jahr Gebrauch gemacht, und der Verwaltungsrat des Schauspielhauses wußte ein knappes Jahr, bevor er seine fünfte und letzte Saison dort absolviert hatte, daß eine neue Direktion gebraucht wurde. Er dachte an den bereits erwähnten Schweizer Regisseur Werner Düggelin, der einige Jahre in Basel geradezu vorbildliches Theater gemacht hatte. Aus Gründen, die nie bekannt geworden sind, glaubte der Verwaltungsrat, Düggelin allein schaffe es nie. Gewiß, er war nie ein »starker« Mann gewesen, aber er mußte nicht unbedingt physische Kräfte besitzen, um ein Theater künstlerisch zu leiten. Jedenfalls wurde ein Co-Direktor gesucht und gefunden in dem Schauspieler und Regisseur Gerd Heinz.

Wer den Namen Gerd Heinz überhaupt ins Gespräch gebracht hatte, war später nicht mehr herauszufinden. Wer immer es war, dürfte kaum, nach dem, was sich dann ereignete, Interesse daran haben, sich dazu zu bekennen. Der Verwaltungsrat des Schauspielhauses mußte und muß sich freilich dazu bekennen, Heinz akzeptiert und so einiges zum Niedergang des ihm anvertrauten Hauses getan zu haben.

Wer war denn dieser Gerd Heinz? Wie gesagt, Schauspieler und Regisseur, allerdings von weniger als mittleren Ausmaßen. Als Schauspieler hatte er wohl kaum an einem größeren Theater wichtige Rollen gespielt, vielleicht mit Ausnahme der unglückseligen »Räuber« im Hamburger Deutschen Schauspielhaus, in einer Aufführung also, die das Haus fast zusammenbrechen ließ. Als Regisseur war er allenfalls Mittelmaß. Aber ein schlechter Schauspieler, ein nicht gerade erstklassiger Regisseur könnte ein guter Theaterdirektor sein. Bloß: Heinz war nie auch nur in die Nähe einer Theaterleitung gerückt. Ich weiß, wovon ich rede. Ich war einmal gezwungen, das Berufsleben dieses Mannes zu recherchieren. Und es kam dabei heraus, daß eigentlich nichts dabei herauskommen konnte.

Es ist unfaßbar, daß der Verwaltungsrat des renommierten Züricher Schauspielhauses Heinz überhaupt in Erwägung zog. Dies ist nur dadurch zu erklären, daß dieser Verwaltungsrat sehr wenig vom Theater verstand. Dies hatten einige wenige Leute in Zürich schon seit ein paar Jahren gesagt. Gewiß, der fast allmächtige Leiter des Verwaltungsrats, Professor Werner Weber, war ein vorzüglicher Journalist gewesen und verstand viel von Literatur. Aber von Theater?

Und nun zog dieser Verwaltungsrat eine völlig unsinnige Konsequenz. Heinz wurde alleiniger Direktor. Und holte sich als seinen Chefdramaturgen einen gewissen Peter Ruedi. Der war ein guter Redakteur gewesen, auch ein Jahr lang am Berliner Schillertheater Dramaturg, aber als solcher hatte er nicht viel geleistet, nach dem, was sein damaliger Direktor Boy Gobert über ihn sagte. Nun war er Chefdramaturg, also der zweite Mann in Zürich.

Das erste, was Heinz tat, war, eine Reihe von Schauspielern zu entlassen. Unter diesen befanden sich Maria Becker, Annemarie Blanc, Hans Dieter Zeidler und – Heidemarie Hatheyer. Sie alle waren sehr bewährte Kräfte. Ihre Leistungen waren künstlerisch hochkarätig, und sie zogen Publikum ins Haus.

Befragt, warum er diese Kräfte entlasse – ganz einfach, indem er ihre Verträge nicht verlängerte –, gab er zur Antwort: Er wolle das Theater mit jungen Kräften führen.

Vollständig gelang ihm dieser unsäglich dumme Überraschungscoup nicht. Die Blanc war ein Stück Zürich, einflußreiche Kreise verhinderten ihre Ausbootung. Dasselbe galt für die Becker, die immerhin seit 1938 dem Haus angehörte und mit den größten Erfolgen des Theaters verbunden war. Zeidler, ein vorzüglicher Schauspieler, war vor einigen Jahren von Buckwitz geholt worden, hatte dem Theater viele Erfolge eingespielt, war aber nicht bekannt genug im deutschsprachigen Raum, um sofort ein adäquates anderes Engagement zu finden. Diese Schauspieler wurden also weiter engagiert.

Nicht so die Hatheyer. Heinz hatte ihr zwar, als sie sich erkundigte, ob er sie wolle oder nicht, erklärt, natürlich wolle er sie, ihr aber dann – drei Tage später – einen Brief geschrieben, er sehe keine Rolle für sie unter seiner Direktion.

Der Verwaltungsdirektor protestierte. Er wollte nicht einsehen, warum man eine Schauspielerin, die wirklich nur Erfolge gehabt hatte, und das in siebenundzwanzig Jahren, gehen lassen sollte. Er wurde nicht gehört.

Der Präsident des Verwaltungsrats, Werner Weber, rief die Hatheyer an. Er werde dafür sorgen, daß man sie wieder hole.

Rein juristisch gesehen konnte der künstlerische Direktor, also Heinz, entscheiden, und seine Entscheidungen konnten nicht angefochten werden.

Es ist anzunehmen, daß Werner Weber nicht log, als er der Hatheyer Versprechungen machte. Aber diejenigen, die dabei waren, als er sich für sie einsetzte, meinten damals und meinten es noch lange, er habe es mehr der Form halber getan. Jedenfalls war es ihm unmöglich, diesen Heinz zu überzeugen.

Das erstaunte die zahlreichen Besucher des Schauspielhauses. Einige konnten es überhaupt nicht fassen, was da geschah. Der Tenor: Eine Hatheyer entläßt man nicht! Der Verwaltungsrat war wohl eher der Ansicht, daß man einen Gerd Heinz nicht entläßt.

Der damalige Verwaltungsdirektor, der gescheite, geschickte Max Lehmann, der gegen die Entlassung einer Schauspielerin, die volle Häuser gebracht hatte, damals protestierte, erinnerte sich später an eine Auseinandersetzung mit dem Verwaltungsrat über die sogenannte Personalpolitik von Heinz.

Die fragliche Personalpolitik: Heinz wollte zwölf Inszenierungen pro Jahr herausbringen, acht davon mit jungen Regisseuren aus Deutschland, »die überhaupt keine Erfahrung hatten«.

Wie berichtet, war es eher ein Zufall, daß er Direktor wurde. Heinz aber hielt es für eine Sendung. Die Sendung hatte das Ziel, Heinz als einen bedeutenden Theaterdirektor und einen bedeutenden Regisseur zu etablieren.

Da war noch die Gewerkschaft der Schauspieler. Die machte die Hatheyer zwar darauf aufmerksam, daß rein juristisch gesehen sie keinerlei Rechte habe, auch nach siebenundzwanzig Jahren treuer Dienste und außerordentlicher Erfolge nicht weiterhin engagiert zu werden, daß man aber doch einen Musterprozeß führen solle. Alle waren bereit dazu – nur die Hatheyer nicht.

Für sie war das Schauspielhaus von diesem Augenblick an tot. Sie hat es nie wieder betreten, mit einer Ausnahme, nämlich der Trauerfeier für den verstorbenen Harry Buckwitz.

Sie spielte natürlich weiterhin – in Berlin, in Wien, sie machte auch einige Tourneen. Sie konnte – mit Schadenfreude? – buchen, daß das Theater unter Heinz nicht nur schlecht und schlechter wurde, sondern schlecht und schlechter ging. Die Frequenzzahlen, die angeben, zu welchem Prozentsatz der Zuschauerraum gefüllt ist und die für schlechtgehende Theater in der Bundesrepublik etwa so um 80 Prozent herum lagen, wurden für Zürich mit zwischen 50 und 60 Prozent publiziert. Übrigens von einem neuen, theaterfremden Verwaltungsdirektor. Aber auch das waren schamlose Lügen. Da waren die Schülervorstellungen, die Vorstellungen, die in ihrer Gänze an den Migros-Lebensmittelkonzern verkauft waren und also mit 100 Prozent zu Buche stehen konnten, auch die Freikarten und

300

die Karten, die Schauspieler für ihre Familien zu sehr ermäßigten Preisen erhielten und, natürlich, Pressekarten inbegriffen. Auch die Karten, die fast allabendlich in letzter Minute für wenige Franken abgegeben wurden und die Karten, deren Inhaber mehr oder weniger verpflichtet waren, Beifall zu zollen.

Ich war ja fast ein Leben lang Theaterkritiker. Nun ergab es sich, daß ein sehr verbreitetes Züricher Lokalblatt, das bis dahin kaum Theaterkritiken veröffentlicht hatte, um Beiträge von mir bat. Ich schrieb also Kritiken über das Schauspielhaus Zürich. Das begann ungefähr anderthalb Jahre nach der »Entlassung« der Hatheyer. Die Kritiken waren nicht gerade sehr positiv, da das Niveau der Aufführungen immer tiefer sank. Aber sie wurden gelesen. Viele warteten, bis meine Kritik erschien, bevor sie sich entschlossen, ob sie nun zu dieser oder jener Aufführung gingen oder nicht. So wurde jedenfalls immer wieder behauptet. Das Schauspielhaus schickte seinen damaligen Verwaltungsdirektor zu mir, das heißt, er rief mich an, und wir trafen uns in einem Café unweit vom Schauspielhaus. Der gute Mann legte mir nahe, doch etwas positiver zu schreiben. (Dies ist auch, nachdem dieses Buch erschienen ist, beweisbar, der Mann lebt und erfreut sich guter Gesundheit.)

Da ich die Züricher Aufführungen nicht als gute Aufführungen deklarieren konnte, ein Theaterkritiker ist ja seinen Lesern gegenüber verpflichtet, das zu schreiben, was er für richtig hält, zog ich mir den Ärger der Direktion Heinz zu. Damit mußte ich eben leben. Das hatte aber nicht das geringste damit zu tun, daß H. H. ungefähr anderthalb Jahre zuvor entlassen worden war, obwohl gerade das Direktor Heinz und seine (angestellten) Verschworenen in Zürich herumerzählten.

Das hatte zur Folge: Ich wurde von dem Platz, der dem Kritiker meiner Zeitung zustand, in die vierzehnte Reihe versetzt. Strafversetzt, wie es die anderen Kritiker nannten. Das stellte sich als Fehler der Direktion heraus. Denn ich saß in einem Teil des Theaters, in dem zehn Minuten vor Beginn der Vorstellung kaum ein anderer Besucher Platz genommen hatte.

Dann strömten ungefähr zwölf bis zwanzig junge Menschen

herein und setzten sich in meine Nähe. Viele wußten nicht einmal, was gespielt wurde, geschweige denn, wer spielte. Das entnahm ich ihren Gesprächen. Aber sobald sich der Vorhang senkte, applaudierten sie, als seien sie dafür bezahlt. Ich weiß nicht, ob sie dafür bezahlt wurden, aber ich bin sicher, daß es ihnen nahegelegt worden war, zu klatschen.

Und ich schrieb in einer meiner nächsten Kritiken von einer Claque. Die wichtigste Zeitung Zürichs, was den kulturellen Bereich angeht. schrieb wörtlich von einer der nächsten Aufführungen: »Der Beifall kam aus der gewohnten Ecke.«

Das Schauspielhaus verklagte aber nur mich und die Zeitung, die meine Kritiken druckte. Doch schon nach wenigen Wochen, der erste Termin des Prozesses, an dem ich nicht teilgenommen hatte, war bereits vorüber, zog das Schauspielhaus die Klage zurück. Dort hatte man nämlich erfahren, daß ich acht Zeugen hatte, die meine Anschuldigung vor Gericht hätten beschwören können.

Die echte Frequenz des Schauspielhauses lag in jenen fünf Jahren etwa zwischen 35 und 45 Prozent. Es wurde auch gelegentlich von einer Presse, die nicht weniger kritisch war als ich, angedeutet. Aber nachdem Heinz seinen fünfjährigen Vertrag abgedient hatte, wollte ihn der Verwaltungsrat trotzdem für weitere fünf Jahre verpflichten. Es war nicht der ganze Verwaltungsrat, aber zumindest waren es die maßgebenden Personen und vor allem der bereits erwähnte Werner Weber. Seine Motivation ist niemandem klargeworden. Der Stadtpräsident, wie der Bürgermeister in Zürich genannt wird, legte da ein Veto ein. Aus den fünf weiteren Jahren wurden dann zwei. Aber das Unglück war geschehen. Das Theater, das sich einst das beste unter den deutschsprachigen nennen durfte, war zu einem schlechten Provinztheater abgesunken.

Für H. H. wurde es bald deutlich, überdeutlich, daß es kein Verlust war, an dem Schauspielhaus, wie es sich jetzt gestaltete, nicht mehr tätig zu sein. Diejenigen, die weiterhin dort auftraten, erzählten Unfaßliches über die Art, wie dieses renommierte Theater jetzt geführt wurde.

Eigentlich sagte schon die Eröffnungsvorstellung der Direktion Heinz alles. Gespielt wurde »Romeo und Julia« von Shakespeare. Sagte ich Shakespeare? Keineswegs! Heinz hatte Shakespeare bearbeitet. Er war darauf gekommen, daß es besser sei, das, was Shakespeare am Schluß seiner Tragödie stattfinden läßt, an den Anfang zu stellen. Was das bedeuten sollte, wurde nie klar. Brecht hat einmal gesagt, man könne Shakespeare verbessern, wenn man ihn verbessern könne. Heinz konnte es jedenfalls nicht. Schon diese Eröffnungspremiere hätte dem Verwaltungsrat die Augen öffnen müssen über das, was er der Stadt Zürich beschert hatte.

Später wurde H. H. zugetragen, daß der Präsident des Verwaltungsrats, Werner Weber, gegen diese Verschandelung Shakespeares protestiert habe. Jedenfalls ohne Erfolg. Einer, der davon überzeugt ist, daß er es besser machen kann als Shakespeare, muß auch überzeugt sein, daß er besser Bescheid weiß als Werner Weber.

Zugetragen ... Ja, damals wurde unser Haus zu einer Art Beschwerdebüro in Sachen Schauspielhaus. Es ist wirklich nicht übertrieben, das zu behaupten. Während der nächsten Spielzeiten verging kaum ein Tag, ohne daß einer der Kollegen oder eine der Kolleginnen von H. H. anrief, um ihr mitzuteilen, was sich auf den Proben oder während der Vorstellungen tat.

Ich erfuhr beileibe nicht alles. Nicht zuletzt, weil es mich nicht besonders interessierte. Ob es H. H. besonders interessierte, steht dahin. Jedenfalls war sie immer wieder erstaunt über das, was sie zu hören bekam. Es lief wohl darauf hinaus, daß der neue Direktor seine Schauspieler nicht gerade sehr gut behandelte. Vielleicht wäre es richtiger zu sagen, daß er sie auf den Proben so behandelte, als habe er es mit blutigen Laien zu tun, die noch nie auf einer Bühne gestanden hatten.

Es ist eine alte Theaterweisheit, daß die Qualität einer schauspielerischen Leistung davon abhängig ist, daß die Schauspielerin oder der Schauspieler mit Lust und Liebe bei der Sache ist. Lust und Liebe trieb Heinz seinen Schauspielern gründlich aus.

Was H. H. immer wieder von ihren Kollegen hörte, war, daß er die schlechte Behandlung vor allem den sogenannten Kleindarstellern angedeihen ließ. An die Protagonisten, soweit sie noch an »seinem« Haus Beschäftigung fanden, wagte er sich nicht heran. Aber auch die sehen es nicht gern, wenn ihre kleineren und natürlich hilflosen Kollegen schlecht behandelt werden.

Die Atmosphäre am Schauspielhaus verschlechterte sich von Tag zu Tag. Das wußte schließlich jeder, mit Ausnahme des Verwaltungsrats. Zumindest einmal mußte er wohl oder übel davon Kenntnis nehmen. Es kam nämlich zu einer Revolte des Ensembles oder zumindest eines großen Teils des Ensembles. Die Schauspieler bezichtigten die Direktion, ihre Pflichten zu verletzen, Ungerechtigkeiten zu begehen, Versprechen nicht einzuhalten – kurz, es wurde ein Wechsel in der Direktion verlangt. Das war etwas Unerhörtes, dergleichen war im Schauspielhaus Zürich nie vorgekommen, ich bezweifle, daß es je in irgendeinem anderen Theater vorgekommen ist, es sei denn im Rahmen einer allgemeinen politischen Revolution. Die Presse wurde benachrichtigt, einflußreiche Personen in der Stadt wurden verständigt und die Anklagen wurden am Schwarzen Brett angeschlagen, das ist die Tafel, die es in jedem Theater nahe dem Bühneneingang gibt, wo die Schauspieler über veränderte Probentermine, Umbesetzungen und dergleichen verständigt werden. Der Direktor antwortete sofort, indem er alle Vorwürfe zurückwies. Schlimmer noch und eigentlich unverzeihlich: Der Präsident des Verwaltungsrats stellte sich auf die Seite »seines« Direktors, ohne auch nur eine Stunde auf Recherchen zu verlieren, ob die Anklagen Berechtigung hatten oder nicht.

Die Revolte wurde niedergeschlagen.

Übrigens: Als ich Jahre zuvor meine Kritikertätigkeit wiederaufgenommen hatte, war ich mit H. H. übereingekommen, nicht auf die vorerst privaten Klagerufe der Ensemble-Mitglieder zu hören. Ich wollte nicht beeinflußt werden. Aber meine Kritiken wurden nicht positiver, weil die Aufführungen eher schlechter wurden, soweit das überhaupt noch möglich war.

Die Klagerufe blieben nicht ohne Einfluß auf H. H. Sie begann wieder einmal, über den Sinn ihres Berufes nachzudenken. Sie hatte ja schon früher darüber nachgedacht, ob es für sie sinnvoll gewesen war, Schauspielerin zu werden.

Ihre Art, Theater zu spielen, ihre Verwandlung in jeweils einen anderen Menschen, hatte viel Kraft gekostet, was ihre Freude am Erfolg, eine Freude, die jeder erfolgreiche Schauspieler empfindet, nicht minderte. Ich bekam ihren auftauchenden Zweifel dadurch zu spüren, daß sie sich weniger und weniger für Vorgänge am Theater überhaupt interessierte; nicht nur, was das Theater in Zürich anging, dafür konnte man sich nicht mehr interessieren, sondern auch für das in Berlin, New York, Paris.

Und eines Tages überraschte sie mich mit der Frage – ich habe die Worte noch im Ohr: »Hat Theater überhaupt noch einen Sinn?«

In Abwandlung des berühmten Wortes von Marx meinte sie: »Letztlich ist Theater nur Morphium für das Volk!«

Immerhin bekam sie weiterhin Anfragen aus Berlin oder Wien. Aber immer häufiger wurden ihre Absagen. Und dann geschah etwas, womit niemand hatte rechnen können. Es war schon die Rede davon, daß sie durch ihre häufigen Absagen an Filmgesellschaften sich selbst aus dem Filmgeschäft herauskomplimentiert hatte. Nun kam, aus heiterem Himmel, eine Anfrage, die sie interessierte.

Da war ein blutjunger Regisseur, der bisher noch nie einen Spielfilm gemacht hatte, jedenfalls keinen ausgewachsenen. Er hieß Kai Wessel. Seine Freundin, die ebenfalls noch sehr junge Schriftstellerin Beate Langmaack, hatte sich mit dem Schicksal alter Menschen beschäftigt und schließlich ein Drehbuch geschrieben über eine alte Frau, die arthrosebehindert in ihrer kleinen Wohnung im dritten Stock eines alten Hauses lebt, gewissermaßen wie in einem Gefängnis, versorgt durch die Institution Essen auf Rädern und einen jungen Burschen, der für sie Besorgungen erledigt. Ihr einziger Gefährte ist ein kleiner Hund, den sie heiß liebt.

Durch Zufall erfährt sie, daß der junge Mann, der ihr täglich das Essen bringt, nach ihr nur noch einen Kunden zu bedienen hat, einen Mann in der Nachbarschaft, der denselben Namen führt wie ihr Bruder, und der ist in den letzten Wochen des Krieges gefallen. Durch allerlei Komplikationen und durch aus längst vergangenen Zeiten schon vergilbte Briefe dieses Bruders wird es ihr zur Gewißheit, daß es sich um den SS-Offizier handelt, den Vorgesetzten ihres zwangsweise zur SS eingezogenen Bruders, der ihn umbrachte, als er, der Bruder, ihn bei der Ermordung eines polnischen Kindes ertappte. Um der möglichen Bestrafung nach dem Krieg zu entgehen, eignete er sich die Papiere des Bruders an und lebte von nun an unter dessen Namen. Aber er entgeht der Bestrafung nicht. Jetzt, fast ein halbes Jahrhundert nach Kriegsende, nimmt die alte Frau die Sache in die Hand und tötet den Verbrecher, indem sie seiner, der letzten Portion Essen auf Rädern, Gift beimischt.

Einer der kleineren, aber künstlerisch hochkarätigen deutschen Filmproduzenten, Ottokar Runze, ist begeistert von dem Drehbuch und will den doch recht unkonventionellen Film machen. Aber wer kann die Rolle der alten Frau spielen, die praktisch in jeder Szene präsent ist?

Man kommt schließlich auf die Hatheyer, ist aber voller Zweifel, ob sie, die in den letzten Jahren alle Anfragen von Filmproduzenten abgelehnt hat, interessiert sein wird.

Regisseur und Drehbuchautorin kommen zu Besuch in unser Haus. Sie können mit Erstaunen und Befriedigung feststellen, daß H. H. interessiert ist. Sowohl an dem Buch, das man ihr geschickt hat, als auch daran, mit jungen Menschen zu arbeiten. Bisher hatte sie immer mit gestandenen Regisseuren gefilmt.

Es gab gewisse Handicaps zu überwinden. Die übrige Besetzung war zwar schnell gefunden, sie bestand durchwegs aus sehr jungen Schauspielern, die dem Regisseur, freilich nicht der Öffentlichkeit bekannt, also keine Zugkräfte, waren. H. H. hatte natürlich gedacht, der Film würde in einem Atelier aufgenommen werden, aber das wäre zu teuer gekommen und außerdem nicht nach dem Geschmack des Regisseurs. Er zog eine enge Wohnung in einem Altbau vor, was den Kameramann Achim Poulheim und die Beleuchter vor viele Probleme stellte.

Das Hauptproblem war freilich der Hund, der ohne Zweifel die zweitwichtigste Rolle im Film hatte. H. H. war bereit, eine Woche vor Drehbeginn in Hamburg zu erscheinen, damit der Hund sich an sie gewöhne. Der Regisseur hatte einen sehr attraktiven Mischling aufgetrieben, der sich aber als untauglich erwies, weil er auf Kommandos nicht hörte. Sozusagen in letzter Minute fand der Regisseur, begleitet von H. H., einen anderen reizenden Hund, ebenfalls Mischling, der sich sehr schnell an H. H. gewöhnte. Von entscheidendem Vorteil war wohl, daß sie fast immer Hunde gehabt hatte und mit ihnen umzugehen wußte.

Produzent, Regisseur und Autorin waren natürlich glücklich, eine Schauspielerin gefunden zu haben, die immerhin über einen Namen verfügte. Aber würde sie den Mut aufbringen, alt, gebrechlich, unbeholfen zu sein? Sie kannten eben H. H. nicht. Als der Regisseur und die Autorin zusammen mit H. H. zum ersten Mal die Wohnung besichtigten, in der die Aufnahmen stattfinden sollten, steuerte H. H. zu ihrem Erstaunen auf den einzigen Lehnstuhl im Wohnzimmer zu, setzte sich mühsam, stand noch mühsamer auf und sagte: »So setzt sich Martha Jellnek, und so steht sie auf!«

Martha Jellnek war der Name ihrer Rolle und der Name des Films. Die Verwandlung hatte sich also schon vollzogen. H. H. war jetzt nicht mehr H. H., sondern eben die alte, arthrosebehinderte Frau.

Regisseur und Autorin staunten.

Sie sollten während der fünf Wochen, die folgten, noch oft staunen. Denn H. H. war nicht, was sie befürchtet hatten, der verwöhnte Filmstar, sie fand sich mit den unmöglichsten Bedingungen in dem ungeheizten Haus ab, sie verlor nie ihre gute Laune und sie hatte tausend nützliche Einfälle.

Der Film, der sehr wenig gekostet hatte, kam 1988 als Eröffnungsvorstellung auf dem sogenannten Low-Budget-Festival in Hamburg heraus. Bis zuletzt hatte der Produzent sich Sorgen gemacht. Es war schließlich ein ungewöhnlicher Film, den er da auf die Beine gestellt hatte. Aber die Premiere wurde zu einem rauschenden Erfolg mit stehenden Ovationen für die angereiste Hatheyer.

Die Kritiken waren – wieder einmal – Lobeshymnen. Interessant und vielleicht typisch für den Ruf der H. H. war, daß für viele Zeitungen nicht die Wald- und Wiesen-Filmkritiker schrieben, sondern bekannte Theaterkritiker, wie zum Beispiel Friedrich Luft.

Die Sorgen des Produzenten erwiesen sich trotzdem als begründet. Der Film, der auf zahlreichen Filmfestivals Preise erhielt, der zum Beispiel in einem New Yorker Studiokino wochenlang lief und desgleichen in Chicago und Los Angeles, obwohl es sich hier doch um ein typisch deutsches Thema handelte, wurde von den deutschen Kinos mehr oder weniger boykottiert. Er wurde einfach nicht aufgeführt oder doch nur in kleinen Kinos, und kaum ein paar Tage lang, so daß die positiven Kritiken sich gar nicht auswirken konnten.

Warum? Man wollte wohl das Antinazi-Thema nicht mehr. Man? Die Direktoren der Kinos. Und sie glaubten wohl, daß ihr Publikum »das« nicht mehr sehen wollte.

Trotzdem erhielt H. H. 1989 das berühmte Goldene Band in Berlin. Im Unterschied zu den meisten Kollegen, die ebenfalls gefeiert wurden und es bei einem kurzen Dank bewenden ließen, hielt sie eine kleine improvisierte Rede. Sie war übrigens gar nicht so kurz. Sie enthielt unter anderem ihre seit Jahren geäußerte Klage darüber, daß man sie ein Leben lang auf die »Geierwally« festgelegt habe. Sie sagte noch anderes über Filme und deutsche Filme, was das Publikum zu Lachstürmen veranlaßte.

Der Film kam dann im Ersten Deutschen Fernsehen, die Zuschauerbeteiligung lag sehr hoch, obwohl die Konkurrenzsendung im Zweiten Fernsehen von einem beliebten Star getragen wurde.

Die zweifellos erste deutsche Filmkritikerin, die Münchnerin

Ponkie, die auch über Fernsehen schrieb, erklärte, eine neue Karriere stehe bevor, ein Comeback der Hatheyer.

Dazu sollte es freilich nicht mehr kommen.

Aber zu einem neuen Angebot aus Hollywood. Der Stoff interessierte dort nicht besonders, doch aus Hollywood telefonierte Billy Wilder, der schon immer einen Film mit ihr hatte machen wollen, aber jetzt führte er nicht mehr Regie – man könne ja über den Stoff reden.

Sie flog also hin und sie blieb ungefähr zehn Tage. Was sich in diesen zehn Tagen abspielte? Sie sah einige Filme, hatte einige Besprechungen, aber sie konnte sich zu nichts entschließen.

Was mir auffiel, was jedem auffallen mußte, war, daß sie nicht einmal Befriedigung darüber empfand, daß man noch Interesse an ihr zeigte. Es wurde ja schon erwähnt, daß nicht der Film es war, der sie vergessen hatte, sondern daß sie nicht mehr filmen wollte. Viele glaubten, entscheidend für sie sei, daß sie eine vermögende Frau geworden war und sich keine Sorgen zu machen brauchte. Sie brauchte sich zwar keine Sorgen zu machen, aber sie machte sich ja doch gelegentlich welche.

Das war einer der irrealen Züge im Leben von H. H.

Wir, vor allen Dingen ich hätte spüren müssen, daß das nicht eine Marotte von ihr war, sondern das Symptom einer Krankheit, die auch darin bestand, daß sie sich mehr und mehr von der Wirklichkeit entfernte und in Erinnerungen flüchtete.

Immer wieder telefonierte sie mit Else, unserem langjährigen Hausmädchen, das sich verheiratet hatte, aber schon Witwe war. Sie sprach immer über alte Zeiten.

Dazu paßte auch, daß sie jetzt häufiger Interviews gab. Sie hatte früher fast nie Interviews gegeben, sie hatte sich geweigert, zu begreifen, daß das zum Geschäft gehörte und daß die Menschen, die sie auf der Bühne oder in einem Film sahen, begreiflicherweise auch etwas über sie persönlich erfahren wollten. Aber in den Interviews, die sie jetzt öfter gab, beschäftigte sie sich fast nur mit ihrer Vergangenheit. Sie hatte, wie die meisten Menschen, das Negative aus der Vergangenheit verdrängt, sie sprach hauptsächlich davon, wie schön das Leben früher gewesen sei. Von ihren großen Erfolgen redete sie nur, wenn der Reporter oder die Reporterin sie darauf ansprachen. Sie wehrte sich immer, immer wieder, von der nun schon sagenhaften »Geierwally« zu sprechen. Und sie betonte bei jeder Gelegenheit, daß sie, stünde sie noch einmal vor der Wahl, nie wieder Schauspielerin werden würde. Das wurde natürlich mit Erstaunen vermerkt. Denn sie war ja so erfolgreich gewesen!

Die Vergangenheit: Es war nicht mehr viel vorhanden, was ihre Vergangenheit ausgemacht hatte. Der Vater war in Brasilien gestorben – sie hatte ihn seit frühester Kindheit nie wieder gesehen, aber nie aufgehört, ihn zu lieben, obwohl er kaum je etwas von sich hören ließ. Auch die Mutter war gestorben. Heide nach ihrer überstürzten Reise nach Wien zu mir: »Ich habe sie erst nach ihrem Tod gesehen – eine mir völlig fremde Frau!«

Kummer bereitete ihr die noch lebende Tochter Veronika. Sie hatte sich völlig gewandelt. Sie hatte ihrer Mutter und auch mir sehr nahegestanden. Aber irgendwann, ich möchte sagen, zu der Zeit, da sie sich von ihrem ersten Mann trennte und bald darauf ihren zweiten Mann heiratete, muß diese Wandlung vor sich gegangen sein. Das hatte ganz sicher nichts mit den Männern zu tun. Der erste war unser Freund geworden und blieb es auch nach der Scheidung. Der zweite versuchte es zu werden und zeigte wesentlich mehr Interesse für seine Schwiegermutter als seine Frau es tat.

Veronika war Cutterin beim Fernsehen gewesen, sehr erfolgreich, gab aber diesen Beruf sukzessive auf. Das alles war nicht furchtbar wichtig oder gar schlimm. Schlimm war, wie wenig Verständnis sie für ihre Mutter zeigte und keine Rücksicht darauf nahm, daß H. H. jetzt öfter krank war und natürlich, nachdem sie ihren Beruf nur noch sporadisch ausübte und die meisten unserer Freunde gestorben waren, sich gefreut hätte, von ihrer Tochter zu hören oder sie gelegentlich zu sehen. Vroni kam nie zu Besuch, obwohl die Flugreise eine knappe halbe Stunde dauerte. Sie schrieb auch nie. Wenn ich einmal ein paar

Tage verreist war und zurückkam und mich erkundigte, ob Heide etwas von ihrer Tochter gehört hätte, war die Antwort: »Nein. Natürlich nicht!«

Es war schlimm, und es machte die schweren letzten Jahre noch schwerer.

Nicht nur, daß Vroni nicht das geringste Interesse für die Erfolge ihrer Mutter hatte. Man hätte glauben können, daß die Tochter die bedeutende Lebensleistung der Mutter hätte würdigen müssen.

Sie hatte sich auf eine sehr seltsame Art verändert, oder wie ihre Mutter schmerzlich feststellen mußte: Sie war nicht mehr »derselbe Mensch«. Es soll nicht behauptet werden, daß sie an den Depressionen der Mutter schuld war. Aber sie hat viel dazu getan, die letzten Jahre ihrer Mutter traurig zu machen, indem sie ihr deutlich zu verstehen gab, die Mutter sei »ein Haufen Dreck für sie« – Heides eigene Worte.

Heide trank – übrigens nicht regelmäßig, sie war keineswegs zur Trinkerin geworden, sie trank nur ein oder zwei Wochen lang, und dann für einige Wochen oder Monate nicht einen Tropfen. Denn sie war nicht dem Alkohol verfallen, er war nur ein Mittel, das Bewußtsein zu verlieren. Sie wollte ganz einfach nicht mehr wissen, daß sie lebte. Dazu dienten auch unzählige Pillen, die mit Maß genommen gar nicht schädlich gewesen wären, allenfalls den Schlaf einer Nacht garantiert hätten – man erhielt sie ohne Rezept. Aber Heide nahm viel zu viel dieser Pillen.

Dies alles beeinträchtigte auch ihr Verhältnis zu mir. Sie konnte sehr nett mit mir sein, aber dies kam viel seltener vor, als es ihre Ausbrüche gegen mich waren. Ausbrüche, die jeden Sinnes entbehrten. Sie behandelte mich oft, als sei ich ihr schlimmster Feind, wenn nicht überhaupt ein übler Charakter. Auch meine Arbeit wurde nun, im Gegensatz zu früher höchst negativ beurteilt. Das brachte mich eigentlich auf die Idee, daß dies geschah, um mir weh zu tun. Wofür ich bald den Beweis haben sollte.

Das letzte Buch, das ich zu Lebzeiten Heides schrieb, war die

311

tragische Geschichte meiner jungen Freundin Romy Schneider. Heide, die früher, wann immer die ersten Exemplare eines Buches von mir eintrafen, die Bemerkung machte: »Wie schön! Dein neues Kind!«, bemerkte eines Tages, nachdem die Romy-Schneider-Biographie in ihren Händen war: »Das ist ja ein ganz miserables Buch!«

Ich war erstaunt, denn viele Bekannte hatten mir gesagt, dieses Buch sei besonders gelungen.

Und es lief vorzüglich. Aber ein paar Wochen später teilte mir Heide mit: »Ich habe gestern nacht dein Buch über Romy gelesen. Da ist dir wirklich etwas gelungen!«

Sie hatte also das Buch nach Erscheinen gar nicht gelesen und ihre herbe Kritik nur gefällt, um mir weh zu tun.

Es gab Zeiten, in denen sie unförmig dick wurde. Dann ging sie in ein entsprechendes Sanatorium, und wenige Wochen später hatte sie einen Teil des Übergewichts verloren.

Sie wurde immer öfter ungeduldig. Ich sprach davon, daß sie jetzt häufiger Interviews gab. Aber es kam auch oft vor, daß sie plötzlich aufstand und die verdutzte Reporterin verließ. Es kam auch vor, daß sie, wenn wir Gäste hatten, während der Mahlzeit plötzlich aufstand und sich in ihrem Zimmer einschloß.

Überhaupt schloß sie sich meist ein, was ja bedeutete, daß sie auch mit mir nicht mehr sprechen wollte. Viele unserer Bekannten und Freunde – es waren gar nicht mehr so viele –, die anwesend waren, wenn Heide mir gegenüber ausfallend wurde, wunderten sich. Sie erzählten mir, daß, wenn ich nicht dabei sei, Heide immer besonders liebevoll über mich spreche.

Zu Anfang glaubte ich das einfach nicht. Später bestätigte mir Professor Angst, es sei typisch für ihre Krankheit, daß der Patient immer denen gegenüber ausfällig wird, die ihm am nächsten stehen.

Ihre Krankheit: Depressionen. Eine Krankheit, von der auch heute noch die Psychiater sehr wenig wissen, geschweige denn, wie man sie heilen kann. Eine Krankheit, die den Patienten in immerwährende Leiden versetzt.

Die Witwe Gustav Knuths, unsere nächste Freundin, hatte

schon recht, als sie mich immer wieder mit den Worten tröstete: »Sie macht es sich selbst viel schwerer als dir.« Aber daß es sich um eine Krankheit handelte, daß die Angriffe, denen sie mich aussetzte, Symptome dieser Krankheit waren, erfuhr ich viel zu spät. Hätte ich es früher gewußt, wären meine Reaktionen anders gewesen. Da ich das alles noch nicht wußte, nicht einmal ahnte, fand ich mich ganz einfach schlecht behandelt.

Ich weiß nicht, wann Heide sich mit dem Phänomen des Todes zu beschäftigen begann. Einmal fand ich sie bei der Lektüre eines Buches, das ein Mann geschrieben hatte, der für tot erklärt worden war, aber dann, zum Erstaunen seiner Ärzte, wieder zum Leben zurückkehrte und nun berichtete, was er in der Zeit, in der er »tot« war, erlebt hatte.

Als ich erstaunt war, daß sie dieses Buch las, antwortete sie: »Ich bin in meinem Leben so oft gestorben. Schon als ich noch nicht einmal zwanzig war, als Luise von Schiller und wenig später als heilige Johanna und dann als Desdemona und dann . . .«

Sie sprach natürlich über ihre Bühnen- und Filmtode. »Und nun werde ich vermutlich bald als Heidemarie Hatheyer sterben!« Dabei hatte sie, von der frühen Kindheit abgesehen, nie an einer schweren Krankheit gelitten, jedenfalls nicht in den Jahren mit mir, die tödlich hätte ausgehen können.

Aber von nun an befaßte sie sich in ihrer Lektüre fast ausschließlich mit dem Phänomen des Todes. Ich stellte nach ihrem Tod fest, daß sich in ihrer Bibliothek rund zwanzig Bücher befanden, die sich in wissenschaftlicher oder pseudowissenschaftlicher Manier mit dem Tod beschäftigten.

Ich sagte ihr einmal, Schopenhauer habe sich sehr ausführlich mit dem Tod beschäftigt. Ich sagte es deshalb, weil, was er geschrieben hatte, sehr tröstlich war. Und dann holte sie sich Schopenhauer aus meiner Bibliothek und las ihn. Die einschlägigen Stellen offenbar sehr genau, denn nach ihrem Tod fand ich in den betreffenden Kapiteln des Werkes »Die Welt als Wille und Vorstellung« viele unterstrichene Zeilen. Und viele mit einem Ausrufungszeichen versehen. Ich zitiere einige wenige von ihr so markierten Stellen: »Tod und Geburt gehören auf gleiche Weise zum Leben und halten sich an das Gleichgewicht als wechselseitige Bedingungen voneinander . . .«

Oder: »Der Tod ist ein Schlaf . . .«, oder ». . . den Tod fürchten, weil er uns die Gegenwart entreißt, ist nicht weiser, als fürchten, man könne von der runden Erdkugel . . . hinuntergleiten.«

Oder: »Gewißheit des Todes trägt allein der Mensch mit sich herum . . . kann ihn seltsamerweise nur auf einzelne Augenblicke ängstigen.« Oder: »Die Schrecken des Todes beruhen großenteils auf dem falschen Schein, daß jetzt das Ich verschwinde und die Welt bleibt. Das Gegenteil ist wahr: Die Welt verschwindet, hingegen der innerste Kern des Ich, der Träger . . .«

Diese Zitate bilden etwa zehn Prozent der von H. H. unterstrichenen Stellen.

Zu mir hatte sie vor vielen, vielen Jahren einmal gesagt: »Ich fürchte nicht den Tod. Was allen Menschen passiert, kann ja so schlimm nicht sein.«

Jetzt sagte sie: »Ich glaube Schopenhauer. Es geht nichts verloren, auch wenn der einzelne stirbt.«

Es war mir klar, daß sie in dieser letzten Zeit nicht mehr gern lebte, sie, die einst vor Lebenslust geradezu gesprüht hatte. Sie machte auch kein Geheimnis daraus. In einem Interview sagte sie: »Ich hatte Erfolg – aber war das mein Leben wert?«

Ironie des Schicksals: Jetzt, da sie sozusagen abgeschlossen hatte, meldeten sich wieder Bühne und Film mit geradezu erschreckender Häufigkeit und Intensität. Der wahrscheinlich bedeutendste deutsche Regisseur Rudolph Noelte rief an, er war von Achim Benning für eine Vorstellung in Zürich engagiert worden. Benning hatte rund zehn Jahre lang das Burgtheater in Wien mit Erfolg geleitet und war als Nachfolger des katastrophalen Gerd Heinz nach Zürich geholt worden. Heinz hatte zwar vor Jahren behauptet, mit Noelte im Gespräch zu sein, was sich dann aber als glatte Lüge entpuppte.

Benning wollte nun Noelte wirklich haben und der war auch bereit zu kommen. Er schlug das Stück von Ostrowski »Wölfe und Schafe« vor. Hauptrolle: Heidemarie Hatheyer. Benning akzeptierte sofort. Keine Bedenken von wegen »Krankheiten«. Die Produktion kam dann vorläufig nicht zustande, weil Benning keinen Partner für die Hatheyer finden konnte, der Noelte zugesagt hätte. Dieser herzliche Regisseur war ja immer etwas schwierig, was die Besetzung seiner Produktionen anging, aber die Verzögerungen hatten sich immer gelohnt. Die Produktion wurde um einige Monate verschoben. Wer konnte damals ahnen, daß H. H. zu dem ins Auge gefaßten Termin gar nicht mehr am Leben sein würde?

Und dann war noch der Film. Nach dem enormen künstlerischen Erfolg der »Martha Jellneck« hatte der Produzent Ottokar Runze die Filmrechte des Romans von Werfel »Der veruntreute Himmel« erworben – die Geschichte einer alternden oder schon alten Köchin, die ihren Neffen Theologie studieren läßt, weil sie hofft, daß er ihr als Geistlicher einen besseren Platz im Himmel verschaffen wird. Und dann erfährt, daß dieser Neffe zwar ihr Geld genommen hat, aber niemals Theologie studierte und ein zweifelhaftes Dasein führt, nachdem er immer wieder Briefe geschrieben hat, die der Tante vorspiegeln sollten, daß er schon Pfarrer ist. Die Tante stirbt dann an gebrochenem Herzen.

Drei Wochen vor Filmbeginn, der Film wäre sehr anstrengend für H. H. geworden, die Außenaufnahmen sollten in Prag, in Wien, in Budapest stattfinden, die Atelieraufnahmen in Berlin, kam der Produzent zu uns in die Schweiz. Heide fühlte sich nicht wohl, man konnte sicher nicht von einer Krankheit reden, sie war einfach schwach und besorgt wegen der anstrengenden Filmarbeit, die bald beginnen sollte.

Der Produzent riet ihr, doch noch in den Wochen bis zum Drehbeginn ein Sanatorium aufzusuchen. Unser Hausarzt, der hinzugezogen wurde, meinte, eine Klinik sei besser, dort könne sie richtig aufgepäppelt werden.

Sie wurde also in eine Klinik in nächster Nähe unseres Hauses, in der Ortschaft Zollikerberg verbracht. Es ging ihr von Tag zu Tag besser, will sagen, sie fühlte sich kräftiger. Ich mußte ihr

315

immer wieder neue Bücher bringen, denn sie las weiterhin am laufenden Band.

Sie schien gar nicht zu leiden oder irgendwelche Besorgnis zu haben. Einmal, als ich sie besuchte, hörte ich sie ganz leise singen. Ich trat näher. Sie lag auf dem Rücken, sie hatte die Augen geschlossen, und sie summte mehr als daß sie sang einen Schlager aus ihrer Kabarettzeit. Und da lag die alte Frau, denn sie war ja schließlich über siebzig, und die summte und die bewegte sich nur andeutungsweise mit dem Oberkörper, und man hatte das Gefühl, ein junges Mädchen stünde auf der Bühne und summte einen modischen Schlager. Eine ganze Welt war wieder da, die Welt von gestern. Als sie die Augen öffnete, schien sie das alles nicht mehr zu wissen.

Einmal flog ich für vierundzwanzig Stunden nach München. Als ich zurückkam, war ihr Zimmer leer. Die Schwester sagte mir, sie sei auf der Intensivstation. Auf der Intensivstation, im Parterre der Klinik, beruhigte mich der Arzt. »Der Blutdruck Ihrer Frau ist plötzlich über Nacht stark abgesunken. Wir haben sie hierher gelegt, um sie richtig aufzupäppeln. Morgen, spätestens übermorgen ist sie wieder in ihrem Zimmer.«

Ich ließ mich beruhigen, um so mehr als Heide durchaus keinen kranken Eindruck machte. Wiederum zwei Tage später mußte ich nach Hamburg fliegen, auch nur für wenige Stunden. Die Krankenschwester meinte, wenn ich zurückkomme, sei meine Frau wieder in ihrem Krankenzimmer. Das war eine Woche, bevor sie nach Wien hätte abfliegen müssen.

Als ich von der kurzen Reise zurückkam, lag sie noch immer auf der Intensivstation. Und schlief. Mir fiel auf, daß sie an verschiedenen Schläuchen hing.

Die Schwester weckte sie. Sie öffnete die Augen, aber sie sagte nichts. Die Schwester fragte sie auf mich deutend: »Kennen Sie diesen Herrn?«

Sie schien zu überlegen und dann schüttelte sie den Kopf. Sie hatte also die Frage verstanden. Aber sie hatte mich nicht mehr erkannt. Und dann schloß sie wieder die Augen.

Der Chefarzt der Klinik war eingetreten. Er nahm mich beiseite und sagte mir, daß meine Frau nicht mehr aufwachen würde.

Ich erinnerte mich in dieser Sekunde an eine Unterhaltung mit Heide vor vielen, vielen Jahren, damals, als man den spanischen Diktator aus politischen Gründen viele Wochen mittels unzähliger Schläuche und Tropfen künstlich am Leben erhalten hatte. Damals sagte mir Heide: »So will ich nicht sterben!«

Und jetzt hörte ich mich zum Arzt sagen mit einer mir völlig unbekannten Stimme: »Nehmen Sie ihr die Schläuche ab. So soll sie nicht sterben!«

Ich blieb noch eine Stunde an ihrem Bett und fuhr dann nach Hause. Um ein Uhr nachts rief mich die Schwester an. Heide war gestorben. Ich fuhr sofort in die Klinik zurück. Sie muß leicht gestorben sein, dem Ausdruck ihres Gesichtes nach zu schließen.

Ich sah sie – das ist in der Schweiz möglich – noch mehrere Male im Sarg. Sie sah wieder so aus, wie sie als junge Frau ausgesehen hatte.

Am folgenden Tag rief mich der Chefarzt an und fragte, ob ich eine Obduktion gestatte. Ich bejahte, wünschte sie sogar, denn noch konnte mir niemand sagen, woran meine Frau gestorben war.

Übrigens auch nicht nach der Obduktion. Das betreffende Laboratorium kam erst ein Vierteljahr später zu einem Schluß. Offenbar hatte die Untersuchung so lange gedauert. Nun stand fest: H. H. war an einer Erkrankung der Gehirnstäbe gestorben. Über diese Art von Erkrankung wußte man sehr wenig. Sie hätte kaum gesund werden können, sie hätte blind werden können oder taub oder stumm – das alles blieb ihr also erspart. Ein schmerzloser Tod im Schlaf – beneidenswert.

Aus dem Bericht des Chefarztes des Spitals Neumünster, in dem sie gestorben war, der am 6. September verfaßt wurde – rund vier Monate nach ihrem Tod am 11. Mai 1990: »Zusammenfassend ergibt die autoptische Untersuchung leider keine Erklärung für den Tod Ihrer Frau. Die schwere Funktionsstörung des Hirnstammes, an deren Folgen die Patientin verstarb, kann also nicht durch eine anatomische Ursache geklärt werden.«

Sicher war nur, und darin stimmten alle Ärzte überein, daß der Tod nicht die Folge irgendeiner früheren Erkrankung war, nicht die Folge ihres zeitweisen Alkoholgenusses, nicht die Folge ihrer Pillensucht.

Auch meine immer wieder gestellte Frage, ob diese letzte Erkrankung heilbar gewesen wäre, wurde stets negativ beantwortet. Der einzige »Trost«, den man mir spendete, war, daß Menschen, die mit ihrem Kopf arbeiten, also Schriftsteller oder Maler oder Musiker, aber eben auch Schauspieler, solchen Funktionsstörungen des Gehirns viel häufiger ausgesetzt sind als andere Sterbliche.

Aber dies war für mich ebensowenig ein Trost wie die unzähligen Beileidstelegramme und zum Teil sehr rührenden Briefe und die wahrhaft unzähligen Nekrologe in den Zeitungen. Der große Theatermann August Everding telegraphierte: »Mit Ihnen trauern die Theater.«

Schöne Worte. Aber es trauerten wohl auch viele von denen, die in den Theatern saßen, wenn sie auf der Bühne stand.

Ich will diesen medizinisch unerklärlichen Tod so im Gedächtnis behalten: Eine Frau, die hundert Leben leben mußte, war müde geworden. Erfolg? Sie hatte Erfolg gehabt, aber was bedeutete es bei der Last, der schweren Last einer stets sich wiederholenden Geburt? Und nun war sie müde geworden. Sie hatte ein Recht darauf einzuschlafen. Es ist zumindest für uns, die sie kennen und lieben durften, tröstlich, daß sie ohne Schmerzen einschlief.

Personenregister

319

320

Boguslaw Drewniak
Der deutsche Film 1938–1945
Ein Gesamtüberblick
992 Seiten mit zahlreichen Abbildungen, Efalin mit Schutzumschlag,
ISBN 3 7700 0731 X

Ein Gesamtüberblick
über den deutschen Film 1938–1945.
Ergebnis jahrelanger Forschungen
mit einer Fülle
neuer Daten,
Tatsachen und Zusammenhänge.
In jener Zeit,
trotz des Diktats
von Tendenz und Zensur
reich an künstlerischen
Begabungen und
Entfaltungsmöglichkeiten,
entstanden auch
Spiel-, Kultur- und Dokumentarfilme,
die Marksteine in der Filmgeschichte setzten.

Droste Verlag Düsseldorf

„Ich bleibe die große Adele"
Die Sandrock

Eine Biographie von Jutta Ahlemann

376 Seiten mit zahlreichen Abbildungen, Efalin mit Schutzumschlag, ISBN 3 7700 0759 X

Jutta Ahlemann, die sich als Fernsehjournalistin seit einigen Jahren mit dem Leben Adele Sandrocks beschäftigt, ist mit dieser Biographie insbesondere auch der inneren Logik auf der Spur, die den ungewöhnlichen Weg der Sandrock zu einem sinnvollen Bogen rundet. Als Material standen ihr neben Fotos, Filmen und Pressedokumenten zwei Dissertationen und der umfangreiche Sandrock-Nachlaß zur Verfügung. Für das ZDF porträtierte sie in einer 45-Minuten-Dokumentation Wien und Berlin als die beiden wichtigsten Stationen der unvergeßlichen Schauspielerin. „Ich bleibe die große Adele": eine faszinierende Biographie, ein einmaliges Künstlerleben.

Droste Verlag Düsseldorf

Biographien bei Droste

Helmut Ahrens
Das Leben des Romanautors, Dichters und Journalisten
Theodor Fontane
439 Seiten mit zahlreichen Abbildungen, Efalin mit Schutzumschlag
ISBN 3 7700 06879

Helmut Ahrens
Die afrikanischen Jahre der Tania Blixen
Eine biographische Skizze
212 Seiten, Efalin mit Schutzumschlag
ISBN 3 7700 07409

Gertrud Dworetzki
Johanna Schopenhauer
Ein Charakterbild aus Goethes Zeiten
220 Seiten mit 27 Abbildungen, Efalin mit Schutzumschlag
ISBN 3 7700 07425

Elisabeth Frenzel
Vergilbte Papiere
Die zweihundertjährige Geschichte einer bürgerlichen Familie
532 Seiten mit zahlr. Abb., Efalin mit Schutzumschlag
ISBN 3 7700 08774

Wilhelm Gössmann
Annette von Droste-Hülshoff
Ich und Spiegelbild
Zum Verständnis der Dichterin und ihres Werkes
242 Seiten mit Abbildungen, Efalin mit Schutzumschlag
ISBN 3 7700 0678 X

Hans Hoffmann
Albert Lortzing
Libretto eines Komponisten-Lebens
403 Seiten mit zahlreichen Abbildungen, Efalin mit Schutzumschlag
ISBN 3 7700 07263

Biographien bei Droste

Kazimierz Moczarski
Gespräche mit dem Henker
Das Leben des SS-Gruppenführers und Generalleutnants der
Polizei Jürgen Stroop, aufgezeichnet im Mokotow-Gefängnis
zu Warschau
Aus dem Polnischen von Margitta Weber
442 Seiten mit 13 Bilddokumenten, Efalin mit Schutzumschlag
ISBN 3 7700 0511 2

Corinne Pulver
George Sand.
Genie der Weiblichkeit
Eine Biographie
508 Seiten, Efalin mit Schutzumschlag
ISBN 3 7700 0711 5

Malve Gräfin Rothkirch
Der „Romantiker" auf dem Preußenthron
Porträt König Friedrich Wilhelm IV. 1795–1861
329 Seiten mit zahlr. Abb., Efalin mit Schutzumschlag
ISBN 3 7700 0800 6

Rainer Schmitz (Hrsg.)
Denn es will Abend werden
Briefe des Abschieds
324 Seiten, Efalin mit Schutzumschlag
ISBN 3 7700 0765 4

Gustav Sichelschmidt
Allein mit meinem Zauberwort
Annette von Droste-Hülshoff. Eine Biographie
345 Seiten mit zahlreichen Abbildungen, Efalin mit Schutzumschlag
ISBN 3 7700 0883 9

Gustav Sichelschmidt
Caroline von Humboldt
Ein Frauenbild aus der Goethezeit
244 Seiten mit mehreren Abbildungen, Efalin mit Schutzumschlag
ISBN 3 7700 0779 4

Biographien bei Droste

Gustav Sichelschmidt
Lessing
Der Mann und sein Werk
382 Seiten mit zahlreichen Abbildungen, Efalin mit Schutzumschlag
ISBN 3 7700 0790 5

Wilhelm Raabe
Schriftsteller
Eine Biographie von Cecilia von Studnitz
346 Seiten mit zahlreichen Abbildungen, Efalin mit Schutzumschlag
ISBN 3 7700 0778 6

Merete van Taack
Friederike, die galantere Schwester der
Königin Luise
Im Glanz und Schatten der Höfe
225 Seiten mit zahlreichen Abbildungen, Efalin mit Schutzumschlag
ISBN 3 7700 0827 1

Berndt W. Wessling
Meyerbeer
Wagners Beute – Heines Geisel
Eine Biographie
320 Seiten und 16 Seiten Abbildungen, Efalin mit Schutzumschlag
ISBN 3 7700 0652 6

Ingelore M. Winter
Katharina von Bora
Ein Leben mit Luther
Mit Briefen an die „liebe Herrin"
180 Seiten mit zahlreichen Abbildungen, Efalin mit Schutzumschlag
ISBN 3 7700 0882 0

Ingelore M. Winter
Mein geliebter Bismarck
Der Reichskanzler und die Fürstin Johanna
Ein Lebensbild. Mit unveröffentlichten Briefen
290 Seiten mit zahlreichen Abbildungen, Efalin mit Schutzumschlag
ISBN 3 7700 0752 2